Klaus Dieter John

Arbeitsbuch Makroökonomik

2., überarbeitete und erweiterte Auflage

2012
Schäffer-Poeschel Verlag Stuttgart

Autor:

Professor Dr. Klaus Dieter John, Lehrstuhl für Wirtschaftspolitik, Technische Universität Chemnitz

Gedruckt auf chlorfrei gebleichtem, säurefreiem und alterungsbeständigem Papier

Bibliografische Information der Deutschen Nationalbibliothek
Die Deutsche Nationalbibliothek verzeichnet diese Publikation in der Deutschen
Nationalbibliografie; detaillierte bibliografische Daten sind im Internet
über http://dnb.d-nb.de abrufbar.

ISBN 978-3-7910-3185-9

© 2012 Schäffer-Poeschel Verlag für Wirtschaft · Steuern · Recht GmbH
www.schaeffer-poeschel.de
info@schaeffer-poeschel.de

Einbandgestaltung: Melanie Frasch (Foto: Shutterstock.com)
Satz: Dörr + Schiller GmbH, Stuttgart
Druck und Bindung: CPI – Ebner & Spiegel, Ulm

Printed in Germany
November 2012

Schäffer-Poeschel Verlag Stuttgart
Ein Tochterunternehmen der Verlagsgruppe Handelsblatt

Vorwort zur 2. Auflage

Von vielen Studierenden, die mit Mankiws »Makroökonomik« arbeiten, wurde der Wunsch nach einem Lösungsbuch zu den zahlreichen Übungsaufgaben, die sich im Lehrbuch finden, an mich herangetragen. Diesem Wunsch bin ich mit dem »Arbeitsbuch Makroökonomik« nachgekommen, das zu allen »Aufgaben und Anwendungen« die (oder, wenn es verschiedene richtige Antworten gibt, eine) Lösung aufzeigt.

In meiner eigenen Studienzeit fand ich es »nervig«, wenn nur die Lösungen zu Aufgaben angegeben wurden, nicht aber, wie man auf diese kommt. Daher habe ich mich im vorliegenden Buch nicht gescheut, die Lösungswege Schritt für Schritt und in großer Ausführlichkeit aufzuzeigen. Dieses Vorgehen birgt aber ein nicht zu unterschätzendes Risiko in sich, auf das ich ausdrücklich aufmerksam machen will: Der Lerneffekt von Übungsaufgaben verpufft völlig, wenn man von der Fragestellung direkt zur vorgefertigten Lösung springt. Es ist unbedingt erforderlich, sich zunächst selbstständig und intensiv mit der Fragestellung auseinanderzusetzen. Machen Sie sich die Fragestellung klar und versuchen Sie, die Antwort selbst zu finden. Und formulieren Sie die Antwort nicht lediglich im Kopf, sondern schreiben Sie sie auf, damit Sie Ihre Leistungen auch kontrollieren können. Erst wenn Sie davon überzeugt sind, eine vollständige Lösung erarbeitet zu haben, sollten Sie die in diesem Arbeitsbuch vorgeschlagenen Lösungen zu Rate ziehen. Natürlich kann es auch passieren, dass Ihnen partout keine Lösung einfällt. Auch dann helfen die Lösungsvorschläge des Arbeitsbuchs weiter. Es ist aber sehr wichtig, dass Sie verstehen, woran Ihr eigener Lösungsversuch gescheitert ist.

Weil in der neuen Auflage des Lehrbuchs zahlreiche neue »Aufgaben und Anwendungen« enthalten sind, die den aktuellen Entwicklungen der makroökonomischen Theorie Rechnung tragen, war es notwendig, auch das Arbeitsbuch zu aktualisieren. Dies ist mit der nun vorliegenden 2. Auflage geschehen. Die wichtigsten Änderungen gegenüber der vorherigen Auflage sind die Lösungen zu den neuen Aufgaben des Lehrbuchs. Darüber hinaus wurden aber auch alle anderen Lösungsvorschläge durchgesehen und überarbeitet. Allen Studierenden, die Verbesserungsvorschläge gemacht haben, danke ich ganz herzlich für die Anregungen! Ebenso herzlich bedanke ich mich bei Marlene Richter und Anja Brumme, die mir bei den Korrekturen geholfen haben. Frank Katzenmayer und Bernd Marquard haben das Entstehen dieser Neuauflage in bewährter Weise verlagsseitig durch Rat und Tat unterstützt. Auch ihnen danke ich sehr. Sollten trotz aller Sorgfalt noch Fehler auftauchen, so gehen diese selbstverständlich ausschließlich zu meinen Lasten.

Klaus Dieter John
Chemnitz, im September 2012

Inhaltsverzeichnis

1 Makroökonomik als Wissenschaft

Aufgabe 1
Welche makroökonomischen Ereignisse wurden in der letzten Zeit in den Nachrichten behandelt?

Lösung
Die Antwort auf diese Frage müssen Sie sich selbst geben. Sehen Sie sich einmal bewusst den Wirtschaftsteil einer überregionalen Tageszeitung an. Achten Sie darauf, welche Informationen dort über Arbeitslosigkeit, Wirtschaftsleistung, Inflationsrate und Zinssätze zu lesen sind.

In jüngerer Zeit hat die Staatsverschuldung eine große Rolle gespielt. Sehr wahrscheinlich ist Ihnen dieses Thema in den Medien begegnet. In Kapitel 16 des Mankiw-Lehrbuchs finden Sie viele interessante Hintergründe zur Staatsverschuldung.

Aufgabe 2
Welche Merkmale charakterisieren eine Wissenschaft? Weist die Analyse des wirtschaftlichen Geschehens diese Merkmale auf? Sind Sie der Auffassung, dass man die Makroökonomik als Wissenschaft bezeichnen sollte? Begründen Sie!

Lösung
Eine Wissenschaft ist dadurch charakterisiert, dass sie unter Verwendung der ihr eigenen Methode versucht, Zusammenhänge aufzudecken und zu verstehen. Auch bei der Analyse des wirtschaftlichen Geschehens versucht man, solche Zusammenhänge aufzudecken. In der Makroökonomik werden auch Hypothesen über makroökonomische Zusammenhänge aufgestellt, die man anschließend mit empirischen Daten konfrontiert. Auch wenn kontrollierte Experimente in der Makroökonomik nur ausnahmsweise möglich sind, versucht man mit wissenschaftlichen Methoden, Zusammenhänge aufzuspüren. Die Makroökonomik stellt als Teildisziplin der Volkswirtschaftslehre also eine Wissenschaft dar.

Aufgabe 3
Verwenden Sie das Angebot-Nachfrage-Modell, um zu erklären, wie sich ein Rückgang des Preises von Salzstangen auf den Preis und die verkaufte Menge von Kartoffelchips auswirkt. Gehen Sie bei Ihrer Antwort auch darauf ein, welche Variablen exogen und welche endogen sind.

Lösung

Es ist plausibel, davon auszugehen, dass Salzstangen und Kartoffelchips Substitutionsgüter darstellen. Wir nehmen daher an, dass die Nachfrage nach Kartoffelchips nicht nur vom Preis der Kartoffelchips, sondern auch vom Preis der Salzstangen abhängt. Unter Rückgriff auf die im Lehrbuch verwendete Funktionsschreibweise notieren wir diesen Zusammenhang als:

$$Q^D = D(P_C, P_S, Y).$$

Die Symbole haben folgende Bedeutung: Q^D – Nachfrage nach Kartoffelchips, P_C – Preis für Kartoffelchips, P_S – Preis für Salzstangen, Y – Einkommen. Wir wollen davon ausgehen, dass Angebots- und Nachfragefunktion den üblichen Verlauf aufweisen. Beide Kurven sind im nachfolgenden Diagramm dargestellt.

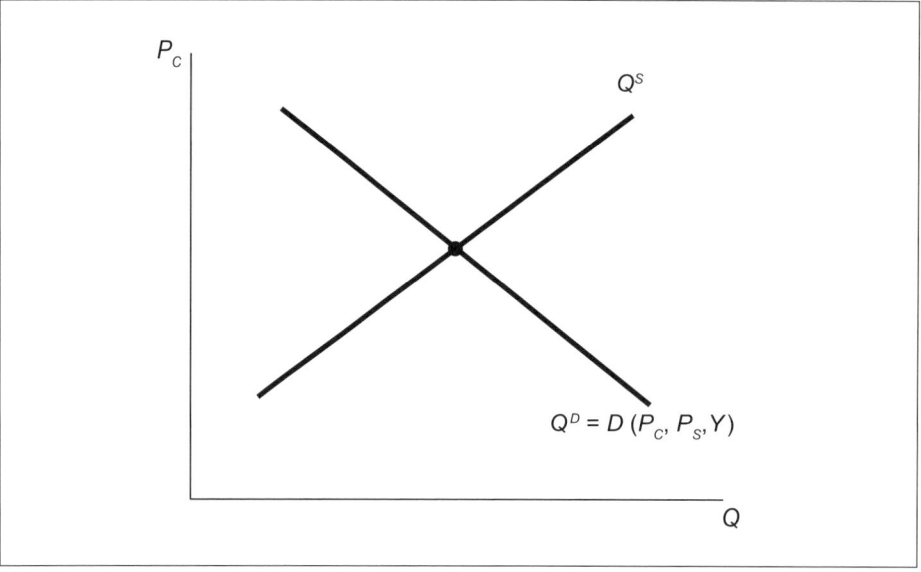

Abb. 1-1

Ein Rückgang des Preises von Salzstangen führt dazu, dass zu jedem gegebenen Preis von Kartoffelchips die Nachfrage nach Kartoffelchips abnimmt. Die Nachfragekurve für Kartoffelchips verschiebt sich daher nach links. Beim alten Gleichgewichtspreis ist das Angebot nun größer als die Nachfrage. Dies führt dazu, dass der Preis für Kartoffelchips sinkt. Mit sinkendem Preis für Kartoffelchips geht das Angebot an Kartoffelchips zurück, während die Nachfrage wieder etwas zunimmt. Im neuen Gleichgewicht ist der Preis für Kartoffelchips geringer als zuvor und die verkaufte Menge ist gesunken. Der Preis von Salzstangen ist exogen, denn seine Änderung wird im Modell nicht erklärt. Beim Preis von Kartoffelchips handelt es sich ebenso wie bei der verkauften Menge um endogene Größen, da wir die Werte dieser Variablen in unserem Modell bestimmen.

Aufgabe 4

Wie häufig ändert Ihr Friseur die Preise für einen Haarschnitt? Welche Implikationen hat Ihre Antwort in Bezug auf die Brauchbarkeit des Markträumungsansatzes zur Analyse des Marktes für Haarschnitte?

Lösung

Vermutlich werden Sie feststellen können, dass Ihr Friseur die Preise für einen Haarschnitt kaum häufiger als einmal pro Jahr ändert. Es kann auch gut sein, dass Ihr Friseur seine Preise vielleicht nur alle zwei oder drei Jahre anpasst.

Wollten die Menschen plötzlich häufiger zum Friseur gehen, würden sich nicht die Preise erhöhen, sondern es gäbe längere Wartefristen. Da der Markträumungsansatz von völlig flexiblen Preisen ausgeht, ist er für eine kurzfristige Analyse des Marktes für Haarschnitte kaum geeignet. Für eine langfristige Analyse erscheint der Markträumungsansatz dagegen angemessen zu sein: Auch wenn es kurzfristig zu Preisanpassungen kommt, ist davon auszugehen, dass die Friseure bei einer andauernden Übernachfrage irgendwann ihre Preise erhöhen werden. Überträgt man dieses Beispiel auf die Gesamtwirtschaft, dann erscheint es sinnvoll, bei der Betrachtung kurzer Zeiträume von starren Preisen und der Möglichkeit ungeräumter Märkte auszugehen, bei der Betrachtung langer Zeiträume aber vereinfachend anzunehmen, dass alle Märkte im Gleichgewicht sind.

2 Empirische Beobachtungen und Makroökonomik

Vorbemerkung

In diesem Kapitel geht es um Daten. Dank des Internets ist es heute sehr einfach geworden, zuverlässige makroökonomische Daten abzurufen. Daten und Hintergrundinformationen zur Inlandsproduktsberechnung finden Sie ebenso wie Informationen zur Inflation und zur Erwerbsstatistik auf der Website des Statistischen Bundesamts (www.destatis.de). Daten zur Arbeitsmarktstatistik können Sie von der Website der Bundesagentur für Arbeit abrufen (www.arbeitsagentur.de). Wichtige Anbieter von Daten und Hintergrundinformationen bei internationalen Fragen sind das Statistikamt der Europäischen Union Eurostat (http://epp.eurostat.ec.europa.eu/portal/page/portal/eurostat/home/) und die Organisation für wirtschaftliche Zusammenarbeit und Entwicklung OECD (www.oecd.org). Internationale Daten zum Arbeitsmarkt kann man auf der Website der Internationalen Arbeitsorganisation ILO (www.ilo.org) abrufen.

Aufgabe 1

Sehen Sie sich die Tageszeitungen der letzten Tage an. Welche ökonomischen Kennzahlen wurden veröffentlicht? Wie interpretieren Sie diese Kennzahlen?

Lösung

Wenn Sie sich den Wirtschaftsteil einer überregionalen Tageszeitung ansehen, werden Sie vermutlich Daten zum Bruttoinlandsprodukt, zur Arbeitslosigkeit und zur Inflation gefunden haben. Bei der Interpretation dieser Kennzahlen ist insbesondere darauf zu achten, wie diese Kennzahlen definiert sind. So werden beispielsweise in der Arbeitslosenquote nur die bei der Agentur für Arbeit registrierten Arbeitslosen berücksichtigt. Diese Kennziffer kann daher die »wahre« Arbeitslosigkeit nur sehr bedingt widerspiegeln. Daneben sollten Sie auch immer daran denken, dass die Datenerhebung immer mit Mängeln verbunden ist, sodass auch von dieser Seite die Genauigkeit der Kennziffern eingeschränkt wird.

Aufgabe 2

Ein Bauer baut Weizen an und verkauft diesen für 1 Euro an einen Müller. Dieser mahlt den Weizen zu Mehl und verkauft es für 3 Euro an einen Bäcker. Der Bäcker backt aus dem Mehl Brot und verkauft es einem Ingenieur für 6 Euro. Der Ingenieur isst das Brot. Wie groß ist die Wertschöpfung, die jede Person hervorbringt? Wie groß ist das BIP?

Lösung

Die Wertschöpfung, die eine Person hervorbringt, ergibt sich als Differenz aus dem Verkaufswert des jeweiligen Produkts und den Vorleistungen, die für die Produktion des Guts eingesetzt wurden. Da der Bauer annahmegemäß keine Vorleistung verwendet hat und den Weizen für 1 Euro an den Müller verkauft, beträgt die Wertschöpfung des Bauern 1 Euro. Der Verkaufspreis des Mehls beträgt 3 Euro. Da der Müller den Weizen für 1 Euro eingekauft hat, ergibt sich seine Wertschöpfung zu 3 Euro – 1 Euro = 2 Euro. Analog errechnet sich die Wertschöpfung des Bäckers: Er verkauft Brot im Wert von 6 Euro und hat Vorleistungen im Wert von 3 Euro bezogen. Daher beträgt seine Wertschöpfung 6 Euro – 3 Euro = 3 Euro. Der Ingenieur konsumiert das Brot. Hiermit ist keine Wertschöpfung verbunden. Das Bruttoinlandsprodukt ergibt sich als Summe der einzelnen Wertschöpfungen. Das Bruttoinlandsprodukt beträgt daher 1 Euro + 2 Euro + 3 Euro = 6 Euro. Es entspricht damit gleichzeitig dem Wert des Brotes, in dem die Wertschöpfung für das Getreide und für das Mehl enthalten ist.

Aufgabe 3

Eine Frau heiratet ihren Butler. Nachdem sie verheiratet sind, bedient ihr Mann sie wie zuvor, und sie gibt ihm ein Taschengeld in Höhe seines früheren Lohns. Welche Auswirkung hat die Heirat auf das BIP? Wie sollte sich die Heirat auf das BIP auswirken?

Lösung

Das Bruttoinlandsprodukt erfasst nur Aktivitäten, die über den Markt abgewickelt werden. Die Tätigkeit eines Butlers geht daher in Höhe seines Gehalts in das Bruttoinlandsprodukt ein. Nach der Eheschließung erfolgt keine Entlohnung über den Markt. Daher wird das Taschengeld auch nicht im Bruttoinlandsprodukt berücksichtigt. Folglich sinkt das Bruttoinlandsprodukt aufgrund der Eheschließung, und zwar in Höhe des früheren Lohnes. Weil die gleichen Leistungen erbracht werden wie vorher, könnte man argumentieren, dass sich die Heirat nicht auf das Bruttoinlandsprodukt auswirken sollte. Beim Statistischen Bundesamt gibt es Bestrebungen, die Produktion, die im Haushaltssektor stattfindet, mithilfe eines sogenannten Satellitensystems zu erfassen, das neben dem Bruttoinlandsprodukt ausgewiesen wird. Allerdings muss man sehen, dass eine solche Erfassung mit außerordentlich großen Schwierigkeiten bei der Datenerhebung und bei der Bewertung der Transaktionen verbunden ist.

Aufgabe 4

Ordnen Sie jede der nachfolgenden Transaktionen in eine der fünf Ausgabenkategorien ein (privater Konsum, Staatskonsum, private Investitionen, öffentliche Investitionen, Nettoexporte).
a. VW verkauft einen Lieferwagen an die Bundeswehr.
b. VW verkauft einen Lieferwagen an die BASF AG.
c. VW verkauft einen Lieferwagen an die Air France.
d. VW verkauft einen Lieferwagen an Herrn Meyer.
e. VW baut einen Lieferwagen, um ihn im nächsten Jahr zu verkaufen.

Lösung

a. Öffentliche Investition.

b. Private Investition.

c. Export.

d. Konsum.

e. Private (Lager-)Investition.

Aufgabe 5

Suchen Sie Daten für das deutsche BIP und seine Komponenten und berechnen Sie die Anteile der folgenden Komponenten am BIP für die Jahre 1991, 2000 und 2010:

a. privater Konsum,

b. private Bruttoinvestitionen,

c. öffentlicher Verbrauch,

d. öffentliche Investitionen,

e. Nettoexporte,

f. Importe.

Zeigen sich in den Daten stabile Relationen? Können Sie irgendwelche Trends erkennen? (Hinweis: Wichtige volkswirtschaftliche Daten finden sich im Anhang des regelmäßig erscheinenden Jahresgutachtens des Sachverständigenrates. Die amtliche Quelle für Daten zu den Volkswirtschaftlichen Gesamtrechnungen ist die Fachserie 18, Reihe 1 des Statistischen Bundesamtes. Beide Quellen finden Sie auf der Website des Statistischen Bundesamtes, www.destatis.de).

Lösung

Das Zusammenstellen der Daten weist auf einige Schwierigkeiten hin, mit denen empirisch arbeitende Ökonomen zu kämpfen haben. Zwar sind die gesuchten Daten prinzipiell in der GENESIS-Online enthalten, man muss sie aber erst finden. Ganz unten auf der Startseite www.destatis.de finden sich Links zu Datenbanken – dort ist GENESIS-Online anzuklicken. Auf der nun geöffneten GENESIS-Online-Site ist im Navigationsbereich der Link »Themen« auszuwählen. Ziemlich weit unten findet sich der benötigte weiterführende Link (Code 81) zu den Volkswirtschaftlichen Gesamtrechnungen des Bundes. Dort ist der Code 81000 zu wählen. Da die nächste Seite nur die ersten 20 weiterführenden Links enthält, ist eine Erweiterung der Darstellung auf 100 Elemente über die Auswahlmöglichkeit rechts oben sinnvoll. Die meisten der benötigten Zeitreihen finden sich auf der Seite mit dem Code 81000–0019. Allerdings werden dort nur die Bruttoinvestitionen insgesamt gezeigt. Der in der Fragestellung geforderte getrennte Ausweis von privaten und staatlichen Investitionen wird auf der Seite mit dem Code 81000–0025 vorgenommen. In Hinblick auf die Berechnung der jeweiligen Anteile am BIP ist es sinnvoll, über die Auswahlmöglichkeiten nur die Variablen und Zeiträume auszuwählen, die benötigt werden. Hat man die Auswahl entsprechend eingeschränkt, kann man den Werteabruf starten. Auf der sich nun öffnenden Seite werden die angeforderten Daten tabellarisch gezeigt. Oben auf der Seite finden sich Auswahlmöglichkeiten für das gewünschte Download-Format. In den meisten Fällen wird man sich die Daten als Excel-Tabelle auf den eigenen Rechner laden, um sie weiterzuverarbeiten.

Aufgabe 6

Man betrachte eine Volkswirtschaft, in der Brot und Autos hergestellt werden. In der unten stehenden Tabelle sind Daten für die Jahre 2010 und 2020 gegeben:

a. Berechnen Sie unter Verwendung des Jahres 2010 als Basisjahr folgende Größen für beide Jahre: nominales BIP, reales BIP, impliziter Preisindex des BIP, einen Preisindex mit festem Gewichtungsschema (analog dem Verbraucherpreisindex).

b. Um wie viel sind die Preise zwischen 2010 und 2020 gestiegen? Vergleichen Sie die Antworten, die sich aus der Verwendung des Laspeyres- bzw. des Paasche-Index ergeben. Erklären Sie den Unterschied.

c. Nehmen Sie an, Sie seien ein Bundestagsabgeordneter, der einen Vorschlag zur Indexierung der Sozialversicherungsrenten ausarbeitet, d.h. Sie sollen vorschlagen, wie die Rentenzahlungen an die Entwicklung der Lebenshaltungskosten angepasst werden sollten. Würden Sie sich eher am BIP-Deflator oder am Verbraucherpreisindex orientieren? Begründung?

	Jahr 2010	**Jahr 2020**
Autopreis	50.000 €	60.000 €
Brotpreis	10 €	20 €
Anzahl Autos	100	120
Anzahl Brotlaibe	500.000	400.000

Lösung

a.

– Das nominale BIP weist den Wert der Güter zu laufenden Preisen aus (EUR – Euro, ME – Mengeneinheiten)

$$BIP_{2010}^{nom} = P_{2010}^{Auto} \cdot Q_{2010}^{Auto} + P_{2010}^{Brot} \cdot Q_{2010}^{Brot}$$

$$= 50.000 \left[\frac{EUR}{ME}\right] \cdot 100 \left[ME\right] + 10 \left[\frac{EUR}{ME}\right] \cdot 500.000 \left[ME\right]$$

$$= 5.000.000 \left[EUR\right] + 5.000.000 \left[EUR\right]$$

$$= 10.000.000 \left[EUR\right]$$

$$BIP_{2020}^{nom} = 60.000 \left[\frac{EUR}{ME}\right] \cdot 120 \left[ME\right] + 20 \left[\frac{EUR}{ME}\right] \cdot 400.000 \left[ME\right]$$

$$= 7.200.000 \left[EUR\right] + 8.000.000 \left[EUR\right]$$

$$= 15.200.000 \left[EUR\right].$$

– Das reale BIP weist den Wert der Güter zu konstanten Preisen (des Basisjahres) aus. Für das Jahr 2010 stimmen reales und nominales BIP überein, da bei der Berechnung des realen BIP ja ebenfalls die Preise des Jahres 2010 verwendet werden. Für das Jahr 2020 gilt:

$$\begin{aligned} \text{BIP}_{2020}^{\text{real}} &= P_{2010}^{\text{Auto}} \cdot Q_{2020}^{\text{Auto}} + P_{2010}^{\text{Brot}} \cdot Q_{2020}^{\text{Brot}} \\ &= 50.000 \left[\frac{\text{EUR}}{\text{ME}}\right] \cdot 120 \left[\text{ME}\right] + 10 \left[\frac{\text{EUR}}{\text{ME}}\right] \cdot 400.000 \left[\text{ME}\right] \\ &= 6.000.000 \left[\text{EUR}\right] + 4.000.000 \left[\text{EUR}\right] \\ &= 10.000.000 \left[\text{EUR}\right]. \end{aligned}$$

– Der implizite Preisindex (BIP-Deflator) ist definiert als Quotient aus dem nominalen BIP eines Jahres und dem realen BIP desselben Jahres:

$$\begin{aligned} \text{PI}_{2020}^{\text{BIP}} &= \frac{\text{BIP}_{2020}^{\text{nom}}}{\text{BIP}_{2020}^{\text{real}}} \\ &= \frac{15.200.000 \left[\text{EUR}\right]}{10.000.000 \left[\text{EUR}\right]} \\ &= 1{,}52. \end{aligned}$$

Man beachte, dass es sich bei dem impliziten Preisindex um eine dimensionslose Zahl handelt. Üblicherweise werden Indexzahlen im Basisjahr gleich 100 gesetzt. Damit hätte der Index im Jahr 2020 einen Wert von 152. Gemessen am BIP-Deflator sind die Preise also von 2010 bis 2020 um 52 Prozent gestiegen.

– Für einen Preisindex mit festem Gewichtungsschema gilt:

$$\begin{aligned} \text{PI}_{2020}^{\text{fix}} &= \frac{P_{2020}^{\text{Auto}} \cdot Q_{2010}^{\text{Auto}} + P_{2020}^{\text{Brot}} \cdot Q_{2010}^{\text{Brot}}}{P_{2010}^{\text{Auto}} \cdot Q_{2010}^{\text{Auto}} + P_{2010}^{\text{Brot}} \cdot Q_{2010}^{\text{Brot}}} \\ &= \frac{60.000 \left[\frac{\text{EUR}}{\text{ME}}\right] \cdot 100 \left[\text{ME}\right] + 20 \left[\frac{\text{EUR}}{\text{ME}}\right] \cdot 500.000 \left[\text{ME}\right]}{50.000 \left[\frac{\text{EUR}}{\text{ME}}\right] \cdot 100 \left[\text{ME}\right] + 10 \left[\frac{\text{EUR}}{\text{ME}}\right] \cdot 500.000 \left[\text{ME}\right]} \\ &= \frac{6.000.000 \left[\text{EUR}\right] + 10.000.000 \left[\text{EUR}\right]}{5.000.000 \left[\text{EUR}\right] + 5.000.000 \left[\text{EUR}\right]} \\ &= \frac{16.000.000 \left[\text{EUR}\right]}{10.000.000 \left[\text{EUR}\right]} \\ &= 1{,}6. \end{aligned}$$

Setzt man auch hier den Preisindex im Basisjahr gleich 100, ergibt sich für den Preisindex mit festem Gewichtungsschema im Berichtsjahr ein Wert von 160. Gemessen an diesem Index sind die Preise von 2010 bis 2020 um 60 Prozent gestiegen.

b. Wie in Teilaufgabe a. gezeigt, erhöhen sich die Preise, gemessen am BIP-Deflator, um 52 Prozent. Bezieht man sich dagegen auf einen Preisindex mit festem Gewichtungsschema, wird die Preiserhöhung mit 60 Prozent ausgewiesen. Dieser Unterschied ist darauf zurückzuführen, dass es sich beim impliziten Preisindex des Bruttoinlandsprodukts um einen Index vom Paasche-Typ handelt. Dagegen ist der Preisindex mit festem Gewichtungsschema ein Index vom Laspeyres-Typ. In unserem Beispiel hat sich der Brotpreis von 2010 bis 2020 verdoppelt. Demgegenüber hat sich der Autopreis nur um 20 Prozent erhöht. Damit hat sich der Preis von Brot relativ zu dem Preis von Autos erhöht. Als Konsequenz dieser Veränderung der relativen Preise hat sich in unserem Beispiel die Nachfrage nach Brot von 2010 bis 2020 um 100.000 Einheiten verringert, während die Anzahl der Autos um 20 gestiegen ist. Während der Paasche-Index die Veränderung der Gewichte berücksichtigt, tut dies der Laspeyres-Index nicht. Er gewichtet daher das relativ teurer gewordene Brot sehr stark. Aus diesem Grund zeigt der Preisindex vom Laspeyres-Typ einen höheren Preisanstieg an als der Index vom Paasche-Typ.

c. Wenn man sich auf das Beispiel bezieht und die Indexierung das Ziel haben soll, die Wohlfahrt der Rentner bei steigenden Preisen konstant zu halten, dann lässt sich diese Frage nicht eindeutig beantworten. Wie wir bei der vorigen Teilaufgabe gesehen haben, führt der relative Preisanstieg eines Guts im Allgemeinen dazu, dass von diesem Gut weniger gekauft wird. Der Verbraucherpreisindex berücksichtigt diesen Substitutionsvorgang nicht, da er als Index vom Laspeyres-Typ auf einem festen Gewichtungsschema basiert. Er wird daher die Erhöhung der Lebenshaltungskosten bzw. den damit verbundenen Wohlfahrtsrückgang überzeichnen. Der BIP-Deflator hingegen verwendet als Index vom Paasche-Typ jeweils den aktuellen Warenkorb, berücksichtigt also den Substitutionseffekt. Er beachtet aber nicht, dass die Menschen durch die Veränderung der relativen Preise zu dieser Substitution »gezwungen« werden, was mit einem Wohlfahrtsverlust verbunden ist. In der Praxis würde man jedoch eher eine Orientierung am Verbraucherpreisindex empfehlen, weil der Verbraucherpreisindex sich im Gegensatz zum BIP-Deflator nur auf die Güter bezieht, die von den Konsumenten tatsächlich auch nachgefragt werden. Das Problem des festen Gewichtungsschemas wird in der Praxis dadurch abgemildert, dass das Gewichtungsschema alle fünf Jahre an die veränderten Verbrauchsgewohnheiten angepasst wird.

Aufgabe 7

Cordula konsumiert nur Äpfel. Im Jahr 1 kosten rote Äpfel 1 Euro pro Stück, grüne Äpfel kosten 2 Euro pro Stück, und Cordula kauft 10 rote Äpfel. Im Jahr 2 kosten rote Äpfel 2 Euro pro Stück, grüne Äpfel kosten 1 Euro pro Stück, und Cordula kauft 10 grüne Äpfel.

a. Verwenden Sie Jahr 1 als Basisjahr, und berechnen Sie einen Verbraucherpreisindex für beide Jahre (es gibt nur Ausgaben für Äpfel). Wie verändert sich der Index von Jahr 1 auf Jahr 2?

b. Ermitteln Sie für beide Jahre Cordulas nominale Ausgaben für Äpfel. Wie verändern sie sich von Jahr 1 auf Jahr 2?

c. Berechnen Sie für beide Jahre Cordulas reale Ausgaben für Äpfel. Verwenden Sie dabei Jahr 1 als Basisjahr. Wie verändern sich die realen Ausgaben von Jahr 1 auf Jahr 2?

d. Ermitteln Sie den impliziten Preisindex, wenn dieser als Quotient aus nominalen Ausgaben und realen Ausgaben definiert ist. Wie verändert sich der implizite Preisindex von Jahr 1 auf Jahr 2?

e. Nehmen Sie an, dass es Cordula völlig gleich ist, ob sie rote oder grüne Äpfel isst. Um wie viel haben sich die wahren Lebenshaltungskosten von Cordula erhöht? Vergleichen Sie Ihre Antwort mit den Antworten, die Sie auf die Teilaufgaben a. und d. gegeben haben. Was kann man aus diesem Beispiel über Laspeyres- und Paasche-Preisindizes lernen?

Lösung

a. Für den Verbraucherpreisindex (VI) gilt:

$$VI_2 = \frac{P_2^{rot} \cdot Q_1^{rot} + P_2^{grün} Q_1^{grün}}{P_1^{rot} \cdot Q_1^{rot} + P_1^{grün} Q_1^{grün}}$$

$$= \frac{2\left[\dfrac{EUR}{ME}\right] \cdot 10\,[ME] + 1\left[\dfrac{EUR}{ME}\right] \cdot 0\,[ME]}{1\left[\dfrac{EUR}{ME}\right] \cdot 10\,[ME] + 2\left[\dfrac{EUR}{ME}\right] \cdot 0\,[ME]}$$

$$= \frac{20}{10} = 2.$$

Der Verbraucherpreisindex verdoppelt sich.

b. Nominale Ausgaben (NA) Jahr 1:

$$NA_1 = P_1^{rot} \cdot Q_1^{rot} + P_1^{grün} \cdot Q_1^{grün}$$

$$= 1\left[\frac{EUR}{ME}\right] \cdot 10\,[ME] + 2\left[\frac{EUR}{ME}\right] \cdot 0\,[ME]$$

$$= 10\,[EUR]$$

Nominale Ausgaben (NA) Jahr 2:

$$NA_2 = P_2^{rot} \cdot Q_2^{rot} + P_2^{grün} \cdot Q_2^{grün}$$

$$= 2\left[\frac{EUR}{ME}\right] \cdot 0\,[ME] + 1\left[\frac{EUR}{ME}\right] \cdot 10\,[ME]$$

$$= 10\,[EUR].$$

Die nominalen Ausgaben bleiben unverändert.

c. Die realen Ausgaben (RA) berechnet man, indem man die Preise des Basisjahres verwendet. Im Jahr 1 stimmen daher reale und nominale Ausgaben überein:

$$RA_1 = NA_1 = 10\,[EUR]$$

$$RA_2 = P_1^{rot} \cdot Q_2^{rot} + P_1^{grün} \cdot Q_2^{grün}$$

$$= 1\left[\frac{EUR}{ME}\right] \cdot 0\,[ME] + 2\left[\frac{EUR}{ME}\right] \cdot 10\,[ME]$$

$$= 20\,[EUR].$$

Die realen Ausgaben verdoppeln sich.

d. Für den impliziten Preisindex (PII) gilt:

$$PII_2 = \frac{\text{Nominale Ausgaben}_2}{\text{Reale Ausgaben}_2}$$

$$= \frac{10\,[EUR]}{20\,[EUR]}$$

$$= 0,5.$$

Der implizite Preisindex halbiert sich.

e. Wenn es Cordula völlig gleichgültig ist, ob sie rote oder grüne Äpfel isst, dann haben sich ihre wahren Lebenshaltungskosten nicht verändert. Sie hat in beiden Jahren 10 Äpfel gekauft und dafür jeweils 10 Euro bezahlt. Der Verbraucherpreisindex aus Teilaufgabe a. zeigt eine Verdopplung der Lebenshaltungskosten an, während der implizite Preisindex aus Teilaufgabe d. eine Halbierung der Lebenshaltungskosten signalisiert. Der Verbraucherpreisindex berücksichtigt den Anstieg des Preises für rote Äpfel, ignoriert aber den Rückgang der Preise für grüne Äpfel, weil diese im Basisjahr nicht gekauft wurden. Umgekehrt werden die roten Äpfel berücksichtigt, obwohl Cordula im Berichtsjahr nur grüne Äpfel konsumiert. Folglich überzeichnet der Verbraucherpreisindex die wahre Situation. Für den impliziten Preisindex gilt umgekehrt, dass er die wahre Entwicklung der Lebenshaltungskosten untertreibt. Wir können diese Ergebnisse aus unserem Beispiel vorsichtig verallgemeinern: Tendenziell überzeichnet ein Laspeyres-Index die wahre Entwicklung der Lebenshaltungskosten, während ein Paasche-Index sie unterzeichnet.

Aufgabe 8

Überlegen Sie für jedes der folgenden Ereignisse, wie dadurch vermutlich das reale BIP tangiert wird. Meinen Sie, dass die vermutete Änderung des realen BIP eine entsprechende Änderung der ökonomischen Wohlfahrt widerspiegelt?

a. Ein Unwetter führt dazu, dass ein geplantes Konzert der Kelly-Family abgesagt werden muss.

b. Die Entdeckung einer neuen schnellwüchsigen Weizensorte führt zu einer Zunahme der Ernteerträge.

c. Aufgrund von zunehmenden Spannungen zwischen Betriebsrat und Unternehmensleitung kommt es zu spontanen Arbeitsniederlegungen.

d. In allen Branchen einer Volkswirtschaft sehen sich die Unternehmen einem Rückgang der Nachfrage gegenüber. Sie entlassen deswegen Arbeitnehmer.

e. Der Bundestag verabschiedet ein neues Umweltgesetz, das den Unternehmen verbietet, Produktionsverfahren zu verwenden, bei denen gesundheitsschädliche Stoffe emittiert werden.

f. Die Zahl der Studenten, die ihr Studium abbrechen, um sich als Lagerarbeiter Geld zu verdienen, nimmt zu.

g. Die Väter im ganzen Land arbeiten kürzer, um mehr Zeit für ihre Kinder zu haben.

Lösung

a. Im Vergleich zu einer Situation, in der das Konzert der Kelly-Family stattgefunden hätte, sinkt das Bruttoinlandsprodukt. Auch die ökonomische Wohlfahrt sinkt, weil etwa die Einkommen der Bühnenarbeiter oder anderer Helfer geringer ausfallen und die Einnahmen der Kelly-Family vergleichsweise geringer sind. Dem entspricht ein geringerer Wert der Konsumausgaben auf der Verwendungsseite des Bruttoinlandsprodukts, da weniger Eintrittskarten gekauft werden.

b. Die Zunahme der Ernteerträge führt zu einem Anstieg des Bruttoinlandsprodukts. Gleichzeitig steigt auch die Wohlfahrt, weil entweder mehr konsumiert werden kann oder bei gegebenem Konsum Arbeit und Kapital aus der Landwirtschaft abgezogen und in andere Bereiche gelenkt werden können.

c. Durch die Arbeitsniederlegungen kommt es zu einem Rückgang von Produktion und Einkommen. Das Bruttoinlandsprodukt sinkt daher. Dieser Rückgang des Bruttoinlandsprodukts korrespondiert mit einem Rückgang der ökonomischen Wohlfahrt, weil insgesamt ein geringerer Güterberg zur Verfügung steht.

d. Wenn Arbeitnehmer entlassen werden, dann kann ceteris paribus weniger produziert werden. Daher sinkt das Bruttoinlandsprodukt. Dieser Rückgang des Bruttoinlandsprodukts ist auch auf der Verwendungsseite erkennbar, da die gesunkenen Einkommen nur einen vergleichsweise geringeren Konsum zulassen. Der Rückgang des Bruttoinlandsprodukts reflektiert auch einen Rückgang der ökonomischen Wohlfahrt, da der Gesellschaft insgesamt weniger Güter zur Verfügung stehen.

e. Das Umweltgesetz könnte dazu führen, dass die Produktion gesundheitsschädlicher Stoffe eingestellt wird. Von daher kommt es ceteris paribus zu einem Rückgang des Bruttoinlandsprodukts. Die ökonomische Wohlfahrt könnte aber steigen, da sich die Gesundheitssituation der Gesellschaft verbessert. Diese Verbesserung wird im Bruttoinlandsprodukt jedoch nicht erfasst.

f. Wenn sich durch die steigende Zahl der Studienabbrecher der Einsatz des Faktors Arbeit erhöht, könnte ceteris paribus das Bruttoinlandsprodukt steigen. Ob sich die ökonomische Wohlfahrt erhöht, ist nicht eindeutig zu beurteilen. Einerseits kann man argumentieren, dass die Studenten freiwillig das Studium abbrechen und von daher die Wohlfahrt zunehmen muss. Andererseits könnte es sich um eine irrationale Entscheidung handeln, die dazu führt, dass langfristig das Bruttoinlandsprodukt kleiner ist als es sein könnte, wenn die Studenten ihr Studium beenden würden.

g. Wenn die Väter kürzer arbeiten, dann sinkt der Einsatz des Faktors Arbeit und die Produktion geht zurück. Daher wird das Bruttoinlandsprodukt ebenfalls sinken. Die ökonomische Wohlfahrt könnte gleichwohl steigen, weil sich die Kinder freuen würden, dass ihre Väter mehr Zeit für sie haben.

Aufgabe 9

Als sich der amerikanische Senator Robert Kennedy 1968 um die Präsidentschaft bewarb, sagte er in einer seiner Wahlkampfreden Folgendes in Bezug auf das BIP:

»[It] does not allow for the health of our children, the quality of their education, or the joy of their play. It does not include the beauty of our poetry or the strength of our marriages, the intelligence of our public debate or the integrity of our public officials. It measures neither our courage, nor our wisdom, nor our devotion to our country. It measures everything, in short, except that which makes life worthwhile, and it can tell us everything about America except why we are proud that we are Americans.«

Hatte Robert Kennedy Recht? Wenn ja, warum machen wir uns dann Gedanken über das BIP?

Lösung

Kennedy hebt in seiner Rede hervor, dass das Bruttoinlandsprodukt nur einen Teil der wohlfahrtsrelevanten Tatbestände erfasst. Neben den von Kennedy angesprochenen Punkten werden im Bruttoinlandsprodukt beispielsweise auch Umweltverbrauch und Haushaltsproduktion nicht bzw. nur unzureichend erfasst. Es besteht kein Zweifel daran, dass das Bruttoinlandsprodukt ein nur sehr unvollkommenes Maß für die ökonomische Wohlfahrt darstellt. Andererseits ist verständlich, dass man die ökonomische Wohlfahrt eines Landes gern konzentriert in einer Maßzahl ausdrücken möchte. Versuche, bessere Indikatoren zu finden (z. B. Systeme sozialer Indikatoren), haben sich bislang als fruchtlos erwiesen. Daher wird bei intertemporalen und internationalen Wohlfahrtsvergleichen meist nach wie vor in erster Linie auf das Bruttoinlandsprodukt zurückgegriffen. Zumindest bei intertemporalen Vergleichen kann man sich damit trösten, dass, wenn die Messprobleme im Zeitverlauf unverändert bleiben, ein halbwegs vernünftiger Vergleich zwischen den einzelnen Jahren möglich ist.

3 Das Bruttoinlandsprodukt: Entstehung, Verteilung und Verwendung

Aufgabe 1

Verwenden Sie die neoklassische Verteilungstheorie, um für jedes der folgenden Ereignisse die Auswirkungen auf den Reallohn und den realen Mietpreis des Kapitals zu bestimmen:

a. Ein Zustrom von Immigranten erhöht die Anzahl der Erwerbspersonen.
b. Ein Erdbeben zerstört einen Teil des Kapitalstocks.
c. Eine technologische Neuerung verbessert die Produktionsfunktion.

Lösung

Nach der neoklassischen Verteilungstheorie werden die Faktoren Arbeit und Kapital im Gleichgewicht nach ihrem jeweiligen Grenzprodukt entlohnt. Die neoklassische Verteilungstheorie geht von positiven, aber abnehmenden Grenzprodukten aus.

a. Wegen der getroffenen Annahmen führt eine Beschäftigung der zusätzlichen Erwerbspersonen zu einer Abnahme des Grenzprodukts der Arbeit. Da im Gleichgewicht der Reallohn dem Grenzprodukt der Arbeit entspricht, führt der Zustrom von Immigranten zu einem Rückgang des Reallohns. Wenn bei gegebenem Kapitaleinsatz der Arbeitseinsatz steigt, nimmt das Grenzprodukt des Kapitals zu. Daher wird es zu einem Anstieg des realen Mietpreises des Kapitals kommen.

b. Ein Rückgang des Kapitalstocks führt zu einem Anstieg des Grenzprodukts des Kapitals. Daher wird der reale Mietpreis des Kapitals steigen. Eine Verminderung des Kapitaleinsatzes bei gegebenem Arbeitseinsatz lässt das Grenzprodukt der Arbeit sinken. Daher wird es zu einem Sinken des Reallohns kommen.

c. Technologischer Fortschritt führt im Allgemeinen dazu, dass sowohl das Grenzprodukt der Arbeit als auch das Grenzprodukt des Kapitals steigen. Bei gegebenem Volumen an Arbeit und Kapital werden die Unternehmen daher bereit sein, sowohl einen höheren Reallohn als auch einen höheren realen Mietpreis des Kapitals zu zahlen.

Aufgabe 2

Falls eine zehnprozentige Erhöhung von Kapital und Arbeit einen weniger als zehnprozentigen Zuwachs der Produktion bewirkt, sagt man, dass die Produktionsfunktion sinkende Skalenerträge aufweist. Wenn die Erhöhung zu einem mehr als zehnprozentigen Anstieg der Produktion führt, spricht man von steigenden Skalenerträgen. Aus welchen Gründen könnte eine Produktionsfunktion sinkende oder steigende Skalenerträge aufweisen?

Lösung

Konstante Skalenerträge basieren auf der Überlegung, dass eine gegebene Produktionsausstattung (z.B. eine Fabrik mit einer gegebenen Technologie und einem gegebenen Volumen an Arbeit und Kapital) so lange repliziert werden kann, wie die Faktorausstattung der betreffenden Volkswirtschaft es zulässt. Daher müsste sich auch der Output proportional zum Faktoreinsatz erhöhen.

Sinkende Skalenerträge sind offensichtlich nur dann möglich, wenn diese Replikation nicht durchführbar ist. In der Literatur wird in diesem Zusammenhang manchmal auf Produktionsfaktoren verwiesen, die nur begrenzt vorhanden sind (z.B. Land). Wenn bei gegebener Ausstattung mit Land der Einsatz des Faktors Arbeit um einen bestimmten Prozentsatz erhöht wird, nimmt der Ertrag nur unterproportional zu. Dies ist aber nicht auf sinkende Skalenerträge, sondern auf das sinkende Grenzprodukt der Arbeit zurückzuführen. Wenn man den Einsatz der Produktionsfaktoren korrekt erfasst, können sinkende Skalenerträge nicht auftreten.

Steigende Skalenerträge sind dagegen leichter vorstellbar. Sie treten etwa dann auf, wenn es zu Lerneffekten kommt. Lerneffekte entstehen bei der Ausdehnung der Produktion dadurch, dass Arbeitnehmer bei einem größeren Produktionsvolumen geschickter werden, dass organisatorische Verbesserungen der Arbeitsabläufe vorgenommen werden etc. Allerdings muss auch hier einschränkend festgehalten werden, dass man viele dieser Lerneffekte ebenso gut einer Verbesserung der Technologie und damit einer Veränderung der Produktionsfunktion zurechnen kann.

Aufgabe 3

Nehmen Sie an, dass die Produktionsfunktion einer Volkswirtschaft vom Cobb-Douglas-Typ sei mit $\alpha = 0{,}3$.

a. Welche Teile des Einkommens erhalten Kapital und Arbeit?

b. Nehmen Sie an, dass die Zahl der Erwerbspersonen um 10 Prozent steigt (beispielsweise durch Zuzug von Aus- und Übersiedlern). Welche Wirkungen ergeben sich für die Höhe der volkswirtschaftlichen Produktion (in Prozent)? Welche für den Mietpreis des Kapitals? Welche für den Reallohn?

c. Nehmen Sie an, dass der Kapitalstock aufgrund einer Schenkung aus dem Ausland um 10 Prozent steigt. Wie wirkt sich diese Änderung auf den gesamtwirtschaftlichen Output aus (in Prozent)? Wie auf den Mietpreis des Kapitals? Wie auf den Reallohn?

d. Nehmen Sie an, dass der technologische Fortschritt zu einer Erhöhung des Wertes des Parameters A um 10 Prozent führt. Welche Auswirkungen hat diese Erhöhung auf den gesamtwirtschaftlichen Output (in Prozent)? Auf den Mietpreis des Kapitals? Auf den Reallohn?

Lösung

a. Für $\alpha = 0,3$ können wir die Cobb-Douglas-Funktion schreiben als:

$$Y = AK^{0,3} L^{0,7}.$$

Bei Entlohnung nach dem Grenzprodukt gilt:

$$\frac{W}{P} = MPL$$

$$\frac{R}{P} = MPK.$$

Die realen Faktorpreise müssen also mit dem jeweiligen Grenzprodukt übereinstimmen (vgl. Mankiw, S. 65 u. S. 68). Da die Cobb-Douglas-Funktion konstante Skalenerträge aufweist, gilt das Eulersche Theorem und wir können schreiben:

$$Y = MPK \cdot K + MPL \cdot L.$$

Das Grenzprodukt des Kapitals ist:

$$\frac{\partial Y}{\partial K} = 0,3 \, AK^{-0,7} L^{0,7}$$

$$= 0,3 \, AK^{-0,7} L^{0,7} \, \frac{K}{K}$$

$$= 0,3 \, \frac{AK^{0,3} L^{0,7}}{K}$$

$$= 0,3 \, \frac{Y}{K}.$$

Das Grenzprodukt der Arbeit ist:

$$\frac{\partial Y}{\partial L} = 0,7 AK^{0,3} L^{-0,3}$$

$$= 0,7 AK^{0,3} L^{-0,3} \, \frac{L}{L}$$

$$= 0,7 \, \frac{AK^{0,3} L^{0,7}}{L}$$

$$= 0,7 \, \frac{Y}{L}.$$

Für den Anteil des Kapitals gilt:

$$MPK \cdot K = 0,3 \frac{Y}{K} \cdot K$$

$$= 0,3 \, Y.$$

Für den Anteil der Arbeit gilt:

$$MPL \cdot L = 0,7\frac{Y}{L} \cdot L$$

$$= 0,7\,Y.$$

Es entfallen 30 Prozent des Einkommens auf das Kapital und 70 Prozent des Einkommens entfallen auf die Arbeit.

b. Um die prozentuale Änderung des Outputs aufgrund einer zehnprozentigen Erhöhung der Zahl der Erwerbspersonen zu ermitteln, berechnen wir den Wert des Outputs vor der Erhöhung (Y_1) und nach der Erhöhung (Y_2).
Es ist:

$$Y_1 = AK^{0,3}L^{0,7}$$

$$Y_2 = AK^{0,3}\left(1,1L\right)^{0,7}.$$

(In der zweiten Gleichung haben wir den ursprünglichen Arbeitseinsatz – egal, welchen numerischen Wert er hatte – um 10 Prozent erhöht.)
Die relative Änderung von Y_2 gegenüber Y_1 ist:

$$\frac{Y_2}{Y_1} = \frac{1,1^{0,7} \cdot AK^{0,3}L^{0,7}}{AK^{0,3}L^{0,7}}$$

$$= 1,1^{0,7}$$

$$= 1,069.$$

Der Output ist aufgrund der zehnprozentigen Erhöhung des Arbeitseinsatzes um 6,9 Prozent gestiegen.

Die prozentuale Erhöhung des Mietpreises des Kapitals berechnen wir wie folgt. Aus Teil a. wissen wir, dass gilt:

$$\frac{R}{P} = MPK = 0,3AK^{-0,7}L^{0,7}.$$

Wir berechnen wie eben den Mietpreis vor [$(R/P)_1$] und nach [$(R/P)_2$] der Erhöhung des Arbeitseinsatzes:

$$\left(\frac{R}{P}\right)_1 = 0,3\,AK^{-0,7}L^{0,7}$$

$$\left(\frac{R}{P}\right)_2 = 0,3\,AK^{-0,7}\left(1,1\,L\right)^{0,7}.$$

Die relative Änderung von $(R/P)_2$ gegenüber $(R/P)_1$ ist:

$$\frac{\left(\dfrac{R}{P}\right)_2}{\left(\dfrac{R}{P}\right)_1} = \frac{1{,}1^{0{,}7} \cdot 0{,}3AK^{-0{,}7}L^{0{,}7}}{0{,}3AK^{-0{,}7}L^{0{,}7}}$$

$$= 1{,}1^{0{,}7}$$

$$= 1{,}069$$

Der reale Mietpreis des Kapitals ist aufgrund der zehnprozentigen Erhöhung des Arbeitseinsatzes um 6,9 Prozent gestiegen.

Zur Ermittlung der relativen Änderung des Reallohns gehen wir analog vor. Aus Teil a. wissen wir, dass gilt:

$$\frac{W}{P} = MPL = 0{,}7AK^{0{,}3}L^{-0{,}3}.$$

Wir berechnen den Reallohn vor $[(W/P)_1]$ und nach $[(W/P)_2]$ der Erhöhung des Arbeitseinsatzes:

$$\left(\frac{W}{P}\right)_1 = 0{,}7AK^{0{,}3}L^{-0{,}3}$$

$$\left(\frac{W}{P}\right)_2 = 0{,}7AK^{0{,}3}\left(1{,}1L\right)^{-0{,}3}.$$

Die relative Änderung von $(W/P)_2$ gegenüber von $(W/P)_1$ ist:

$$\frac{\left(\dfrac{W}{P}\right)_2}{\left(\dfrac{W}{P}\right)_1} = \frac{1{,}1^{-0{,}3} \cdot 0{,}7AK^{0{,}3}L^{-0{,}3}}{0{,}7AK^{0{,}3}L^{-0{,}3}}$$

$$= 1{,}1^{-0{,}3}$$

$$= 0{,}972.$$

Der Reallohn ist aufgrund der zehnprozentigen Erhöhung des Arbeitseinsatzes um 2,8 Prozent gesunken.

c. Die Beantwortung dieser Teilaufgabe erfolgt völlig analog zu Teilaufgabe b. Im folgenden werden die Rechenschritte daher verkürzt und ohne weiteren Kommentar dargestellt.

Relative Änderung des Outputs:

$$\frac{Y_2}{Y_1} = \frac{1{,}1^{0,3} \cdot AK^{0,3}L^{0,7}}{AK^{0,3}L^{0,7}}$$

$$= 1{,}1^{0,3}$$

$$= 1{,}029.$$

Der Output steigt um 2,9 Prozent.

Relative Änderung des realen Mietpreises des Kapitals:

$$\frac{\left(\dfrac{R}{P}\right)_2}{\left(\dfrac{R}{P}\right)_1} = \frac{1{,}1^{-0,7} \cdot 0{,}3AK^{-0,7}L^{0,7}}{0{,}3AK^{-0,7}L^{0,7}}$$

$$= 1{,}1^{-0,7}$$

$$= 0{,}935.$$

Der reale Mietpreis des Kapitals sinkt um 6,5 Prozent.

Relative Änderung des Reallohns:

$$\frac{\left(\dfrac{W}{P}\right)_2}{\left(\dfrac{W}{P}\right)_1} = \frac{1{,}1^{0,3} \cdot 0{,}7AK^{0,3}L^{-0,3}}{0{,}7AK^{0,3}L^{-0,3}}$$

$$= 1{,}1^{0,3}$$

$$= 1{,}029.$$

Der Reallohn steigt um 2,9 Prozent.

d. Wir können wieder auf die in Teil b. entwickelte Darstellung zurückgreifen und müssen nur bei der Berechnung eine zehnprozentige Erhöhung von A berücksichtigen.
Relative Änderung des Outputs:

$$\frac{Y_2}{Y_1} = \frac{1{,}1 \cdot AK^{0,3}L^{0,7}}{AK^{0,3}L^{0,7}}$$

$$= 1{,}1.$$

Der Output steigt um 10 Prozent.

Relative Änderung des realen Mietpreises des Kapitals:

$$\frac{\left(\dfrac{R}{P}\right)_2}{\left(\dfrac{R}{P}\right)_1} = \frac{1{,}1 \cdot 0{,}3 A K^{-0{,}7} L^{0{,}7}}{0{,}3 A K^{-0{,}7} L^{0{,}7}}$$

$$= 1{,}1.$$

Der reale Mietpreis des Kapitals steigt um 10 Prozent.

Relative Änderung des Reallohns:

$$\frac{\left(\dfrac{W}{P}\right)_2}{\left(\dfrac{W}{P}\right)_1} = \frac{1{,}1 \cdot 0{,}7 A K^{0{,}3} L^{-0{,}3}}{0{,}7 A K^{0{,}3} L^{-0{,}3}}$$

$$= 1{,}1.$$

Der Reallohn steigt um 10 Prozent.

Aufgabe 4

Abbildung 3-5 zeigt, dass die Lohnquote über einen langen Zeitraum betrachtet etwa konstant geblieben ist. Tabelle 3-1 zeigt, dass die Reallohnentwicklung trendmäßig sehr dicht dem Trend der Arbeitsproduktivität folgt. Wie hängen diese Beobachtungen miteinander zusammen? Könnte die erste Beobachtung richtig sein, ohne dass die zweite ebenfalls richtig ist?

Lösung

Die Aufgabe lässt sich am einfachsten lösen, wenn wir uns der Definition der Lohnquote bedienen. Präzise müsste man von der Lohnquote als dem Quotienten aus Arbeitsentgelt und Nettonationaleinkommen zu Faktorkosten (Volkseinkommen) sprechen. Da wir hier aber nicht zwischen Inlandsprodukt und Nationaleinkommen unterscheiden und auch nicht zwischen verschiedenen Bewertungsansätzen differenzieren, können wir guten Gewissens wie folgt definieren: Die Lohnquote ist der Quotient aus Lohneinkommen (Arbeitsentgelt) und nominalem Gesamteinkommen. Es gilt:

$$LQ = \frac{\text{Lohneinkommen}}{\text{nominales Gesamteinkommen}} = \frac{WL}{PY} = \frac{\dfrac{W}{P}}{\dfrac{Y}{L}}$$

In dieser Darstellung ist die Größe im Zähler des Doppelbruchs der Reallohn und die Größe im Nenner die Durchschnittsproduktivität der Arbeit. Die Lohnquote bleibt bei Wachstum des Reallohns nur dann konstant, wenn die Arbeitsproduktivität in gleichem Umfang wächst wie der Reallohn. Würde der Reallohn schneller wachsen als die Arbeitsproduktivität, dann müsste die Lohnquote rein rechnerisch immer größer werden.

Diese Überlegung kann man auch folgendermaßen verdeutlichen. Wir betrachten nicht die Lohnquote selbst, sondern ihre Veränderungsrate. Für die Wachstumsraten gilt:

$$g_{LQ} = g_{W/P} - g_{Y/L}$$

Konstanz der Lohnquote erfordert $g_{LQ} = 0$. Das ist aber nur möglich, wenn $g_{W/P} = g_{Y/L}$.

Aufgabe 5

Nach der neoklassischen Verteilungstheorie entspricht der Reallohn jedes Erwerbstätigen genau seinem Grenzprodukt. Wir wollen diese Einsicht verwenden, um die Einkommen zweier Gruppen von Arbeitnehmern zu analysieren: Landwirte und Friseure.

a. In den letzten hundert Jahren hat die Produktivität der Landwirte aufgrund des technologischen Fortschritts deutlich zugenommen. Welche Konsequenz sollte das nach der neoklassischen Theorie für ihren Reallohn haben?

b. In welchen Einheiten wird der in Teil a. diskutierte Reallohn gemessen?

c. Im selben Zeitraum ist die Produktivität von Friseuren konstant geblieben. Welche Konsequenzen sollte das für ihren Reallohn haben?

d. In welchen Einheiten wird der in Teil c. diskutierte Reallohn gemessen?

e. Nehmen Sie an, dass Erwerbstätige ohne Einschränkungen zwischen beiden Berufen hin- und herwechseln können. Welche Implikationen weist diese Mobilität für die Löhne von Landwirten und Friseuren auf?

f. Welche Implikationen haben Ihre vorherigen Antworten für den Preis von Haarschnitten relativ zum Preis von Lebensmitteln?

g. Wer profitiert vom technologischen Fortschritt in der Landwirtschaft – die Landwirte oder die Friseure?

Lösung

a. Der technologische Fortschritt sollte zu einem Anstieg des Grenzprodukts von Landwirten führen. Damit sollte der Reallohn in der Landwirtschaft steigen.

b. Der Reallohn wird in Menge an landwirtschaftlichem Output pro Arbeitsstunde gemessen. Dies ergibt sich daraus, dass der Nominallohn die Einheit Euro pro Stunde aufweist und der Preis in der Einheit Euro pro landwirtschaftlicher Produktionsmenge ausgedrückt wird. Der Reallohn ergibt sich als Quotient aus diesen beiden Größen.

c. Der Reallohn der Friseure sollte unverändert bleiben.

d. Der Reallohn der Friseure wird in Haarschnitten pro Stunde gemessen.

e. Die vollkommene Mobilität sollte dazu führen, dass sich der Nominallohn zwischen Landwirten und Friseuren nicht unterscheidet.

f. Wenn der Reallohn im Landwirtschaftsbereich größer ist als in der »Haarschnittindustrie«, der Nominallohn in beiden Sektoren aber gleich ist, dann muss der Preis von Haarschnitten relativ zum Preis der Lebensmittel gestiegen sein.

g. Sowohl die Landwirte als auch die Friseure profitieren vom technologischen Fortschritt in der Landwirtschaft.

Aufgabe 6

Betrachten Sie eine Cobb-Douglas-Funktion mit drei Inputfaktoren. K bezeichnet den Kapitaleinsatz (Anzahl der Maschinen), L den Arbeitseinsatz (Anzahl der Arbeitnehmer) und H das Humankapital (Anzahl der Hochschulabsolventen unter den Arbeitnehmern). Die Produktionsfunktion wird beschrieben durch:

$$Y = K^{\frac{1}{3}} L^{\frac{1}{3}} H^{\frac{1}{3}}.$$

a. Leiten Sie einen Ausdruck für das Grenzprodukt der Arbeit ab. Wie wirkt sich eine Zunahme des Humankapitals auf das Grenzprodukt der Arbeit aus?

b. Leiten Sie einen Ausdruck für das Grenzprodukt des Humankapitals ab. Wie wirkt sich eine Zunahme des Humankapitals auf das Grenzprodukt des Humankapitals aus?

c. Wie groß ist der Einkommensanteil, der auf den Faktor Arbeit entfällt? Wie groß ist der Einkommensanteil, der auf den Faktor Humankapital entfällt? Wie groß wäre wohl der Einkommensanteil des Faktors Arbeit, so wie er in der Volkswirtschaftlichen Gesamtrechnung dieser Wirtschaft erfasst würde? (Hinweis: Überlegen Sie, wo sich der Ertrag des Faktors Humankapital zeigt.)

d. Ein ungelernter Arbeitnehmer wird mit dem Grenzprodukt der Arbeit entlohnt. Ein Arbeitnehmer mit Hochschulabschluss wird dagegen mit dem Grenzprodukt der Arbeit zuzüglich des Grenzprodukts des Humankapitals entlohnt. Ermitteln Sie unter Verwendung Ihrer Antworten zu a. und b. das Verhältnis von Lohn für qualifizierte Tätigkeit zu ungelernter Arbeit. Wie wirkt sich eine Zunahme des Humankapitals auf dieses Verhältnis aus? Begründung!

e. Die Befürworter von staatlich finanzierter Hochschulausbildung sehen darin die Möglichkeit, eine gleichere Gesellschaft zu schaffen. Dagegen wird das Argument vorgebracht, dass staatliche Hochschulfinanzierung nur denen nutzen würde, die fähig sind, eine Hochschule zu besuchen. Werfen Ihre Antworten zu den obigen Fragen Licht auf diese Debatte?

Lösung

a. Das Grenzprodukt der Arbeit wird durch die partielle Ableitung der Produktionsfunktion nach der Arbeit beschrieben:

$$\frac{\partial Y}{\partial L} = \frac{1}{3} K^{\frac{1}{3}} L^{-\frac{2}{3}} H^{\frac{1}{3}}.$$

Eine Zunahme des Humankapitals bewirkt eine Zunahme des Grenzprodukts der Arbeit.

b. Das Grenzprodukt des Humankapitals wird durch die partielle Ableitung der Produktionsfunktion nach dem Humankapital beschrieben:

$$\frac{\partial Y}{\partial H} = \frac{1}{3} K^{\frac{1}{3}} L^{\frac{1}{3}} H^{-\frac{2}{3}}.$$

Eine Zunahme des Humankapitals bewirkt eine Abnahme des Grenzprodukts des Humankapitals.

c. Unter der Annahme, dass die Faktoren nach ihrem Grenzprodukt entlohnt werden, gilt für die durch die Produktionsfunktion beschriebene Wirtschaft:

$$Y = MPK \cdot K + MPL \cdot L + MPH \cdot H.$$

Der Einkommensanteil des Faktors Arbeit beträgt:

$$\frac{MPL \cdot L}{Y} = \frac{\dfrac{1}{3} K^{\frac{1}{3}} L^{-\frac{2}{3}} H^{\frac{1}{3}} \cdot L}{K^{\frac{1}{3}} L^{\frac{1}{3}} H^{\frac{1}{3}}}$$

$$= \frac{1}{3}.$$

Der Einkommensanteil des Humankapitals beträgt:

$$\frac{MPH \cdot H}{Y} = \frac{\dfrac{1}{3} K^{\frac{1}{3}} L^{\frac{1}{3}} H^{-\frac{2}{3}} \cdot H}{K^{\frac{1}{3}} L^{\frac{1}{3}} H^{\frac{1}{3}}}$$

$$= \frac{1}{3}.$$

Sowohl auf die Arbeit als auch auf das Humankapital entfällt jeweils 1/3 des Einkommens. In der Volkswirtschaftlichen Gesamtrechnung wird das Humankapital nicht gesondert berücksichtigt. Es wird nur zwischen »Arbeitnehmerentgelt« sowie »Unternehmens- und Vermögenseinkommen« unterschieden. Das Einkommen des Humankapitals würde, da es an die Arbeitnehmer gebunden ist, in der Kategorie »Arbeitnehmerentgelt« erfasst werden. In diesem Sinne würde der Einkommensanteil des Faktors Arbeit 2/3 betragen.

d. Ein Arbeitnehmer mit Hochschulabschluss erhält den Lohn

$$\left(\frac{W}{P} \right)_H = MPL + MPH.$$

Ein ungelernter Arbeitnehmer erhält den Lohn

$$\left(\frac{W}{P} \right)_U = MPL.$$

Das Verhältnis von Lohn für qualifizierte Tätigkeit zu ungelernter Arbeit ist:

$$\frac{(W/P)_H}{(W/P)_U} = \frac{MPL + MPH}{MPL}$$

$$= 1 + \frac{MPH}{MPL}$$

$$= 1 + \frac{\frac{1}{3}K^{\frac{1}{3}}L^{\frac{1}{3}}H^{-\frac{2}{3}}}{\frac{1}{3}K^{\frac{1}{3}}L^{-\frac{2}{3}}H^{\frac{1}{3}}}$$

$$= 1 + \frac{L}{H}.$$

Eine Zunahme des Humankapitals bewirkt eine Abnahme des Lohnverhältnisses von qualifizierter zu ungelernter Arbeit. Dies ist darauf zurückzuführen, dass eine Zunahme des Humankapitals die Faktoreinsatzkombination von Arbeit und Humankapital verändert. Bei der neuen Kombination ist das Grenzprodukt des Humankapitals kleiner und das Grenzprodukt der Arbeit höher als zuvor. (In der vorletzten Zeile der obigen Gleichungen kann man dies unmittelbar erkennen.)

e. Unsere bisherigen Antworten sprechen in der Tat dafür, dass eine staatliche Finanzierung von Hochschulausbildung eine gleiche Gesellschaft schaffen kann und auch denen nutzt, die keine Hochschule besuchen. Wenn wir davon ausgehen, dass die staatliche Förderung den Bestand an Humankapital erhöht, dann führt dies zu einer tendenziell sinkenden Entlohnung der Hochschulabsolventen, weil das Grenzprodukt des Humankapitals sinkt. Gleichzeitig steigt dadurch aber auch das Grenzprodukt der ungelernten Arbeitnehmer, d.h. ihre Entlohnung nimmt tendenziell zu. Man muss aber auch sehen, dass dies nur einen Aspekt des Problems beleuchtet. Von zentraler Bedeutung ist z.B. auch die Frage, welche Gruppe die Last der Steuern trägt, die für die staatliche Finanzierung von Hochschulen erhoben werden müssen.

Aufgabe 7

Der Staat erhöht die Steuern um 100 Milliarden Euro. Wenn die marginale Konsumneigung gleich 0,6 ist, welche Folgen ergeben sich für:
a. staatliches Sparen,
b. privates Sparen,
c. gesamtwirtschaftliches Sparen,
d. Investitionen?

Lösung
a. Das staatliche Sparen ist definiert als Differenz aus Steuern und Staatsausgaben. Wenn die Steuern bei gegebenen Staatsausgaben um 100 Milliarden Euro zunehmen, dann steigt das staatliche Sparen um den gleichen Betrag.

b. Die Steuererhöhung führt zu einem Rückgang des verfügbaren Einkommens der Privaten um 100 Milliarden Euro. Wenn die marginale Konsumneigung gleich 0,6 ist, muss die marginale Sparneigung 0,4 sein. Der Rückgang des verfügbaren Einkommens um 100 Milliarden Euro hat daher einen Rückgang des privaten Sparens um 40 Milliarden Euro zur Folge.

c. Das gesamtwirtschaftliche Sparen ist die Summe aus staatlichem Sparen und privatem Sparen. Wenn das staatliche Sparen um 100 Milliarden Euro zunimmt, das private Sparen um 40 Milliarden Euro abnimmt, dann muss sich das gesamtwirtschaftliche Sparen um 60 Milliarden Euro erhöhen.

d. Da im Gleichgewicht die Investitionen genauso groß sind wie das gesamtwirtschaftliche Sparen, müssen die Investitionen ebenfalls um 60 Milliarden steigen.

Aufgabe 8

Nehmen Sie an, dass die Konsumenten mehr Vertrauen in die Zukunft gewinnen, ein höheres Einkommen erwarten und deswegen schon heute mehr konsumieren wollen. Dies könnte man als eine Aufwärtsverschiebung der Konsumfunktion interpretieren. Welche Wirkungen ergeben sich für Investitionen und Zinssatz?

Lösung

Das gesamtwirtschaftliche Sparen ergibt sich aus der Gleichung

$$S = Y - C(Y - T) - G.$$

Der Vertrauenszuwachs äußert sich darin, dass bei gegebenem gegenwärtigen Einkommen Y der Konsum zunimmt. Da die anderen Größen in der Gleichung, die das gesamtwirtschaftliche Sparen definieren, unverändert bleiben, muss das gesamtwirtschaftliche Sparen sinken. Im nachfolgend gezeigten Spar-Investitions-Diagramm verschiebt sich also die Sparkurve nach links.

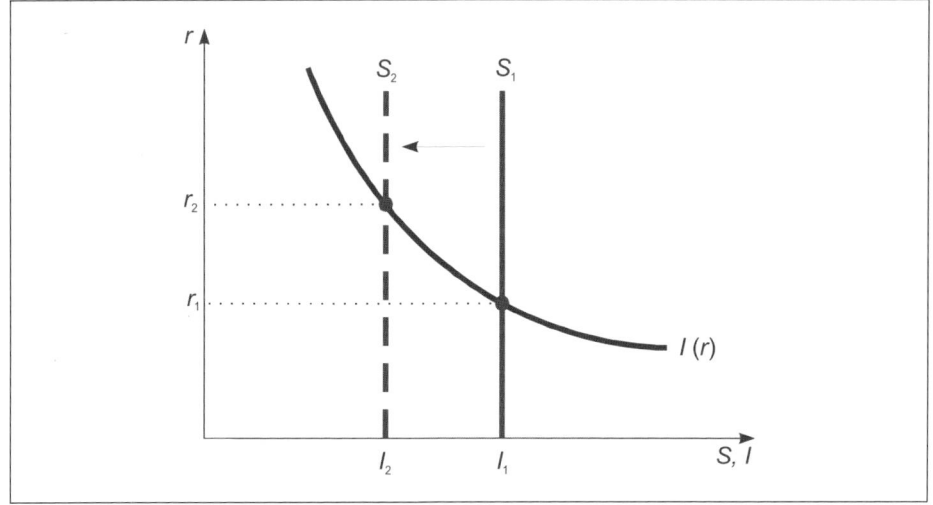

Abb. 3-1

Die Verringerung der gesamtwirtschaftlichen Ersparnis hat zur Folge, dass die Investoren um die knapper gewordenen Mittel konkurrieren und dabei den Zinssatz in die Höhe treiben. Der höhere Zinssatz hat zur Folge, dass nun weniger Investitionsprojekte rentabel sind, sodass die Investitionen sinken.

Aufgabe 9

Eine Volkswirtschaft lasse sich durch folgende Gleichungen beschreiben:

$Y = C + I + G$

$Y = 5.000$

$G = 1.000$

$T = 1.000$

$C = 250 + 0{,}75 \times (Y - T)$

$I = 1.000 - 50r$

a. Ermitteln Sie für diese Volkswirtschaft privates, öffentliches und gesamtwirtschaftliches Sparen.
b. Ermitteln Sie den gleichgewichtigen Zinssatz.
c. Nehmen Sie nun an, dass G auf 1.250 steigt. Ermitteln Sie privates, öffentliches und gesamtwirtschaftliches Sparen.
d. Bestimmen Sie den neuen gleichgewichtigen Zinssatz.

Lösung

a. $S^{ges} = S^{priv} + S^{öff} = (Y - T - C) + (T - G)$

$S^{priv} = 5.000 - 1.000 - [250 + 0{,}75(5.000 - 1.000)] = 750$

$S^{öff} = 1.000 - 1.000 = 0$

$S^{ges} = 750 + 0 = 750.$

b. Im Gleichgewicht stimmen gesamtwirtschaftliches Sparen und Investitionen überein:

$S^{ges} = I(r)$

$750 = 1.000 - 50\,r$

$r^* = 5\,(\text{Prozent}).$

c. Das private Sparen hat den gleichen Wert wie in Teilaufgabe a, da sich weder Einkommen noch Steuern ändern:

$S^{priv} = 750.$

Für öffentliches und gesamtwirtschaftliches Sparen gilt nun:

$S^{öff} = 1.000 - 1.250 = -250$

$S^{ges} = 750 - 250 = 500.$

d. Im Gleichgewicht stimmen gesamtwirtschaftliches Sparen und Investitionen überein:

$$S^{ges} = I(r)$$
$$500 = 1.000 - 50\,r$$
$$r^* = 10\,(\text{Prozent}).$$

Aufgabe 10

Nehmen Sie an, dass der Staat Steuern und staatliche Käufe in gleichem Maß erhöht. Mit welchen Wirkungen auf Zinssatz und Investitionen ist zu rechnen? Hängt Ihre Antwort von der marginalen Konsumquote ab?

Lösung

Die Auswirkungen einer gleich großen Erhöhung von Steuern und Staatsausgaben lassen sich am einfachsten erkennen, wenn wir von der Definitionsgleichung des gesamtwirtschaftlichen Sparens ausgehen. Es gilt:

$$S^{ges} = \left[Y - T - C(Y - T) \right] + (T - G).$$

Die Investitionen (und damit der Zinssatz) können sich nur ändern, wenn sich die Höhe der Ersparnis ändert.

Das gesamtwirtschaftliche Sparen ändert sich, wenn sich die Größen ändern, die das Sparen definieren:

$$\Delta S^{ges} = \left[\Delta Y - \Delta T - \Delta C(Y - T) \right] + \left[\Delta T - \Delta G \right].$$

Da Steuern und Staatsausgaben in gleichem Maße steigen, gilt $\Delta T = \Delta G$. Somit ist der Ausdruck in der zweiten eckigen Klammer gleich null. Weiter wissen wir, dass im klassischen Modell das Einkommen Y auf Vollbeschäftigungsniveau gegeben ist. Es ändert sich also aufgrund der Steuer- und Ausgabenerhöhung nicht, d.h. $\Delta Y = 0$.
Aus den bisherigen Überlegungen folgt:

$$\Delta S^{ges} = -\Delta T - \Delta C(Y - T).$$

Das verfübare Einkommen $(Y - T)$ sinkt um den Betrag der Steuererhöhung, also um $-\Delta T$. Der Rückgang des verfügbaren Einkommens vermindert den Konsum gemäß der marginalen Konsumquote, d.h.

$$\Delta C(Y - T) = MPC \cdot (-\Delta T).$$

Für das Sparen gilt somit:

$$\Delta S^{ges} = -\Delta T - \left[MPC \cdot (-\Delta T) \right]$$
$$= -\Delta T \,(1 - MPC).$$

Eine Erhöhung von Staatsausgaben und Steuern um den gleichen Betrag hat daher zur Folge, dass das gesamtwirtschaftliche Sparen zurückgeht. Der Rückgang ist umso stärker, je kleiner die marginale Konsumquote ist.

Aufgabe 11

Staatliche Maßnahmen zur Förderung privater Investitionen gelten häufig selektiv nur für bestimmte Investitionsarten. In dieser Aufgabe sollen Sie sich mit einer solchen selektiven Investitionsförderung befassen. Nehmen Sie dazu an, dass es in der betrachteten Wirtschaft zwei Arten von Investitionen gibt: Ausrüstungsinvestitionen und Bauinvestitionen. Nehmen Sie weiter an, dass der Staat nur für die Ausrüstungsinvestitionen Steuervergünstigungen gewährt.

a. Wie wirkt sich diese Politik auf die Nachfragekurve für Ausrüstungsinvestitionen aus? Wie auf die Investitionsnachfrage für Bauten?

b. Zeichnen Sie für die Modellwirtschaft die Kreditangebots- und die Kreditnachfragekurve. Wie wirkt sich die Politik auf Kreditangebot und Kreditnachfrage aus? Was geschieht mit dem gleichgewichtigen Zinssatz?

c. Vergleichen Sie altes und neues Gleichgewicht. Wie wirkt sich die Politik auf das gesamtwirtschaftliche Investitionsvolumen aus? Wie auf das Volumen der Ausrüstungsinvestitionen? Wie auf das Volumen der Bauinvestitionen?

Lösung

Die Auswirkungen von selektiven Steuervergünstigungen für die Ausrüstungsinvestitionen lassen sich am einfachsten anhand des folgenden Diagramms erläutern:

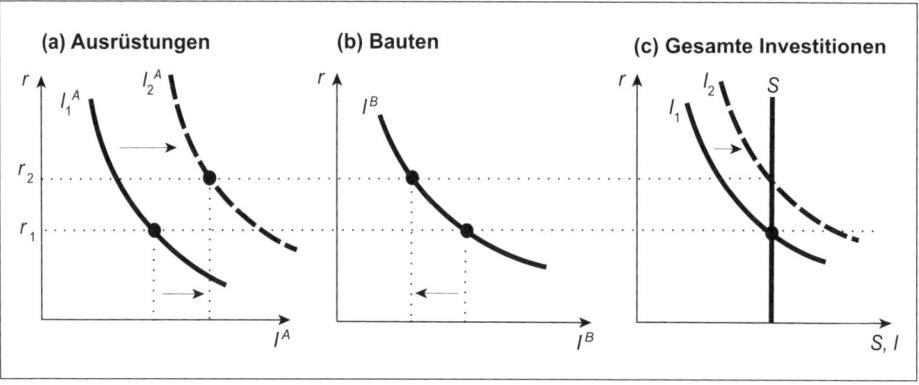

Abb. 3-2

a. Die Steuervergünstigungen haben zur Folge, dass sich für jeden gegebenen Zinssatz die Nachfrage nach Ausrüstungsinvestitionen erhöht. In (a) verschiebt sich die I^A-Kurve nach rechts. Da die Bauinvestitionen nicht gefördert werden, bleibt die I^B-Kurve unverändert. In Diagramm (c) verschiebt sich die Kurve der Gesamtinvestitionen um den gleichen Betrag nach rechts wie die I^A-Kurve.

b. Kreditangebot und Kreditnachfrage werden in Diagramm (c) gezeigt. Die Investitionskurve (= Kreditnachfragekurve) verschiebt sich nach rechts. Die Sparkurve (= Kreditangebot) bleibt unverändert. Die gestiegene Investitionsnachfrage treibt den gleichgewichtigen Zinssatz in die Höhe. Er steigt von r_1 auf r_2.

c. Weil das Sparen (und damit das Kreditangebot) sich nicht ändert, bleibt letztlich auch das Gesamtvolumen der Investitionen unverändert. Der Zinsanstieg auf r_2 induziert einen Rückgang der Bauinvestitionen. Im Endeffekt führt also die selektive Steuervergünstigung dazu, dass die geförderten Ausrüstungsinvestitionen in genau gleichem Umfang Bauinvestitionen verdrängen.

Aufgabe 12

Welche Konsequenzen ergäben sich für die in diesem Kapitel gezogenen Schlussfolgerungen hinsichtlich der Wirkungen der Fiskalpolitik, falls der Konsum vom Zinssatz abhängen würde?

Lösung

Wenn der Konsum vom Zins abhängig ist, dann ist auch die private Ersparnis S^{priv} zinsabhängig. Die Sparkurve verläuft dann mit positiver Steigung:

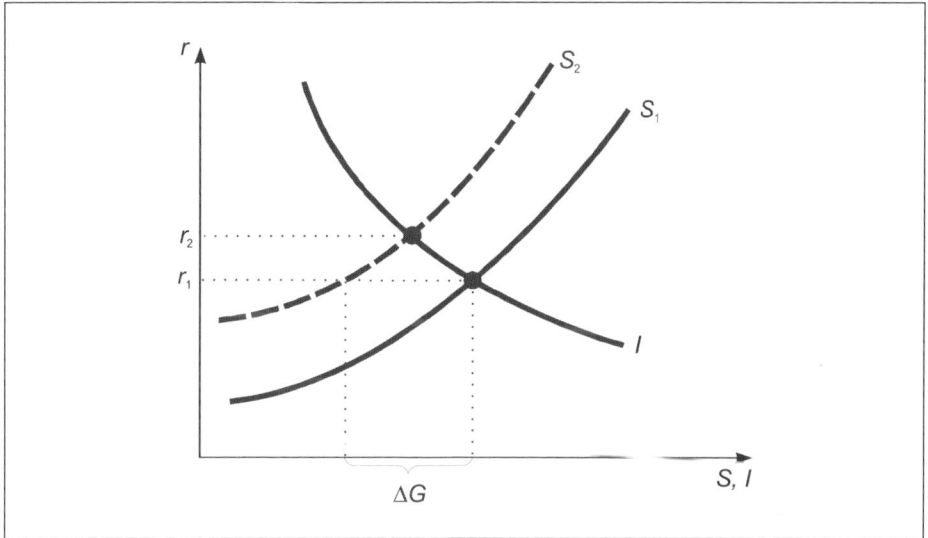

Abb. 3-3

Eine Erhöhung der Staatsausgaben um ΔG führt bei gegebenem Zinssatz zu einem Rückgang der Ersparnis um genau diesen Betrag. Daher verschiebt sich die Sparkurve um ΔG nach links. Da jetzt die Kreditnachfrage höher ist als das Kreditangebot, steigt der Zinssatz. Der steigende Zinssatz hat nun aber einen Anstieg des Sparens zur Folge (Bewegung entlang der S_2-Kurve), bis bei r_2 ein neues Gleichgewicht erreicht ist.

Besteht die Fiskalpolitik in einer Steuersenkung, erhält man prinzipiell das gleiche Ergebnis. Eine Steuersenkung um ΔT reduziert das öffentliche Sparen um genau diesen Betrag. Die Steuersenkung bedeutet aber gleichzeitig eine Erhöhung des verfügbaren Einkommens der privaten Haushalte um ΔT. Dieser Einkommensanstieg führt zu einer Zunahme der privaten Ersparnis um $(1 - MPC) \cdot \Delta T$ (und zu einem Anstieg des privaten Konsums um $MPC \cdot \Delta T$).

Die gesamtwirtschaftliche Ersparnis sinkt daher nicht um ΔT, sondern nur um die Differenz $\Delta T - (1 - MPC)\Delta T = MPC \cdot \Delta T$. Um diesen Betrag verschiebt sich die Sparkurve nach links. Weil das Kreditangebot nun geringer ist als die Kreditnachfrage, kommt es zu einem Anstieg des Zinssatzes und damit zu einer zinsinduzierten Zunahme des Sparens. Insgesamt wird die Auswirkung der Fiskalpolitik auf die Investitionen also durch die Zinsabhängigkeit von Konsum und Sparen im Vergleich zu dem im Lehrbuch diskutierten Fall abgeschwächt.

Aufgabe 13

Makroökonomische Daten zeigen keine besonders ausgeprägte Korrelation zwischen Investitionen und Zinssätzen. Wir wollen untersuchen, warum das so sein könnte. Verwenden Sie zur Beantwortung unser Modell, in dem sich der Zinssatz so anpasst, dass er das Kreditangebot (Kreditangebotskurve verläuft aufwärts) und die Kreditnachfrage (Kreditnachfragekurve verläuft abwärts) ins Gleichgewicht bringt.

a. Nehmen Sie an, die Nachfrage nach Krediten war stabil, aber das Kreditangebot schwankte von Jahr zu Jahr. Wodurch könnten diese Schwankungen im Kreditangebot hervorgerufen worden sein? Welche Korrelation zwischen Investitionen und Zinssätzen würde man in diesem Fall feststellen?

b. Nehmen Sie an, das Kreditangebot war stabil, aber die Kreditnachfrage schwankte von Jahr zu Jahr. Wodurch könnten diese Schwankungen hervorgerufen worden sein? Welche Korrelation zwischen Investitionen und Zinssätzen würde man in diesem Fall feststellen?

c. Nehmen Sie an, dass sowohl Kreditangebot als auch Kreditnachfrage im Zeitverlauf schwankten. Würden Sie ein Streudiagramm für Investitionen und Zinssätze konstruieren, was würden Sie feststellen?

d. Welcher der drei eben genannten Fälle erscheint Ihnen empirisch am realistischsten?

Lösung

Im folgenden Diagramm werden eine Kreditangebotskurve gezeigt, die aufwärts verläuft, und eine Kreditnachfragekurve, die abwärts verläuft. Hinter der Kreditnachfragekurve stehen die Investitionswünsche der Investoren – je höher der Zinssatz ist, desto höher sind die Finanzierungskosten und desto geringer sind Investitionswünsche und Kreditnachfrage. Hinter der Kreditangebotskurve stehen die Anlagewünsche der Sparer – je höher der Zinssatz ist, desto attraktiver ist es zu sparen (auf Konsum zu verzichten) und desto höher ist das Kreditangebot.

a. Die Schwankungen im Kreditangebot könnten beispielsweise durch Änderungen der Einschätzung der künftigen Entwicklung bedingt sein. So könnten die Konsumenten ihren Konsum verringern (und damit ihr Sparen erhöhen), wenn sie eine Verschlechterung der Wirtschaftssituation befürchten und die Wahrscheinlichkeit von Arbeitslosigkeit steigt. Eine andere Ursache für eine Zunahme des Sparens könnte darin bestehen, dass die Konsumenten eine Kürzung der öffentlichen Rentenleistungen befürchten und deswegen größere Rücklagen für das Alter bilden wollen. Diese Änderungen der Einschätzung der wirtschaftlichen Entwicklung hätten für jeden gegebenen Zinssatz höhere Sparwünsche und damit ein höheres Kreditangebot zur Folge – die Kreditangebotskurve verschiebt sich nach rechts. Würden die Konsumenten die künftige Entwicklung positiver einschätzen, ergäbe sich analog eine Verschiebung der Sparkurve nach links. Da man empirisch nur die tatsächlichen Kombinationen von Zinssatz und Investitionsvolumen erfassen kann, würde man eine negative Korrelation zwischen Zinssatz und Investitionen feststellen.

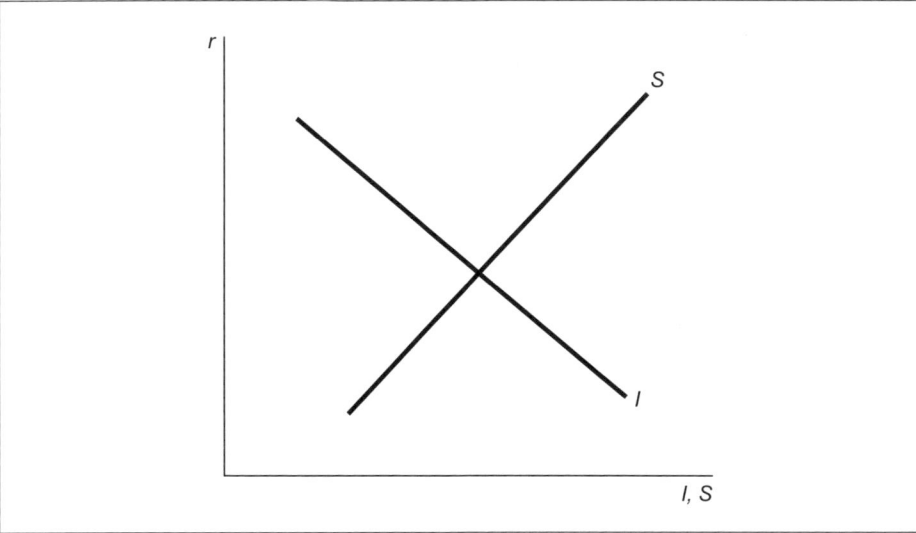

Abb. 3-4

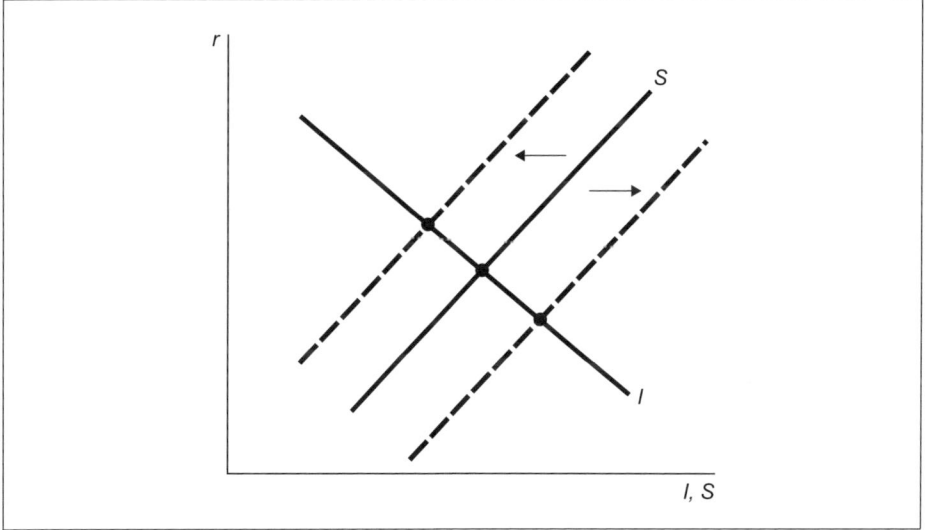

Abb. 3-5

b. Die Schwankungen in der Kreditnachfrage basieren in unserem Modell auf Schwankungen der Investitionsnachfrage. Die Investitionsnachfrage könnte sich beispielsweise
ändern, weil es Innovationen gibt, der Staat Investitionsanreize setzt oder weil die
Investoren Informationen erhalten, die ihre Einschätzung der wirtschaftlichen Lage
ändern. Innovationen, staatliche Anreize und bessere Aussichten führen bei jedem
gegebenen Zinssatz zu einer Erhöhung der Kreditnachfrage und damit zu einer Rechtsverschiebung der Kurve des Kreditnachfrage (Investitionsnachfrage). Entsprechend
würde eine Verringerung der Anreize oder eine Verschlechterung der Aussichten zu

einer Linksverschiebung führen. Da man empirisch nur die tatsächlichen Kombinationen von Zinssatz und Investitionsvolumen erfassen kann, würde man eine positive Korrelation zwischen Zinssatz und Investitionen feststellen.

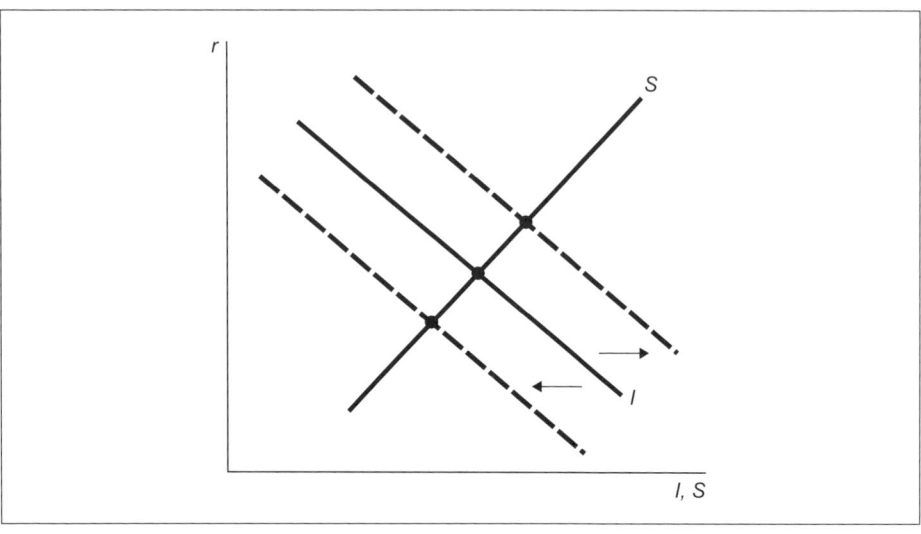

Abb. 3-6

c. Schwanken sowohl Kreditangebot als auch Kreditnachfrage, ergibt sich die in der Abbildung gezeigte Situation. Da man empirisch nur die tatsächlichen Kombinationen von Zinssatz und Investitionsvolumen erfassen kann, würde man keine Korrelation zwischen Zinssatz und Investitionen feststellen.

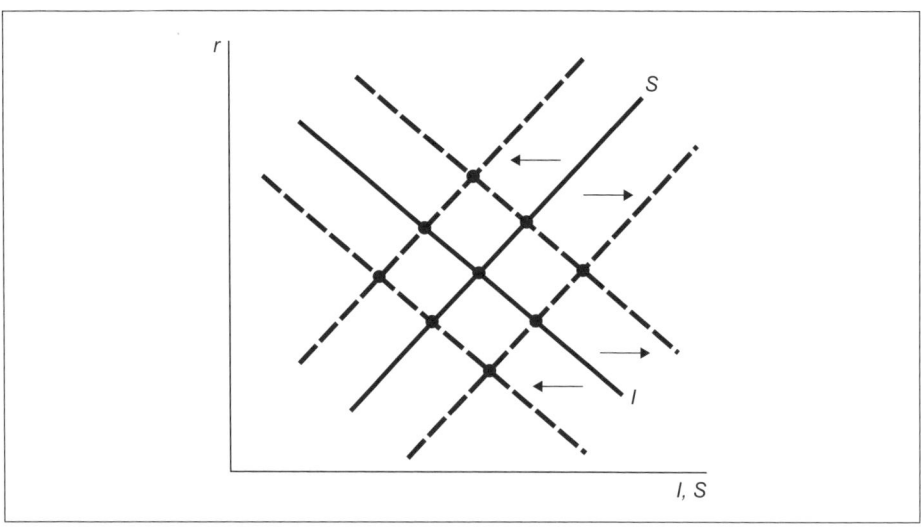

Abb. 3-7

d. In der Praxis ist mit Schwankungen beider Kurven zu rechnen. Daher ist der letzte Fall der realistischste.

4 Geld und Inflation

Aufgabe 1

1. Erläutern Sie die drei Funktionen des Geldes. Welche dieser drei Funktionen werden auch von den im Folgenden genannten Objekten erfüllt, welche nicht?
a. Eine Kreditkarte.
b. Ein Rembrandtgemälde.
c. Eine U-Bahn-Fahrkarte.

Lösung

Üblicherweise werden drei Funktionen des Geldes unterschieden: Tauschmittelfunktion, Wertaufbewahrungsfunktion und Recheneinheitsfunktion.

Mithilfe eines allgemein anerkannten Tauschmittels wird der Gütertausch in zwei Teile zerlegt. Wir tauschen nicht Gut gegen Gut, sondern Gut gegen Geld und anschließend Geld gegen Gut. Damit lässt sich die sogenannte Doppelkoinzidenz der Bedürfnisse vermeiden. In einer Naturaltauschwirtschaft ohne allgemein anerkanntes Tauschmittel muss ein Tauschpartner gefunden werden, der nicht nur das Gut anbietet, das man selber haben möchte, sondern gleichzeitig auch das Gut nachfragt, das man selber anbieten kann.

Die Wertaufbewahrungsfunktion erlaubt es, den Tauschakt zeitlich zu zerlegen. Wir können also heute ein Gut (z.B. unsere Arbeitskraft) tauschen, den Wert, den wir als Gegenleistung erhalten, in Form von Geld speichern und später in andere Güter (z.B. in eine Kinokarte) tauschen.

Die Recheneinheitsfunktion des Geldes bedeutet, dass wir die Werte aller Güter in einem einheitlichen Maßstab ausdrücken, eben in Geld.

a. Eine Kreditkarte (bzw. der dahinterstehende Mechanismus) erfüllt die Tauschmittelfunktion, weil wir sie zum Tausch von Waren und Dienstleistungen einsetzen können. Das Kreditkartenkonto dient auch der Wertaufbewahrung, allerdings handelt es sich um negative Werte, da hier die Verpflichtungen akkumuliert werden, die ein Kreditkarteninhaber eingeht. Die Recheneinheitsfunktion erfüllt eine Kreditkarte hingegen nicht, da wir die Werte von Gütern in Euro ausdrücken und nicht in Kreditkarten.

b. Ein Rembrandtgemälde wird nicht allgemein als Tauschmittel anerkannt. Daher erfüllt es die Tauschmittelfunktion nicht. Auch die Recheneinheitsfunktion wird von einem Rembrandtgemälde nicht erfüllt. Die Wertaufbewahrungsfunktion kann es dagegen prinzipiell erfüllen.

c. Eine U-Bahnfahrkarte wird weder allgemein als Recheneinheit verwendet noch erfüllt sie eine allgemeine Tauschmittelfunktion. Zur kurzfristigen Wertaufbewahrung kann eine U-Bahnfahrkarte dagegen dienen, allerdings nur im Rahmen der Bestimmungen des jeweiligen U-Bahnsystems.

Aufgabe 2

Im Land Wiknam ist die Umlaufgeschwindigkeit des Geldes konstant. Das reale BIP steigt jährlich mit einer Rate von 5 Prozent, die Geldmenge steigt mit 14 Prozent, und der nominale Zinssatz beträgt 11 Prozent. Wie groß ist der reale Zinssatz?

Lösung

Der reale Zinssatz ist gleich der Differenz aus nominalem Zinssatz und Inflationsrate. Der nominale Zinssatz ist mit 11 Prozent gegeben. Die Inflationsrate können wir aus den übrigen Angaben mithilfe der Quantitätsgleichung errechnen. Wir schreiben die Quantitätsgleichung in Wachstumsraten als

$$m + v = y + \pi.$$

Hierin bedeuten: m – Wachstumsrate der Geldmenge, v – Änderungsrate der Umlaufgeschwindigkeit, π – Inflationsrate, y – Wachstumsrate des Realeinkommens.

Wir lösen die Quantitätsgleichung nach π auf:

$$\pi = m + v - y$$
$$= 14\,\% + 0\,\% - 5\,\%$$
$$= 9\,\%.$$

Für den realen Zinssatz gilt dann:

$$r = i - \pi$$
$$= 11\,\% - 9\,\%$$
$$= 2\,\%.$$

Der reale Zinssatz beträgt also 2 Prozent.

Aufgabe 3

Im Jahr 1994 berichtete ein Artikel von Associated Press, dass die Vereinigten Staaten sich in einer Phase niedriger Inflation befänden. Es hieß: »... niedrige Inflation hat einen Nachteil: 45 Millionen Bezieher von Sozialversicherungsrenten und anderen Transfers werden feststellen müssen, dass ihre Bezüge im nächsten Jahr nur um 2,8 Prozent steigen werden.«

a. Warum werden die amerikanischen Sozialversicherungsleistungen von der Höhe der Inflationsrate tangiert?

b. Handelt es sich bei der beschriebenen Auswirkung um Kosten der Inflation, wie der Artikel es suggeriert? Begründung?

Lösung

a. Die Sozialversicherungsleistungen sind in den Vereinigten Staaten indexiert, d.h., sie erhöhen sich automatisch im Ausmaß der durch den Verbraucherpreisindex gemessenen Inflationsrate. Bei einer geringen Inflationsrate fällt daher auch die Steigung der Sozialversicherungsrenten nominal gering aus.

b. Wenn die Veränderungsrate des Verbraucherpreisindex den Kaufkraftverlust der Rentner richtig misst, hat die Höhe der Inflation keinen Einfluss auf die reale Situation der Rentner. Durch die Indexierung wird der inflationsbedingte Kaufkraftverlust unabhängig von der Höhe der Inflationsrate immer genau ausgeglichen, sodass die reale Situation der Rentner von der Inflation nicht berührt wird.

Aufgabe 4

Nehmen Sie an, ein Land habe die Geldnachfragefunktion $(M/P)^d = kY$, wobei k ein konstanter Parameter ist. Das Geldangebot wächst mit zwölf Prozent pro Jahr und das Realeinkommen wächst mit vier Prozent pro Jahr.

a. Wie hoch ist die durchschnittliche Inflationsrate?

b. In welcher Weise würde sich die Inflationsrate unterscheiden, wenn das Realeinkommenswachstum höher wäre? Erläutern Sie.

c. Nehmen Sie nun anstelle einer konstanten Geldnachfragefunktion an, dass die Umlaufgeschwindigkeit des Geldes in dieser Wirtschaft aufgrund von Finanzinnovationen stetig wächst. Wie würde dies die Inflationsrate berühren? Erläutern Sie.

Lösung

a. Es wird angenommen, dass ein Geldmarktgleichgewicht vorliegt. Bezeichnen wir das reale Geldangebot mit M/P, können wir daher schreiben: $M/P = kY$. Mit der Definition $V = 1/k$ erhalten wir die übliche Darstellung der Quantitätstheorie: $MV = PY$. Betrachten wir nicht Niveaugrößen, sondern Wachstumsraten, gilt unter Verwendung der im Lehrbuch benutzen Symbole: $m + v = \pi + y$ bzw. $\pi = m + v - y$. Ist k konstant, muss auch V konstant sein, was eine Wachstumsrate von null impliziert. Weil in der Aufgabenstellung angenommen wird, dass $m = 0,12$ und $y = 0,04$, gilt $\pi = 0,12 + 0 - 0,04 = 0,08$. Die durchschnittliche Inflationsrate beträgt 8 Prozent pro Jahr.

b. Bei einem höheren Realeinkommenswachstum wäre die Inflationsrate niedriger.

c. Haben Finanzinnovationen einen dauerhaften Anstieg der Umlaufgeschwindigkeit zur Folge, nimmt die Inflationsrate zu.

Aufgabe 5

Nehmen Sie an, dass Sie ein kleines Land (z. B. Bermuda) beraten, ob es eigenes Geld oder das Geld eines größeren Nachbarn (z. B. die USA) verwenden soll. Worin sehen Sie die Kosten und Nutzen einer nationalen Währung? Spielt die relative politische Stabilität der beiden Länder bei dieser Entscheidung eine Rolle?

Lösung

Bei den Kosten einer nationalen Währung ist in erster Linie an eine Politik zu denken, die zu hoher Inflation führt. Der Nutzen einer nationalen Währung besteht darin, dass die Seigniorage im Land verbleibt. Seigniorage kann man als Steuer auf die Geldhaltung betrachten. Sie erlaubt es ceteris paribus, auf andere Steuern zu verzichten. Wenn das kleine Land auf eigenes Geld verzichtet und die Währung eines größeren Nachbarn verwendet, fließt die Seigniorage diesem größeren Nachbarn zu. Wenn dieser Nachbar eine Politik des stabilen Geldes verfolgt, dann ergeben sich für das kleine Land aber Vorteile, weil die eigene Regierung keine Möglichkeit mehr hat, durch Inflationierung der heimischen Währung Seigniorage zu erzielen.

Die Verwendung der Währung eines anderen Landes ist vor allem dann sinnvoll, wenn dieses andere Land durch hohe politische Stabilität charakterisiert ist, das eigene Land aber eher instabil ist. Durch die Verwendung der ausländischen Währung überträgt man die geldpolitische Stabilität des Auslands auf das Inland.

Aufgabe 6

Während des Zweiten Weltkriegs planten sowohl Großbritannien als auch Deutschland den Einsatz einer Papierwaffe: Sie hatten Geld des jeweils anderen Landes gedruckt und wollten es in großen Mengen aus Flugzeugen abwerfen. Warum hätte diese Waffe sehr wirkungsvoll sein können?

Lösung

Wenn über einem anderen Land dessen Geld abgeworfen wird, dann erhöht man das im betreffenden Land umlaufende Geldvolumen. Falls die Menge groß genug ist, wird die Inflationsrate dieses Landes stark steigen. Damit entstehen in dem betreffenden Land verschiedene Kosten, wie z.B. unvorhersehbare Umverteilungseffekte, größere Variabilität der relativen Preise und eine Einschränkung der Geldfunktionen. Die Planungssicherheit geht zurück, die Unsicherheit wächst. Insgesamt könnte also der Einsatz dieser Papierwaffe tatsächlich zu einer Destabilisierung der politischen Lage führen.

Aufgabe 7

Nehmen Sie an, die Geldnachfragefunktion habe folgende Form:

$$(M/P)^d = L(i, Y) = Y/(5i).$$

a. Wenn Sie von der Konstanz des Nominalzinssatzes ausgehen und annehmen, dass die Produktion mit der Rate g wächst, mit welcher Rate wird dann die reale Geldnachfrage wachsen?

b. Wie hoch ist die Umlaufgeschwindigkeit des Geldes in dieser Volkswirtschaft?

c. Mit welcher Rate wird die Umlaufgeschwindigkeit wachsen (falls sie überhaupt wächst), wenn Inflation und Nominalzinssatz konstant sind?

d. Nehmen Sie an, dass das Zinsniveau ansteigt und dauerhaft auf diesem erhöhten Niveau bleibt. Wie wird sich dieser Zinsanstieg auf die Höhe der Umlaufgeschwindigkeit auswirken? Wie wirkt er sich auf die Wachstumsrate der Umlaufgeschwindigkeit in den Folgeperioden aus?

Lösung

a. Wenn der Nominalzinssatz als konstant angenommen wird, dann ist die reale Geldnachfrage proportional zur Produktion (Realeinkommen). Folglich muss die Geldnachfrage ebenfalls mit der Rate g wachsen.

b. Um die Umlaufgeschwindigkeit berechnen zu können, nehmen wir an, dass der Geldmarkt im Gleichgewicht ist. Dann gilt $M/P = Y/(5i)$. Die allgemeine Definition der Umlaufgeschwindigkeit ist $V = PY/M$. Im vorliegenden Fall erhalten wir $PY/M = 5i$. Für

die Umlaufgeschwindigkeit gilt bei der vorliegenden Spezifikation der Geldnachfragefunktion also: $V = 5i$.

c. Wegen des Zusammenhangs $V = 5i$ muss die Umlaufgeschwindigkeit konstant sein,
wenn der Nominalzinssatz konstant ist. Die Umlaufgeschwindigkeit wächst also nicht.

d. Wenn das Zinsniveau beispielsweise von 5 Prozent auf 10 Prozent wächst, dann erhöht
sich die Umlaufgeschwindigkeit von 0,25 auf 0,5. Das Beispiel verdeutlicht, dass die
Zinserhöhung einmalig zu einem Anstieg der Umlaufgeschwindigkeit führt. In den
Folgeperioden ändert sie sich aber nicht mehr (Wachstumsrate = 0).

Aufgabe 8

Calvin Coolidge sagte einmal, dass »Inflation Nichtanerkennung von Staatsschulden« sei.
Was könnte er damit gemeint haben? Stimmen Sie der Aussage zu? Begründung? Macht
es einen Unterschied, ob es sich um eine erwartete oder unerwartete Inflation handelt?

Lösung

Coolidge könnte daran gedacht haben, dass der Staat im allgemeinen Nettoschuldner ist.
Der reale Wert der Staatsschulden ergibt sich als Quotient aus nominaler Staatsverschuldung und Preisniveau. Wenn das Preisniveau steigt, nimmt der reale Wert der Staatsverschuldung ab. Insofern führt Inflation tatsächlich dazu, dass der Staat den Realwert
seiner Schulden nicht anerkennt. Die beschriebene Umverteilung vom Gläubiger (privater Sektor) zum Schuldner (Staat) tritt allerdings nur auf, wenn es sich um unerwartete
Inflation handelt. Ist die Inflation vorhersehbar, dann wird der nominale Zinssatz entsprechend der Fisher-Gleichung steigen. Zwar vermindert die Inflation dann immer noch
den realen Wert des Schuldenstandes, gleichzeitig werden die Gläubiger aber durch eine
erhöhte nominale Verzinsung kompensiert.

Aufgabe 9

Einige Wirtschaftshistoriker haben behauptet, dass zu Zeiten des Goldstandards nach
langen Deflationsphasen die Wahrscheinlichkeit für Goldfunde besonders hoch war. (Die
Goldfunde von 1896 stellen hierfür ein Beispiel dar.) Warum könnte diese Behauptung
zutreffen?

Lösung

Eine Deflationsphase ist eine Phase, in der das Preisniveau sinkt. Ein sinkendes Preisniveau ist aber gleichbedeutend mit einem Anstieg der Kaufkraft des Geldes. Da unter
einem Goldstandard Geld und Gold in einem festen Verhältnis zueinander stehen, nimmt
durch die Deflation nicht nur der Wert des Geldes, sondern auch der Wert des Goldes zu.
Weil Gold, gemessen in Gütern, wertvoller geworden ist, nimmt auch der Anreiz zu,
verstärkt nach Gold zu suchen. Wenn sich aber mehr Leute auf die Suche nach Gold
begeben, dann nimmt auch die Wahrscheinlichkeit für Goldfunde zu.

Aufgabe 10

Nehmen Sie an, dass die Konsumausgaben von der Höhe der Realkasse abhängen. (Dies lässt sich damit begründen, dass die Realkasse einen Teil des Vermögens darstellt.) Zeigen Sie, dass unter der Annahme einer Abhängigkeit der Realkasse vom Nominalzinssatz eine Zunahme des Geldmengenwachstums den Konsum, die Investitionen und den Realzinssatz beeinflusst. Passt sich der nominale Zinssatz stärker als im Verhältnis eins zu eins an die erwartete Inflationsrate an oder schwächer? Diese Abweichung von der klassischen Dichotomie und dem Fisher-Effekt wird als Mundell-Tobin-Effekt bezeichnet. Wie könnte man entscheiden, ob der Mundell-Tobin-Effekt praktische Relevanz besitzt?

Lösung

Wenn das Geldmengenwachstum zunimmt, dann ergibt sich aus der Quantitätstheorie eine Zunahme der Inflationsrate. Die höhere Inflationsrate führt zu einem Anstieg des nominalen Zinssatzes. Gehen wir davon aus, dass die Realkasse von ihrem Nominalzinssatz abhängig ist, wird dieser Anstieg des Nominalzinssatzes zu einem Rückgang der Realkasse führen. Weil die Realkasse einen Teil des Vermögens darstellt, nimmt die Realkasse insgesamt ab. Der Rückgang der Realkasse führt dann dazu, dass auch die Konsumausgaben sinken und das Sparen zunimmt. Bei gegebener Investitionsnachfrage führt die höhere Ersparnis zu einem Rückgang des realen Zinssatzes und damit zu einem Anstieg der Investitionen. Der Fisher-Effekt basiert auf der Fisher-Gleichung $i = r + \pi$ und besagt, dass zwischen Nominalzinssatz und Inflationsrate eine Eins-zu-eins-Beziehung besteht. Der Fisher-Effekt basiert auf einem gegebenen Realzinssatz. Wenn der Mundell-Tobin-Effekt auftritt, sinkt der Realzinssatz jedoch. Daher passt sich der nominale Zinssatz bei Auftreten des Mundell-Tobin-Effekts schwächer als eins zu eins an die erwartete Inflationsrate an. Die praktische Relevanz des Mundell-Tobin-Effekts lässt sich prinzipiell empirisch überprüfen. So müsste beispielsweise erkennbar sein, dass eine Erhöhung des Geldmengenwachstums zu einem Anstieg von Sparen und Investieren führt. Wie bei anderen Vermögenseffekten ist die Auswirkung auf den Konsum wohl eher gering.

Aufgabe 11

Suchen Sie mithilfe des Internets ein Land, das während der letzten Jahre eine hohe Inflation hatte, und ein Land, das eine niedrige Inflation hatte. Stellen Sie für diese beiden Länder fest, wie hoch das Geldmengenwachstum ist und wie hoch die nominalen Zinssätze sind. Setzen Sie Ihre Ergebnisse in Beziehung zu den Theorien, die Sie in diesem Kapitel kennengelernt haben.

Lösung

Größe (2010)	Norwegen	Venezuela
Inflationsrate (CPI)	2,5%	28,2%
Geldmengenwachstum (M2)	3,2%	19,1%
Kurzfristiger Nominalzins	2,2%	7,7%

Quellen: Daten für Norwegen: Inflationsrate – Statistics Norway, www.ssb.no; M2 und kurzfristiger Nominalzins – Norges Bank, www.norges-bank.no
Daten für Venezuela: Banco Central di Venezuela, http://www.bcv.org.ve

Norwegen hatte im Jahr 2010 eine Inflationsrate von 2,5 Prozent, war also ein Land mit geringer Geldentwertung. Venezuela weist demgegenüber eine vergleichsweise hohe Inflationsrate von 28,2 Prozent auf.

Die Quantitätstheorie prognostiziert, dass ein hohes Geldmengenwachstum mit einer hohen Inflationsrate einhergeht. Die Daten für Norwegen und Venezuela sind hiermit vereinbar: Während in Norwegen die Wachstumsrate von M2 im Jahr 2010 nur 3,2 Prozent betrug, waren es in Venezuela 19,1 Prozent.

Die Fisher-Gleichung lässt erwarten, dass höhere erwartete Inflationsraten auch zu höheren Nominalzinsen führen. Auch dies wird tendenziell durch die Daten bestätigt.

Anhang zu 4
Das Cagan-Modell

Aufgabe 1

Wird im Cagan-Modell erwartet, dass das Geldangebot mit einer konstanten Rate μ wächst (sodass $Em_{t+s} = m_t + s\mu$), dann lässt sich zeigen, dass Gleichung (A9) impliziert: $p_t = m_t + \gamma\mu$.

a. Interpretieren Sie dieses Ergebnis.

b. Welche Folgen ergeben sich für das Preisniveau p_t, wenn sich das Geldangebot m_t ändert, die Wachstumsrate des Geldangebots μ aber konstant bleibt?

c. Welche Folgen ergeben sich für das Preisniveau p_t, wenn sich die Wachstumsrate des Geldangebots μ ändert, das gegenwärtige Geldangebot m_t aber konstant bleibt?

d. Wie sollte eine Zentralbank m_t steuern, wenn sie die Wachstumsrate des Geldangebots μ vermindern möchte, das Preisniveau p_t aber konstant halten will? Können Sie irgendwelche praktischen Probleme erkennen, die aus der Verfolgung einer solchen Politik erwachsen könnten?

e. Wie ändern sich Ihre früheren Antworten in dem Spezialfall, dass die Geldnachfrage nicht von der erwarteten Inflationsrate abhängt (d.h. $\gamma = 0$)?

Lösung

a. Laut Aufgabenstellung ergibt sich für den Zusammenhang zwischen gegenwärtigem Preisniveau und gegenwärtigem sowie zukünftigem Geldangebot die folgende Beziehung: $p_t = m_t + \gamma\mu$. Das heutige Preisniveau ist somit ein gewichteter Durchschnitt aus heutigem Geldangebot und der (konstanten) Rate, mit der das Geldangebot künftig wächst. Formt man die Gleichung um zu $m_t - p_t = \gamma\mu$, kann man sie auch so interpretieren, dass eine Zunahme der Wachstumsrate des Geldangebots zu einem Rückgang der heutigen Realkasse führt. Ökonomisch lässt sich das damit begründen, dass ein höheres Geldmengenwachstum zu einer höheren Inflation führt, die das Halten von Kasse unattraktiver erscheinen lässt.

b. Als Reaktion auf die Änderung des heutigen Geldangebots kommt es zu einem einmaligen Anstieg des heutigen Preisniveaus. (Diese Reaktion tritt unter der getroffenen Annahme ein, weil angenommen wird, dass die Akteure an ein konstantes Wachstum des Geldangebots glauben, und sich in diesem Glauben auch dann nicht erschüttern lassen, wenn sich das Geldangebot einmalig erhöht.)

c. Als Reaktion auf die Änderung des Wachstums des Geldangebots kommt es zu einem Anstieg des heutigen Preisniveaus, obwohl das heutige Geldangebot unverändert geblieben ist.

d. Eine Verringerung des künftigen Geldmengenwachstums würde für sich betrachtet zu einem sofortigen Rückgang des heutigen Preisniveaus führen. Die Zentralbank kann dies prinzipiell verhindern, indem sie das heutige Geldangebot im adäquaten Umfang erhöht. In der Praxis könnte sich aber ein Glaubwürdigkeitsproblem ergeben: In der Aufgabenstellung wurde angenommen, dass die Akteure mit einer konstanten Rate des Wachstums des Geldangebots rechnen. Wie schon bei der Antwort zu b. angedeutet, muss in der Praxis aber damit gerechnet werden, dass die Akteure einer Zentralbankpolitik misstrauen könnten, die eine Reduzierung des künftigen Geldmengenwachstums erreichen will, aber gleichzeitig die heutige Geldmenge erhöht.

e. Die Antwort zu b. bleibt unberührt. Die Antwort zu c. ändert sich, weil das künftige Geldangebot keine Rolle mehr spielt. Die Antwort zu d. ändert sich, weil die Zentralbank das künftige Geldangebot beliebig ändern kann, ohne dass dies Einfluss auf das heutige Preisniveau hätte.

5 Die offene Volkswirtschaft

Aufgabe 1

Verwenden Sie das Modell der kleinen offenen Volkswirtschaft, um zu prüfen, welche Folgen für die Leistungsbilanz sowie den realen und nominalen Wechselkurs jedes der folgenden Ereignisse hat.

a. Die Konsumenten blicken ängstlicher in die Zukunft. Sie konsumieren daher weniger und sparen mehr.

b. Die Einführung einer neuen Modellreihe der Firma Toyota führt dazu, dass sich mehr Käufer für diese Automarke entscheiden. Insgesamt werden daher mehr ausländische und weniger inländische Autos gekauft.

c. Die Einführung von Geldautomaten verringert die Geldnachfrage.

Lösung

a. Eine Erhöhung des Sparens verschiebt in einem Diagramm, in dem die Nettoexporte an der Abszisse und der reale Wechselkurs an der Ordinate abgetragen werden, die $(S - I)$-Kurve, die die Nettokapitalexporte repräsentiert, nach rechts (vgl. Abbildung 5-1). Das Angebot an Euro, das in ausländische Währung getauscht und im Ausland investiert werden soll, nimmt also zu. Die abwärts geneigte NX-Kurve in Abbildung 5-1

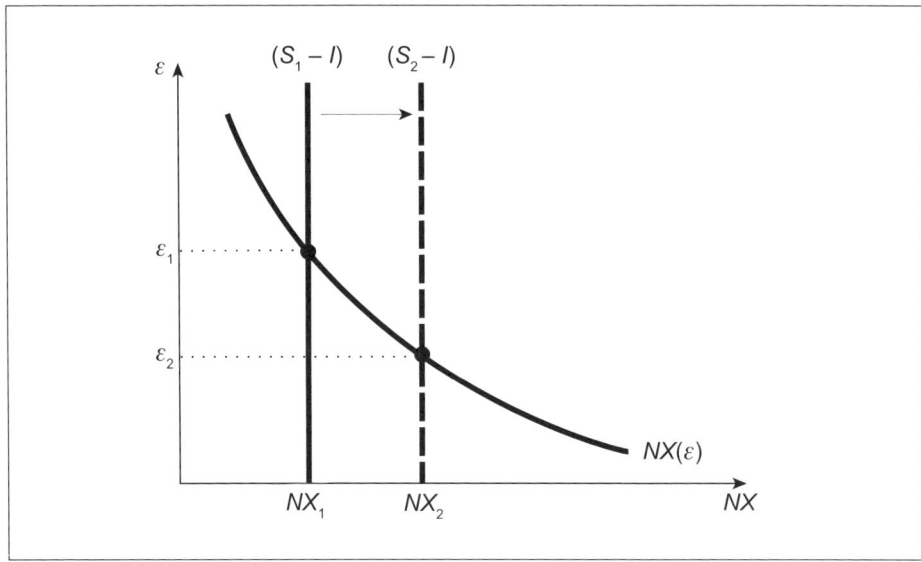

Abb. 5-1

repräsentiert die Nettonachfrage nach Euro durch die Ausländer, die inländische Güter kaufen möchten. Aufgrund der Zunahme des Euro-Angebots kommt es zu einem Druck auf den realen Wechselkurs. Dieser sinkt von ε_1 auf ε_2. Damit werden inländische Güter relativ zu ausländischen Gütern billiger, sodass die Nettoexporte des Inlands zunehmen. Der Leistungsbilanzsaldo nimmt daher zu. Unter der Annahme, dass zwischen Inland und Ausland keine Inflationsdifferenz besteht, überträgt sich der Rückgang des realen Wechselkurses eins zu eins auf den nominalen Wechselkurs.

b. Die Einführung der neuen Modellreihe von Toyota führt zu einer Präferenzänderung der inländischen Konsumenten, die sich in einer Linksverschiebung der NX-Kurve niederschlägt: Zu jedem gegebenen Wechselkurs sind die Importe höher (und damit die Nettoexporte geringer) als in der Ausgangssituation (vgl. Abbildung 5-2). In der Ausgangssituation lag der reale Wechselkurs bei ε_1. Jetzt kommt es zu einem Rückgang der Nettoexportnachfrage. Daher sinkt die Euro-Nachfrage. Da sich weder das inländische Sparen noch die inländische Investitionsnachfrage geändert haben, bleibt der Nettokapitalexport unverändert. Damit bleibt aber auch das Euro-Angebot konstant, das in ausländische Währung getauscht werden soll. Es besteht daher bei ε_1 ein Überangebot an Euro, was zu einem Rückgang des realen Euro-Kurses führt, bis beim Kurs ε_2 ein neues Gleichgewicht erreicht ist. Durch das Sinken des realen Wechselkurses nehmen die Nettoexporte wieder zu. Im neuen Gleichgewicht (beim Kurs ε_2) sind die Nettoexporte genauso hoch wie im alten Gleichgewicht (beim Kurs ε_1). Der Leistungsbilanzsaldo ist also identisch, wird also letztlich durch die Präferenzänderung nicht tangiert. Es kommt aber zu einem Rückgang des realen Wechselkurses, der sich – wie bei Teilaufgabe a. – in einen gleich hohen Rückgang des nominalen Wechselkurses überträgt.

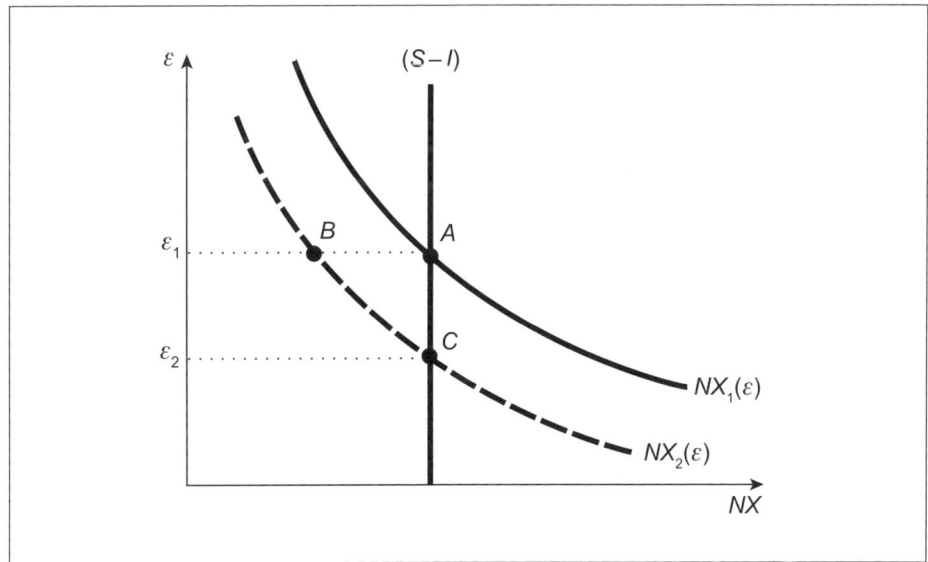

Abb. 5-2

c. Zunächst ist zu prüfen, wie sich die Verringerung der Geldnachfrage auf die (S – I)- bzw. die NX-Kurve auswirkt. Die inländische Ersparnis wird durch die Höhe des Gesamteinkommens, durch die Konsumneigung und durch die fiskalpolitischen Parameter (Steuern, Staatsausgaben) bestimmt. Da diese nicht durch die Einführung der Geldautomaten beeinflusst werden, bleibt S also unverändert. Das Gleiche gilt für die Investitionen, die nur vom Weltrealzinssatz abhängen, der ebenfalls durch die Einführung von Geldautomaten nicht berührt wird. Damit bleibt auch das Angebot an inländischer Währung unverändert, das in Auslandswährung getauscht werden soll. Die Lage der Nettoexportkurve wird durch die Einführung der Geldautomaten ebenfalls nicht verändert. Insgesamt folgt, wie Abbildung 5-3 zeigt, dass Leistungsbilanzsaldo und realer Wechselkurs durch die Einführung von Geldautomaten nicht beeinflusst werden. Es ergibt sich aber eine Auswirkung auf den nominalen Wechselkurs. Wenn die Nachfrage nach Geld aufgrund der Einführung von Geldautomaten sinkt, dann ist die Realkassennachfrage kleiner als das Realkassenangebot. Unter der Annahme eines gegebenen nominalen Geldangebots führt dieses Ungleichgewicht nach quantitätstheoretischer Vorstellung zu einem Anstieg des inländischen Preisniveaus. Dieser Preisanstieg vermindert das reale Geldangebot, bis ein neues Gleichgewicht am Geldmarkt erreicht ist. Für den nominalen Wechselkurs gilt:

$$e = \varepsilon \cdot \frac{P^*}{P}.$$

Daraus folgt, dass ein Anstieg des inländischen Preisniveaus bei gegebenem realen Wechselkurs und bei gegebenem Preisniveau des Auslands zu einem Rückgang des nominalen Wechselkurses führt.

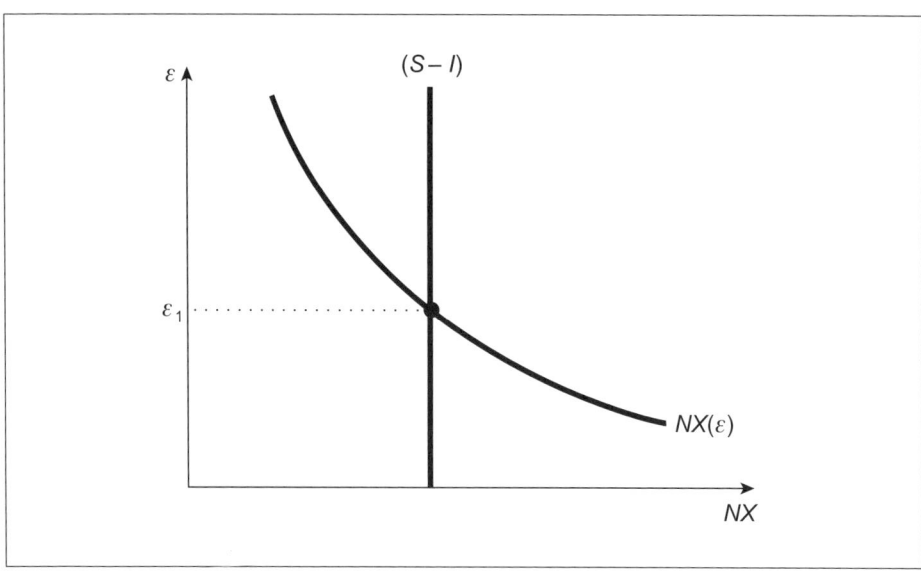

Abb. 5-3

Zusammengefasst: Der Rückgang der Geldnachfrage hat keine Auswirkungen auf den Leistungsbilanzsaldo und auf den realen Wechselkurs. Es kommt aber zu einer Verminderung des nominalen Wechselkurses.

Aufgabe 2

Betrachten Sie die durch folgende Gleichungen beschriebene Volkswirtschaft:

$$Y = C + I + G + NX$$
$$Y = 5.000$$
$$G = 1.000$$
$$T = 1.000$$
$$C = 250 + 0,75(Y - T)$$
$$I = 1.000 - 50r$$
$$NX = 500 - 500\varepsilon$$
$$r = r^* = 5.$$

a. Bestimmen Sie für diese Volkswirtschaft die gleichgewichtigen Werte der folgenden Variablen: gesamtwirtschaftliches Sparen, Investitionen, Leistungsbilanzsaldo und Wechselkurs.

b. Nehmen Sie an, dass G auf 1.250 steigt. Wie groß sind nun gesamtwirtschaftliches Sparen, Investitionen, Leistungsbilanzsaldo und gleichgewichtiger Wechselkurs? Erläutern Sie Ihre Ergebnisse.

c. Nehmen Sie nun an, dass der Weltzinssatz von 5 auf 10 Prozent steigt. (G soll wieder 1.000 betragen.) Ermitteln Sie die Gleichgewichtswerte von gesamtwirtschaftlichem Sparen, Investitionen, Leistungsbilanzsaldo und Wechselkurs. Erläutern Sie Ihre Ergebnisse.

Lösung

a. Die gesamtwirtschaftliche Ersparnis ist als der Teil des Realeinkommens definiert, der nicht in Form von privaten Konsumausgaben bzw. staatlichen Güterkäufen verwendet wird:

$$S = Y - C - G.$$

Einkommen und Staatsausgaben sind in der Aufgabenstellung direkt gegeben. Der Konsum lässt sich aus der Konsumfunktion berechnen, wenn man die gegebenen Werte für Einkommen und Steuern einsetzt. Es gilt:

$$S = 5.000 - \left[250 + 0,75(5.000 - 1.000)\right] - 1.000$$
$$= 750.$$

Die Investitionen lassen sich direkt aus der Investitionsfunktion berechnen, weil in der kleinen offenen Volkswirtschaft der Zinssatz durch den Weltmarktzinssatz determiniert wird. Es gilt:

$$I = 1.000 - 50 \cdot 5$$
$$= 750.$$

Der Leistungsbilanzsaldo ergibt sich als Differenz von inländischem Sparen und inländischen Investitionen:

$$NX = S - I$$
$$= 750 - 750$$
$$= 0.$$

Der gleichgewichtige reale Wechselkurs lässt sich nun unmittelbar aus der Nettoexportfunktion ermitteln:

$$NX = 500 - 500\,\varepsilon$$
$$0 = 500 - 500\,\varepsilon$$
$$\varepsilon = 1{,}0.$$

b. Diese Teilaufgabe ist völlig analog zu Teilaufgabe a. zu lösen. Wir setzen jetzt lediglich für die Staatsausgaben $G = 1.250$. Es folgt:

$$S = 500$$
$$I = 750$$
$$NX = -250$$
$$\varepsilon = 1{,}5.$$

Erläuterung: Der Anstieg der Staatsausgaben verringert die inländische Ersparnis. Da die Investitionen durch den Weltmarktzinssatz determiniert werden, bleiben sie unverändert. Die inländische Ersparnis reicht jetzt nicht mehr aus, um die Investitionen vollständig zu finanzieren. Es muss daher auf ausländische Mittel zurückgegriffen werden. Die vermehrte Finanzierung inländischer Investitionen durch das Ausland führt zu einer verstärkten Nachfrage nach Euro, sodass der reale Wechselkurs steigt. Der Anstieg des realen Wechselkurses verteuert die Exporte und verbilligt die Importe.

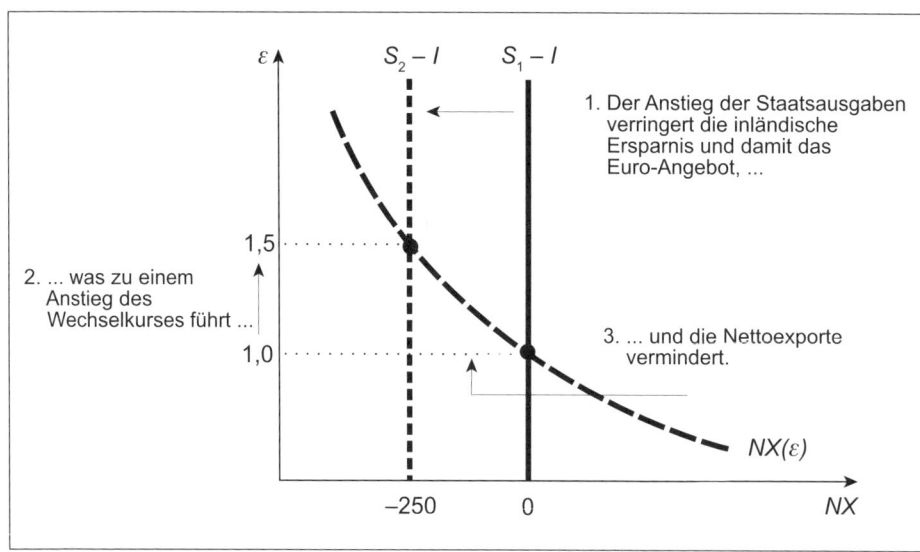

Abb. 5-4

Daher werden die Nettoexporte negativ und es kommt zu einem Leistungsbilanzdefizit. Abbildung 5-4 verdeutlicht diese Zusammenhänge.

c. Einsetzen des neuen Wertes des Zinssatzes (und des ursprünglichen Wertes der Staatsausgaben!) und Ausführen der gleichen Rechenschritte wie in Teilaufgabe a. führen zu:

$$S = 750$$
$$I = 500$$
$$NX = 250$$
$$\varepsilon = 0{,}5.$$

Erläuterung: Die Ersparnis hat den gleichen Wert wie in Teilaufgabe a. Der Anstieg des Weltzinssatzes führt in der kleinen offenen Volkswirtschaft jedoch zu einem Rückgang der Investitionen. Damit stehen zusätzliche Mittel zur Verfügung, die im Ausland angelegt werden. Dadurch steigt das Euro-Angebot und es kommt zu einem Rückgang

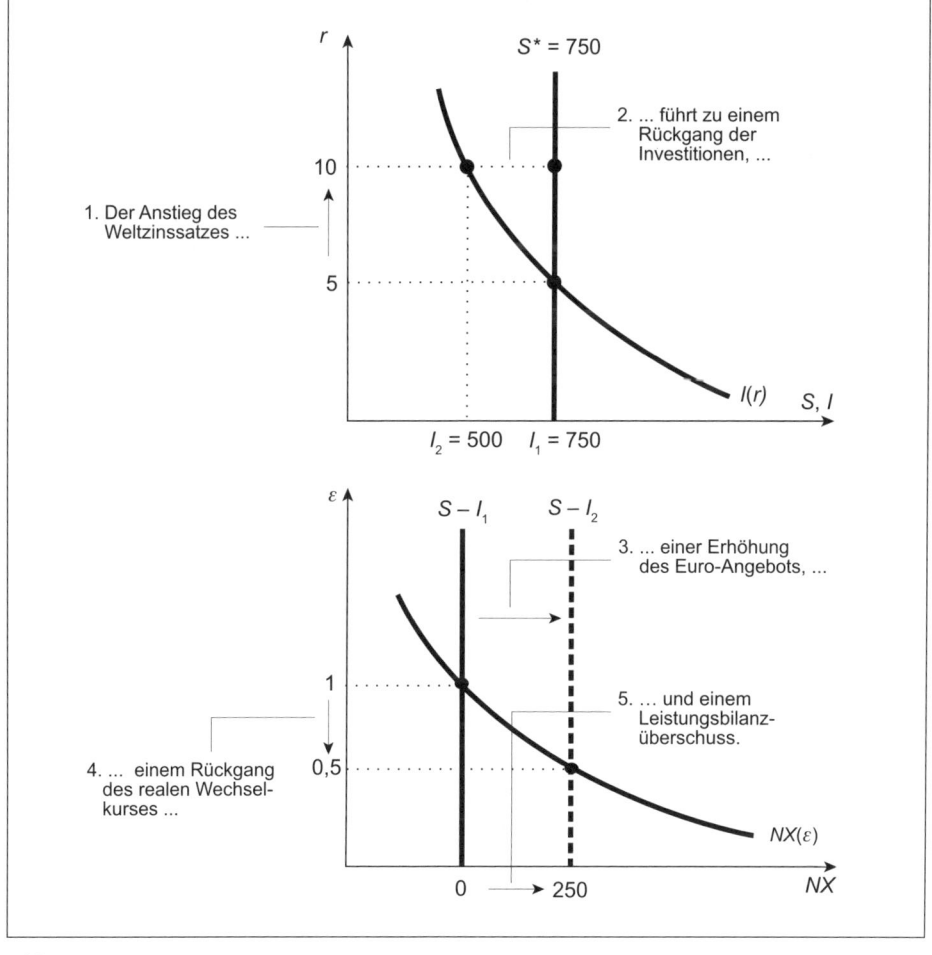

Abb. 5-5

des realen Wechselkurses. Der Rückgang des realen Wechselkurses verbilligt die inländischen Güter relativ zu den ausländischen, sodass die Nettoexporte steigen und die Leistungsbilanz einen positiven Saldo aufweist. Abbildung 5-5 illustriert diese Zusammenhänge.

Aufgabe 3

Bei dem Land Leverett handelt es sich um eine kleine offene Volkswirtschaft. Plötzlich werden die Exporte von Leverett aufgrund eines weltweiten Modewandels unattraktiv.

a. Welche Konsequenzen hat dieser Wandel für Sparen, Investitionen, Nettoexporte, Zinssatz und Wechselkurs?

b. Die Bürger von Leverett reisen gerne ins Ausland. Wie wirkt sich die Wechselkursänderung aus?

c. Die Wirtschaftspolitiker von Leverett planen eine Steueranpassung, um den Wechselkurs auf seinem alten Niveau festzuhalten. Was sollten sie tun? Wenn sie Ihrer Empfehlung folgen, welche Auswirkungen ergeben sich dann für Ersparnis, Investitionen, Nettoexporte und Zinssatz?

Lösung

a. Bei der Beantwortung dieser Frage wollen wir zunächst wieder überlegen, ob und wie sich die in der Aufgabenstellung beschriebenen Präferenzänderungen auf unser Modell auswirken. Das Sparen wird sich in Leverett nicht ändern, weil keine der Größen in der Definitionsgleichung $S = Y - C - G$ dadurch berührt wird. Das Einkommen wird im klassischen Modell nur durch die vorhandenen Faktormengen und die Technologie bestimmt. Keine dieser Größen ändert sich aufgrund des Präferenzwandels. Der Konsum hängt vom verfügbaren Einkommen $Y - T$ ab. Das Gesamteinkommen bleibt, wie gerade überlegt, unverändert. Da sich auch die fiskalpolitischen Parameter T und G

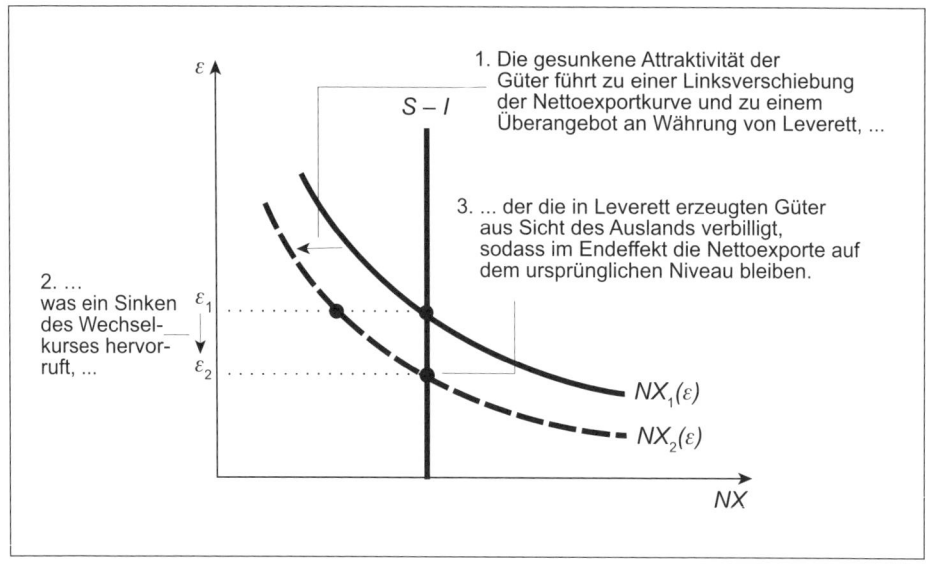

Abb. 5-6

nicht ändern, bleiben das verfügbare Einkommen und auch die Ersparnis konstant. Die Investitionen in Leverett bleiben ebenfalls konstant, weil der inländische Zinssatz durch den Weltzinssatz bestimmt wird, der sich nicht ändert. Folglich haben wir es in Abbildung 5-6 mit einer gegebenen (S – I)-Kurve zu tun. Auswirkungen hat die Präferenzänderung hingegen auf die Nettoexportkurve. Diese verschiebt sich nach links, weil die ausländische Nachfrage nach den Gütern von Leverett nun zu jedem gegebenen realen Wechselkurs kleiner ist als zuvor. Beim ursprünglichen Wechselkurs ε_1 besteht ein Überangebot an der Währung von Leverett. Dies führt zu einem Rückgang des realen Wechselkurses. Dadurch erhöht sich die Nachfrage nach den Gütern von Leverett. Im neuen Gleichgewicht hat sich letztlich nur der reale Wechselkurs geändert. (Er ist gesunken.) Die Nettoexporte liegen wieder auf dem ursprünglichen Niveau, weil die gesunkene Attraktivität der Güter durch den Rückgang des Wechselkurses gerade ausgeglichen wird.

b. Der gesunkene Wechselkurs verbilligt aus Sicht des Auslands die Güter von Leverett. Aus Sicht der Bürger von Leverett verteuern sich symmetrisch hierzu die Güter, die im Ausland produziert werden. Dazu gehören auch die Dienstleistungen, die im Ausland für Besucher aus Leverett erbracht werden. Kurz gesagt: Der Auslandsurlaub wird für die Bürger von Leverett teurer.

c. Wie ein Blick auf Abbildung 5-7 zeigt, sollten die Politiker die Steuern senken. Dadurch verschiebt sich die (S – I)-Kurve nach links. Wenn die Steuern stark genug gesenkt werden, dann ergibt sich ein Schnittpunkt mit der Nettoexportkurve, der zum gewünschten Wechselkurs führt. Dahinter stehen folgende ökonomische Zusammenhänge: Die Steuersenkung führt zu einem Rückgang der staatlichen Ersparnis und zu einem Anstieg des verfügbaren Einkommens. Die Erhöhung des verfügbaren Einkommens bewirkt einen Anstieg des Konsums und des privaten Sparens. Unter den üblichen Annahmen (0 < MPC < 1) ist der Anstieg des privaten Sparens aber geringer als der Rückgang des staatlichen Sparens. Unterm Strich bewirkt die Steuersenkung also

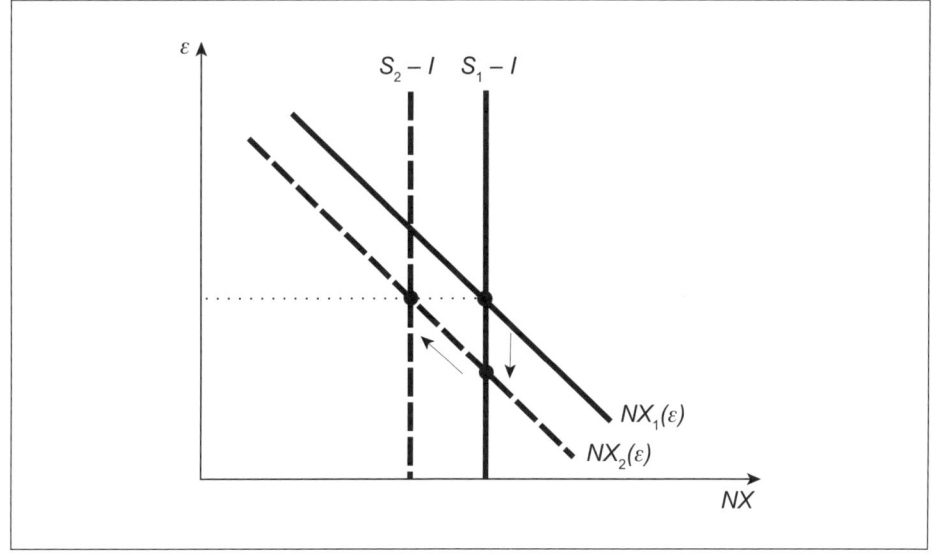

Abb. 5-7

einen Anstieg des Konsums und einen Rückgang der gesamtwirtschaftlichen Ersparnis. Da Leverett ein kleines Land ist, werden seine Investitionen letztlich vom Weltzinssatz bestimmt. Da sich dieser nicht ändert, werden auch die Investitionen nicht durch die Steueränderung berührt. Zusammen mit dem Rückgang der Ersparnis bedeutet dies aber, dass das Angebot an der Währung von Leverett sinkt und es zu einem Anstieg des realen Wechselkurses kommt, der zu einem Rückgang der Nettoexporte auf das Niveau führt, das sie vor der Senkung des realen Wechselkurses hatten (siehe Teilaufgabe a.). Letztlich führt die Steuersenkung also dazu, dass eine gestiegene Binnennachfrage an die Stelle der Exportnachfrage tritt.

Aufgabe 4

Welche Folgen für die Leistungsbilanz und für den realen Wechselkurs einer kleinen offenen Volkswirtschaft hat eine Zunahme der Staatsausgaben, wie etwa während eines Krieges? Hängt Ihre Antwort davon ab, ob es sich um einen lokal begrenzten oder um einen Weltkrieg handelt?

Lösung

Die Zunahme der Staatsausgaben führt zu einem Rückgang des staatlichen Sparens. Weil die private Ersparnis von der Änderung der Staatsausgaben nicht berührt wird, sinkt auch die gesamtwirtschaftliche Ersparnis. In Abbildung 5-8 zeigt sich dies in einer Linksverschiebung der Sparkurve.

Weil der Zinssatz der kleinen offenen Volkswirtschaft durch den Weltmarktzinssatz r^* determiniert wird, bleiben die Investitionen auf ihrem ursprünglichen Niveau. Die Verringerung der Ersparnis führt bei gegebenem Niveau der Investitionen zu einer Verringerung des Leistungsbilanzsaldos. (Falls die Leistungsbilanz, wie in Abbildung 5-8 angenommen, im Ausgangspunkt ausgeglichen war, kommt es durch die Erhöhung der Staatsausgaben zu einem Leistungsbilanzdefizit.)

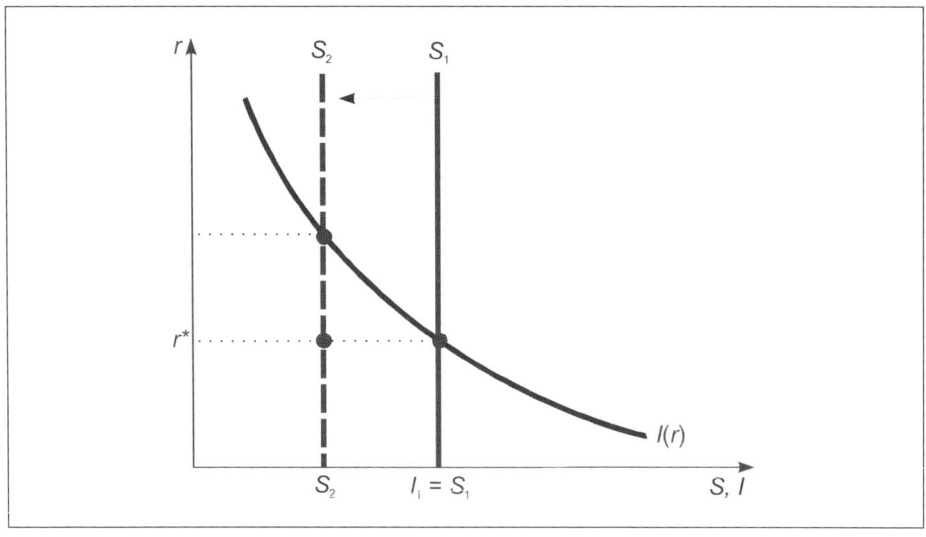

Abb. 5-8

Um die Auswirkungen der Staatsausgabenerhöhung auf den Wechselkurs beurteilen zu können, betrachten wir Abbildung 5-9.

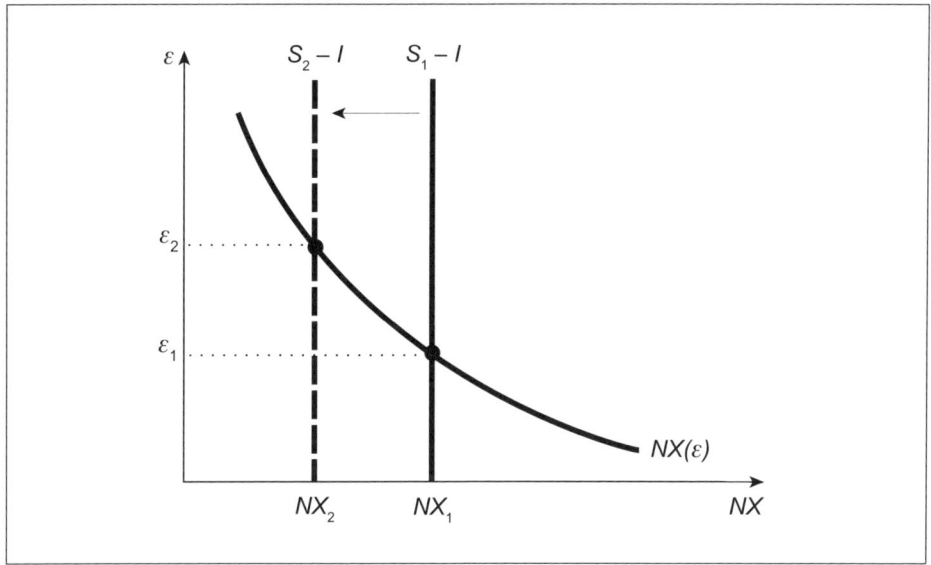

Abb. 5-9

Die durch die Erhöhung der Staatsausgaben hervorgerufene Verringerung der Ersparnis führt zu einer Linksverschiebung der (S – I)-Kurve. Das Angebot an Euros, die in Auslandswährung umgetauscht und im Ausland angelegt werden sollen, verringert sich. Bei gegebener Lage der Nettoexportkurve führt dies zu einem Anstieg des realen Wechselkurses und einem Rückgang der Nettoexporte.

Hängt dieses Ergebnis davon ab, ob es sich um einen lokal begrenzten oder um einen Weltkrieg handelt? Um diese Frage zu beantworten, müssen wir überlegen, welche Variable unseres Modells vom Ausmaß des Krieges beeinflusst werden könnte. Wenn man hierüber nachdenkt, wird schnell klar, dass die Annahme eines gegebenen Zinssatzes nur vertretbar ist, wenn es sich um einen lokal begrenzten Krieg handelt. Bei einem Weltkrieg werden alle betroffenen Länder vor einem ähnlichen Problem stehen wie unser kleines Land, d. h., sie werden ihre Ausgaben erhöhen. Damit geht aber die Weltersparnis zurück und der Weltzinssatz steigt. Wie sich dieser Anstieg auf die Leistungsbilanz und den realen Wechselkurs des kleinen Landes auswirkt, hängt dann aber noch davon ab, ob der Anstieg des Weltzinssatzes größer oder kleiner ausfällt als der Zinsanstieg, der notwendig wäre, um die Investitionsnachfrage an die gesunkene inländische Ersparnis anzupassen.

Bezeichnen wir den Zins, bei dem inländisches Sparen und inländische Investitionen wieder übereinstimmen, mit r', dann führt ein Anstieg des Weltzinssatzes, der geringer ausfällt (r* < r'), zu einem Leistungsbilanzdefizit und einem Anstieg des realen Wechselkurses. Steigt der Weltzinssatz dagegen stärker (r* > r'), kommt es zu einem Leistungsbilanzüberschuss und einem Rückgang des realen Wechselkurses (vgl. hierzu Abbildung 5-10).

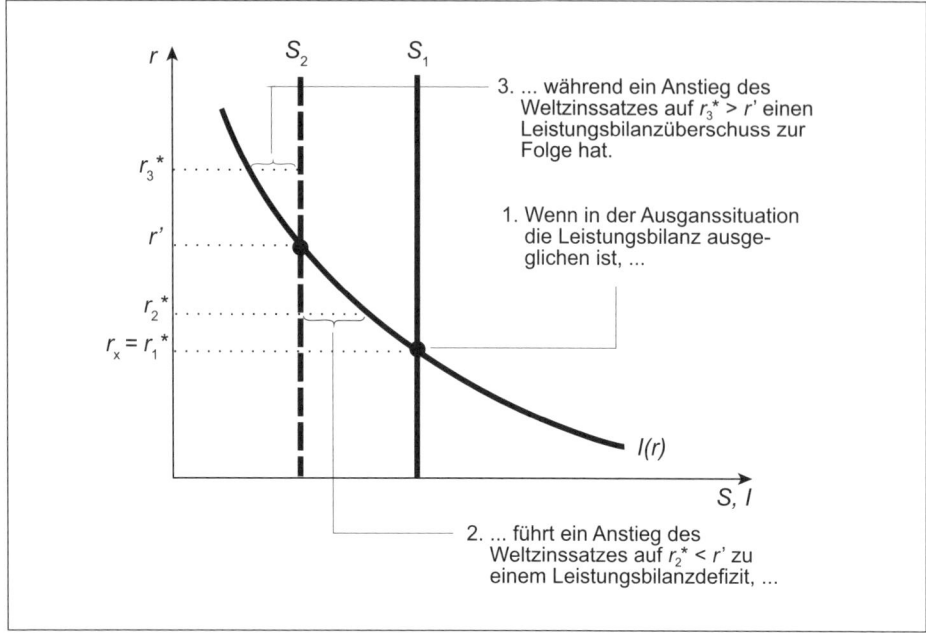

Abb. 5-10

Ein letzter Hinweis noch: Es könnte auch sein, dass bei einem lokalen Krieg der für das kleine Land relevante Zinssatz steigt. Das wäre dann der Fall, wenn der Weltmarktzinssatz zwar unverändert bleibt, das kleine Land wegen des Krieges aber eine Risikoprämie für den Import von ausländischem Kapital bezahlen muss. Die Konsequenzen hieraus wären dann ähnlich zu beurteilen wie bei einem allgemeinen Anstieg des Weltzinssatzes.

Aufgabe 5

In der Fallstudie »Warum fließt das Kapital nicht in arme Länder?« wurde festgestellt, dass sich die Leistungsbilanz in reichen Ländern wie den Vereinigten Staaten in Richtung Überschuss entwickeln würde, wenn ärmere Länder eine höhere Effizienz der Produktion und ein höheres Maß an Rechtssicherheit aufweisen würden. Wir wollen überlegen, warum dies richtig sein könnte.

a. Wenn arme Länder eine höhere Effizienz der Produktion und ein höheres Maß an Rechtssicherheit aufweisen würden, was würde mit der Investitionsnachfragefunktion in diesen Ländern geschehen?

b. Wie würde sich die in Teil a. beschriebene Änderung auf die Kreditnachfrage auf den Weltfinanzmärkten auswirken?

c. Wie würde die von Ihnen in Teil b. festgestellte Änderung sich auf den Weltzinssatz auswirken?

d. Wie würde sich die von Ihnen in Teil c. festgestellte Änderung auf die Leistungsbilanz reicher Länder auswirken?

Lösung

a. Wie im Lehrbuch erläutert, führen ein höheres Maß an Produktionseffizienz und ein höheres Maß an Rechtssicherheit in armen Ländern zu einem Anstieg der Produktivität. Wegen der gestiegenen Grenzproduktivität des Kapitals ist es nun für jeden gegebenen Zinssatz lohnender zu investieren. Dies impliziert eine Rechtsverschiebung der Investitionsnachfragekurve.

b. Wenn die betreffenden Länder auch in der Summe »klein« sind, ergeben sich keine (spürbaren) Auswirkungen auf die Weltkreditnachfrage. Ist in der Summe der Anstieg der Kreditnachfrage »groß«, dann verschiebt sich die Kurve der Weltkreditnachfrage nach rechts.

c. Geht man davon aus, dass das Weltkreditangebot gegeben ist, würde die Rechtsverschiebung der Weltkreditnachfragekurve einen Anstieg des Weltzinssatzes hervorrufen.

d. In den reichen Ländern würde sich die Investitionsnachfrage zinsinduziert verringern. Wegen $NX = S - I(r)$ würde sich die Leistungsbilanz dieser Länder in Richtung Überschuss entwickeln.

Aufgabe 6

Der amerikanische Präsident erwägt die Erhebung eines Importzolls auf japanische Luxusautos. Diskutieren Sie die ökonomischen und politischen Aspekte einer solchen Politik. Gehen Sie insbesondere auch darauf ein, wie sich eine solche Politik auf das Leistungsbilanzdefizit der Vereinigten Staaten auswirken würde. Welche Wirkungen ergäben sich auf den Wechselkurs? Wer würde durch eine solche Politik benachteiligt? Wer würde bevorzugt?

Lösung

Wir wollen bei der Beantwortung dieser Aufgabe zunächst wieder überlegen, welche Variablen unseres Modells durch einen solchen Importzoll unmittelbar betroffen werden. Da weder das Gesamteinkommen noch der Konsum noch die Staatsausgaben durch den Importzoll verändert werden, gilt dies auch für die gesamtwirtschaftliche Ersparnis. Ebenso wird die Investitionsnachfrage nicht unmittelbar von einem Importzoll berührt. Die $(S - I)$-Kurve in Abbildung 5-11 ändert ihre Lage also nicht. Der Importzoll führt aber dazu, dass die Nettoexportkurve sich nach rechts verschiebt: Bei jedem gegebenen realen Wechselkurs hat die Einführung eines Importzolls zur Folge, dass die Importe geringer sind als vor der Zollerhebung. Eine Verringerung der Importe führt ceteris paribus zu einer Erhöhung der Exporte, sodass sich die NX-Kurve nach rechts verschiebt. Beim alten realen Wechselkurs ε_1 gibt es nun eine Übernachfrage nach Euro, sodass der Wechselkurs steigt. Diese Tendenz zur Wechselkurserhöhung bleibt bestehen, solange die Nettoexportnachfrage höher ist als $(S - I)$. Das neue Gleichgewicht wird beim Wechselkurs ε_2 erreicht. Hier sind die Nettoexporte genauso hoch wie in der Ausgangssituation. Die Einführung des Importzolls führt also letztlich lediglich zu einem Anstieg des realen Wechselkurses, während das Leistungsbilanzdefizit unverändert bleibt. Dabei muss man allerdings beachten, dass sich hinter dem gleich gebliebenen Leistungsbilanzsaldo eine Verringerung sowohl der Importe als auch der Exporte um den gleichen Betrag verbirgt. Das Welthandelsvolumen sinkt also aufgrund der Einführung des Importzolls.

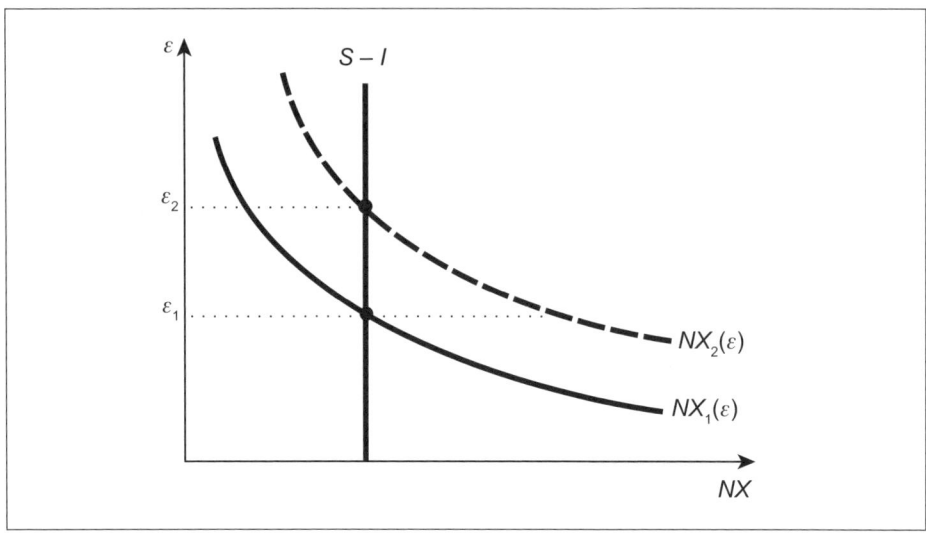

Abb. 5-11

Neben diesen unmittelbar aus unserem Modell abzuleitenden Konsequenzen sind noch eine Reihe weiterer Wirkungen zu bedenken. Zunächst einmal ist zu beachten, dass der Importzoll strukturelle Auswirkungen hat. Für die Produzenten amerikanischer Luxusautos ergibt sich eine Verbesserung der Situation, weil sie durch den Zoll vor der Importkonkurrenz geschützt werden. Sie werden sich nicht nur einer höheren Nachfrage nach ihren Produkten gegenübersehen, sondern vermutlich auch die Produktion ausbauen und neue Arbeitsplätze schaffen. Außerdem ist zu erwarten, dass im Schatten des Importzolls die Preise erhöht werden. Für die Hersteller anderer Produkte verschlechtert sich die Situation dagegen tendenziell. Insbesondere die amerikanischen Exporteure werden es aufgrund des gestiegenen Wechselkurses schwerer haben, ihre Produkte im Ausland abzusetzen, weil diese aus Sicht des Auslands teurer geworden sind. Umgekehrt sind die Importe ausländischer Güter aus amerikanischer Sicht aufgrund des Wechselkursanstiegs billiger geworden, sodass sie sich einer verstärkten Konkurrenz ausgesetzt sehen. Betrachtet man den Importzoll aus Sicht der Konsumenten, so ergibt sich für die Käufer von Luxuslimousinen ein Nachteil, weil diese Produkte relativ teurer geworden sind. Für die Konsumenten anderer Güter ergibt sich dagegen tendenziell eine Verbesserung, weil die übrigen Importe aufgrund des gestiegenen Wechselkurses relativ billiger geworden sind und der hiervon ausgehende Druck vermutlich auch zu einer Senkung der Preise von inländischen Substitutionsgütern führen wird. Neben diesen letztlich nicht einfach zu beurteilenden Wohlfahrtswirkungen in Amerika ergeben sich aber auch Rückwirkungen auf Japan. Dort verschlechtert sich die Situation der Produzenten von Luxusautos, weil ihre Exporte in die Vereinigten Staaten sinken. Es wird daher in der Autoindustrie Japans tendenziell zu einem Produktionsrückgang und zu einem Beschäftigungsabbau kommen. Schließlich sollte man auch daran denken, dass Japan möglicherweise die Einführung des Importzolls zum Anlass nehmen könnte, seinerseits Importzölle auf Importe aus den Vereinigten Staaten zu erheben. Insgesamt ist also eine vollständige Beurteilung der Auswirkungen eines solchen Importzolls außerordentlich schwierig.

Aufgabe 7

Nehmen Sie an, dass China Fernsehgeräte exportiert und als Währung den Yuan verwendet, während Russland Wodka exportiert und den Rubel verwendet. China weist ein stabiles Geldangebot und langsamen, stetigen technologischen Fortschritt bei der Produktion von Fernsehgeräten auf. Russland verzeichnet hingegen ein sehr schnelles Wachstum des Geldangebots, aber keinerlei technologischen Fortschritt bei der Wodka-Produktion. Wie werden sich wohl realer Wechselkurs (gemessen als Wodka-Flaschen je Fernsehgerät) und nominaler Wechselkurs (gemessen als Rubel pro Yuan) entwickeln, wenn Sie von diesen Informationen ausgehen? Erläutern Sie Ihre Überlegungen. (Hinweis: Für Ihre Einschätzung des realen Wechselkurses sollten Sie an den Zusammenhang zwischen Knappheit und relativen Preisen denken.)

Lösung

Der reale Wechselkurs gibt das Austauschverhältnis an, zu dem die Güter eines Landes gegen die Güter eines anderen Landes getauscht werden. Im Kontext der vorliegenden Aufgabe geht es also um das Austauschverhältnis zwischen Wodka-Flaschen und Fernsehgeräten. Es wird in der Fragestellung angenommen, dass China einen dauerhaften technologischen Fortschritt bei der Produktion von Fernsehgeräten verzeichnen kann, während die Technologie bei der russischen Wodka-Produktion stagniert. Das führt dazu, dass China mit der vorhandenen Ausstattung an Produktionsfaktoren immer mehr Fernsehgeräte produzieren kann, während die Anzahl der produzierten Wodka-Flaschen konstant bleibt. Über die Zeit werden chinesische Fernsehgeräte relativ reichlicher bzw. russischer Wodka wird knapper. Im Allgemeinen führt die zunehmende Knappheit bei einem Gut dazu, dass sein relativer Preis steigt. Wodka sollte also ausgedrückt in Fernsehgeräten teurer werden – man bekommt für ein Fernsehgerät immer weniger Wodka. Der reale Wechselkurs sinkt also.

Der nominale Wechselkurs ergibt sich aus dem Produkt von realem Wechselkurs und Preisverhältnis:

$$e = \varepsilon \cdot \frac{P^*}{P}$$

Hierin ist e der nominale Wechselkurs (ausgedrückt als Rubel pro Yuan), ε ist der reale Wechselkurs (gemessen in Wodka-Flaschen pro TV-Gerät), P^* ist der Rubel-Preis einer Wodka-Flasche (bzw. das Preisniveau in Russland) und P ist der Yuan-Preis eines Fernsehgeräts (bzw. das Preisniveau in China). Aufgrund der in der Fragestellung getroffenen Annahme eines in China stabilen, in Russland aber schnellen Wachstums des Geldangebots ist damit zu rechnen, dass das Preisniveau in Russland im Zeitverlauf zunimmt, während es in China unverändert bleibt. Damit wird das Preisverhältnis P^*/P im Zeitverlauf größer. Gleichzeitig geht aber wie oben überlegt der reale Wechselkurs zurück. Weil beide Effekte gegenläufig sind, lässt sich nicht allgemein sagen, wie sich der nominale Wechselkurs entwickeln wird.

Aufgabe 8

Nehmen Sie an, dass das Ausland damit beginnt, seine Investitionen durch eine Investitionszulage zu fördern.

a. Welche Folgen ergeben sich für die Weltinvestitionsnachfrage als Funktion des Welt-realzinssatzes?

b. Wie ändert sich der Weltrealzinssatz?

c. Wie ändern sich die Investitionen der kleinen offenen Volkswirtschaft des Inlands?

d. Wie ändert sich die Leistungsbilanz des Inlands?

e. Wie ändert sich der reale Wechselkurs aus Sicht des Inlands?

Lösung

a. Wir wollen davon ausgehen, dass das Ausland so groß ist, dass die Investitionszulage sich merklich auf die weltweiten Investitionen auswirkt. Das bedeutet, dass zu jedem gegebenen Weltzinssatz die Weltinvestitionsnachfrage größer ist als zuvor. Die Kurve der Weltinvestitionsnachfrage verschiebt sich also nach rechts, so wie in Abbildung 5-12 gezeigt.

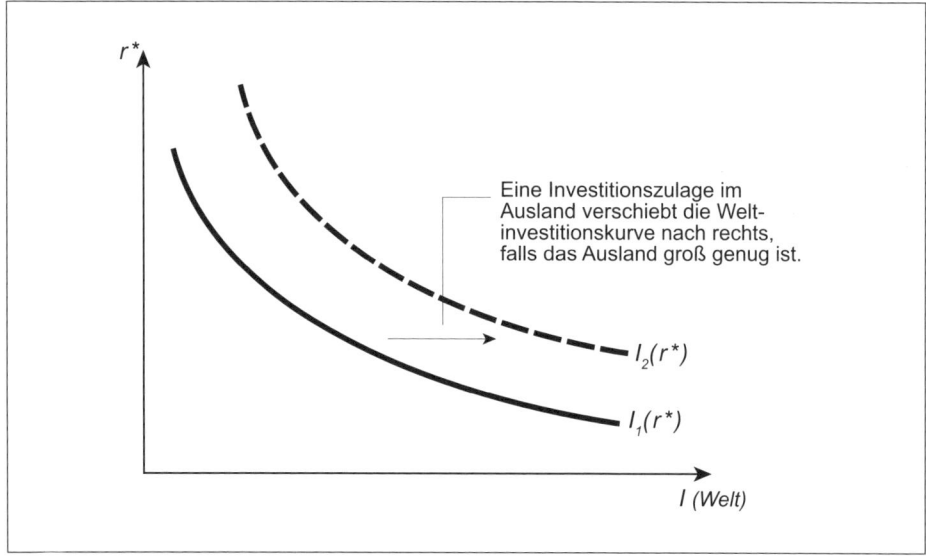

Abb. 5-12

b. Da die Weltersparnis unverändert bleibt, ist beim ursprünglichen gleichgewichtigen Weltzinssatz r_1^* die Investitionsnachfrage größer als die Mittel, die zur Finanzierung dieser Nachfrage zur Verfügung stehen. Daher werden die Investoren um die knappen Mittel konkurrieren mit der Folge, dass der Weltrealzins so lange steigt, bis Welter-sparnis und Weltinvestitionen wieder übereinstimmen. Dies ist bei r_2^* der Fall. Die Investitionszulage führt also dazu, dass der Weltrealzins steigt, während die Welt-investitionen letztlich unverändert bleiben (vgl. Abbildung 5-13).

c. Der Zinssatz der kleinen offenen Volkswirtschaft wird durch den Weltmarktzins bestimmt. Da der Weltmarktzins aufgrund der Investitionszulage im Ausland steigt, erhöht sich auch der Zins im Inland. Bei einer normal verlaufenden Investitionskurve kommt es daher zu einem Rückgang der Investitionen (vgl. Abbildung 5-14).

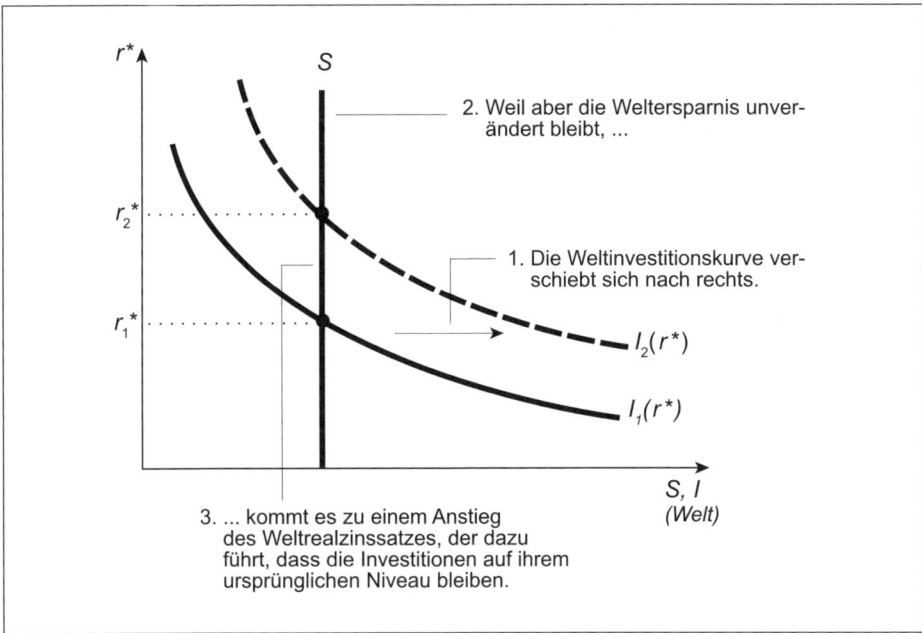

Abb. 5-13

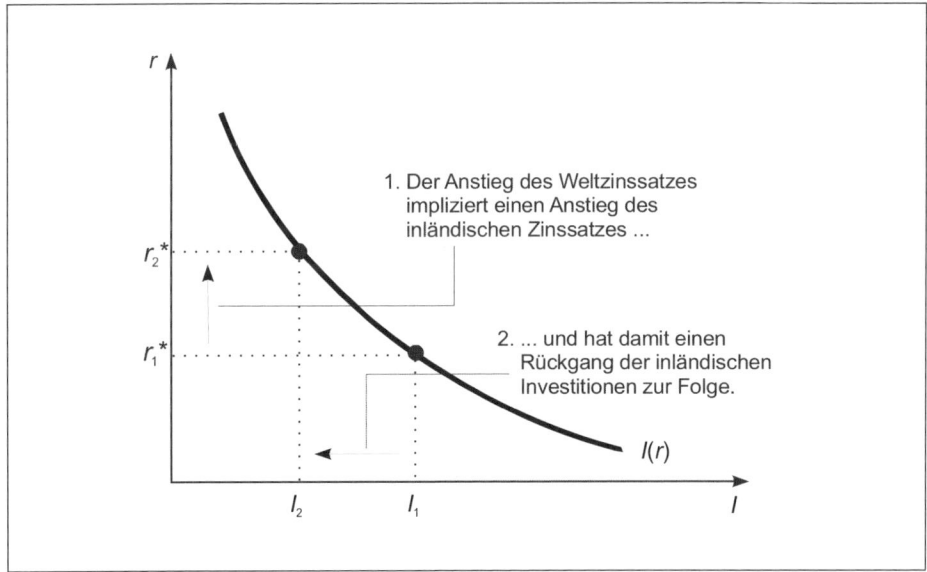

Abb. 5-14

d. Geht man davon aus, dass die inländische Ersparnis unverändert bleibt, dann führt der Anstieg des Zinssatzes zu einer Erhöhung des Leistungsbilanzsaldos. War die Leistungsbilanz in der Ausgangssituation ausgeglichen, dann resultiert aus dem Zinsanstieg ein Leistungsbilanzüberschuss (vgl. Abbildung 5-15).

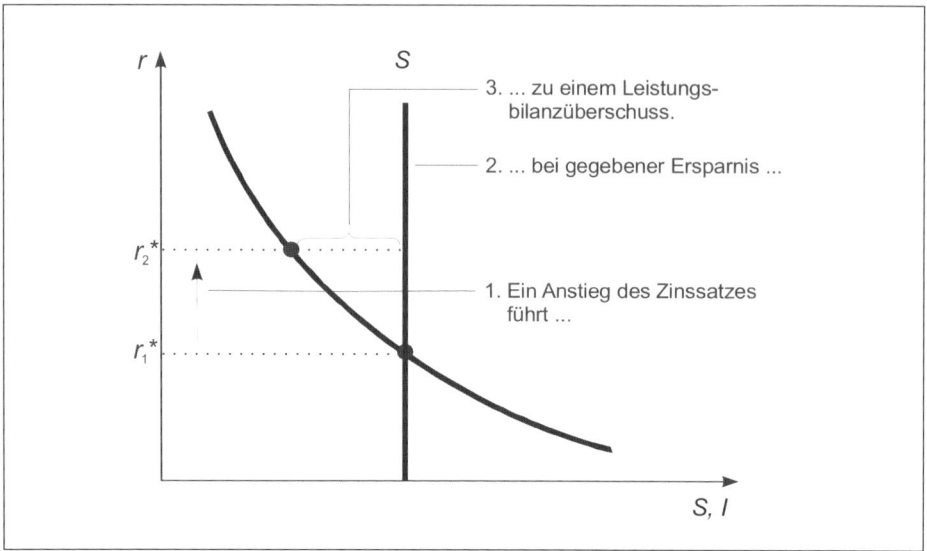

Abb. 5-15

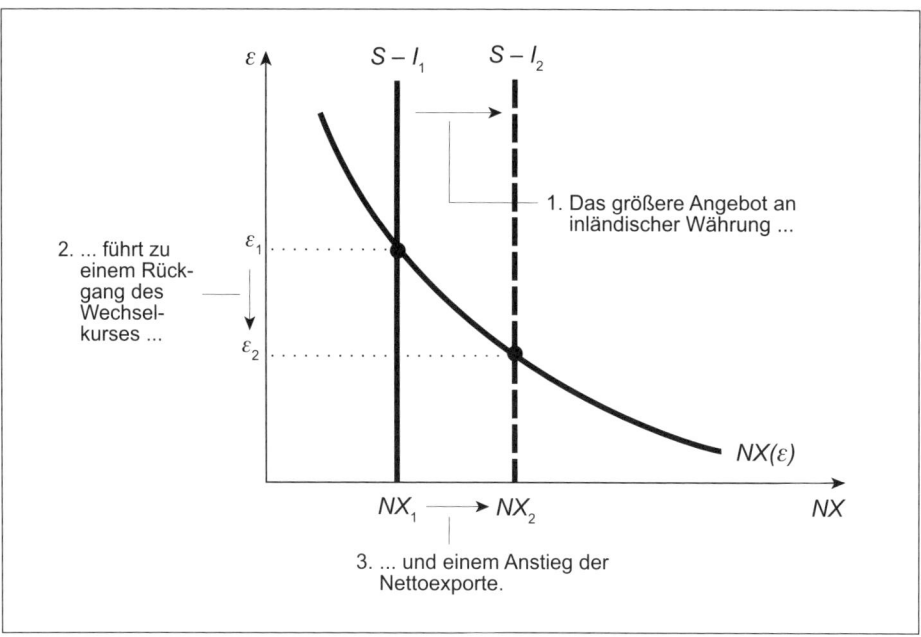

Abb. 5-16

e. Der gestiegene Überschuss der inländischen Ersparnis über die inländischen Investitionen führt dazu, dass sich in Abbildung 5-16 die (S – I)-Kurve nach rechts verschiebt. Dies lässt sich so interpretieren, dass mehr inländische Mittel im Ausland angelegt werden sollen. Durch die gestiegene Nachfrage nach ausländischer Währung kommt es zu einem Rückgang des realen Wechselkurses. Aufgrund des gesunkenen

Wechselkurses sind die inländischen Güter für das Ausland relativ billiger geworden, während für das Inland die ausländischen Güter relativ teurer geworden sind. Daher nehmen die inländischen Exporte tendenziell zu, während die Importe zurückgehen. Folglich kommt es zu einem Anstieg der Nettoexporte (vgl. Abbildung 5-16).

Aufgabe 9

»Durch Mexiko zu reisen ist heute viel billiger als vor zehn Jahren«, sagt ein amerikanischer Freund. »Vor zehn Jahren bekam man für einen Dollar 10 Pesos, in diesem Jahr bekommt man für einen Dollar 15 Pesos.« Hat der Freund Recht? Ist es unter der Annahme, dass die Preise in diesem Zeitraum in den USA um 25 Prozent und in Mexiko um 100 Prozent gestiegen sind, billiger oder teurer geworden, durch Mexiko zu reisen? Verwenden Sie für Ihre Antwort ein konkretes Beispiel – etwa ein amerikanischer Hot Dog gegen einen mexikanischen Taco –, das Ihren Freund überzeugt.

Lösung

Wir wollen annehmen, dass vor 10 Jahren ein amerikanischer Hot Dog einen Dollar gekostet hat und ein mexikanischer Taco 10 Pesos. Unter dieser Annahme bekam der amerikanische Freund, wenn man von Umtauschkosten abstrahiert, vor 10 Jahren für einen Dollar einen Taco, denn ein Dollar wurde gegen 10 Pesos getauscht, und ein Taco kostete 10 Pesos. Wenn Hot Dogs, wie alle übrigen Güter auch, in den USA um 25 Prozent teurer geworden sind, in Mexiko die Preise aber um 100 Prozent gestiegen sind, dann kostet ein Hot Dog heute 1,25 Dollar und ein Taco kostet 20 Pesos. Aufgrund des veränderten Wechselkurses kann der amerikanische Freund heute einen Dollar in 15 Pesos umtauschen. Der Peso-Preis des mexikanischen Tacos lässt sich nun mithilfe des Wechselkurses in einen Dollar-Preis umrechnen:

$$\text{Taco-Preis [Dollar]} = \frac{\text{Taco-Preis [Peso]}}{\text{Wechselkurs} \left[\frac{\text{Peso}}{\text{Dollar}}\right]} = \frac{20 \, [\text{Peso}]}{15 \left[\frac{\text{Peso}}{\text{Dollar}}\right]} = 1,33 \, [\text{Dollar}]$$

Für einen Hot Dog muss der Freund also 1,25 Dollar bezahlen, während er für den Taco in Mexiko 1,33 Dollar bezahlen müsste. Der Freund hat also Unrecht. Das Beispiel zeigt, dass es bei einem Kaufkraftvergleich von Währungen nicht ausreicht, die Entwicklung der nominalen Wechselkurse zu betrachten, sondern es müssen auch die Unterschiede in der Preisentwicklung der jeweiligen Länder berücksichtigt werden.

Aufgabe 10

Die Zeitungen melden, dass der nominale Zinssatz in Kanada bei 12 Prozent jährlich liegt, während er in den Vereinigten Staaten bei 8 Prozent liegt. Nehmen Sie an, dass der reale Zinssatz in beiden Ländern gleich ist und dass Kaufkraftparität gilt.

a. Welche Folgerung können Sie unter Verwendung der in Kapitel 4 vorgestellten Fisher-Gleichung bezüglich der Inflationserwartungen in Kanada und den Vereinigten Staaten ableiten?

b. Welche Folgerung können Sie bezüglich der erwarteten Wechselkursveränderung zwischen kanadischem und US-Dollar ableiten?

c. Ein Freund möchte Ihnen zeigen, wie man schnell reich werden kann. Er schlägt Ihnen vor, bei einer Bank in den Vereinigten Staaten Geld zu 8 Prozent Zinsen zu leihen und dieses in Kanada zu 12 Prozent anzulegen, um auf diese Weise einen Gewinn von 4 Prozent zu machen. Was ist faul an diesem Vorschlag?

Lösung

a. Die Fisher-Gleichung lautet:

$$i = r + \pi^e.$$

Bezeichnen wir die Werte für Kanada mit dem Subskript »KAN« und die Werte für die Vereinigten Staaten mit dem Subskript »USA« und berücksichtigen wir weiter, dass der reale Zinssatz in beiden Ländern gleich ist, dann gilt:

$$12 = r + \pi^e_{KAN}$$
$$8 = r + \pi^e_{USA}.$$

Wenn wir die zweite Gleichung von der ersten subtrahieren, erhalten wir die Differenz der erwarteten Inflationsraten, die wir mit $\Delta\pi^e$ bezeichnen wollen:

$$\Delta\pi^e = \pi^e_{KAN} - \pi^e_{USA} = 12 - 8 = 4.$$

Die erwartete Inflationsrate ist in Kanada also 4 Prozentpunkte höher als in den Vereinigten Staaten.

b. Für die Beziehung zwischen nominalem und realem Wechselkurs gilt (Mankiw, S. 174):

$$e = \varepsilon \frac{P^*}{P}.$$

Bezeichnen wir die Veränderungsraten des realen und des nominalen Wechselkurses mit einem über die entsprechende Variable gestellten »^«, dann können wir schreiben:

$$\hat{e} = \hat{\varepsilon} + (\pi^* - \pi).$$

Betrachten wir jetzt weiter die Vereinigten Staaten als Inland und Kanada als Ausland, gilt:

$$\hat{e} = \hat{\varepsilon} + (\pi_{KAN} - \pi_{USA}).$$

Kaufkraftparität bedeutet, dass eine Währung in allen Ländern die gleiche Kaufkraft besitzt und daher der reale Wechselkurs konstant ist. Die Änderungsrate des realen Wechselkurses ist daher gleich null ($\hat{\varepsilon} = 0$). Die Änderung des nominalen Wechselkurses entspricht dann gerade der Differenz der Inflationsraten. Daher sollten bei Kaufkraftparität auch die Wechselkurserwartungen von den Inflationserwartungen abhängen. Es gilt:

$$\hat{e} = \Delta\pi^e.$$

In Teilaufgabe a. hatten wir ermittelt, dass

$\Delta \pi^e = 4$.

Daher beträgt die erwartete Wechselkursänderung ebenfalls 4 Prozent.

c. Am einfachsten lässt sich der Vorschlag des Freundes überprüfen, indem wir einmal durchspielen, welche Rendite wir für einen Betrag von, sagen wir, 1.000 USD (US-Dollar) erzielen können, wenn wir ihn für ein Jahr anlegen. Wir leihen uns also bei einer amerikanischen Bank 1.000 USD zu 8 Prozent Zinsen. Um diesen Betrag in Kanada anlegen zu können, müssen wir ihn erst in kanadische Dollar (CAD) tauschen. Der Einfachheit halber wollen wir annehmen, dass der nominale Wechselkurs im Ausgangszeitpunkt eins beträgt:

$$e_0 = 1 \left[\frac{CAD}{USD} \right].$$

Wir erhalten also 1.000 CAD, die wir für ein Jahr zu 12 Prozent anlegen. Nach einem Jahr zahlt uns die kanadische Bank unser Kapital nebst Zinsen zurück. Wir erhalten demnach 1.120 CAD. Da wir unseren Kredit aber in USD zurückzahlen müssen, tauschen wir die CAD in USD. Dabei müssen wir feststellen, dass sich der nominale Wechselkurs geändert hat. Er beträgt jetzt:

$$e_1 = 1,04 \left[\frac{CAD}{USD} \right].$$

Wir erhalten daher nur 1.080 USD, was gerade ausreicht, um den Kredit und die aufgelaufenen Zinsen zurückzubezahlen. (Man beachte, dass wir die im Lehrbuch [Mankiw, S. 31] erläuterten vereinfachten Rechenregeln verwendet haben!) Ein Gewinn lässt sich mit diesem Verfahren also nicht erzielen. Der Freund hat nicht beachtet, dass sich bei identischen und gegebenen Realzinssätzen und unter der Annahme der Kaufkraftparität Unterschiede in den Inflationsraten vollständig in Änderungen des nominalen Wechselkurses niederschlagen müssen. Diese entsprechen gerade den Unterschieden der nominalen Zinssätze.

Anhang zu 5
Die große offene Volkswirtschaft

Aufgabe 1

Wenn im Ausland ein Krieg ausbräche, hätte dies eine ganze Reihe von Auswirkungen auf die deutsche Wirtschaft. Verwenden Sie das Modell der großen offenen Volkswirtschaft, um jeden der folgenden Effekte eines solchen Krieges zu überprüfen. Welche Wirkungen ergeben sich aus deutscher Sicht für die Ersparnis, die Investitionen, den Leistungsbilanzsaldo, den Zinssatz und den Wechselkurs? (Zur Vereinfachung ist jeder Effekt gesondert zu betrachten.)

a. Die deutsche Regierung erhöht aus Furcht, in den Krieg hineingezogen zu werden, ihre Verteidigungsausgaben.

b. Andere Länder erhöhen ihre Nachfrage nach deutschen Waffen.

c. Der Krieg verunsichert die deutschen Unternehmen, sodass diese einige Investitionsprojekte aufschieben.

d. Der Krieg verunsichert die deutschen Konsumenten, sodass diese mehr sparen.

e. Deutsche Touristen werden vorsichtiger und verbringen vermehrt ihren Urlaub im Inland.

f. Ausländische Investoren schichten ihre Anlagen nach Deutschland um.

Lösung

Zur Analyse der in der Aufgabenstellung genannten möglichen Effekte eines Krieges im Ausland verwenden wir das im Lehrbuch entwickelte Drei-Quadranten-Schema.

a. Die Erhöhung der Verteidigungsausgaben führt ceteris paribus zu einem Rückgang der staatlichen und damit der gesamtwirtschaftlichen Ersparnis. Damit stehen weniger Mittel zur Finanzierung der inländischen Investitionen und der Nettokapitalexporte zur Verfügung. Es kommt zu einem Anstieg des Zinssatzes und einer Verminderung der Investitionen und des Nettokapitalexports. Der Rückgang des Nettokapitalexports bedeutet am Devisenmarkt eine Verringerung des Euro-Angebots. Dies wiederum lässt den realen Wechselkurs steigen und die Nettoexporte sinken.

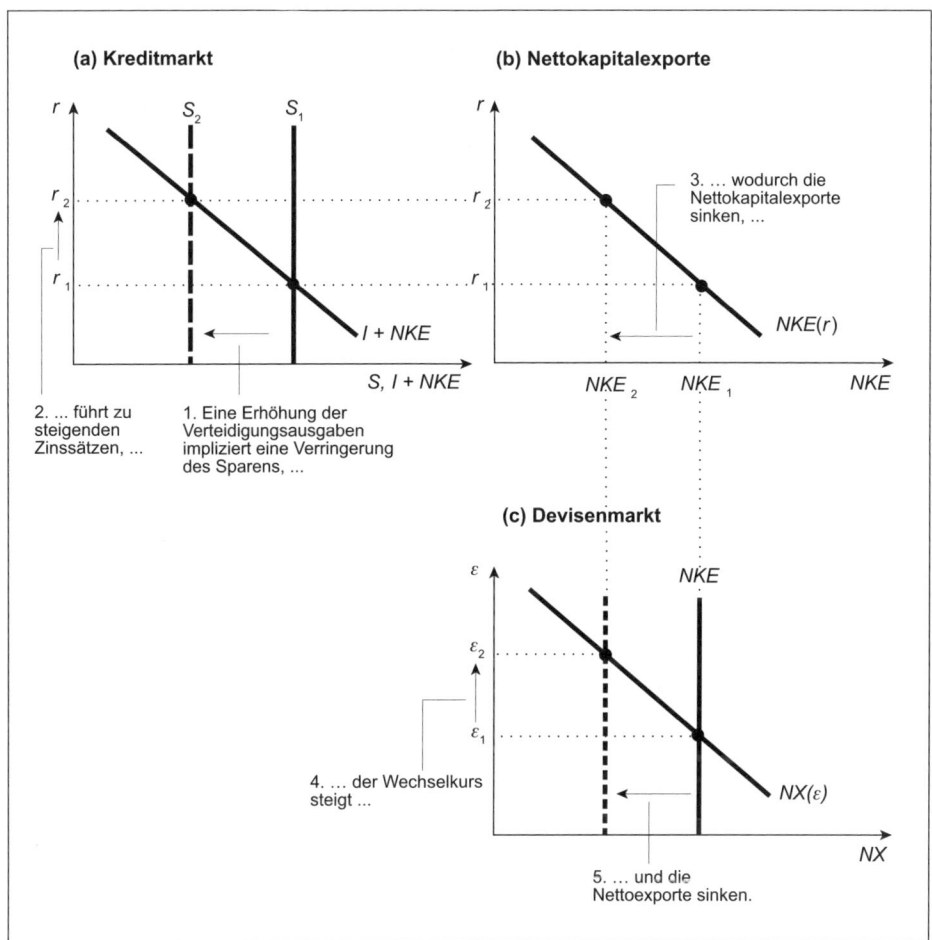

(a) Kreditmarkt

(b) Nettokapitalexporte

3. ... wodurch die Nettokapitalexporte sinken, ...

2. ... führt zu steigenden Zinssätzen, ...

1. Eine Erhöhung der Verteidigungsausgaben impliziert eine Verringerung des Sparens, ...

(c) Devisenmarkt

4. ... der Wechselkurs steigt ...

5. ... und die Nettoexporte sinken.

Abb. 5-17

b. Die erhöhte Nachfrage nach deutschen Waffen hat keine Auswirkungen auf die inländische Ersparnis. Auch die inländischen Investitionen und die Nettokapitalexporte bleiben unverändert. Daher ändert sich auch der Wert des Realzinssatzes nicht. Die gestiegene Nachfrage nach deutschen Waffen impliziert aber eine Rechtsverschiebung der Nettoexportkurve, da zu jedem gegebenen Realzinssatz die Nachfrage nach deutschen Gütern gestiegen ist. Daraus ergibt sich eine höhere Nachfrage nach Euro, die dazu führt, dass der reale Wechselkurs steigt. Der Anstieg des realen Wechselkurses verteuert die deutschen Exporte, sodass beim neuen gleichgewichtigen Wechselkurs ε_2 die Nettoexporte das gleiche Niveau aufweisen wie in der Ausgangssituation, sodass der Leistungsbilanzsaldo letztlich unverändert bleibt.

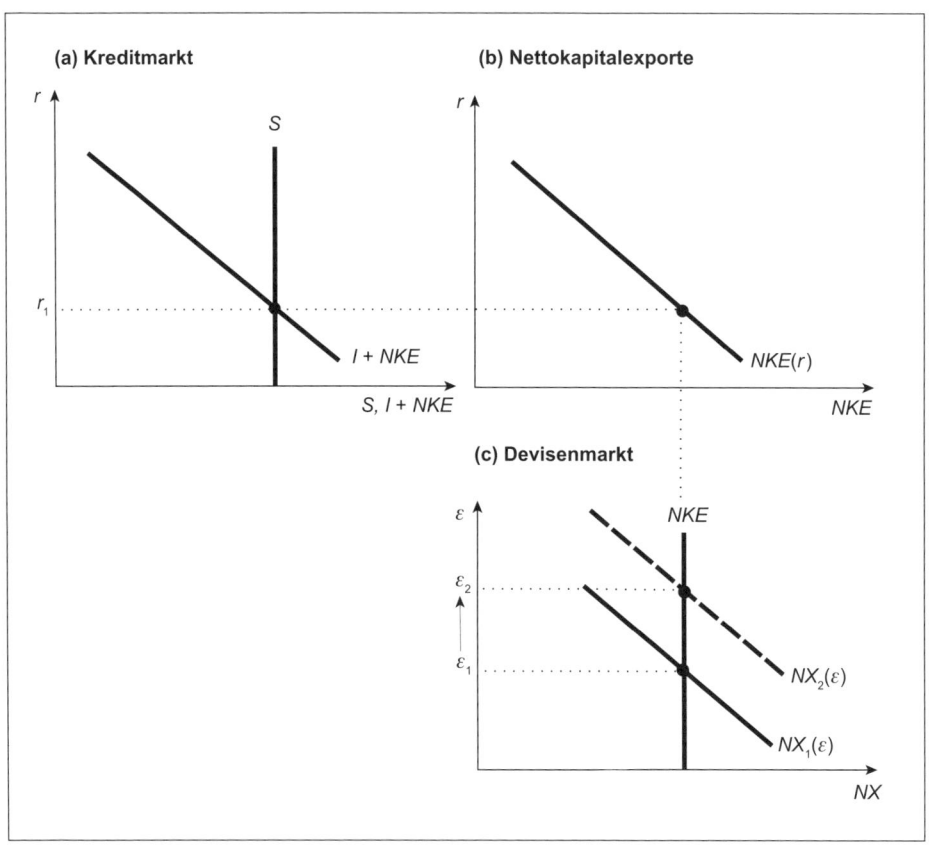

Abb. 5-18

c. Die Aufschiebung der Investitionsprojekte verringert die Investitionsnachfrage. Weil zu jedem gegebenen Zinssatz die Investitionsnachfrage nun geringer ist als zuvor, verschiebt sich die (I + NKE)-Kurve nach links. Der Rückgang der Kreditnachfrage führt dazu, dass der Zinssatz so lange sinkt, bis im Kreditmarkt ein neues Gleichgewicht erreicht ist. Dies ist bei r_2 der Fall. Der Rückgang des Zinssatzes hat zur Folge, dass die Nettokapitalexporte zunehmen. Die hiermit verbundene Erhöhung des Euro-Angebots am Devisenmarkt führt dazu, dass der reale Wechselkurs sinkt und die Nettoexporte steigen.

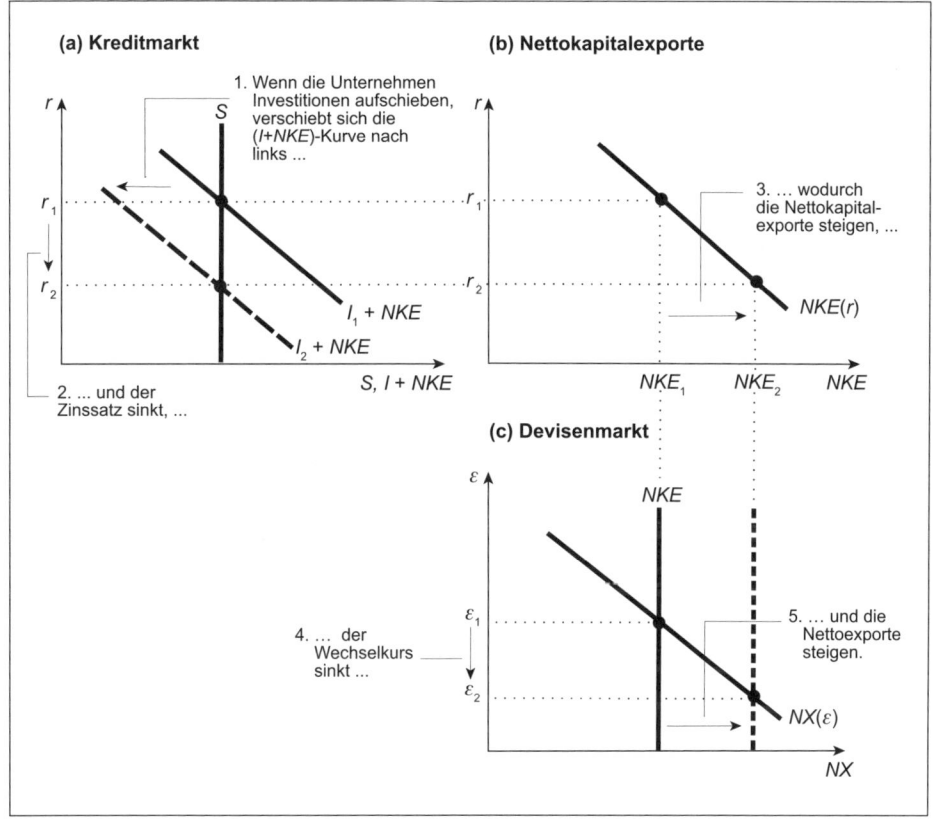

Abb. 5-19

d. Eine Erhöhung des inländischen Sparens vergrößert das Kreditangebot. In Abbildung 5-20 verschiebt sich die Sparkurve von S_1 nach S_2. Die Zunahme des Kreditangebots hat einen Rückgang des Zinssatzes von r_1 auf r_2 zur Folge. Aufgrund der Zinssenkung nimmt der Nettokapitalexport zu. Damit steigt am Devisenmarkt das Angebot an Euro. Die Zunahme des Euro-Angebots bewirkt einen Rückgang des Wechselkurses, was einen Anstieg der Nettoexporte zur Folge hat.

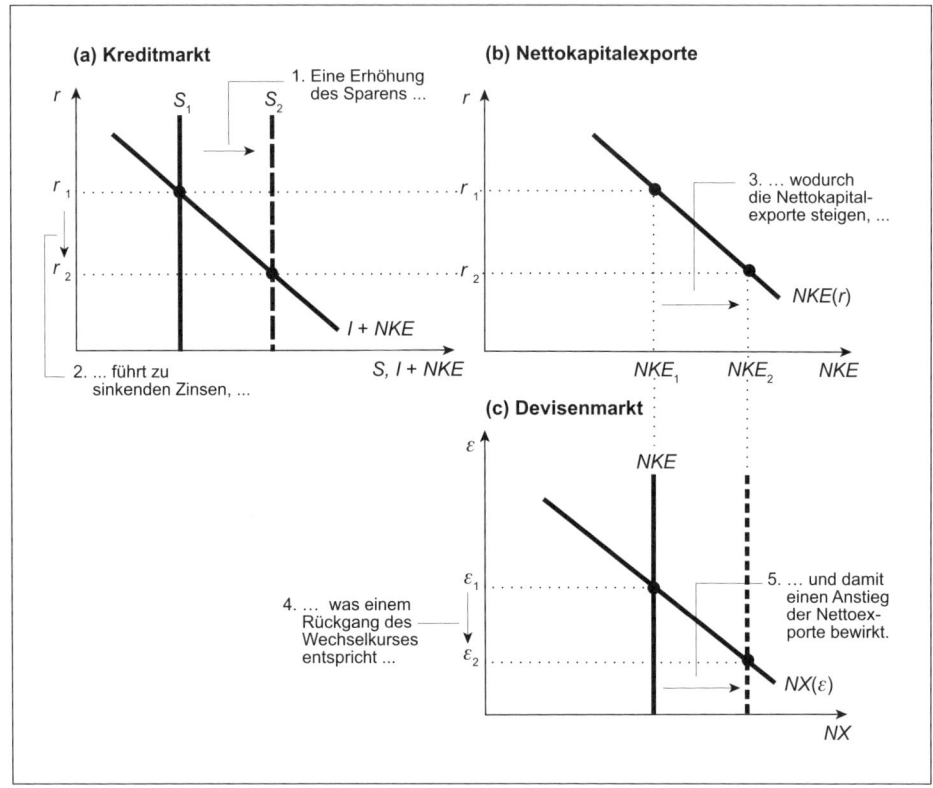

Abb. 5-20

e. Die Ausgaben, die deutsche Touristen im Ausland tätigen, werden in der Leistungsbilanz als Import verbucht. Die inländischen Importe sinken also, was sich in Abbildung 5-21 in einer Rechtsverschiebung der Nettoexportkurve niederschlägt. Die Verhaltensänderung der Touristen hat keine Auswirkungen auf das inländische Sparen. Auch die Investitionen und die Nettokapitalexporte werden hiervon nicht berührt. Folglich verharrt der Zinssatz auf seinem ursprünglichen Niveau (r_1) und auch die Nettokapitalexporte bleiben konstant (NKE_1). Damit bleibt auch das Euro-Angebot am Devisenmarkt unverändert. Dem steht aber aufgrund der Verschiebung der Nettoexportkurve zum Wechselkurs ε_1 eine erhöhte Euro-Nachfrage gegenüber. Es kommt zu einem Anstieg des realen Wechselkurses, bis bei ε_2 ein neues Gleichgewicht erreicht ist. In diesem neuen Gleichgewicht hat der Leistungsbilanzsaldo die gleiche Höhe wie in der Ausgangssituation.

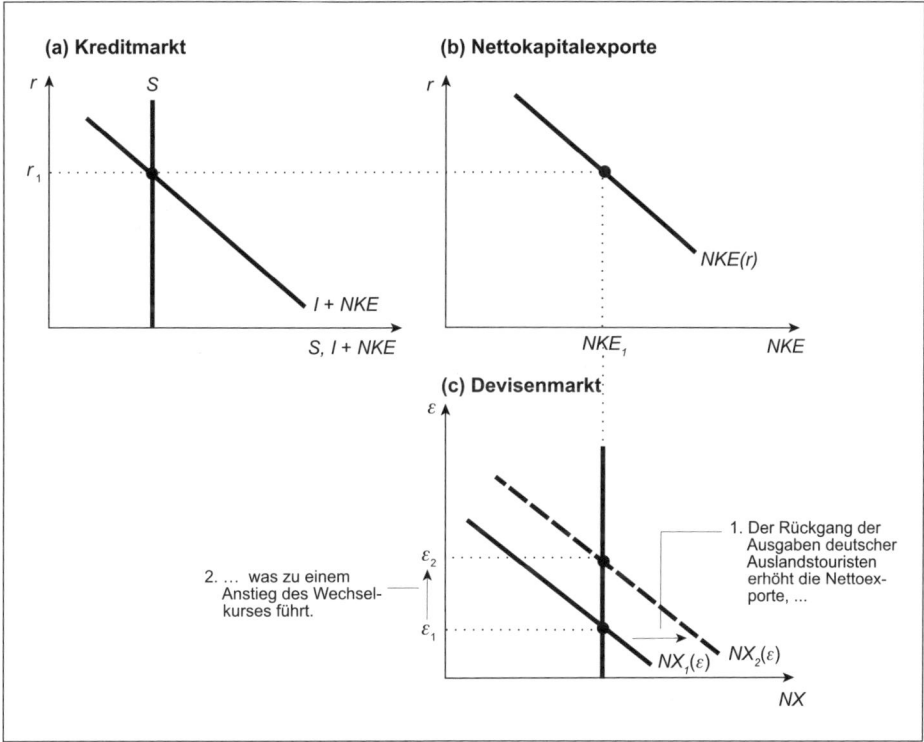

Abb. 5-21

f. Wenn ausländische Investoren verstärkt in Deutschland Anlagen tätigen, dann bedeutet dies, dass sich für jeden gegebenen Zinssatz der deutsche Nettokapitalexport verringert. Die Kurve der Nettokapitalexporte verschiebt sich daher in Abbildung 5-22 nach links. Damit verringert sich die Kreditnachfrage, sodass sich auch die (I + NKE)-Kurve nach links verschiebt. Bei gegebenem Kreditangebot verringert sich der Zinssatz von r_1 auf r_2, was einen zinsinduzierten Anstieg der inländischen Investitionen zur Folge hat. Weil die inländischen Investitionen gestiegen sind, das Sparen sich aber nicht geändert hat, muss auch nach der Zinssenkung der Nettokapitalexport geringer sein als in der Ausgangssituation. Der Rückgang des Nettokapitalexports führt zu einer Verminderung des Euro-Angebots am Devisenmarkt. Dies wiederum hat zur Folge, dass der Wechselkurs steigt. Daher sinken die Nettoexporte und der Leistungsbilanzsaldo verringert sich.

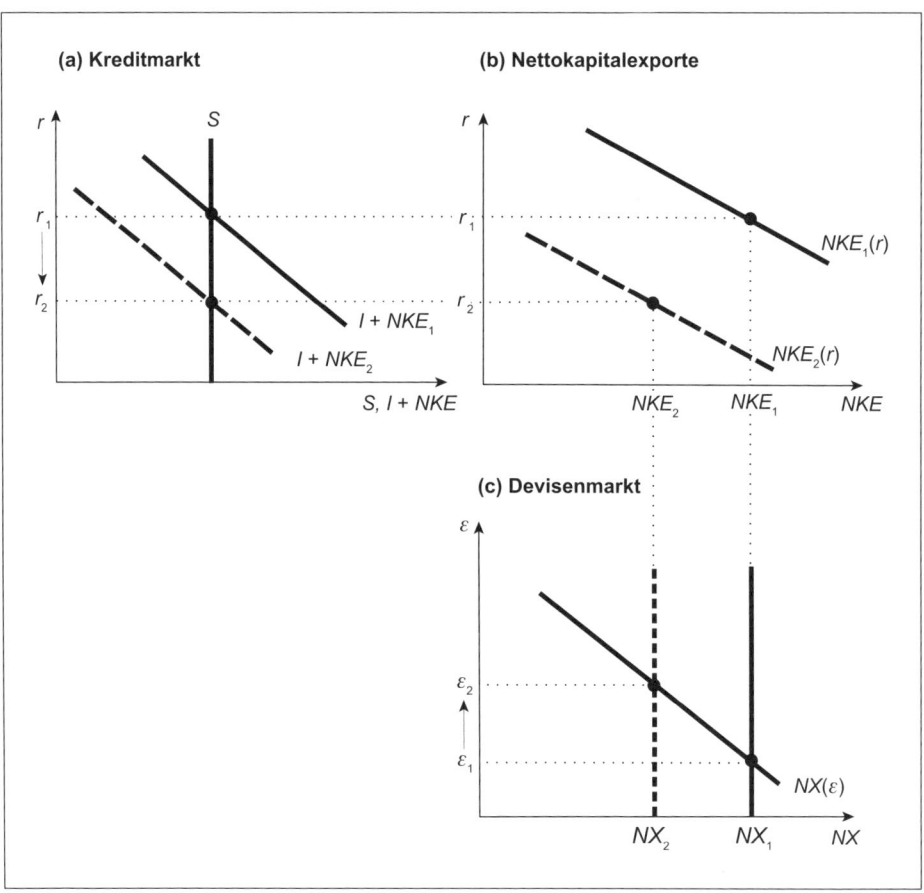

Abb. 5-22

Aufgabe 2

In der New York Times vom 22. September 1995 wurde folgendes berichtet: »Der Sprecher des Repräsentantenhauses, Newt Gingrich, drohte damit, dafür zu sorgen, dass die Vereinigten Staaten zum ersten Mal in ihrer Geschichte ihre Schulden nicht bezahlen können, um auf diese Weise die Clinton-Regierung zu zwingen, den Vorschlägen der Republikaner zum Budgetausgleich zu folgen.« Am Vortag, an dem Newt Gingrich diese Äußerung gemacht hatte, stieg der Zinssatz für 30-jährige Anleihen der U.S.-Regierung von 6,46 auf 6,55 Prozent. Der Dollar sank von 102,7 auf 99,0 Yen. Erklären Sie die Änderungen dieser Größen mithilfe des Modells der großen offenen Volkswirtschaft.

Lösung

Die Drohung von Gingrich hat zur Folge, dass ausländische und inländische Kapitalanleger insgesamt zurückhaltender mit Kapitalanlagen in den Vereinigten Staaten werden, weil sie befürchten müssen, dass sie ihre Anlage nicht oder nicht vollständig zurückerhalten. Dies hat zur Folge, dass für jeden gegebenen Zinssatz der Nettokapitalexport größer wird, weil weniger Auslandskapital in die Vereinigten Staaten fließt und amerikanische Anleger tendenziell mehr Auslandsanlagen tätigen. Auf Gesamteinkommen, Konsum, Staatsausgaben und Steuern wirkt sich die Äußerung Gingrichs dagegen nicht unmittelbar aus. Im Kreditmarktdiagramm behält die Sparkurve (Kreditangebot) ihre Position daher bei. Die (I + NKE)-Kurve verschiebt sich nach rechts, weil die Nettokapi-

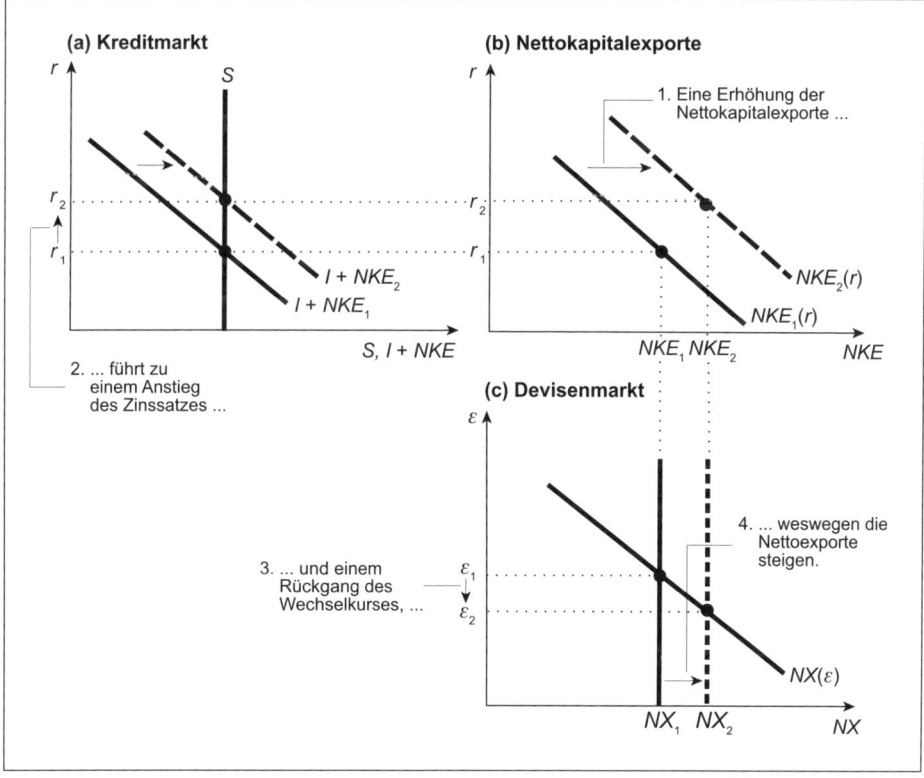

Abb. 5-23

talexporte zunehmen. Beim Zinssatz r_1 ist die Kreditnachfrage jetzt höher als das Kreditangebot, sodass es zu einem Anstieg des Zinssatzes kommt. Durch den Zinsanstieg vermindern sich die inländischen Investitionen so lange, bis beim Zins r_2 ein neues Gleichgewicht erreicht ist. Der Zinsanstieg führt auch zu einem Rückgang der Nettokapitalexporte, da die Anlage in den Vereinigten Staaten aufgrund des gestiegenen Zinssatzes attraktiver geworden ist. Unterm Strich muss der Nettokapitalexport aber zugenommen haben, weil die inländischen Investitionen gesunken sind, im neuen Gleichgewicht die Summe aus Inlandsinvestitionen und Nettokapitalexport aber wieder genau der (unveränderten) Ersparnis entsprechen muss. Die Zunahme der Nettokapitalexporte bedeutet, dass am Devisenmarkt mehr Dollar angeboten werden, sodass der Wechselkurs des Dollars in Abbildung 5-23 von ε_1 auf ε_2 sinkt.

6 Arbeitslosigkeit

Aufgabe 1

Beantworten Sie die folgenden Fragen bezüglich Ihrer eigenen Erfahrungen als Erwerbsperson:

a. Wenn Sie oder einer Ihrer Freunde sich nach einer Teilzeitbeschäftigung umsehen, wie lange suchen Sie dann im Durchschnitt? Wie lange dauern Ihre Beschäftigungsverhältnisse im Durchschnitt, wenn Sie eine Arbeit gefunden haben?

b. Berechnen Sie aus Ihren Schätzungen (auf eine Woche bezogen) Ihre Quote des Neuabschlusses f und Ihre Quote der Auflösung s von Arbeitsverhältnissen. (Hinweis: Wenn f die Quote des Neuabschlusses angibt, dann gibt 1/f die durchschnittliche Dauer der Arbeitslosigkeit an.)

c. Wie groß ist die natürliche Arbeitslosenquote für den Bevölkerungsteil, den Sie repräsentieren?

Lösung

a. Sie sollten bei der Beantwortung dieser Frage Ihre eigene Erfahrung berücksichtigen. Beispielhaft wollen wir davon ausgehen, dass Sie im Durchschnitt vier Wochen suchen, bis Sie einen Job gefunden haben und dass das Beschäftigungsverhältnis im Durchschnitt vier Monate (= 16 Wochen) besteht.

b. Wenn es im Durchschnitt vier Wochen dauert, einen neuen Job zu finden, dann werden pro Woche durchschnittlich 0,25 neue Arbeitsverhältnisse begründet. Es gilt also f = 0,25. Wenn ein durchschnittliches Beschäftigungsverhältnis 16 Wochen besteht, dann heißt das, dass im Durchschnitt alle 16 Wochen ein Arbeitsverhältnis aufgelöst wird. Pro Woche sind das 0,0625 Arbeitsverhältnisse. Es gilt also s = 0,0625.

c. Die natürliche Arbeitslosenquote wird hier als Steady-State-Arbeitslosigkeit verstanden, d.h. die Anzahl der neu abgeschlossenen Arbeitsverhältnisse ist stets gerade gleich der Zahl der aufgelösten Arbeitsverhältnisse. Unter dieser Bedingung gilt (vgl. Mankiw, S. 210 f.):

$$\frac{U}{L} = \frac{s}{s + f}$$

$$= \frac{0,0625}{0,0625 + 0,25}$$

$$= 0,2.$$

Zusammengefasst: Wenn die Arbeitssuche bei Studenten im Durchschnitt vier Wochen dauert, ein Arbeitsverhältnis im Schnitt vier Monate besteht, dann beträgt die natürliche Arbeitslosenquote 20 Prozent.

Aufgabe 2

In diesem Kapitel wurde gezeigt, dass die Steady-State-Arbeitslosenquote durch $U/L = s/(s + f)$ gegeben sei. Nehmen Sie an, dass die Arbeitslosenquote in der Ausgangssituation eine andere Höhe aufweist. Zeigen Sie, dass sich die Arbeitslosigkeit im Zeitablauf ändert und sich auf diesen Steady State zubewegt. (Hinweis: Drücken Sie die Änderung der Arbeitslosenzahl ΔU als Funktion von s, f und U aus. Zeigen Sie dann, dass die Arbeitslosigkeit sinkt, wenn sie über ihrem natürlichen Niveau liegt, und dass sie steigt, wenn sie darunter liegt.)

Lösung

Wir wollen davon ausgehen, dass die Zahl der Erwerbspersonen L gegeben ist. Die Arbeitslosenquote ändert sich mit dieser Annahme genau dann, wenn sich die Zahl der Arbeitslosen U ändert. Die Zahl der Arbeitslosen wiederum ändert sich, wenn die Zahl der Einstellungen ungleich der Zahl der Entlassungen ist. Bezeichnen wir die Änderung der Zahl der Arbeitslosen mit ΔU, dann gilt:

$$\Delta U = sE - fU.$$

(Die Symbole haben jeweils die im Lehrbuch erläuterte Bedeutung.) Wegen der Beziehung $L = E + U$ können wir die Änderung der Arbeitslosigkeit auch schreiben als:

$$\Delta U = s(L - U) - fU.$$

Für die Änderung der Arbeitslosenquote gilt:

$$\frac{\Delta U}{L} = s\left(1 - \frac{U}{L}\right) - f\frac{U}{L}$$

$$= s - s\frac{U}{L} - f\frac{U}{L}$$

$$= s - (s + f)\frac{U}{L}$$

$$= \frac{s(s + f)}{s + f} - (s + f)\frac{U}{L}$$

$$= (s + f)\left[\frac{s}{s + f} - \frac{U}{L}\right].$$

Im Steady State bleibt die Arbeitslosenquote konstant, d.h. $\Delta U/L = 0$. Dann gilt:

$$0 = s - (s + f)\frac{U}{L}$$

$$\left(\frac{U}{L}\right)^n = \frac{s}{s + f}.$$

Dies ist der Ausdruck, den wir auch im Lehrbuch gefunden haben (vgl. Mankiw, S. 210). Damit können wir schreiben:

$$\frac{\Delta U}{L} = (s + f)\left[\left(\frac{U}{L}\right)^n - \frac{U}{L}\right].$$

Ist die Arbeitslosenquote größer als ihr natürliches Niveau $[(U/L) > (U/L)^n]$, dann ist der Ausdruck in eckigen Klammern negativ, die Arbeitslosenquote sinkt also $(\Delta U/L < 0)$. Ist die Arbeitslosenquote dagegen kleiner als ihr natürliches Niveau $[(U/L) < (U/L)^n]$, dann ist der Ausdruck in eckigen Klammern positiv und die Arbeitslosenquote steigt. In beiden Fällen bewegt sich die Arbeitslosenquote auf das Steady-State-Niveau zu.

Aufgabe 3

Die Bewohner eines Studentenwohnheims haben folgende Daten zusammengetragen: Die Personen, die im Wohnheim leben, können in zwei Gruppen eingeteilt werden. Die erste Gruppe umfasst diejenigen, die eine partnerschaftliche Beziehung haben; die zweite Gruppe umfasst diejenigen, die keine Beziehung haben. Jeden Monat geht bei 10 Prozent von denen, die zur ersten Gruppe gehören, die Beziehung in die Brüche. Ferner gehen jeden Monat 5 Prozent derjenigen, die zur zweiten Gruppe gehören, eine neue Beziehung ein. Wie groß ist im Steady State der Anteil der Bewohner, die keine Beziehung haben?

Lösung

Bei der Beantwortung dieser Frage wollen wir folgende Abkürzungen verwenden: P – Anzahl der Studenten mit partnerschaftlicher Beziehung, K – Anzahl der Studenten, die keine partnerschaftliche Beziehung haben, N – Anzahl der Studenten insgesamt. Der stationäre Zustand ist dadurch charakterisiert, dass die Anzahl der Studenten mit neu eingegangenen Beziehungen genauso groß ist wie die Anzahl der Studenten, deren Beziehungen in die Brüche gehen. Die Anzahl der Studenten mit einer Beziehung bleibt dann im Zeitverlauf gerade konstant. Wenn jeden Monat 10 Prozent der in einer Beziehung lebenden Studenten ihre Beziehung beenden, dann beträgt ihre Anzahl $0,1 \cdot P$. Wenn jeden Monat 5 Prozent der »Singles« eine neue Beziehung eingehen, dann beträgt ihre Anzahl $0,05 \cdot K$. Im stationären Zustand gilt:

$$0,05K = 0,1P.$$

Wegen

$$N = K + P$$

folgt

$$0,05K = 0,1(N - K)$$
$$0,05K = 0,1N - 0,1K$$
$$0,15K = 0,1N$$
$$\frac{K}{N} = \frac{2}{3}.$$

Der Anteil der Studenten, der keine partnerschaftliche Beziehung hat, beträgt 66,7 Prozent.

Aufgabe 4

Nehmen Sie an, dass der Kongress der Vereinigten Staaten ein Gesetz verabschiedet, das es Unternehmen erschwert, Arbeitnehmer zu entlassen. (Als Beispiel können Sie sich ein Gesetz vorstellen, das bei Entlassungen Abfindungszahlungen in einer bestimmten Höhe vorschreibt.) Wie würde sich die natürliche Arbeitslosenquote ändern, wenn durch dieses Gesetz die Rate der Auflösung von Arbeitsverhältnissen gesenkt wird, die Rate der Neuabschlüsse davon aber unberührt bleibt? Was meinen Sie, ist es plausibel anzunehmen, dass durch ein solches Gesetz die Rate der Neuabschlüsse unberührt bleibt? Begründung?

Lösung

Im Lehrbuch (Mankiw, S. 210) wurde die Höhe der natürlichen Arbeitslosenquote u^n durch folgende Gleichung beschrieben:

$$u^n = \frac{s}{s + f}.$$

Wenn durch das Gesetz die Rate der Auflösung von Arbeitsverhältnissen (s) gesenkt wird, ohne dass die Rate der Neuabschlüsse (f) dadurch berührt wird, dann sinkt die natürliche Arbeitslosenquote.

Um die Frage zu beantworten, ob durch das Gesetz die Rate der Neuabschlüsse unberührt bleibt, ist es sinnvoll, über die Reaktionen von Arbeitsanbietern und Arbeitsnachfragern nachzudenken. Die Verringerung von s ist gleichbedeutend mit einer längeren Dauer eines durchschnittlichen Arbeitsverhältnisses (Mankiw, S. 211).

Dies könnte bei den Arbeitsanbietern dazu führen, dass sie versuchen, potenzielle Arbeitsplätze genauer zu beurteilen. Damit würde sich die Zeit ausdehnen, die für das Finden eines angemessenen Arbeitsplatzes verwendet wird. Dadurch verringert sich tendenziell die Quote der Neuabschlüsse (vgl. Mankiw, S. 211). Wichtiger dürfte in der Praxis aber die Reaktion der Arbeitsnachfrager sein. Wenn es aus ihrer Sicht schwieriger wird, ein Arbeitsverhältnis zu beenden, dann werden sie auch bei der Einstellung zögerlicher sein und mehr Zeit darauf verwenden, die Bewerber genau zu prüfen. Es ist also nicht plausibel anzunehmen, dass die Rate der Neuabschlüsse von dem Gesetz unberührt bleibt.

Aufgabe 5

Wir wollen eine Volkswirtschaft mit der folgenden Cobb-Douglas-Produktionsfunktion betrachten:

$$Y = K^{\frac{1}{3}} L^{\frac{2}{3}}.$$

Die Volkswirtschaft verfügt über 1.000 Einheiten Kapital und ein Volumen von 1.000 Erwerbspersonen.

a. Wie sieht die Gleichung aus, die die Arbeitsnachfrage in dieser Wirtschaft beschreibt? (Hinweis: Sehen Sie sich noch einmal den Text zur Cobb-Douglas-Produktionsfunktion in Abschnitt 3.2 an.)

b. Wenn sich der Reallohn so anpassen kann, dass Arbeitsnachfrage und Arbeitsangebot ins Gleichgewicht kommen, wie hoch ist dann der Reallohn? Wie hoch sind in diesem Gleichgewicht Beschäftigung, Output und die gesamte Lohnsumme?

c. Nehmen Sie nun an, dass der Gesetzgeber aus sozialen Gründen beschließt, dass die Unternehmen den Beschäftigten einen Reallohn von einer Outputeinheit bezahlen müssen. Vergleichen Sie diesen Lohn mit dem Gleichgewichtslohn.

d. Der Gesetzgeber kann nicht bestimmen, wie viele Arbeitnehmer zu dem gegebenen Mindestlohn beschäftigt werden müssen. Welche Wirkungen hat die Mindestlohnvorschrift, wenn Sie von dieser Tatsache ausgehen? Präzise gefragt: Wie reagieren Beschäftigung, Output und gesamte Lohnsumme?

e. Wird der Gesetzgeber mit seinem sozialen Anliegen Erfolg haben? Erklärung?

f. Glauben Sie, dass diese Analyse einen guten Rahmen abgibt, um über ein Mindestlohngesetz nachzudenken? Warum?

Lösung

a. In Kapitel 3 des Lehrbuchs wurde gezeigt, dass die Arbeitsnachfrage durch die Beziehung

$$MPL = \frac{W}{P}$$

bestimmt wird (vgl. Mankiw, S. 67). Ein Wettbewerbsunternehmen verhält sich nämlich dann gewinnmaximierend, wenn es so viele Arbeitskräfte beschäftigt, dass das Grenzprodukt der Arbeit gerade dem Reallohn entspricht. Das Grenzprodukt der Arbeit erhalten wir durch partielle Ableitung der Produktionsfunktion

$$Y = F(K,L) = K^{\frac{1}{3}}L^{\frac{2}{3}}.$$

Es gilt:

$$MPL = \frac{\partial F(K,L)}{\partial L}$$

$$\frac{\partial F}{\partial L} = \frac{2}{3}K^{\frac{1}{3}}L^{-\frac{1}{3}}.$$

Wir setzen MPL = W/P und lösen nach L auf:

$$\frac{W}{P} = \frac{2}{3}K^{\frac{1}{3}}L^{-\frac{1}{3}}$$

$$L^{\frac{1}{3}} = \frac{2}{3}K^{\frac{1}{3}}\left(\frac{W}{P}\right)^{-1}$$

$$L^d = \frac{8}{27}K\left(\frac{W}{P}\right)^{-3}.$$

Dies ist die Arbeitsnachfragekurve.

b. Wie in Kapitel 3 des Lehrbuchs gehen wir davon aus, dass das gesamte Kapital und alle Erwerbspersonen beschäftigt werden, d.h. der Reallohn passt sich so an, dass die Arbeitsnachfrage genauso hoch ist wie das gegebene Arbeitsangebot. Damit gilt:

$$1.000 = \frac{8}{27} \cdot 1.000 \cdot \left(\frac{W}{P}\right)^{-3}$$

$$1 = \frac{8}{27} \left(\frac{W}{P}\right)^{-3}$$

$$\left(\frac{W}{P}\right)^{3} = \frac{8}{27}$$

$$\frac{W}{P} = \frac{2}{3}.$$

Der Reallohn beträgt $W/P = 2/3$ Outputeinheiten. Die Beschäftigung ist, wie oben überlegt, $L = 1.000$. Für den Output folgt:

$$Y = 1.000^{\frac{1}{3}} \cdot 1.000^{\frac{2}{3}}$$
$$= 1.000.$$

Die Lohnsumme ist das Produkt aus Anzahl der Beschäftigten und Reallohn:

$$L \cdot \frac{W}{P} = 1.000 \cdot \frac{2}{3}$$
$$= 666,7.$$

Die Lohnsumme beträgt also 667 Outputeinheiten.

c. Da der Gleichgewichtslohn, wie in Teilaufgabe b. berechnet, bei 2/3 liegt, ist der gesetzliche Mindestlohn von einer Outputeinheit höher als der Gleichgewichtslohn.

d. Die in Teilaufgabe a. abgeleitete Arbeitsnachfragekurve beschreibt die gewinnmaximale Beschäftigungshöhe in Abhängigkeit vom Reallohn. Um zu sehen, wie viele Arbeitnehmer zum Mindestlohn beschäftigt werden, setzen wir diesen in die Arbeitsnachfragefunktion ein:

$$L^{d} = \frac{8}{27} \cdot 1.000 \cdot 1^{-3}.$$

Bei einem realen Mindestlohn von 1 beträgt die Arbeitsnachfrage 296. Die Arbeitsnachfrage von 296 bestimmt auch die tatsächliche Beschäftigungshöhe, wenn die Unternehmen nicht gezwungen werden können, mehr Arbeitskräfte einzustellen. Der Output beträgt nun:

$$Y = 1.000^{\frac{1}{3}} \cdot 296^{\frac{2}{3}}$$
$$= 10 \cdot 44,4$$
$$= 444.$$

Die Lohnsumme beträgt 296 Outputeinheiten, da 296 Beschäftigte jeweils den realen Mindestlohn W/P = 1 erhalten.

e. Durch die Mindestlohngesetzgebung werden 296 Arbeitnehmer besser gestellt. Die übrigen 704 Erwerbspersonen sind nun aber schlechter dran, weil sie ihren Arbeitsplatz verlieren. Da man Nutzen nicht interpersonell vergleichen kann, lässt sich streng genommen nicht sagen, welche Wohlfahrtsrichtung diese Umverteilung hat. Im Allgemeinen wird eine Regierung eine Maßnahme, die zum Abbau von über 70 Prozent der Arbeitsplätze und einem drastischen Produktionsrückgang führt, aber kaum als erfolgreiche sozialpolitische Maßnahme betrachten.

f. Diese Analyse bietet einen brauchbaren Einstieg, um über die Auswirkungen von Mindestlöhnen nachzudenken. Es wird nämlich deutlich, dass jede Mindestlohnpolitik prinzipiell zwei zentrale Wirkungen zeigt. Für die Arbeitnehmer, die ihren Arbeitsplatz behalten, führt die Mindestlohnpolitik zu einem Anstieg der Einkommen. Aufgrund der Tatsache, dass mit steigenden Reallöhnen die Arbeitsnachfrage zurückgeht, hat die Mindestlohnpolitik jedoch gleichzeitig zur Folge, dass die Beschäftigung sinkt. Die Arbeitnehmer, die ihren Arbeitsplatz verlieren, sind im Allgemeinen schlechter dran als ohne Mindestlohnpolitik. Ferner wird deutlich, dass aufgrund des Beschäftigungsrückgangs auch die Produktion der betrachteten Volkswirtschaft sinkt. Die Mindestlohnpolitik hat also auch einen Rückgang der materiellen Versorgung insgesamt zur Folge. Wie stark diese Effekte sind, hängt von der Elastizität der Arbeitsnachfragefunktion ab. Ist die Arbeitsnachfrage sehr unelastisch, dann gehen nur wenige Arbeitsplätze verloren. Die Lohnsumme könnte insgesamt sogar steigen, was unterm Strich zu einer Besserstellung der Gruppe der Erwerbspersonen insgesamt führen könnte.

Aufgabe 6

Nehmen Sie an, dass ein Land sich einer Verminderung der Produktivität gegenübersieht, d.h. einem ungünstigen Schock für die Produktionsfunktion.

a. Welche Konsequenzen ergeben sich für die Arbeitsnachfragekurve?

b. Welche Auswirkungen hätte diese Produktivitätsänderung auf den Arbeitsmarkt (d.h. auf Beschäftigung, Arbeitslosigkeit und Reallöhne), wenn sich der Arbeitsmarkt stets im Gleichgewicht befände?

c. Welche Auswirkungen hätte diese Produktivitätsänderung auf den Arbeitsmarkt, wenn die Gewerkschaften einen Rückgang des Reallohns verhindern könnten?

Lösung

a. Die Arbeitsnachfrage ist durch die Bedingung charakterisiert, dass das Grenzprodukt der Arbeit gleich dem Reallohn sein muss. In einem (W/P, L)-Diagramm ergibt sich die Arbeitsnachfragekurve daher als erste partielle Ableitung der Produktionsfunktion nach der Variablen L. Eine Verminderung der Produktivität führt dazu, dass die Produktion bei jedem gegebenen Faktoreinsatz kleiner ist als zuvor. Damit ist auch bei gegebenem K für jedes L die Steigung der Produktionsfunktion geringer geworden. In einem (W/P, L)-Diagramm verschiebt sich daher die Arbeitsnachfragekurve nach unten (vgl. Abbildung 6-1).

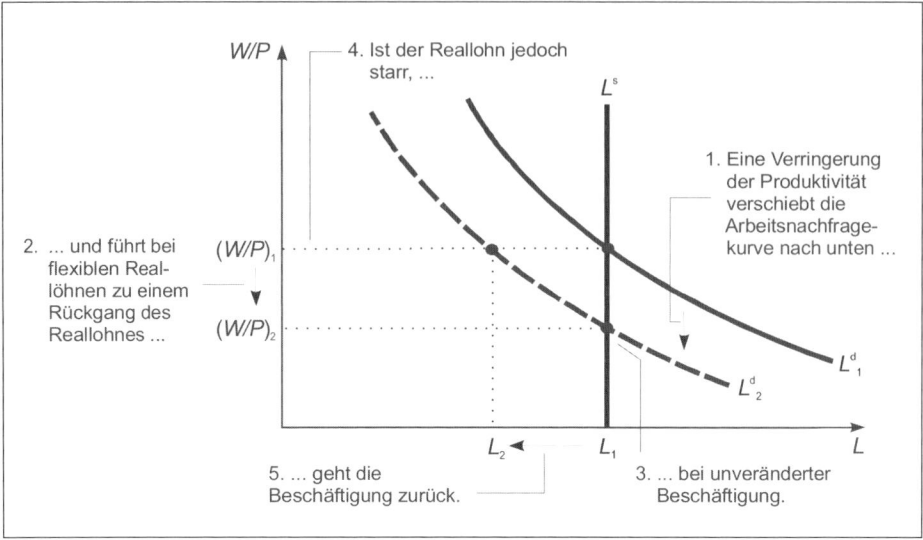

Abb. 6-1

b. Wir wollen annehmen, dass das Arbeitsangebot fest gegeben ist. Die Arbeitsangebotskurve in Abbildung 6-1 verläuft daher senkrecht. Wie man erkennen kann, führt der Rückgang der Produktivität und die damit verbundene Verschiebung der Arbeitsnachfragekurve nach unten dazu, dass der Reallohn von $(W/P)_1$ auf $(W/P)_2$ sinkt. Die Beschäftigung bleibt aber auf dem ursprünglichen Niveau (L_1). Daher ändert sich auch die Arbeitslosigkeit nicht.

c. Wenn die Gewerkschaften einen Rückgang des Reallohns verhindern können und dieser auf dem Niveau $(W/P)_1$ verharrt, dann sinkt die Arbeitsnachfrage gemäß der neuen Arbeitsnachfragekurve L_2^d auf das Niveau L_2. Weil die Unternehmen nicht gezwungen werden können, mehr Arbeitskräfte zu beschäftigen, als es ihnen unter Gewinnmaximierungsgesichtspunkten optimal erscheint, sinkt auch die Beschäftigung auf L_2. Damit erhöht sich die Arbeitslosigkeit um den Betrag $L_1 - L_2$.

Aufgabe 7

Steigt der Lohn eines Arbeitnehmers, wird seine Entscheidung über die Höhe seines Arbeitsangebots durch zwei gegensätzliche Kräfte beeinflusst. (Das sollten Sie in Ihrer einführenden Vorlesung zur Mikroökonomik gelernt haben.) Der Einkommenseffekt beschreibt einen Impuls, weniger zu arbeiten, weil ein höheres Einkommen bedeutet, dass man sich mehr Freizeit leisten kann. Der Substitutionseffekt beschreibt einen Impuls, mehr zu arbeiten, weil die Entlohnung für eine zusätzliche Arbeitsstunde gestiegen ist. (Eine andere Formulierung hierfür wäre: Die Opportunitätskosten der Freizeit sind gestiegen.) Wenden Sie diese beiden Effekte auf Blanchards Hypothese für die amerikanischen und europäischen Präferenzen für Freizeit an. Auf welcher Seite des Atlantiks scheint der Einkommenseffekt größer zu sein als der Substitutionseffekt? Auf welcher Seite des Atlantiks heben sich die Effekte annäherungsweise auf? Ist es Ihrer Ansicht nach eine vernünftige Hypothese, dass sich die Präferenzen für Freizeit in Abhängigkeit von geographischen Gegebenheiten unterscheiden? Warum oder warum nicht?

Lösung

Der Einkommenseffekt wird im Vergleich zum Substitutionseffekt größer sein, wenn die Präferenzen für Freizeit groß und der Grenznutzen zusätzlichen Einkommens gering ist. Der Reallohn ist langfristig sowohl in den Vereinigten Staaten als auch in Europa gestiegen. Dominiert der Einkommenseffekt den Substitutionseffekt, geht das Arbeitsangebot mit steigendem Reallohn zurück. Halten sich Einkommenseffekt und Substitutionseffekt genau die Waage, bleibt das Arbeitsangebot bei steigendem Reallohn konstant. Nach dieser mikroökonomischen Sichtweise scheint der Einkommenseffekt in Europa größer zu sein als der Substitutionseffekt. In den Vereinigten Staaten scheinen sich dagegen Einkommenseffekt und Substitutionseffekt annäherungsweise aufzuheben. Aus ökonomischer Sicht ist nicht ohne Weiteres nachvollziehbar, warum sich die Präferenzen für Freizeit in Abhängigkeit von geographischen Gegebenheiten unterscheiden sollten. Allerdings mag es kulturelle und politische Unterschiede geben, die eine Rolle spielen könnten.

Aufgabe 8

In jeder Stadt steht immer ein Teil der vorhandenen Büroflächen leer. Diese freien Büroflächen stellen ungenutzten Kapitalbestand dar. Wie erklären Sie dieses Phänomen? Handelt es sich um ein soziales Problem?

Lösung

Wir können Büroflächen und andere Kapitalgüter als Produktionsfaktoren betrachten, die sich in ähnlicher Weise analysieren lassen wie der Produktionsfaktor Arbeit. Auch bei Büroräumen ist es so, dass in jeder Periode ein gewisser Teil der bestehenden Mietverhältnisse gekündigt wird oder ausläuft. Gleichzeitig werden aber auch für leerstehende Büroräume neue Mietverträge abgeschlossen. Vermieter halten nach neuen Mietern Ausschau, von denen sie glauben, dass sie die vereinbarte Miete pünktlich entrichten werden. Auf der anderen Seite suchen potenzielle Mieter nach Büroräumen, die ihren Ansprüchen hinsichtlich Größe, Lage und Ausstattung möglichst gut entsprechen. Ähnlich wie beim Faktor Arbeit kommt es also zu Suchprozessen, die verhindern, dass alle Büroräume zu jedem Zeitpunkt auch vermietet sind. Um ein soziales Problem handelt es sich bei dem Leerstand also nicht, da dieser auf dem Umstand beruht, dass in einer dynamischen Marktwirtschaft ein beständiger Wandel stattfindet, der auch auf dem Markt für Büroräume zu Umschichtungen führt. Darüber hinaus gibt es aber natürlich einen erheblichen Unterschied zwischen dem Faktor Kapital und dem Faktor Arbeit. Beim Faktor Arbeit ist das Arbeitseinkommen fast immer die wichtigste und oft auch einzige Einkommensquelle. Dies trifft für die Vermieter von Büroräumen im Allgemeinen nicht zu. Friktionelle Arbeitslosigkeit kann daher ein soziales Problem darstellen, während dies für die Leerstände von Büroräumen im Allgemeinen nicht gilt.

7 Wachstum I

Aufgabe 1

Land A und Land B sind beide durch folgende Produktionsfunktion gekennzeichnet:

$$Y = F(K, L) = K^{\frac{1}{2}} L^{\frac{1}{2}}.$$

a. Weist diese Produktionsfunktion konstante Skalenerträge auf? Begründung!

b. Wie sieht die Pro-Kopf-Produktionsfunktion $y = f(k)$ aus?

c. Nehmen Sie an, dass keines der beiden Länder Bevölkerungswachstum oder technologischen Fortschritt zu verzeichnen hat, und dass 5 Prozent des Kapitals in jedem Jahr verschleißen. Nehmen Sie weiter an, dass Land A 10 Prozent und Land B 20 Prozent seines jährlichen Outputs spart. Verwenden Sie Ihre Antwort aus Teil (b) und die Steady-State-Bedingung, dass die Investitionen mit den Abschreibungen übereinstimmen müssen, um für beide Länder das Steady-State-Niveau des Pro-Kopf-Kapitals zu bestimmen. Ermitteln Sie danach die Steady-State-Werte für das Pro-Kopf-Einkommen und den Pro-Kopf-Konsum.

d. Nehmen Sie an, dass beide Länder in der Ausgangssituation über einen Pro-Kopf-Kapitalstock von 2 verfügen. Wie groß sind das Pro-Kopf-Einkommen und der Pro-Kopf-Konsum? Benutzen Sie ein Tabellenkalkulationsprogramm (oder einen Taschenrechner), um unter Berücksichtigung der Definition, dass die Kapitalstockänderung gleich den Investitionen abzüglich der Abschreibungen ist, zu zeigen, wie sich der Pro-Kopf-Kapitalstock in beiden Ländern zeitlich entwickelt. Ermitteln Sie für jedes Jahr auch das Pro-Kopf-Einkommen und den Pro-Kopf-Konsum. Wie lange dauert es, bis der Konsum in Land B höher ist als der Konsum in Land A?

Lösung

a. Konstante Skalenerträge liegen dann vor, wenn eine Erhöhung des Einsatzes aller Produktionsfaktoren um einen bestimmten Prozentsatz zu einer Erhöhung des Outputs um den gleichen Prozentsatz führt. Mathematisch lässt sich dies durch folgende Bedingung beschreiben:

$$zY = F(zK, zL).$$

Für die in der Aufgabenstellung gegebene Produktionsfunktion $Y = K^{\frac{1}{2}} L^{\frac{1}{2}}$ gilt:

$$
\begin{aligned}
(zK)^{\frac{1}{2}} (zL)^{\frac{1}{2}} &= z^{\frac{1}{2}} K^{\frac{1}{2}} z^{\frac{1}{2}} L^{\frac{1}{2}} \\
&= zK^{\frac{1}{2}} L^{\frac{1}{2}} \\
&= zY.
\end{aligned}
$$

Diese Produktionsfunktion weist also konstante Skalenerträge auf.

b. Wir erhalten die Pro-Kopf-Produktionsfunktion, indem wir die Produktionsfunktion durch L dividieren:

$$\frac{Y}{L} = \frac{K^{\frac{1}{2}} L^{\frac{1}{2}}}{L} = \frac{K^{\frac{1}{2}}}{L^{\frac{1}{2}}} = \left(\frac{K}{L}\right)^{\frac{1}{2}}.$$

Mit den im Lehrbuch verwendeten Definitionen y = Y/L und k = K/L können wir auch schreiben:

$$y = k^{\frac{1}{2}}.$$

c. Aus den Angaben der Aufgabenstellung ergibt sich zusammengefasst Folgendes:
Abschreibungsrate in beiden Ländern: $\delta = 0{,}05$
Sparquote Land A: $s_A = 0{,}1$
Sparquote Land B: $s_B = 0{,}2$.
Für die Änderung des Pro-Kopf-Kapitalstocks gilt die Beziehung:

$$\Delta k = sf(k) - \delta k.$$

Der Pro-Kopf-Kapitalstock steigt durch die Bruttoinvestitionen, die wir wegen der Annahme permanenten Kreislaufgleichgewichts mithilfe der Pro-Kopf-Ersparnis (sf(k)) ausdrücken können. Der Kapitalstock sinkt ceteris paribus aufgrund der Abnutzung der Kapitalgüter, die wir durch die Abschreibungen (δk) erfassen. Als Steady State bezeichnen wir ein Wachstumsgleichgewicht, in dem die Variablen auf Dauer den einmal erreichten Wert beibehalten. Im Solow-Modell ist das der Fall, wenn der Pro-Kopf-Kapitalstock im Zeitverlauf konstant bleibt ($\Delta k = 0$), Bruttoinvestitionen und Abschreibungen sich also genau die Waage halten:

$$\Delta k = sf(k) - \delta k$$

$$\Delta k = 0$$

$$0 = sk^{\frac{1}{2}} - \delta k$$

$$k^{\frac{1}{2}} = \frac{s}{\delta}$$

$$k = \left(\frac{s}{\delta}\right)^2.$$

Mit $\delta = 0,05$ und $s_A = 0,1$ bzw. $s_B = 0,2$ folgt:

$$k_A^* = \left(\frac{s_A}{\delta}\right)^2 = \left(\frac{0,1}{0,05}\right)^2 = 2^2 = 4.$$

$$k_B^* = \left(\frac{s_B}{\delta}\right)^2 = \left(\frac{0,2}{0,05}\right)^2 = 4^2 = 16.$$

Das Steady-State-Niveau des Pro-Kopf-Kapitalstocks beträgt in Land A $k_A^* = 4$ und in Land B $k_B^* = 16$.

Die Steady-State-Werte des Einkommens lassen sich mithilfe der Produktionsfunktion berechnen:

$$y_A^* = k_A^{*\frac{1}{2}} = 4^{\frac{1}{2}} = 2.$$

$$y_B^* = k_B^{*\frac{1}{2}} = 16^{\frac{1}{2}} = 4.$$

Bei der Ermittlung des Pro-Kopf-Konsums greifen wir auf die Tatsache zurück, dass Sparquote und Konsumquote sich zu eins ergänzen müssen. Wir können die Konsumquote daher als $(1 - s)$ schreiben. Bezeichnen wir den Pro-Kopf-Konsum mit c, dann gilt:

$$c_A^* = (1 - s_A)y_A^*$$
$$= (1 - 0,1) \cdot 2$$
$$= 1,8.$$

$$c_B^* = (1 - s_B)y_B^*$$
$$= (1 - 0,2) \cdot 4$$
$$= 3,2.$$

Der Pro-Kopf-Konsum beträgt im Steady State in Land A $c_A^* = 1,8$ und in Land B $c_B^* = 3,2$.

d. In der ersten Tabelle ist für die Jahre 1 und 2 unter Verwendung der Angaben für Land A gezeigt, wie man in Microsoft Excel die notwendigen Berechnungen programmiert. Die beiden folgenden Tabellen zeigen die berechneten Werte. Man sieht, dass der Konsum in Land B ab dem fünften Jahr höher ist als in Land A.

Microsoft Excel - Mappe1

Datei　Bearbeiten　Ansicht　Einfügen　Format　Extras　Daten　Fenster　?

K43　　fx

	A	B	C	D	E	F	G
1	Aufbau der Excel-Tabelle am Beispiel von Land A						
2	Jahr	k	$y=k^{1/2}$	$c=(1-s_A)y$	$i=s_Ay$	δk	$\Delta k=i\text{-}\delta k$
3	1	2	=B9^(1/2)	=(1-0,1)*C9	=0,1*C9	=0,05*B9	=E9-F9
4	2	=B9+G9	=B10^(1/2)	=(1-0,1)*C10	=0,1*C10	=0,05*B10	=E10-F10
5							
6							
7	Land A						
8	Jahr	k	$y=k^{1/2}$	$c=(1-s_A)y$	$i=s_Ay$	δk	$\Delta k=i\text{-}\delta k$
9	1	2,0000	1,4142	1,2728	0,1414	0,1000	0,0414
10	2	2,0414	1,4288	1,2859	0,1429	0,1021	0,0408
11	3	2,0822	1,4430	1,2987	0,1443	0,1041	0,0402
12	4	2,1224	1,4569	1,3112	0,1457	0,1061	0,0396
13	5	2,1620	1,4704	**1,3233**	0,1470	0,1081	0,0389
14	6	2,2009	1,4835	1,3352	0,1484	0,1100	0,0383
15							
16	Land B						
17	Jahr	k	$y=k^{1/2}$	$c=(1-s_A)y$	$i=s_Ay$	δk	$\Delta k=i\text{-}\delta k$
18	1	2,0000	1,4142	1,1314	0,2828	0,1000	0,1828
19	2	2,1828	1,4774	1,1820	0,2955	0,1091	0,1863
20	3	2,3692	1,5392	1,2314	0,3078	0,1185	0,1894
21	4	2,5586	1,5996	1,2796	0,3199	0,1279	0,1920
22	5	2,7506	1,6585	**1,3268**	0,3317	0,1375	0,1942
23	6	2,9447	1,7160	1,3728	0,3432	0,1472	0,1960

Tab. 7-1

Aufgabe 2

Im Rahmen der Diskussion des Nachkriegswachstums in Deutschland und Japan beschreibt der Text, was geschieht, wenn ein Teil des Kapitalstocks durch einen Krieg zerstört wird. Nehmen Sie nun an, dass ein Krieg keinen unmittelbaren Einfluss auf den Kapitalstock hat, dass wegen der Kriegsopfer aber die Zahl der Erwerbspersonen sinkt.

a. Welche unmittelbaren Auswirkungen ergeben sich für die Gesamtproduktion, welche für die Pro-Kopf-Produktion?

b. Welche Auswirkungen ergeben sich in der Nachkriegswirtschaft für die Pro-Kopf-Produktion, wenn man davon ausgeht, dass die Sparquote sich nicht ändert, und sich die Wirtschaft vor dem Krieg im Steady State befunden hat? Ist die Wachstumsrate der Pro-Kopf-Produktion nach dem Krieg kleiner oder größer als normalerweise?

Lösung

a. Die Gesamtproduktion wird durch die Produktionsfunktion $Y = F(K, L)$ beschrieben. Wenn der Kapitalstock konstant bleibt, die Zahl der Erwerbspersonen aber sinkt, dann geht der Gesamtoutput zurück. Für die Pro-Kopf-Produktion gilt $y = f(k) = f(K/L)$. Bei gegebenem Kapitalstock, aber sinkender Erwerbspersonenzahl nimmt also der Pro-Kopf-Kapitalstock zu. Die Pro-Kopf-Produktionsfunktion zeigt, dass der Output je Erwerbstätigen steigt.

b. Diese Aufgabe lässt sich am einfachsten beantworten, wenn wir Abbildung 7-1 betrachten. Es wird angenommen, dass sich bei unverändertem Kapitalstock die Zahl

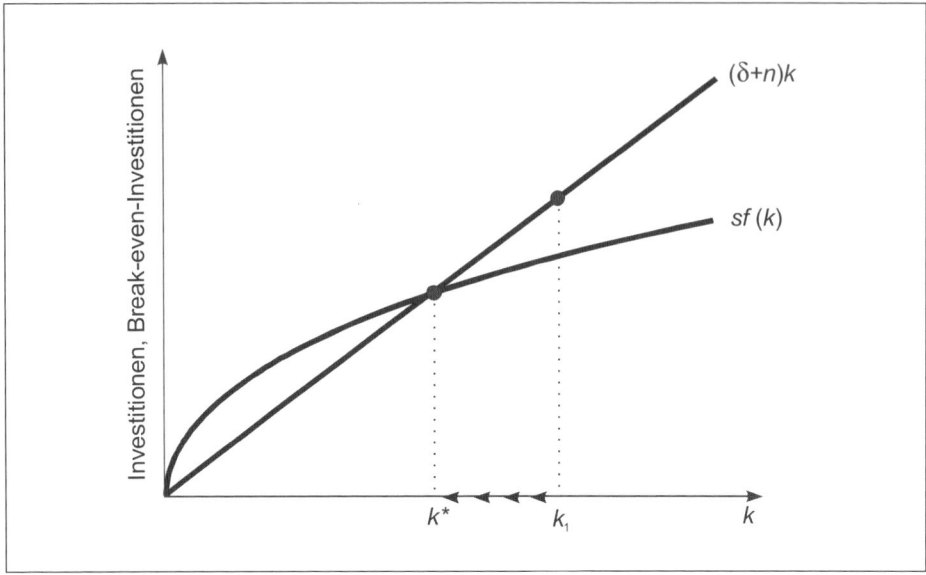

Abb. 7-1

der Erwerbspersonen durch den Krieg vermindert. Daher steigt der Pro-Kopf-Kapital-stock von k* auf k_1. Bei k_1 sind die Break-even-Investitionen $(\delta + n)k$ höher als die Investitionen (= Ersparnis) sf(k). Daher sinkt der Pro-Kopf-Kapitalstock im Zeitver-lauf. Dieser Prozess hält so lange an, bis das alte Steady-State-Niveau k* erreicht ist. Weil der Pro-Kopf-Kapitalstock sinkt, sinkt auch die Pro-Kopf-Produktion. Erst im Steady State k* ist die Pro-Kopf-Produktion wieder konstant. Die Wachstumsrate der Pro-Kopf-Produktion ist nach dem Krieg also kleiner als normalerweise.

Aufgabe 3

Nehmen Sie an, dass sich eine Volkswirtschaft durch folgende Produktionsfunktion be-schreiben lässt: $Y = F(K, L) = K^{0,3} L^{0,7}$.

a. Wie lautet die Pro-Kopf-Produktionsfunktion?

b. Nehmen Sie an, dass es kein Bevölkerungswachstum und keinen technologischen Fort-schritt gibt. Ermitteln Sie den stationären Pro-Kopf-Kapitalstock, den Pro-Kopf-Out-put und den Pro-Kopf-Konsum als Funktionen von Sparquote und Abschreibungsrate.

c. Nehmen Sie an, dass die jährliche Abschreibungsrate 10 Prozent beträgt. Legen Sie eine Tabelle an, die den stationären Pro-Kopf-Kapitalstock, den Pro-Kopf-Output und den Pro-Kopf-Konsum für Sparquoten von 0 Prozent, 10 Prozent, 20 Prozent, 30 Pro-zent etc. zeigt. (Sie benötigen ein Tabellenkalkulationsprogramm oder einen Taschen-rechner.) Für welche Sparquote ergibt sich der maximale Pro-Kopf-Output? Für welche Sparquote ergibt sich der maximale Pro-Kopf-Konsum?

d. Ermitteln Sie mithilfe der Differentialrechnung das Grenzprodukt des Kapitals. Fügen Sie Ihrer Tabelle das Nettogrenzprodukt des Kapitals für jede Sparquote hinzu. Was zeigt Ihnen die Tabelle?

Lösung

a. Wir erhalten die Pro-Kopf-Produktionsfunktion, indem wir die Produktionsfunktion durch die Anzahl der Erwerbspersonen dividieren:

$$\frac{Y}{L} = \frac{K^{0,3} L^{0,7}}{L}$$

$$= \frac{K^{0,3}}{L^{0,3}}$$

$$= \left(\frac{K}{L}\right)^{0,3}.$$

Mit $y = Y/L$ und $k = K/L$ folgt:

$$y = f(k) = k^{0,3}.$$

b. Die Änderung des Pro-Kopf-Kapitalstocks wird beschrieben durch:

$$\Delta k = sf(k) - \delta k.$$

Im stationären Zustand gilt $\Delta k = 0$ bzw.

$$sf(k^*) = \delta k^*.$$

Einsetzen von $f(k) = k^{0,3}$ liefert:

$$sk^{*\,0,3} = \delta k^*$$

$$k^{*\,0,7} = \frac{s}{\delta}$$

$$k^* = \left(\frac{s}{\delta}\right)^{\frac{1}{0,7}}.$$

Um den Pro-Kopf-Output zu berechnen, setzen wir den gefundenen Ausdruck in die Pro-Kopf-Produktionsfunktion ein:

$$y = k^{0,3}$$

$$y^* = \left[\left(\frac{s}{\delta}\right)^{\frac{1}{0,7}}\right]^{0,3} = \left(\frac{s}{\delta}\right)^{\frac{0,3}{0,7}}.$$

Der Pro-Kopf-Konsum ergibt sich als Differenz aus Pro-Kopf-Produktion und Pro-Kopf-Ersparnis:

$$c^* = f(k^*) - sf(k^*)$$
$$= (1-s)f(k^*)$$
$$= (1-s)k^{*\,0,3}$$
$$= (1-s)\left(\frac{s}{\delta}\right)^{\frac{0,3}{0,7}}.$$

c. In der nachfolgenden Tabelle sind in Spalte (1) die Werte der Sparquote von 0 bis 1 in Schritten von 0,1 eingetragen. Spalten (2) bis (4) zeigen die jeweils zugehörigen stationären Werte von Kapitalstock, Produktion und Konsum (Pro-Kopf-Größen). In der letzten Spalte ist das Grenzprodukt des Kapitals dargestellt.

Der maximale Pro-Kopf-Output ergibt sich für eine Sparquote von 1, d.h. bei einem Konsum von 0. Der auf Dauer maximale Pro-Kopf-Konsum ergibt sich dagegen bei einer Sparquote von 0,3.

In der untersten Kopfzeile der Tabelle sind die Excel-Formeln gezeigt, die zur Berechnung der ersten Zeile im Hauptteil der Tabelle verwendet wurden.

Microsoft Excel - Mappe1

Datei   Bearbeiten   Ansicht   Einfügen   Format   Extras   Daten   Fenster   ?

K34

	A	B	C	D	E
		k*	y*	c*	MPK
1	s	=(A2/0,1)^(1/0,7)	=B2^0,3	=(1-A2)*(A2/0,1)^(0,3/0,7)	=0,3*B2^(-0,7)
2	0	0,000	0,000	0,000	0,000
3	0,1	1,000	1,000	0,900	0,300
4	0,2	2,692	1,346	1,077	0,150
5	0,3	4,804	1,601	1,121	0,100
6	0,4	7,246	1,811	1,087	0,075
7	0,5	9,966	1,993	0,997	0,060
8	0,6	12,931	2,155	0,862	0,050
9	0,7	16,117	2,302	0,691	0,043
10	0,8	19,504	2,438	0,488	0,038
11	0,9	23,078	2,564	0,256	0,033
12	1,0	26,827	2,683	0,000	0,030

Tab. 7-2

d. Zur Ermittlung des Grenzprodukts des Kapitals wird die Produktionsfunktion partiell nach K abgeleitet:

$$\frac{\partial Y}{\partial K} = 0{,}3K^{-0{,}7}L^{0{,}7}$$

$$= 0{,}3\left(\frac{L}{K}\right)^{0{,}7}$$

$$= 0{,}3k^{-0{,}7}.$$

Die Werte für das Grenzprodukt des Kapitals finden sich in der letzten Spalte der Tabelle von Teil c. dieser Aufgabe. Man sieht, dass das Grenzprodukt umso kleiner wird, je größer die Sparquote ist. Dies lässt sich anhand der folgenden Abbildung erklären:

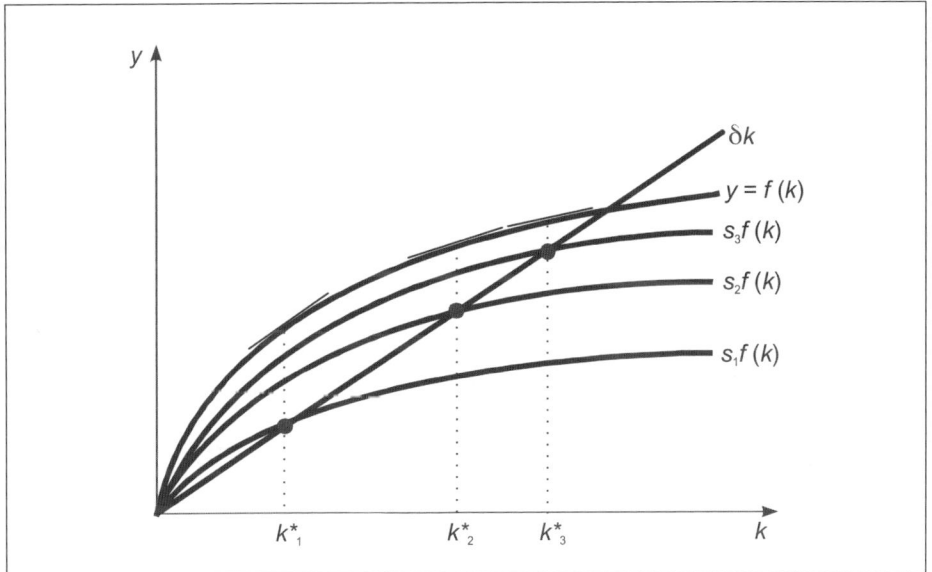

Abb. 7-2

Höhere Werte der Sparquote ($s_1 < s_2 < s_3$) führen zu größeren Steady-State-Werten von k^*. Größere k^* sind mit höherer Produktion und geringeren Grenzprodukten des Kapitals verbunden.

Aufgabe 4

»Die Verwendung eines größeren Teils des volkswirtschaftlichen Outputs für Investitionen würde zur Wiederherstellung des schnellen Produktivitätswachstums und zur Erhöhung des Lebensstandards beitragen.« Stimmen Sie mit dieser Behauptung überein? Begründung!

Lösung

Wie sich eine höhere Investitionsquote auswirkt, hängt von der unterstellten Ausgangssituation ab. Wir wollen zunächst annehmen, dass sich die Volkswirtschaft in einem stationären Zustand befindet, der mit einem Kapitalstock verbunden ist, der unter dem Niveau der Goldenen Regel liegt. Diese Ausgangssituation lässt sich durch den Kapitalstock k_1^* in Abbildung 7-3 beschreiben. Eine Erhöhung des Anteils der Investitionen am Output ist gleichbedeutend mit einer Erhöhung der volkswirtschaftlichen Ersparnis. Dies lässt sich in Abbildung 7-3 durch eine Erhöhung der Sparquote von s_1 auf s_2 darstellen. Die Erhöhung der Sparquote hat zur Folge, dass die Sparfunktion sich im Gegenuhrzeigersinn dreht. Bei der Analyse der ökonomischen Wirkungen dieser Veränderung der Sparquote sind drei Phasen zu unterscheiden: die unmittelbaren Wirkungen, die Wirkungen in der Übergangsphase und die Wirkungen im neuen stationären Zustand.

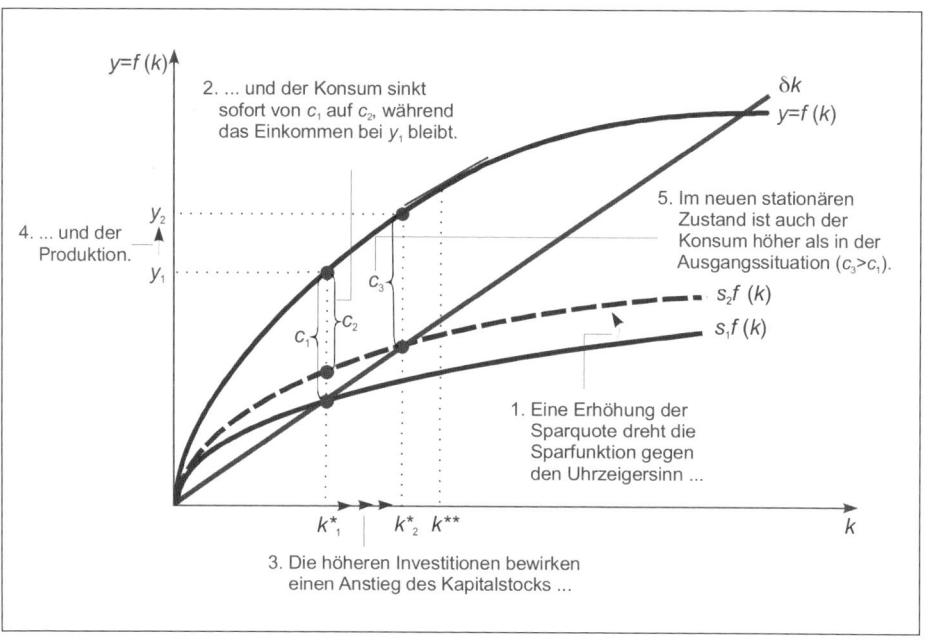

Abb. 7-3

Die unmittelbare Folge einer Erhöhung der Spar- und Investitionsquote ist eine Abnahme des Pro-Kopf-Konsums bei gegebenem Pro-Kopf-Output. Misst man den Lebensstandard am Pro-Kopf-Konsum, dann kommt es kurzfristig zu einer Verringerung des Lebensstandards. Misst man den Lebensstandard dagegen am Pro-Kopf-Einkommen, so bleibt dies kurzfristig unverändert. Das Gleiche gilt auch für die Produktivität, da die Produktionsfunktion von der Erhöhung der Sparquote nicht berührt wird und die Pro-Kopf-Produktion kurzfristig mit einem Pro-Kopf-Kapitaleinsatz k_1^* erfolgt. Weil sich weder die Produktion noch der Arbeitseinsatz ändern, bleibt auch die Arbeitsproduktivität Y/L konstant. (Der Einfachheit halber gehen wir davon aus, dass die Bevölkerungswachstumsrate n = 0 ist.)

Auf dem Wege zur Anpassung an den neuen stationären Zustand k_2^* nimmt das Pro-Kopf-Einkommen zu. Damit steigt auch die Arbeitsproduktivität, und zwar zunächst sehr schnell und dann immer langsamer, bis der neue stationäre Zustand erreicht ist. Auch der im Ausgangszeitpunkt gesunkene Pro-Kopf-Konsum nimmt allmählich wieder zu und übersteigt irgendwann das Ausgangsniveau, solange der neue stationäre Kapitalstock k_2^* nicht größer ist als der stationäre Kapitalstock der Goldenen Regel k^{**}.

Langfristig (d.h. im neuen stationären Zustand) führt diese Konstellation zu einem höheren Lebensstandard, und zwar unabhängig davon, ob dieser über den Pro-Kopf-Konsum oder das Pro-Kopf-Einkommen gemessen wird. Langfristig ist damit auch die Arbeitsproduktivität höher als im Ausgangszeitpunkt, allerdings ist das *Produktivitätswachstum* genau wie im Ausgangspunkt gleich 0.

Gemessen an der im Kapitel 7 des Lehrbuchs vorgestellten Version des Solow-Modells gilt die Aussage eines schnelleren Produktivitätswachstums also nur während der Übergangsphase. Der durch den Pro-Kopf-Konsum erfasste Lebensstandard sinkt hingegen zunächst und steigt erst langfristig über das ursprüngliche Niveau an. Noch kritischer wäre die Aussage zu bewerten, wenn man in der Ausgangssituation einen stationären Kapitalstock unterstellt, der oberhalb des Niveaus der Goldenen Regel liegt. In diesem Fall würde auf dem Anpassungspfad zwar auch die Arbeitsproduktivität vorübergehend zunehmen, der am Pro-Kopf-Konsum gemessene Lebensstandard wäre aber dauerhaft geringer als in der Ausgangssituation.

Aufgabe 5

Eine Vorstellung bezüglich der Konsumfunktion ist die, dass Arbeiter hohe Konsumneigungen haben und Kapitalisten niedrige. Um die Implikationen dieser Sicht untersuchen zu können, wollen wir uns eine Wirtschaft denken, in der alle Lohneinkommen konsumiert und alle Kapitaleinkommen gespart werden. Zeigen Sie, dass diese Wirtschaft das Golden-Rule-Niveau der Kapitalakkumulation erreicht, wenn die Produktionsfaktoren nach ihrem Grenzprodukt entlohnt werden. (Hinweis: Gehen Sie von der Identität aus, dass Ersparnis und Investitionen übereinstimmen. Benutzen Sie dann die Steady-State-Bedingung, dass die Investitionen gerade groß genug sind, um mit den Abschreibungen, dem Bevölkerungswachstum und dem technologischen Fortschritt Schritt zu halten. Benutzen Sie ferner die Tatsache, dass in dieser Wirtschaft Ersparnis und Kapitaleinkommen übereinstimmen.)

Lösung

Wir betrachten den Fall einer Wirtschaft mit Bevölkerungswachstum, aber ohne technologischen Fortschritt. (Dieser wird erst in Kapitel 8 des Lehrbuchs eingeführt.) Im Lehrbuch wird gezeigt, dass die Steigung der Produktionsfunktion f(k) gerade dem Grenzprodukt des Kapitals (MPK) entspricht (vgl. Mankiw, S. 248). Die Goldene Regel ist durch die Bedingung $MPK = \delta + n$ charakterisiert (vgl. Mankiw, S. 274).

Für die Änderung des Kapitalstocks gilt:

$$\Delta k = i - (\delta + n)k.$$

Aus der Identität von Investitionen und Ersparnis [i = sf(k)] folgt:

$$\Delta k = sf(k) - (\delta + n)k.$$

Wenn das Kapital mit seinem Grenzprodukt entlohnt wird, beträgt das Einkommen des Kapitals (pro Kopf) $MPK \cdot k$. Unter der Annahme, dass das gesamte Kapitaleinkommen gespart wird, während das Lohneinkommen vollständig konsumiert wird, kann man für die gesamtwirtschaftliche Ersparnis schreiben:

$$sf(k) = MPK \cdot k.$$

Für die Kapitalakkumulation gilt somit:

$$\Delta k = MPK \cdot k - (\delta + n)k.$$

Im stationären Zustand gilt $\Delta k = 0$, daher ist

$$MPK \cdot k = (\delta + n)k.$$

Dies ist aber genau die oben dargestellte Bedingung für das Golden-Rule-Niveau der Kapitalakkumulation.

Aufgabe 6

Viele Demographen prognostizieren für die Vereinigten Staaten im 21. Jahrhundert ein Nullwachstum der Bevölkerung. Im 20. Jahrhundert lag das durchschnittliche Bevölkerungswachstum dagegen bei etwa einem Prozent. Verwenden Sie das Solow-Modell, um die Wirkungen dieser Verlangsamung des Bevölkerungswachstums auf das Wachstum des Gesamtoutputs und des Pro-Kopf-Outputs zu prognostizieren. Berücksichtigen Sie dabei sowohl die Konsequenzen im Steady State als auch die Konsequenzen beim Übergang.

Lösung

Abbildung 7-4 fasst die Auswirkungen der Verringerung des Bevölkerungswachstums graphisch zusammen. Der Rückgang der Bevölkerungswachstumsrate führt dazu, dass sich die Gerade, die Abschreibungen und Bevölkerungswachstum beschreibt, im Uhrzeigersinn dreht. Der stationäre Kapitalstock steigt von k_1^* auf k_2^* und die Pro-Kopf-Produktion erhöht sich von y_1 auf y_2. Der neue stationäre Zustand ist also mit einem höheren stationären Pro-Kopf-Kapitalstock und einem höheren Pro-Kopf-Einkommen verbunden. In der Ausgangssituation ist der Pro-Kopf-Output konstant, während der Gesamtoutput mit der Rate n_1 wächst (vgl. Mankiw, S. 272). In der Übergangsphase nimmt der Pro-Kopf-Output zu, wobei sich das Pro-Kopf-Wachstum aber immer weiter verlangsamt, bis es schließlich im neuen stationären Zustand (bei k_2^*) wieder zum Stillstand gekommen ist. Das Wachstum des Gesamtoutputs sinkt in der Übergangsphase durchgängig von der Rate n_1 auf die kleinere Rate n_2 ($n_1 > n_2$), die im neuen stationären Zustand erreicht wird.

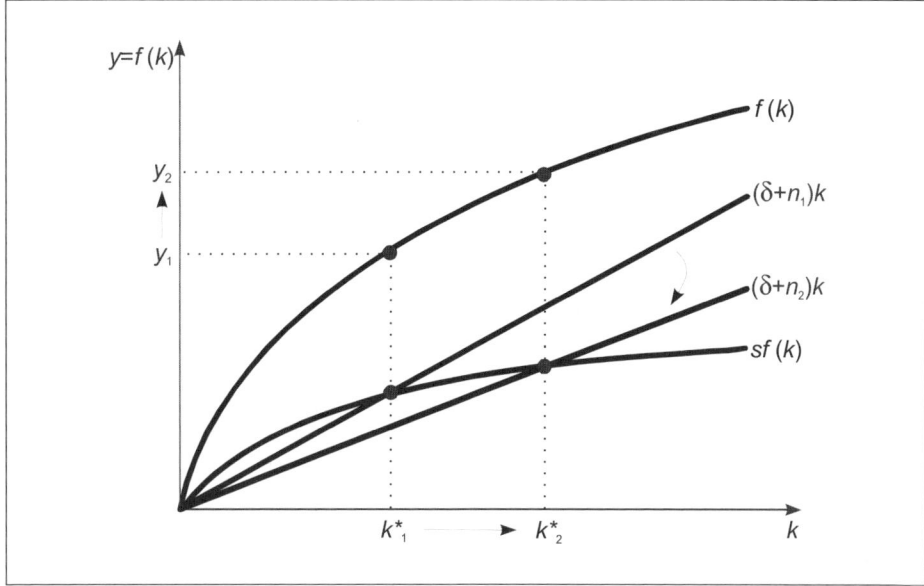

Abb. 7-4

Aufgabe 7

Im Solow-Modell führt Bevölkerungswachstum zu einem Wachstum der Gesamtproduktion, nicht aber zu einem Wachstum der Pro-Kopf-Produktion. Meinen Sie, dass diese Aussage immer noch richtig wäre, wenn die Produktionsfunktion zunehmende oder abnehmende Skalenerträge aufweisen würde? Erläutern Sie Ihre Antwort. (Für die Definition zunehmender und abnehmender Skalenerträge vgl. Kapitel 3, Aufgaben und Anwendungen, Nr. 2.)

Lösung

Steigende Skalenerträge bedeuten, dass eine Erhöhung des Einsatzes beider Produktionsfaktoren um einen bestimmten Prozentsatz dazu führt, dass der Output um mehr als diesen Prozentsatz steigt. In diesem Fall führt Bevölkerungswachstum nicht nur zu einem Wachstum der Gesamtproduktion, sondern auch zu einem Wachstum der Pro-Kopf-Produktion.

Sinkende Skalenerträge bedeuten, dass eine Erhöhung des Einsatzes beider Faktoren um einen bestimmten Prozentsatz dazu führt, dass der Output um weniger als diesen Prozentsatz steigt. In diesem Fall führt Bevölkerungswachstum dazu, dass der Gesamtoutput steigt, die Pro-Kopf-Produktion aber sinkt.

(*Hinweis:* Die Begründungen, die man in der Literatur für die Existenz von sinkenden oder steigenden Skalenerträgen findet, sind oftmals obskur. So werden z.B. sinkende Skalenerträge oftmals damit begründet, dass in der Produktionsfunktion ein Produktionsfaktor enthalten ist, der fest vorgegeben ist. Als Beispiel wird regelmäßig auf Land verwiesen. Betrachtet man Land und Arbeit als Produktionsfaktoren, steht einem erhöhten Einsatz des Produktionsfaktors Arbeit eine fixe Menge an Land gegenüber. Hieraus wird eine Zunahme der Gesamtproduktion, aber eine Abnahme der Pro-Kopf-Produktion abgeleitet. Dieser Fall lässt sich jedoch gerade nicht als Beispiel für sinkende Skalenerträge verwenden, da ja nicht beide Produktionsfaktoren um den gleichen Prozentsatz variiert werden.)

Aufgabe 8

Überlegen Sie, welche Auswirkungen die Arbeitslosigkeit auf das Solow-Modell haben würde. Nehmen Sie dabei an, dass der Output entsprechend folgender Produktionsfunktion erzeugt würde:

$$Y = K^{\alpha}[(1 - u^*)L]^{1-\alpha}.$$

Hierin steht K für Kapital, L für das Volumen der Erwerbspersonen und u^* für die natürliche Arbeitslosenquote. Die gesamtwirtschaftliche Sparquote ist s, die Wachstumsrate der Arbeit beträgt n und das Kapital verschleißt mit einer Rate von δ. Es gibt keinen technologischen Fortschritt.

a. Drücken Sie den Pro-Kopf-Output ($y = Y/L$) als Funktion der Kapitalintensität ($k = K/L$) und der natürlichen Arbeitslosenquote aus. Beschreiben Sie den stationären Zustand dieser Wirtschaft.

b. Nehmen Sie an, dass die natürliche Arbeitslosenquote durch eine wirtschaftspolitische Maßnahme gesenkt wird. Erläutern Sie, welche Auswirkungen dies auf den Output hat, und zwar unmittelbar und über die Zeit betrachtet. Ist die sofortige Outputwirkung größer oder die Outputwirkung, die im stationären Zustand zu verzeichnen ist? Begründung?

Lösung

a. Für den Pro-Kopf-Output gilt:

$$y = \frac{Y}{L}$$

$$= \frac{K^{\alpha}\left[\left(1 - u^*\right)L\right]^{1-\alpha}}{L}$$

$$= \frac{K^{\alpha}L^{1-\alpha}\left(1 - u^*\right)^{1-\alpha}}{L}$$

$$= \left(\frac{K}{L}\right)^{\alpha}\left(1 - u^*\right)^{1-\alpha}$$

$$= k^{\alpha}\left(1 - u^*\right)^{1-\alpha}.$$

Je größer die natürliche Arbeitslosenquote ist, desto geringer ist der Pro-Kopf-Output. Die Kapitalakkumulation wird beschrieben durch:

$$\Delta k = sf\left(k\right) - \left(\delta + n\right)k.$$

Im stationären Zustand gilt:

$$\Delta k = 0$$

bzw.

$$sf(k^*) = (\delta + n)k^*.$$

Wegen

$$y = f(k) = k^\alpha (1 - u^*)^{1-\alpha}$$

folgt

$$sk^{*\alpha} (1 - u^*)^{1-\alpha} = (\delta + n)k^*.$$

Division durch $k^{*\alpha}$ und $(\delta + n)$ führt zu:

$$\frac{s}{\delta + n}(1 - u^*)^{1-\alpha} = \frac{k^*}{k^{*\alpha}}$$

bzw.

$$k^{*(1-\alpha)} = \frac{s}{\delta + n}(1 - u^*)^{1-\alpha}.$$

Potenzieren beider Seiten der Gleichung mit $1/(1-\alpha)$ liefert schließlich:

$$k^* = \left(\frac{s}{\delta + n}\right)^{\frac{1}{1-\alpha}} (1 - u^*).$$

Für die Höhe des Outputs gilt im stationären Zustand:

$$y^* = k^{*\alpha} (1 - u^*)^{1-\alpha}$$

$$= \left[\left(\frac{s}{\delta + n}\right)^{\frac{1}{1-\alpha}} (1 - u^*)\right]^\alpha (1 - u^*)^{1-\alpha}$$

$$= \left(\frac{s}{\delta + n}\right)^{\frac{\alpha}{1-\alpha}} (1 - u^*).$$

Wir wollen diese beiden Ergebnisse kurz interpretieren. Der stationäre Kapital-stock k^* ist umso kleiner, je größer die natürliche Arbeitslosenquote u^* ist. Die Arbeitslosigkeit verringert die Kapitalproduktivität und erlaubt daher nur einen geringeren Kapitalstock auf Dauer aufrechterhalten zu können. Der geringere stationäre Kapitalstock führt auch zu einem geringeren stationären Pro-Kopf-Output. Arbeitslosigkeit wirkt sich im vorliegenden Modell also über zwei Kanäle auf den stationären Pro-Kopf-Output aus: Einmal direkt, weil für jedes gegebene Niveau von k weniger Output erzeugt wird, und einmal indirekt, weil der stationäre Kapitalstock k^* geringer ist.

b. Die Verringerung der natürlichen Arbeitslosenquote lässt sich in Abbildung 7-5(a) durch eine Drehung der Produktionsfunktion und der sf(k,u)-Kurve entgegen dem Uhrzeigersinn charakterisieren.

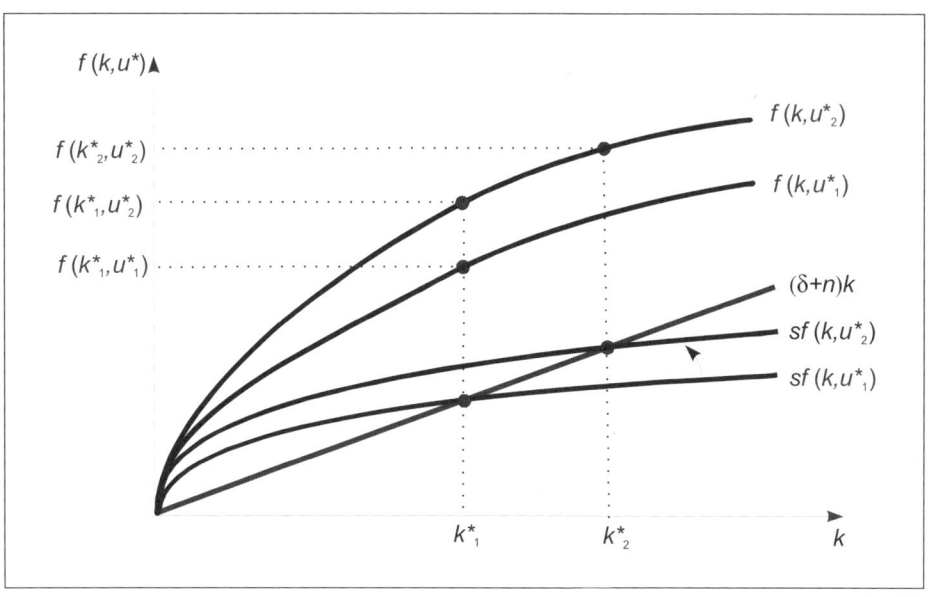

Abb. 7-5(a)

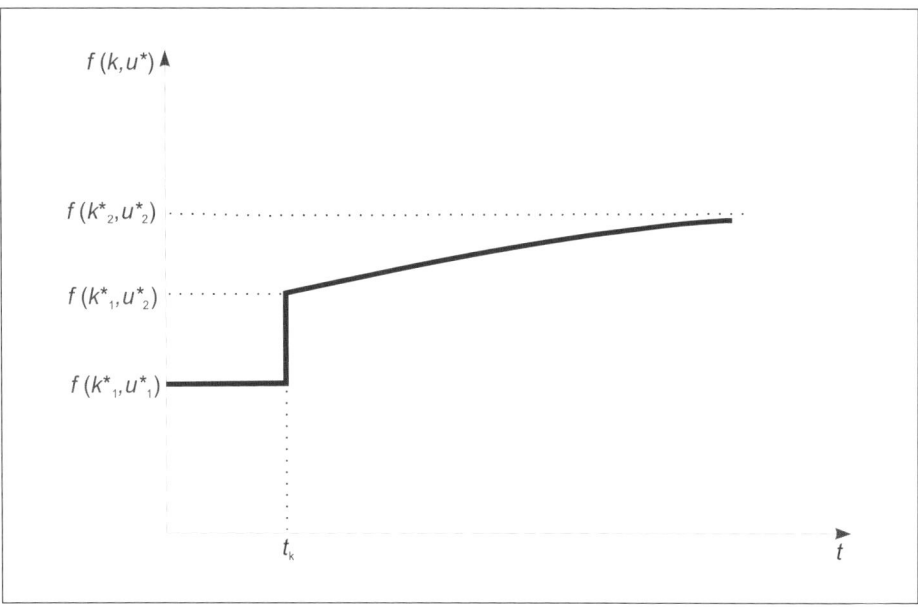

Abb. 7-5(b)

Die unmittelbare Wirkung des Rückgangs der Arbeitslosigkeit besteht darin, dass bei gegebenem stationären Kapitalstock k_1^* die Produktion von $f(k_1^*, u_1^*)$ auf $f(k_1^*, u_2^*)$ steigt. Dies ist darauf zurückzuführen, dass bei gegebener Kapitalausstattung nun mehr Arbeitskräfte eingesetzt werden. Die höhere Produktion hat einen Anstieg von Ersparnis und Investitionen zur Folge, der (bei unverändertem Bevölkerungswachstum und bei gegebener Abschreibungsrate) dazu führt, dass der Pro-Kopf-Kapitalstock steigt.

Mit der Zunahme von k nimmt auch die Pro-Kopf-Produktion zu. Sie nähert sich im Zeitverlauf ihrem neuen stationären Wert, der durch die niedrigere natürliche Arbeitslosenquote u_2^* und den höheren stationären Kapitalstock k_2^* bestimmt ist (vgl. Abbildung 7-5(b). Die Outputerhöhung im neuen stationären Zustand ist daher höher als die sofortige Outputwirkung.

Aufgabe 9

Suchen Sie sich zwei Sie interessierende Länder heraus, von denen eines reich und eines arm ist. Wie hoch ist das jeweilige Pro-Kopf-Einkommen? Suchen Sie Daten zu Länder-Charakteristika, die dabei helfen könnten, die Einkommensunterschiede zu erklären: Investitionsquoten, Wachstumsraten der Bevölkerung, Erziehungswesen etc. (Hinweis: Die Website der Weltbank www.worldbank.org ist eine Stelle, wo man solche Daten finden kann.) Wie könnten Sie herausfinden, welcher dieser Faktoren für die Erklärung der beobachteten Einkommensunterschiede am wichtigsten ist?

Lösung

Bei der Zusammenstellung der Daten sind Sie auf sich gestellt. (Neben der Weltbank käme auch die OECD als Datenlieferant infrage.) Bei der Frage, welcher der Faktoren Ihnen am wichtigsten erscheint, weist die Fallstudie »Bevölkerungswachstum im internationalen Vergleich« (Mankiw, S. 274 f.) darauf hin, dass Länder mit hoher Bevölkerungswachstumsrate tendenziell niedrige Pro-Kopf-Einkommen aufweisen. Aus der Perspektive des Solow-Modells könnte das daran liegen, dass eine höhere Bevölkerungswachstumsrate mit einem geringeren Steady-State-Kapitalstock verbunden ist und daher mit einem geringeren Pro-Kopf-Einkommen. Sie sollten aber auch daran denken, dass es sich beim Solow-Modell um ein sehr einfaches Wachstumsmodell handelt, das z. B. die Bedeutung guter Institutionen (und vieler anderer Faktoren) für den wirtschaftlichen Erfolg eines Landes nicht berücksichtigt.

8 Wachstum II

Aufgabe 1

Nehmen Sie an, dass folgende Produktionsfunktion gilt: $y = \sqrt{k}$.

a. Ermitteln Sie den Steady-State-Wert von y als Funktion von s, n, g und δ.

b. Ein entwickeltes Land weist eine Sparquote von 28 Prozent und eine Wachstumsrate der Bevölkerung von 1 Prozent pro Jahr auf. Ein unterentwickeltes Land weist eine Sparquote von 10 Prozent und eine Wachstumsrate der Bevölkerung von 4 Prozent pro Jahr auf. Für beide Länder gilt g = 0,02 und δ = 0,04. Ermitteln Sie für beide Länder jeweils den Steady-State-Wert von y.

c. Welche Politik könnte das unterentwickelte Land verfolgen, um sein Einkommensniveau zu erhöhen?

Lösung

a. Die Steady-State-Bedingung für das Solow-Modell mit technologischem Fortschritt ist gegeben durch (vgl. Mankiw, S. 286):

$$\Delta k = sf(k) - (\delta + n + g)k = 0.$$

Wir setzen die Produktionsfunktion $y = f(k) = \sqrt{k}$ ein und erhalten für den stationären Zustand:

$$sk^{*\frac{1}{2}} = (\delta + n + g)k^{*}$$

$$k^{*\frac{1}{2}} = \frac{s}{\delta + n + g}.$$

Weil $y = \sqrt{k} = k^{\frac{1}{2}}$, folgt für y^{*}:

$$y^{*} = k^{*\frac{1}{2}}$$

$$= \frac{s}{\delta + n + g}.$$

b. Wir verwenden das in Teilaufgabe a. abgeleitete Ergebnis und setzen die in der Aufgabenstellung gegebenen Werte ein. Für das entwickelte Land gilt:

$$y_{E}^{*} = \frac{0{,}28}{0{,}04 + 0{,}01 + 0{,}02} = 4.$$

Für das unterentwickelte Land gilt:

$$y^{*}_{U} = \frac{0,1}{0,04 + 0,04 + 0,02} = 1.$$

c. Wir wollen davon ausgehen, dass in der Aufgabenstellung die Erhöhung des Pro-Kopf-Einkommens und nicht die Erhöhung des Gesamteinkommensniveaus gemeint ist. Unter dieser Voraussetzung zeigt die stationäre Lösung für das Pro-Kopf-Einkommen aus Teilaufgabe a., dass eine Einkommenserhöhung prinzipiell dann zustande kommt, wenn die Sparquote s sich vergrößert oder Abschreibungsrate, Bevölkerungswachstumsrate oder Rate des technologischen Fortschritts sinken. Geht man weiter davon aus, dass die Abschreibungsrate und vermutlich auch die Rate des technologischen Fortschritts politisch kaum beeinflussbar sind, dann bleiben als politische Ansatzpunkte noch die Sparquote und die Bevölkerungswachstumsrate. Das Sparen der privaten Haushalte könnte beispielsweise durch steuerliche Begünstigung gefördert werden. Das gesamtwirtschaftliche Sparen steigt aber auch dann, wenn der Staat sein Sparen erhöht. Beides ist in sehr unterentwickelten Ländern aber außerordentlich schwierig, weil der Konsum kaum eingeschränkt werden kann. Ein in Entwicklungsländern häufiger verfolgter Ansatz ist, die Geburtenrate zu senken. Hier muss man aber sehen, dass dies aus sozialen und kulturellen Gründen oft sehr schwierig ist. Im übrigen wird das Bevölkerungswachstum in der Praxis nicht nur durch die Geburtenrate, sondern auch durch die Sterblichkeit bestimmt. Der medizinische Fortschritt führt häufig dazu, dass selbst in Ländern, in denen die Geburtenrate sinkt, das Bevölkerungswachstum zunimmt.

Aufgabe 2

In den Vereinigten Staaten beträgt das Bruttokapitaleinkommen ungefähr 30 Prozent des BIP, die durchschnittliche Wachstumsrate der Produktion liegt bei ca. 3 Prozent pro Jahr, die Abschreibungsrate hat eine jährliche Höhe von ungefähr 4 Prozent, und das Kapital-Output-Verhältnis beträgt etwa 2,5. Nehmen Sie an, dass die Produktionsbedingungen durch eine Cobb-Douglas-Funktion beschrieben werden können, sodass der Anteil des Kapitals am Einkommen konstant ist. Nehmen Sie weiter an, dass sich die Wirtschaft der Vereinigten Staaten im Steady State befindet.

a. Wie groß muss die Sparquote im anfänglichen Steady State sein? (Hinweis: Verwenden Sie die Steady-State-Beziehung sy = (δ + n + g)k.)

b. Wie groß ist die Grenzproduktivität des Kapitals im anfänglichen Steady State?

c. Nehmen Sie an, dass sich die Sparquote aufgrund von wirtschaftspolitischen Maßnahmen so erhöht, dass die Wirtschaft das Golden-Rule-Niveau des Kapitalstocks erreicht. Wie groß muss das Grenzprodukt des Kapitals im Steady State der Goldenen Regel sein? Vergleichen Sie diese Höhe des Grenzprodukts mit der in der Ausgangssituation. Erläuterung!

d. Wie groß ist das Kapital-Output-Verhältnis im Steady State der Goldenen Regel? (Hinweis: Für die Cobb-Douglas-Funktion gilt eine einfache Beziehung zwischen Kapital-Output-Verhältnis und Grenzprodukt des Kapitals.)

e. Wie groß muss die Sparquote sein, damit der Steady State der Goldenen Regel erreicht wird?

Lösung

a. Wir schreiben die Cobb-Douglas-Funktion als:

$$Y = K^{\alpha} L^{1-\alpha}.$$

Das Grenzprodukt des Kapitals (MPK) ist:

$$\frac{\partial Y}{\partial K} = \alpha K^{\alpha-1} L^{1-\alpha}$$

$$= \alpha \frac{K^{\alpha} L^{1-\alpha}}{K}$$

$$= \alpha \frac{Y}{K}.$$

Wenn die Faktoren nach ihrem Grenzprodukt entlohnt werden, dann erhält der Faktor Kapital:

$$\text{Kapitaleinkommen} = \alpha \frac{Y}{K} \cdot K$$

$$= \alpha Y.$$

Der Anteil des Kapitals am Gesamteinkommen ist also:

$$\alpha = \frac{\text{Kapitaleinkommen}}{Y}.$$

Für die Pro-Kopf-Darstellung der Cobb-Douglas-Funktion gilt:

$$Y = K^{\alpha} L^{1-\alpha}$$

$$\frac{Y}{L} = K^{\alpha} L^{-\alpha}$$

$$y = k^{\alpha}.$$

Weil der Anteil des Kapitaleinkommens bei 30 Prozent liegt, gilt $\alpha = 0,3$ und

$$y = k^{0,3}.$$

Die Wachstumsrate des Gesamtoutputs ist im Solow-Modell mit technologischem Fortschritt gleich der Summe aus Bevölkerungswachstumsrate und Fortschrittsrate. Es gilt also:

$$n + g = 0,03.$$

Für das Kapital-Output-Verhältnis gilt:

$$\frac{K}{Y} = \frac{\dfrac{K}{L \cdot E}}{\dfrac{Y}{L \cdot E}} = \frac{k}{y}.$$

Weil $K/Y = 2,5$, ist daher auch

$$\frac{k}{y} = 2,5.$$

Wir können nun die Steady-State-Bedingung

$$sy = (\delta + n + g)k$$

nach s auflösen und die Parameterwerte einsetzen:

$$s = (\delta + n + g)\frac{k}{y}$$

$$= (0,04 + 0,03) \cdot 2,5$$

$$= 0,175.$$

In der Ausgangssituation beträgt die Sparquote 17,5 Prozent.

b. In Teil a. haben wir das Grenzprodukt des Kapitals bereits abgeleitet. Es gilt:

$$MPK = \alpha \frac{Y}{K}$$

$$= 0,3 \cdot \frac{1}{2,5}$$

$$= 0,12.$$

Die Grenzproduktivität des Kapitals ist in der Ausgangssituation MPK = 0,12.

c. Im Lehrbuch (Mankiw, S. 288) wird gezeigt, dass der Steady-State-Konsum maximal wird, wenn gilt:

$$MPK = \delta + n + g.$$

Einsetzen der gegebenen bzw. in Teilaufgabe a. ermittelten Werte liefert:

$$MPK = 0,04 + 0,03$$

$$= 0,07.$$

Das Grenzprodukt des Kapitals ist beim Golden-Rule-Niveau des Kapitalstocks kleiner als in der Ausgangssituation. Die Wirtschaft der Vereinigten Staaten hätte danach derzeit einen Kapitalstock, der kleiner ist, als es der Goldenen Regel entspricht. Um das Golden-Rule-Niveau zu erreichen, müsste der Kapitalstock steigen.

d. Die einfache Beziehung, auf die der Hinweis in der Aufgabenstellung zielt, haben wir bereits in Teilaufgabe a. abgeleitet. Es gilt:

$$MPK = \alpha \frac{Y}{K}$$

bzw.

$$\frac{K}{Y} = \frac{\alpha}{MPL}$$

Da wir MPK für das Golden-Rule-Niveau des Kapitalstocks in Teilaufgabe c. berechnet haben und α gegeben ist, brauchen wir nur die entsprechenden Werte einzusetzen:

$$\frac{K}{Y} = \frac{0,3}{0,07} = 4,3.$$

Im Steady State der Goldenen Regel beträgt das Kapital-Output-Verhältnis 4,3.

e. Wir haben in Teil a. gesehen, dass gilt:

$$\frac{k}{y} = \frac{K}{Y}.$$

Wie in Teil a. weiter gezeigt wurde, gilt für die Sparquote im Steady State:

$$s = \left(\delta + n + g\right)\frac{k}{y}.$$

In Teil d. haben wir gesehen, dass für den Golden-Rule-Fall gilt:

$$\frac{K}{Y} = 4,3.$$

Jetzt brauchen wir nur noch einzusetzen:

$$s = \left(\delta + n + g\right)\frac{k}{y}$$

$$= \left(0,04 + 0,03\right) \cdot 4,3$$

$$= 0,3.$$

Die Sparquote muss auf 30 Prozent steigen, damit der Steady State der Goldenen Regel erreicht wird.

Aufgabe 3

Beweisen Sie jede der folgenden Aussagen über den Steady State bei Bevölkerungswachstum und technologischem Fortschritt.

a. Das Kapital-Output-Verhältnis ist konstant.
b. Die Faktoranteile am Einkommen sind konstant. (Hinweis: Verwenden Sie die Definition MPK = f(k + 1) – f(k).)
c. Das Kapitalgesamteinkommen und das Arbeitsgesamteinkommen wachsen beide mit der Rate des Bevölkerungswachstums zuzüglich der Rate des technologischen Fortschritts (n + g).

d. Der reale Mietpreis des Kapitals ist konstant, und der Reallohn wächst mit der Rate des technologischen Fortschritts g. (Hinweis: Der reale Mietpreis des Kapitals ist gleich dem Kapitalgesamteinkommen dividiert durch den Kapitalstock, und der Reallohn ist gleich dem Arbeitsgesamteinkommen dividiert durch das Arbeitsvolumen.)

Lösung

a. Wie in der Antwort zu Aufgabe 2a. gezeigt, können wir das Kapital-Output-Verhältnis K/Y auch durch das Verhältnis der entsprechenden Pro-Kopf-Größen ausdrücken (k/y). Wenn wir die Steady-State-Bedingung

$$sy = (\delta + n + g)k$$

nach k/y auflösen, erhalten wir

$$\frac{k}{y} = \frac{s}{\delta + n + g}.$$

Da alle Größen auf der rechten Seite Konstanten sind, ist k/y und damit auch das Kapital-Output-Verhältnis K/Y konstant.

b. Bei der Beantwortung von Teilaufgabe a. haben wir gerade gezeigt, dass K/Y konstant ist. Unter der Annahme, dass die Faktoren nach ihrem Grenzprodukt entlohnt werden, ist der Anteil des Kapitaleinkommens (MPK · K)/Y (vgl. Mankiw, S. 71–73). Nach der im Hinweis angegebenen Definition ist das Grenzprodukt des Kapitals eine Funktion des Pro-Kopf-Kapitalstocks. Dieser ist im Steady State aber konstant. Daher ist auch MPK konstant. Somit muss auch der Faktoranteil des Kapitals konstant sein. Da sich der Anteil des Kapitals und der Anteil der Arbeit zu eins ergänzen, muss auch der Faktoranteil der Arbeit konstant sein.

c. In Teil b. haben wir gezeigt, dass die Faktoranteile konstant sind. Das Gesamteinkommen wächst im Steady State mit der Rate (n + g) (vgl. Mankiw, S. 288). Die Faktoranteile können nur konstant sein, wenn die Faktoreinkommen ebenfalls mit der Rate (n + g) wachsen.

d. Wir bezeichnen das Kapitalgesamteinkommen mit K_Y und das Arbeitsgesamteinkommen mit L_Y. Der Hinweis in der Aufgabenstellung sagt uns, dass für den realen Mietpreis des Kapitals (R/P) gilt:

$$\frac{R}{P} = \frac{K_Y}{K}.$$

Für K_Y gilt bei Entlohnung nach dem Grenzprodukt weiter:

$$K_Y = MPK \cdot K.$$

Daher:

$$\left(\frac{R}{P}\right) = \frac{MPK \cdot K}{K} = MPK.$$

Unsere Überlegungen in Teil b. haben gezeigt, dass MPK im Steady State konstant ist, weil k konstant ist. Daher muss im Steady State auch der reale Mietpreis des Kapitals konstant sein.

Für den Reallohn sagt uns der Hinweis in der Aufgabenstellung, dass gilt:

$$\left(\frac{W}{P}\right) = \frac{L_Y}{L}.$$

Wenn wir Wachstumsraten mit einem »^« über den Symbolen der Niveaugrößen bezeichnen, dann gilt für die Wachstumsrate des Reallohns:

$$\left(\frac{\hat{W}}{P}\right) = \hat{L}_Y - \hat{L}.$$

In Teil c. haben wir überlegt, dass die Faktoreinkommen mit der Rate (n + g) wachsen. Die Zahl der Erwerbstätigen wächst annahmegemäß mit der Rate n. Daher gilt für das Wachstum des Reallohns:

$$\left(\frac{\hat{W}}{P}\right) = n + g - n = g.$$

Aufgabe 4

Zwei Länder (Reichland und Armland) werden durch das Solow-Modell beschrieben. Beide Länder haben dieselbe Cobb-Douglas-Produktionsfunktion $F(K, L) = A \times K^\alpha L^{1-\alpha}$, verfügen aber über unterschiedliche Mengen von Kapital und Arbeit. Reichland spart 32 Prozent seines Einkommens, während Armland zehn Prozent spart. Reichland verzeichnet ein Bevölkerungswachstum von einem Prozent pro Jahr, wohingegen Armland ein Bevölkerungswachstum von drei Prozent hat. (Die Zahlenwerte in dieser Aufgabe sind so gewählt, dass sie näherungsweise eine realistische Beschreibung von reichen und armen Ländern geben.) Beide Nationen verzeichnen eine Rate des technologischen Fortschritts von zwei Prozent pro Jahr und eine Abschreibungsrate von fünf Prozent pro Jahr.

a. Wie lautet die Pro-Kopf-Produktionsfunktion f(k)?
b. Ermitteln Sie das Verhältnis des Steady-State-Pro-Kopf-Einkommens von Reichland zum Steady-State-Pro-Kopf-Einkommen von Armland. (Hinweis: Der Parameter α spielt bei Ihrer Antwort eine Rolle.)
c. Wenn die partielle Produktionselastizität α den üblichen Wert von etwa einem Drittel aufweist, um wie viel höher sollte dann das Pro-Kopf-Einkommen in Reichland im Vergleich zu Armland sein?
d. Tatsächlich ist das Pro-Kopf-Einkommen in Reichland 16-mal höher als das Pro-Kopf-Einkommen in Armland. Können Sie diese Beobachtung durch eine Änderung des Wertes der partiellen Produktionselastizität α erklären? Welchen Wert muss α annehmen? Können Sie sich vorstellen, wie ein derartiger Wert gerechtfertigt sein könnte? Auf welche Weise könnten Sie sonst noch den großen Einkommensunterschied zwischen Reichland und Armland erklären?

Lösung

Gegeben ist die Produktionsfunktion

$$Y = F(K,L) = AK^{\alpha}L^{1-\alpha}$$

Diese ist für beide Länder dieselbe, allerdings sind die eingesetzten Faktormengen K und L in beiden Ländern verschieden. Gegeben sind folgende Parameter: Sparquote s, Wachstumsrate der Bevölkerung n, Rate des technologischen Fortschritts g und Abschreibungsrate δ. Wir unterscheiden die Symbole beider Länder jeweils durch ein tiefgestelltes R für Reichland und ein tiefgestelltes P für Armland. Für die Parameter gelten folgende Zahlenwerte:

$$s_R = 0{,}32 \quad s_P = 0{,}10$$
$$n_R = 0{,}01 \quad n_P = 0{,}03$$
$$g_R = 0{,}02 \quad g_P = 0{,}02$$
$$\delta_R = 0{,}05 \quad \delta_P = 0{,}05$$

a. Die Pro-Kopf-Produktionsfunktion lautet:

$$y = \frac{Y}{L} = \frac{F(K,L)}{L} = \frac{AK^{\alpha}L^{1-\alpha}}{L} = A\left(\frac{K}{L}\right)^{\alpha} = Ak^{\alpha} = f(k)$$

b. Im Steady State gilt:

$$sf(k^*) = (n + g + \delta)k^*$$

Dabei bezeichnet das Sternchen die Kapitalintensität im Steady State. Wir ermitteln zunächst den Wert der Kapitalintensität k* im Steady State:

$$sAk^{*\alpha} = (n + g + \delta)k^*$$

$$\frac{k^*}{k^{*\alpha}} = \frac{sA}{n + g + \delta}$$

$$k^{*1-\alpha} = \frac{sA}{n + g + \delta}$$

$$k^* = \left(\frac{sA}{n + g + \delta}\right)^{\frac{1}{1-\alpha}}$$

Die Pro-Kopf-Produktion im Steady State y* erhalten wir durch Einsetzen in die Produktionsfunktion:

$$y^* = f(k^*) = Ak^{*\alpha} = A\left(\frac{sA}{n + g + \delta}\right)^{\frac{\alpha}{1-\alpha}} = A^{\frac{1}{1-\alpha}}\left(\frac{s}{n + g + \delta}\right)^{\frac{\alpha}{1-\alpha}}$$

Das Verhältnis der Pro-Kopf-Einkommen von Reichland und Armland ist:

$$\frac{y_R^*}{y_P^*} = \frac{A^{\frac{1}{1-\alpha}}\left(\dfrac{s_R}{n_R+g+\delta}\right)^{\frac{\alpha}{1-\alpha}}}{A^{\frac{1}{1-\alpha}}\left(\dfrac{s_P}{n_P+g+\delta}\right)^{\frac{\alpha}{1-\alpha}}} = \left[\frac{s_R\,(n_P+g+\delta)}{s_P\,(n_R+g+\delta)}\right]^{\frac{\alpha}{1-\alpha}}$$

$$= \left[\frac{0,32\,(0,03+0,02+0,05)}{0,10\,(0,01+0,02+0,05)}\right]^{\frac{\alpha}{1-\alpha}} = \left(\frac{0,032}{0,008}\right)^{\frac{\alpha}{1-\alpha}}$$

$$= 4^{\frac{\alpha}{1-\alpha}}$$

c. Unter der Annahme $\alpha = 1/3$ folgt für das Verhältnis ein Wert von 2.

d. Wenn das Pro-Kopf-Einkommen in Reichland tatsächlich 16-mal höher ist als in Armland, dann gilt:

$$\frac{y_R^*}{y_P^*} = 4^{\frac{\alpha}{1-\alpha}} = 16$$

Daher muss gelten:

$$\frac{\alpha}{1-\alpha} = 2$$

$$\alpha = \frac{2}{3}$$

Die partielle Produktionselastizität des Kapitals müsste also doppelt so hoch sein wie der bei Schätzungen üblicherweise gefundene Wert. Eine mögliche Erklärung wäre, dass bei den üblichen Schätzungen nur der physische Kapitalstock erfasst wird, tatsächlich aber auch das Humankapital mit berücksichtigt werden müsste. (Siehe zu dieser Überlegung den Vertiefungskasten »Eine breitere Definition von Kapital«, Mankiw, S. 297.)

Aufgabe 5

Der Umfang der Ausbildung, der einer typischen Person zuteilwird, variiert deutlich zwischen den einzelnen Ländern. Nehmen Sie an, Sie müssten ein Land mit sehr gut ausgebildeten Erwerbspersonen mit einem Land mit weniger gut ausgebildeten Erwerbspersonen vergleichen. Nehmen Sie weiter an, dass beide Länder dieselbe Sparquote, dieselbe Rate des Bevölkerungswachstums und dieselbe Rate des technologischen Fortschritts aufweisen. Nehmen Sie weiter an, dass sich beide Länder im stationären Zustand befinden. Welche Voraussagen würden Sie für die folgenden Variablen machen, wenn Sie das Solow-Modell zugrunde legen?

a. Wachstumsrate des gesamten Einkommens
b. Pro-Kopf-Einkommensniveau
c. Realer Mietpreis des Kapitals
d. Reallohn

Lösung

a. Der einzige Unterschied zwischen den beiden Ländern besteht im unterschiedlichen Ausbildungsstand der Erwerbspersonen. Im Rahmen des Solow-Modells mit technologischem Fortschritt lässt sich das unterschiedliche Ausbildungsniveau in der Weise berücksichtigen, dass wir dem Faktor Arbeit in dem Land mit der besseren Ausbildung ein höheres Niveau der Arbeitseffizienz zuordnen als in dem Land mit der schlechteren Ausbildung. Wir wollen annehmen, dass das Land mit dem hohen Ausbildungsniveau über ein Effizienzniveau E_h und das Land mit dem niedrigen Ausbildungsniveau über eine Arbeitseffizienz von E_n verfügt.
Die Wachstumsrate des gesamten Einkommens ist im Solow-Modell gleich der Summe aus Bevölkerungswachstumsrate n und Rate des technologischen Fortschritts g. Diese Wachstumsrate wird nicht vom Niveau des Ausbildungsstandes beeinflusst. Weil in beiden Ländern sowohl die Bevölkerungswachstumsrate als auch die Rate des technologischen Fortschritts annahmegemäß übereinstimmen, müssen daher auch die Wachstumsraten des gesamten Einkommens identisch sein.

b. Im Solow-Modell mit technologischem Fortschritt wird der stationäre Zustand durch die Bedingung $sf(k) = (\delta + n + g)k$ bestimmt. Da annahmegemäß in beiden Ländern Sparquote, Rate des Bevölkerungswachstums, Rate des technologischen Fortschritts und vermutlich (obwohl in der Aufgabenstellung nicht angegeben) Abschreibungsrate übereinstimmen, muss für beide Länder der Kapitalstock je Effizienzeinheit $k = K/(L \cdot E)$ identisch sein. Damit muss auch die Produktion je Effizienzeinheit in beiden Ländern gleich sein. Wegen der Definition der Produktion je Effizienzeinheit $y = Y/(L \cdot E)$ können wir für das Pro Kopf-Einkommen der beiden Länder schreiben:

$$\left(\frac{Y}{L} \right)_h = y^* E_h$$

$$\left(\frac{Y}{L} \right)_n = y^* E_n.$$

Weil $E_h > E_n$, muss bei in beiden Ländern gleichem y^* gelten:

$$\left(\frac{Y}{L} \right)_h > \left(\frac{Y}{L} \right)_n.$$

Das stationäre Pro-Kopf-Einkommen ist in dem Land mit dem hohen Ausbildungsstand also höher als in dem Land mit dem geringeren Ausbildungsniveau.

c. Unter der Annahme einer Entlohnung der Produktionsfaktoren nach ihrem Grenzprodukt ist der reale Mietpreis des Kapitals gleich dem Grenzprodukt des Kapitals. Das Grenzprodukt des Kapitals wiederum hängt von der Höhe des Kapitalstocks je Effizienzeinheit $k = K/(L \cdot E)$ ab. Wie wir in der vorhergehenden Teilaufgabe überlegt haben, müssen beide Länder im stationären Zustand die gleiche Höhe des Kapitalstocks je Effizienzeinheit aufweisen. Folglich müssen auch die Grenzprodukte und damit der reale Mietpreis des Kapitals in beiden Ländern übereinstimmen.

d. Bei der Beantwortung dieser Frage ist entscheidend, ob der Reallohn je Arbeitseinheit oder der Reallohn je Effizienzeinheit der Arbeit gemeint ist. Beziehen wir uns auf letzteren Fall, gilt für die Aufteilung des Outputs unter den üblichen Annahmen (vgl. Mankiw, S. 71–73):

$$Y = \frac{W}{P}(L \cdot E) + \frac{R}{P}K$$

$$\frac{W}{P}(L \cdot E) = Y - \frac{R}{P}K$$

$$\frac{W}{P} = \frac{Y}{L \cdot E} - \frac{R}{P}\frac{K}{L \cdot E}$$

$$\frac{W}{P} = f(k) - MPK \cdot k.$$

Wie in den vorhergehenden Teilaufgaben überlegt, stimmen in beiden Ländern im stationären Zustand der Kapitalstock je Effizienzeinheit und somit auch das Grenzprodukt des Kapitals überein. Weil somit alle Größen auf der rechten Seite der Reallohngleichung übereinstimmen, müssen auch die Reallöhne, bezogen auf eine Effizienzeinheit der Arbeit, gleich sein.

Der auf eine Arbeitseinheit (und nicht auf eine Effizienzeinheit) bezogene Reallohn ist $(W/P)E$. Weil sich die beiden betrachteten Länder (bedingt durch die Ausbildungsunterschiede) in Hinblick auf die Höhe der Arbeitseffizienz unterscheiden, gilt:

$$\frac{W}{P} E_h > \frac{W}{P} E_n.$$

Im Land mit dem höheren Ausbildungsniveau ist der auf eine Arbeitseinheit bezogene Reallohn also höher als in dem Land mit dem niedrigeren Ausbildungsstand.

Aufgabe 6

In dieser Aufgabe sollen Sie das Zwei-Sektoren-Modell des endogenen Wachstums, das im Text vorgestellt wurde, näher analysieren.

a. Schreiben Sie die Produktionsfunktion für produzierte Güter in den Einheiten Output pro Effizienzeinheit und Kapital pro Effizienzeinheit auf.

b. Wie sieht das Break-even-Investitionsvolumen in dieser Wirtschaft aus (das Investitionsvolumen, das benötigt wird, um das Kapital je Effizienzeinheit konstant zu halten)?

c. Schreiben Sie die Bewegungsgleichung für k auf, die Δk als Ersparnis minus Break-even-Investitionen zeigt. Verwenden Sie diese Gleichung, um graphisch die Bestimmung des stationären Wertes von k zu zeigen. (Hinweis: Diese Abbildung wird derjenigen sehr ähneln, die wir bei der Analyse des Solow-Modells verwendet haben.)

d. Wie lautet in dieser Wirtschaft die stationäre Wachstumsrate des Pro-Kopf-Outputs Y/L? Wie beeinflussen die Sparquote s und der Anteil der Erwerbspersonen in den Universitäten u diese stationäre Wachstumsrate?

e. Zeigen Sie unter Verwendung Ihrer Abbildung die Auswirkungen eines Anstieges von u. (Hinweis: Diese Veränderung berührt beide Kurven.) Beschreiben Sie sowohl die unmittelbaren Wirkungen als auch diejenigen, die im stationären Zustand auftreten.

f. Wenn Sie Ihre Analyse zugrunde legen, ist dann ein Anstieg von u für die Wirtschaft unzweifelhaft eine gute Sache? Erklären Sie.

Lösung

Das Zwei-Sektoren-Wachstumsmodell wird durch die Produktionsfunktion der Unternehmen, die Produktionsfunktion der Universitäten und die Gleichung für die Kapitalakkumulation beschrieben (vgl. Mankiw, S. 307):

$$Y = F\big(K, (1 - u)LE\big)$$

$$\Delta E = g(u)E$$

$$\Delta K = sY - \delta K.$$

Hierin steht u für den Anteil der Erwerbstätigen im Universitätssektor und $(1 - u)$ für den Anteil der Erwerbstätigen im Produktionssektor. E steht für den Wissensstand bzw. die Arbeitseffizienz. Die Funktion g(.) beschreibt den Zusammenhang zwischen dem Anteil der Erwerbstätigen, der an den Universitäten beschäftigt ist, und dem Wissenswachstum. Die Produktionsfunktion soll konstante Skalenerträge aufweisen.

a. Weil die Produktionsfunktion konstante Skalenerträge aufweist, gilt:

$$zY = F\big(zK, z(1 - u)LE\big).$$

Wir setzen $z = 1/(LE)$:

$$\frac{Y}{LE} = F\left[\frac{K}{LE}, (1 - u)\right].$$

Mit den Definitionen $y = Y/(LE)$ und $k = K/(LE)$ können wir schreiben:

$$y = f\big[k, (1 - u)\big].$$

b. Für die Änderung des Kapitalstocks in der Zeit gilt:

$$\Delta k = i - \big[\delta + n + g(u)\big].$$

Die hinter dieser Beziehung stehenden Überlegungen entsprechen völlig der Argumentation des Solow-Modells bei technologischem Fortschritt (vgl. Mankiw, S. 285): Die Bruttoinvestitionen je Effizienzeinheit (i) erhöhen für sich genommen den Kapitalstock je Effizienzeinheit (k). Diesem Effekt stehen aber drei andere Wirkungen gegenüber: Der Kapitalstock je Effizienzeinheit sinkt tendenziell
- wegen der Abschreibungen, die das Niveau des Kapitalbestandes verringern;
- wegen des Bevölkerungswachstums, das dazu führt, dass sich das vorhandene Kapital rechnerisch auf eine gestiegene Zahl von Personen verteilt;
- wegen des technologischen Fortschritts, der zu einem Anstieg der Effizienz je Erwerbstätigen führt.

Der wesentliche Unterschied zum Solow-Modell mit technologischem Fortschritt besteht darin, dass im vorliegenden Modell die Fortschrittsrate nicht konstant ist, sondern eine Funktion des Anteils der Erwerbstätigen, die im Forschungsbereich arbeiten. Das Break-even-Investitionsvolumen ist das Investitionsvolumen, bei dem der Kapitalstock je Effizienzeinheit gerade konstant bleibt:

$$i = \delta + n + g(u).$$

c. Weil im Solow-Modell und auch im vorliegenden Zwei-Sektoren-Modell davon ausgegangen wird, dass immer Kreislaufgleichgewicht herrscht, können wir in der schon in Teil b. dargestellten Bewegungsgleichung von k die Investitionen durch das Sparen substituieren:

$$\Delta k = sf\left[k,(1-u)\right] - \left[\delta + n + g(u)\right]k.$$

Für $\Delta k = 0$ gilt:

$$sf\left[k,(1-u)\right] = \left[\delta + n + g(u)\right]k.$$

Abbildung 8-1 zeigt Sparfunktion und Break-even-Investitionsvolumen in Abhängigkeit von k. Man beachte, dass beide Kurven nur unter der Annahme eines gegebenen Wertes von u gezeichnet werden können. Der stationäre Kapitalstock ergibt sich aus dem Schnittpunkt der beiden Kurven.

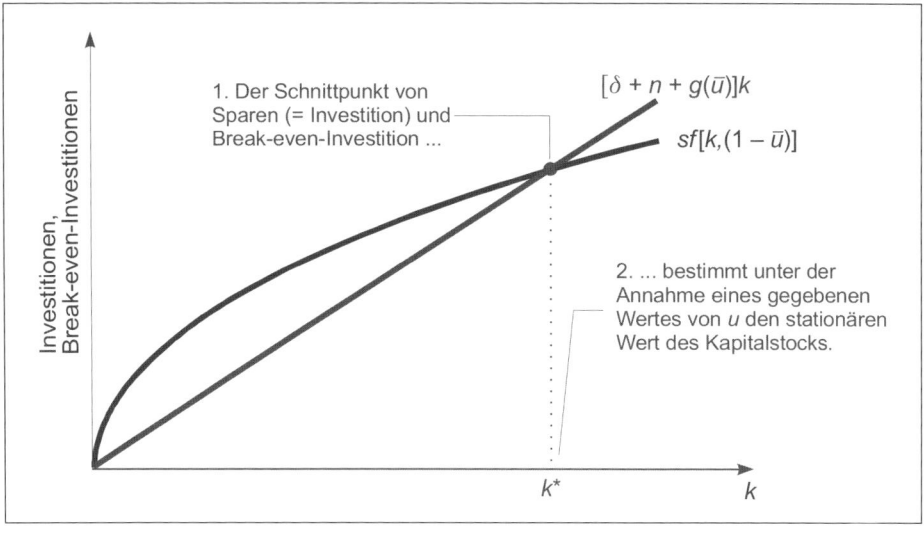

Abb. 8-1

d. Wenn wir davon ausgehen, dass das Niveau von u gegeben ist $(u = \bar{u})$, dann zeigt unsere Antwort in Teil c., dass im stationären Zustand der Kapitalstock je Effizienzeinheit der Arbeit konstant ist. Wegen $y = f[k,(1-\bar{u})]$ muss dann auch y konstant sein. Im Lehrbuch (Mankiw, S. 287) wurde gezeigt, dass in diesem Fall der Pro-Kopf-Output $(Y/L = y \cdot E)$ mit der Rate g wächst.

Eine Erhöhung der Sparquote würde in Abbildung 8-1 die sf(·)-Kurve entgegen dem Uhrzeigersinn drehen. Das Niveau des stationären Kapitalstocks je Effizienzeinheit würde damit steigen. Im neuen stationären Gleichgewicht wäre die Rate des technologischen Fortschritts aber genauso groß wie zuvor. Daher würde auch das Pro-Kopf-Einkommen im neuen stationären Punkt mit der gleichen Rate steigen wie im alten Wachstumsgleichgewicht (nämlich mit g).

Eine Erhöhung des Anteils der Erwerbspersonen, die in den Universitäten arbeiten, würde hingegen eine Zunahme der Fortschrittsrate bedeuten:

$$u_2 > u_1 \Rightarrow g(u_2) > g(u_1).$$

Weil das stationäre Pro-Kopf-Einkommen Y/L mit der Rate $g(u)$ wächst, wäre jetzt das Einkommenswachstum größer als zuvor.

e. In der Ausgangssituation ist der stationäre Kapitalstock durch k_1^* in Abbildung 8-2 gegeben. Eine Erhöhung von u bedeutet, dass ein geringerer Teil der Erwerbspersonen in den Produktionsunternehmen beschäftigt ist. Das bedeutet, dass zu jedem gegebenen k weniger produziert wird als zuvor. Die Sparkurve (gleich Investitionskurve) dreht sich also im Uhrzeigersinn, wie in Abbildung 8-2 gezeigt. Der Anstieg von u führt aber auch dazu, dass die Wachstumsrate der Arbeitseffizienz $g(u)$ steigt. Dies bedeutet, dass ein gegebener Kapitalstock je Effizienzeinheit sich nur aufrechterhalten lässt, wenn mehr investiert wird. Zu jedem gegebenen k ist nunmehr also ein höheres Investitionsvolumen erforderlich, um dieses k aufrechtzuerhalten. Die Kurve der Break-even-Investitionen dreht sich also entgegen dem Uhrzeigersinn. Abbildung 8-2 zeigt, dass eine Erhöhung von u eine Verringerung des stationären Kapitalstocks je Effizienzeinheit von k_1 nach k_2 zur Folge hat.

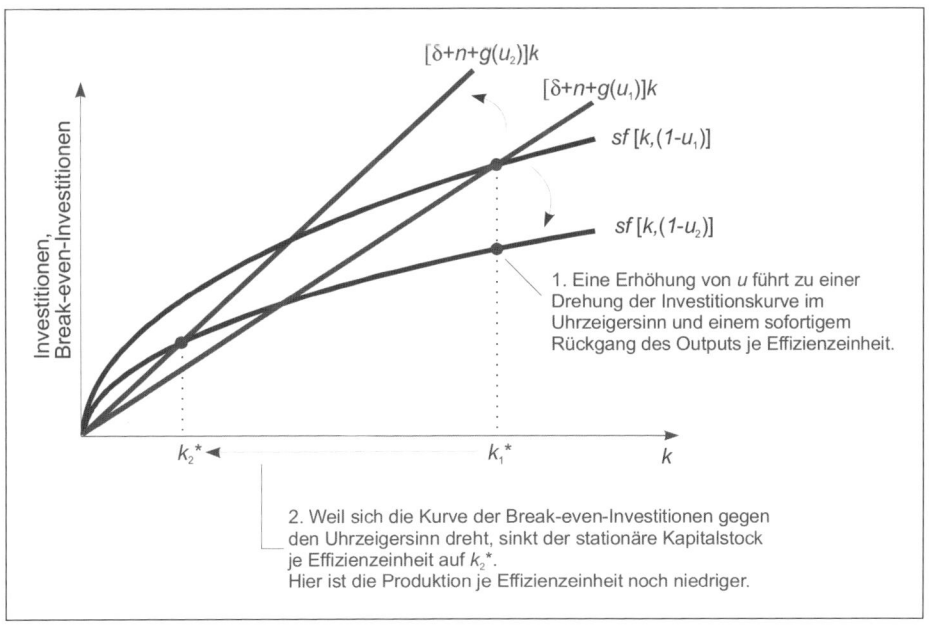

Abb. 8-2

Die unmittelbare Auswirkung der Erhöhung von u ist ein Rückgang der Produktion je Effizienzeinheit, weil nun ein geringerer Teil der Erwerbstätigen im Produktionssektor beschäftigt ist. Wie Abbildung 8-2 zeigt, ist der Output je Effizienzeinheit langfristig (im neuen stationären Zustand k_2^*) noch geringer als unmittelbar nach der Störung.

f. Ob der Anstieg von u für die Wirtschaft unzweifelhaft eine gute Sache ist, muss man anhand der Wohlfahrtswirkungen beurteilen. Wie wir in Teil e. gesehen haben, ist die unmittelbare Wirkung eines Anstiegs von u ein Rückgang der Produktion je Effizienzeinheit. Da im Augenblick der Störung L und E gegeben sind, muss das Niveau der Gesamtproduktion gesunken sein. Bei gegebener Sparquote impliziert dies einen Rückgang des Konsums. Langfristig ergibt sich eine andere Wirkung. Zwar ist, wie in Teil e. gezeigt, im neuen stationären Gleichgewicht der Output je Effizienzeinheit noch geringer, allerdings ist für den Wohlstand der Gesellschaft der Output je Erwerbstätigen entscheidend. In Teil d. haben wir überlegt, dass eine Zunahme von u zu einer höheren Wachstumsrate des stationären Pro-Kopf-Einkommens Y/L führt. Da diese höhere Wachstumsrate auf alle Zeit bestehen bleibt, muss dies den anfänglichen Rückgang irgendwann überkompensieren.

Insgesamt muss also ein kurzfristiger Wohlfahrtsrückgang gegen einen langfristigen Wohlfahrtsgewinn abgewogen werden. Das Ergebnis einer solchen Abwägung wird wesentlich dadurch bestimmt, wie hoch die Gegenwartspräferenz ist. Daher lässt sich nicht eindeutig sagen, ob der Anstieg von u für die Wirtschaft zweifelsfrei eine gute Sache ist.

Anhang zu 8
Zurechnung der Wachstumsursachen

Aufgabe 1

In der Wirtschaft von Solovia fallen den Kapitalbesitzern zwei Drittel des Volkseinkommens zu und den Arbeitern ein Drittel.

a. Die Männer von Solovia bleiben zu Hause und machen die Hausarbeit, während die Frauen von Solovia in den Fabriken arbeiten. Was würde mit dem gemessenen Output dieser Wirtschaft geschehen, wenn einige der Männer beschließen würden, berufstätig zu werden, sodass die Zahl der Erwerbspersonen um 5 Prozent steigen würde? Würde die Arbeitsproduktivität – definiert als Produktion je Beschäftigten – steigen, sinken oder gleich bleiben? Würde die totale Faktorproduktivität steigen, sinken oder gleich bleiben?

b. Im ersten Jahr hatte der Kapitalstock eine Höhe von 6, der Arbeitseinsatz betrug 3 und der Output 12. Im zweiten Jahr hatte der Kapitalstock eine Höhe von 7, der Arbeitseinsatz betrug 4 und der Output 14. Wie änderte sich die totale Faktorproduktivität zwischen diesen beiden Jahren?

Lösung

Wir können die Beiträge der Vermehrung von Arbeit und Kapital sowie den Beitrag der Zunahme der totalen Faktorproduktivität durch folgende Gleichung beschreiben (vgl. Mankiw, S. 319):

$$\frac{\Delta Y}{Y} = \alpha \frac{\Delta K}{K} + (1 - \alpha) \frac{\Delta L}{L} + \frac{\Delta A}{A}.$$

Hierbei haben wir angenommen, dass die Faktoren nach ihrem Grenzprodukt entlohnt werden und dass die Produktionsfunktion konstante Skalenerträge aufweist. Der Koeffizient α ist der Anteil des Kapitals am Volkseinkommen. Es gilt $\alpha = 2/3$.

a. Ein Anstieg der Zahl der Erwerbspersonen um 5 Prozent bedeutet:

$$\frac{\Delta L}{L} = 0,05.$$

Weil weder K noch A sich ändern, folgt:

$$\frac{\Delta Y}{Y} = (1 - \alpha) \frac{\Delta L}{L}$$

$$= \frac{1}{3} \cdot 0,05$$

$$= 0,0167.$$

Die Zunahme der Zahl der Erwerbspersonen um 5 Prozent führt zu einem Anstieg der Produktion um 1,67 Prozent.

Die Arbeitsproduktivität ist definiert durch Y/L. Für das Wachstum der Arbeitsproduktivität gilt näherungsweise (vgl. Mankiw, S. 31):

$$\frac{\Delta\left(\dfrac{Y}{L}\right)}{\dfrac{Y}{L}} = \frac{\Delta Y}{Y} - \frac{\Delta L}{L}$$

$$= 0{,}0167 - 0{,}05$$

$$= -0{,}033.$$

Die Arbeitsproduktivität würde um 3,3 Prozent sinken.

Die totale Faktorproduktivität misst die Wirkungen technologischer Änderungen. Da in der Aufgabenstellung davon nicht die Rede ist, bleibt die totale Faktorproduktivität unverändert.

b. Die Angaben in der Aufgabenstellung implizieren ein Wachstum des Kapitals um 1/6, der Arbeit um 1/3 und des Outputs um 1/6.

Wir lösen die Zurechnungsgleichung nach $\Delta A/A$ auf und setzen die gegebenen Werte ein:

$$\frac{\Delta A}{A} = \frac{\Delta Y}{Y} - \alpha\frac{\Delta K}{K} - \left(1-\alpha\right)\frac{\Delta L}{L}$$

$$= \frac{1}{6} - \frac{2}{3}\cdot\frac{1}{6} - \frac{1}{3}\cdot\frac{1}{3}$$

$$= \frac{3}{18} - \frac{2}{18} - \frac{2}{18}$$

$$= -\frac{1}{18}$$

$$= -0{,}056.$$

Die totale Faktorproduktivität sinkt um 5,6 Prozent.

Aufgabe 2

Die Arbeitsproduktivität ist definiert als Y/L, also als Verhältnis von Produktionsvolumen dividiert durch Arbeitseinsatzvolumen. Gehen Sie von der oben entwickelten Zurechnungsgleichung des Wachstums aus und zeigen Sie, dass das Wachstum der Arbeitsproduktivität vom Wachstum der totalen Faktorproduktivität und dem Wachstum des Kapital-Arbeits-Verhältnisses (Arbeitsintensität) abhängt. Zeigen Sie insbesondere, dass gilt:

$$\frac{\Delta\left(Y/L\right)}{Y/L} = \frac{\Delta A}{A} + \alpha\frac{\Delta\left(K/L\right)}{K/L}$$

Hinweis: Vielleicht finden Sie folgenden mathematischen Trick hilfreich. Falls $z = wx$ gilt, dann ist die Wachstumsrate von z näherungsweise gleich der Wachstumsrate von w plus der Wachstumsrate von x. In Zeichen:

$$\Delta z/z = \Delta w/w + \Delta x/x.$$

Lösung

Den im Hinweis angesprochenen »Trick« haben wir bereits bei der Lösung von Aufgabe 1a. angewendet. Er besagt, dass die Wachstumsrate eines Quotienten ungefähr gleich der Differenz der Wachstumsrate des Zählers und der Wachstumsrate des Nenners ist. Dies erlaubt uns, das Wachstum der Arbeitsproduktivität folgendermaßen zu schreiben:

$$\frac{\Delta\left(\dfrac{Y}{L}\right)}{\dfrac{Y}{L}} = \frac{\Delta Y}{Y} - \frac{\Delta L}{L}.$$

Wir setzen jetzt für $\Delta Y/Y$ die rechte Seite der »Zurechnungsgleichung« ein:

$$\frac{\Delta\left(\dfrac{Y}{L}\right)}{\dfrac{Y}{L}} = \alpha\frac{\Delta K}{K} + \left(1-\alpha\right)\frac{\Delta L}{L} + \frac{\Delta A}{A} - \frac{\Delta L}{L}$$

$$= \alpha\frac{\Delta K}{K} - \alpha\frac{\Delta L}{L} + \frac{\Delta A}{A}$$

$$= \frac{\Delta A}{A} + \alpha\left(\frac{\Delta K}{K} - \frac{\Delta L}{L}\right).$$

Für den Klammerausdruck verwenden wir den »Trick« für das Rechnen mit Wachstumsraten »rückwärts«. Dies erlaubt uns zu schreiben:

$$\frac{\Delta\left(\dfrac{Y}{L}\right)}{\dfrac{Y}{L}} = \frac{\Delta A}{A} + \alpha\frac{\Delta\left(\dfrac{K}{L}\right)}{\dfrac{K}{L}},$$

was zu zeigen war.

Aufgabe 3

Nehmen Sie an, dass eine Wirtschaft, die durch das Solow-Modell beschrieben wird, sich im Steady State befindet. Das Bevölkerungswachstum n hat eine Höhe von 1,8 Prozent jährlich und der technologische Fortschritt g beträgt 1,8 Prozent. Gesamtoutput und Gesamtkapitalstock wachsen mit 3,6 Prozent pro Jahr. Nehmen Sie weiter an, dass der Kapitalanteil am Output 1/3 beträgt. Verwenden Sie die oben entwickelte Zurechnungsgleichung, um den Output auf seine drei Quellen (Kapital, Arbeit und totale Faktorproduktivität) aufzuschlüsseln. Vergleichen Sie Ihr Ergebnis mit den Zahlen für die Vereinigten Staaten (vgl. Tabelle 8–3).

Lösung

Wir können die in der Aufgabenstellung gemachten Angaben wie folgt zusammenfassen:

$$\frac{\Delta L}{L} = n = 0{,}018$$

$$\frac{\Delta Y}{Y} = n + g = 0{,}036$$

$$\frac{\Delta K}{K} = n + g = 0{,}036$$

$$\alpha = 1/3.$$

Wir berechnen mithilfe der Zurechnungsgleichung zunächst das Wachstum der totalen Faktorproduktivität:

$$\frac{\Delta A}{A} = \frac{\Delta Y}{Y} - \alpha \frac{\Delta K}{K} - (1 - \alpha)\frac{\Delta L}{L}$$

$$= 0{,}036 - \frac{1}{3} \cdot 0{,}036 - \frac{2}{3} \cdot 0{,}018$$

$$= 0{,}036 - 0{,}012 - 0{,}012$$

$$= 0{,}012.$$

Wir können das Wachstum des Gesamtoutputs folgendermaßen aufschlüsseln:

$$\frac{\Delta Y}{Y} = \alpha \frac{\Delta K}{K} + (1 - \alpha)\frac{\Delta L}{L} + \frac{\Delta A}{A}$$

3,6 Prozent = 1,2 Prozent + 1,2 Prozent + 1,2 Prozent.

Der Wachstumsbeitrag des Kapitals beträgt demnach 1,2 Prozentpunkte, der Wachstumsbeitrag der Arbeit ist 1,2 Prozentpunkte und der Wachstumsbeitrag der totalen Faktorproduktivität ist 1,2 Prozentpunkte.

Betrachtet man die langfristigen Durchschnittswerte aus Tabelle 8-3 (Mankiw, S. 321), dann erkennt man, dass diese Zahlen mit den Ergebnissen der Lösung übereinstimmen.

9 Einführung in das Problem gesamtwirtschaftlicher Schwankungen

Aufgabe 1

Nehmen Sie an, dass eine Änderung der rechtlichen Vorschriften es den Banken erlaubt, für Girokonten Zinsen zu zahlen. (Vorher durften Guthaben auf Girokonten nicht verzinst werden.) Bedenken Sie dabei, dass die Geldmenge aus Bargeld und Sichteinlagen besteht, zu denen das Guthaben auf Girokonten gehört. Die Änderung der rechtlichen Vorschriften führt daher zu einer höheren Attraktivität der Geldhaltung.

a. Auf welche Weise beeinflusst die beschriebene Änderung die Geldnachfrage?

b. Welche Konsequenz ergibt sich für die Umlaufgeschwindigkeit des Geldes?

c. Welche Wirkungen ergeben sich kurz- und langfristig für Preise und Produktion, wenn die Zentralbank das Geldangebot konstant hält?

d. Wenn das Ziel der Zentralbank in einer Stabilisierung des Preisniveaus besteht, sollte die Zentralbank dann in Reaktion auf diese rechtlichen Änderungen das Geldangebot konstant halten? Falls nicht, wie sollte sie sich verhalten? Warum?

e. Wenn das Ziel der Zentralbank eine Stabilisierung der Produktion ist, wie würde sich dann die von Ihnen in Teilaufgabe d. gegebene Antwort ändern?

Lösung

a. Die Einführung von Zinsen auf Girokonten führt dazu, dass die Haltung von Geld attraktiver wird. Daher nimmt die Geldnachfrage zu.

b. Eine Zunahme der Geldnachfrage für jedes gegebene Einkommensniveau impliziert eine Zunahme des Parameters k. Weil $k = 1/V$ (vgl. Mankiw, S. 343), ist ein Anstieg von k gleichbedeutend mit einem Rückgang der Umlaufgeschwindigkeit V.

c. Bei konstant gehaltenem Geldangebot führt eine Verringerung der Umlaufgeschwindigkeit zu einer Verminderung der nominalen Ausgaben $P \cdot Y$ und zu einer Verschiebung der Gesamtnachfragekurve nach links (vgl. Abbildung 9-1). Kurzfristig hat die Verringerung der Gesamtnachfrage einen Rückgang der Produktion zur Folge. Zu den gegebenen Altpreisen verkaufen die Unternehmen weniger als in der Ausgangssituation. Produktion und Beschäftigung sinken von $\overline{Y}$ auf Y_1. Im Verlauf der Zeit führt die Unterauslastung der Kapazitäten zu einem Rückgang von Löhnen und Preisen. Mit dem Preisrückgang nimmt die Nachfrage allmählich wieder zu, bis schließlich in C das natürliche Niveau der Produktion wieder erreicht ist.

d. Bei der Beantwortung der vorigen Teilaufgabe wurde gezeigt, dass die in der Aufgabenstellung angenommene Störung eine Verschiebung der Gesamtnachfragekurve nach links zur Folge hat, was zwar kurzfristig nicht mit Preisänderungen verbunden ist, langfristig aber zu einem Rückgang des Preisniveaus führt. Hat sich die Zentralbank ein langfristig unverändertes Preisniveau als Ziel gesetzt, dann kann sie das nur durch eine geldpolitische Maßnahme erreichen, mit der sie die Gesamtnachfragekurve

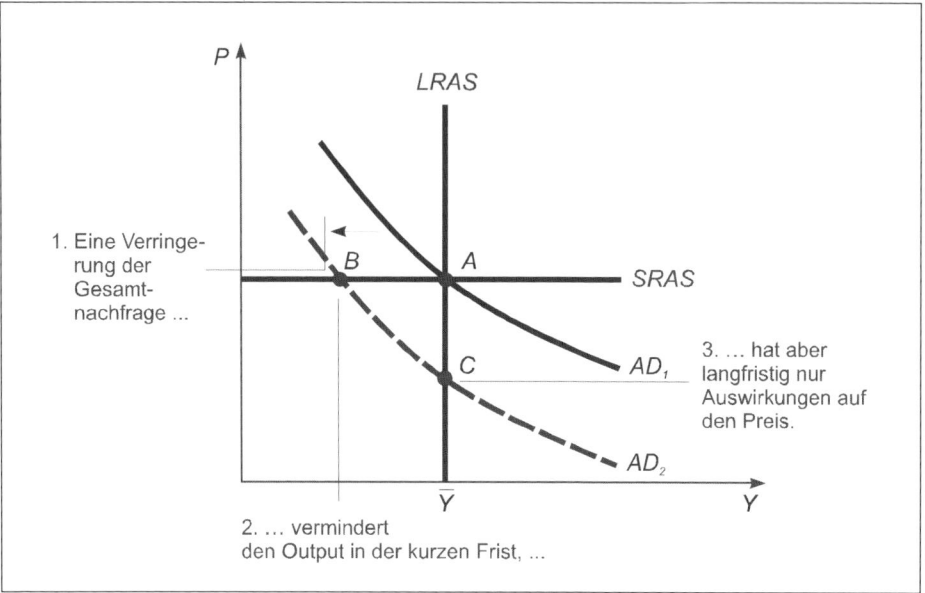

Abb. 9-1

genau in dem Maße nach rechts verschiebt, wie diese sich durch den Rückgang der Umlaufgeschwindigkeit nach links verschoben hatte. Das lässt sich im vorliegenden Modell mit einer entsprechenden Erhöhung des Geldangebots erreichen.

e. Die Verschiebung der Gesamtnachfragekurve nach links impliziert kurzfristig einen Rückgang des Produktionsniveaus. Langfristig stellt sich wieder das natürliche Niveau ein. Verfolgt die Zentralbank das Ziel einer kurzfristigen Stabilisierung der Produktion, dann muss sie das Geldangebot entsprechend erhöhen, um den Rückgang der Umlaufgeschwindigkeit zu kompensieren.

Aufgabe 2

Die Zentralbank vermindert das Geldangebot um fünf Prozent.

a. Welche Wirkungen ergeben sich auf die Gesamtnachfragekurve?
b. Welche Wirkungen ergeben sich kurz- und langfristig in Bezug auf Preisniveau und Höhe der Produktion?
c. Welche Wirkungen ergeben sich dem Okunschen Gesetz zufolge kurz- und langfristig für die Arbeitslosigkeit?
d. Welche Wirkungen ergeben sich kurz- und langfristig auf den Realzinssatz? (Hinweis: Verwenden Sie das Modell für den Realzinssatz aus Kapitel 3, um zu zeigen, welche Wirkungen eine Outputänderung hat.)

Lösung

a. Die Quantitätsgleichung $MV = PY$ zeigt, dass eine Reduzierung des Geldangebots zu einer proportionalen Verringerung des nominalen Outputs PY führt. Für jedes gegebene Preisniveau vermindert sich daher die Höhe des Outputs, und für jedes gegebene

Outputvolumen vermindert sich die Höhe des Preisniveaus. In Abbildung 9-2 verschiebt sich die Gesamtnachfragekurve daher nach links.

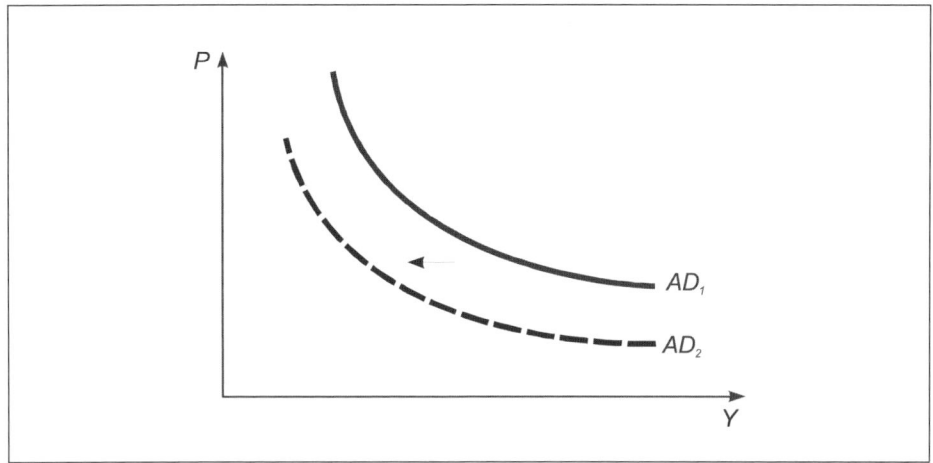

Abb. 9-2

b. In Kapitel 4 des Lehrbuchs wurde gezeigt, dass man die Quantitätsgleichung für Änderungsraten folgendermaßen formulieren kann:

% Änderung von M + % Änderung von V
= % Änderung von P + % Änderung von Y.

Wir wollen die Schreibweise dadurch vereinfachen, dass wir die prozentualen Änderungen von M, V und Y jeweils durch Kleinbuchstaben darstellen. Die Inflationsrate (prozentuale Änderung von P) kürzen wir mit π ab. Damit können wir die Quantitätsgleichung für prozentuale Änderungen wie folgt schreiben:

$m + v = \pi + y$.

Gehen wir von Konstanz der Umlaufgeschwindigkeit aus, dann gilt:

$v = 0$.

Kurzfristig ist das Preisniveau gegeben, sodass

$\pi = 0$.

Daher muss kurzfristig $m = y$ gelten. Ein Rückgang des Geldangebots um 5 Prozent führt daher zu einem Rückgang des Outputs um ebenfalls 5 Prozent. Langfristig sind die Preise flexibel und die Wirtschaft kehrt auf ihr natürliches Aktivitätsniveau zurück. Bei langfristiger Betrachtung muss daher $y = 0$ gelten. Aus der Quantitätsgleichung folgt daher $m = \pi$. Ein Rückgang des Geldangebots um 5 Prozent führt daher langfristig zu einem Rückgang des Preisniveaus um ebenfalls 5 Prozent.

c. Das Okunsche Gesetz beschreibt die empirisch zu beobachtende negative Beziehung zwischen Arbeitslosigkeit und Output. Im Lehrbuch wird dieser Zusammenhang folgendermaßen präzisiert (vgl. Mankiw, S. 335):

$$y = 0,03 - 2 \cdot \Delta u.$$

Hierin bezeichnet y die Wachstumsrate des Outputs und Δu die Änderung der Arbeitslosenquote. Nach Δu aufgelöst ergibt sich:

$$\Delta u = 0,015 - 0,5y.$$

Kurzfristig gilt y = −0,05, daher:

$$\Delta u = 0,015 - 0,5(-0,05)$$
$$= 0,015 + 0,025$$
$$= 0,04.$$

Kurzfristig nimmt die Arbeitslosigkeit um 4 Prozentpunkte zu. Langfristig kehrt der Output wieder auf sein natürliches Niveau zurück. Damit sinkt auch die Arbeitslosigkeit wieder auf ihr natürliches Niveau.

d. Kurzfristig führt der Rückgang des Geldangebots zu einem Rückgang des Einkommens. Weil privater Konsum und privates Sparen vom Realeinkommen abhängen, impliziert der Einkommensrückgang auch eine Verminderung des privaten Sparens. Da das staatliche Sparen unverändert bleibt, geht das gesamtwirtschaftliche Sparen zurück. Abbildung 9-3 zeigt, dass dies einen Anstieg des realen Zinssatzes zur Folge hat.
Langfristig kehrt das Einkommen wieder auf das ursprüngliche (natürliche) Niveau zurück. Damit erreichen aber auch Sparen und Realzins wieder die ursprünglichen Werte.

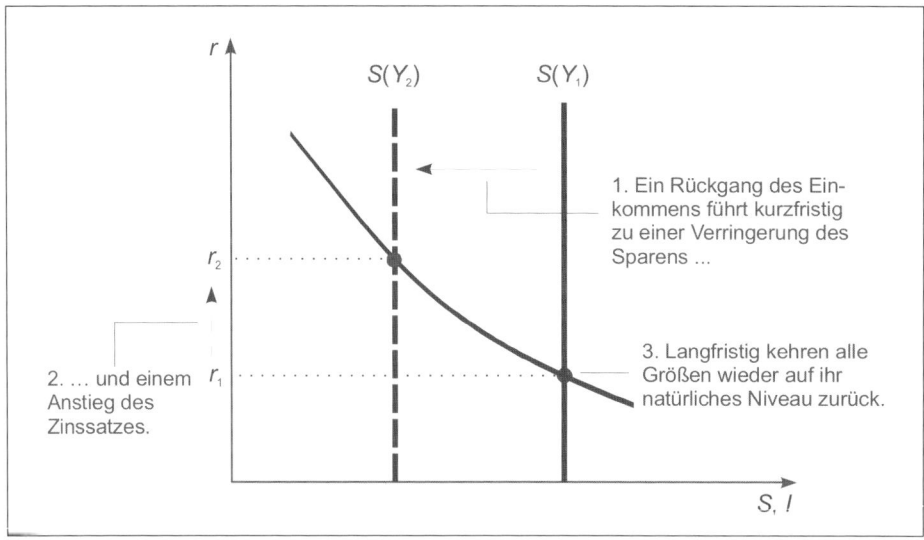

Abb. 9-3

Aufgabe 3

Es soll überprüft werden, wie die Zielsetzung der Zentralbank die Art ihrer Reaktion auf Schocks beeinflusst. Dazu wird angenommen, dass Zentralbank A ausschließlich das Preisniveau konstant halten will, und Zentralbank B ausschließlich Produktion und Beschäftigung auf ihrem natürlichen Niveau halten will. Erläutern Sie, wie jede der beiden Zentralbanken

a. auf eine exogene Verminderung der Umlaufgeschwindigkeit des Geldes und

b. auf eine exogene Erhöhung des Ölpreises reagieren würde.

Lösung

a. Eine exogene Verminderung der Umlaufgeschwindigkeit führt zu einer Verschiebung der Gesamtnachfragekurve nach links (vgl. Abbildung 9-4).

Wenn die Zentralbank nichts unternimmt, kommt es kurzfristig (bei gegebenem Preisniveau) zu einem Rückgang der Produktion von $\overline{Y}$ auf Y_1. Langfristig bewirkt die zu geringe Nachfrage ein Sinken des Preisniveaus auf P_1 und eine Zunahme der Produktion, bis das Vollbeschäftigungsniveau wieder erreicht ist.

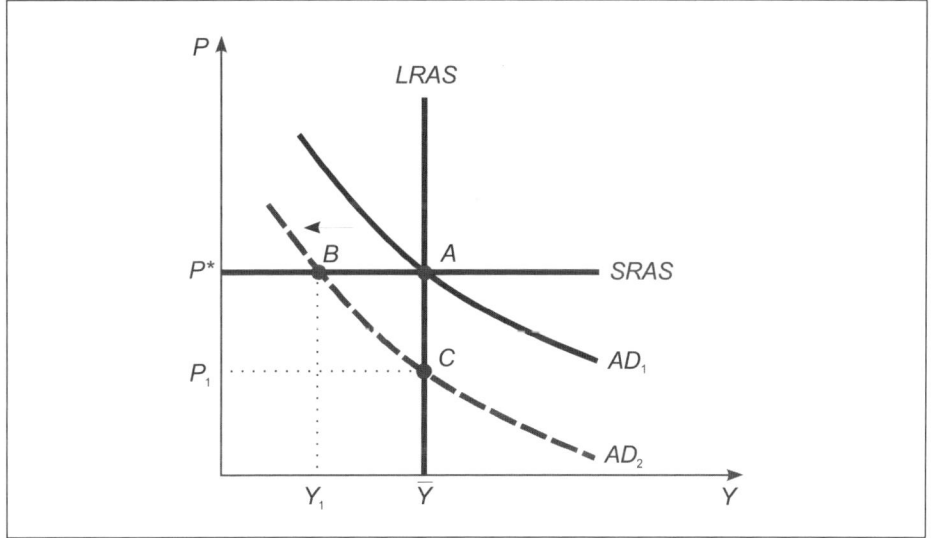

Abb. 9-4

Wenn die Zentralbank A das Preisniveau unverändert auf dem Wert P^* halten möchte, dann muss sie die Gesamtnachfragekurve auf das alte Niveau (AD_1) bringen. Dies kann sie durch eine geeignete Ausdehnung des Geldangebots erreichen. Gelingt ihr die Vergrößerung des Geldangebots schnell genug und im notwendigen Ausmaß, dann behält letztlich die Gesamtnachfragekurve trotz der angenommenen Verminderung der Umlaufgeschwindigkeit ihre ursprüngliche Lage bei. Damit gelingt es der Zentralbank A nicht nur, das Preisniveau konstant zu halten, sondern sie hält auch die Produktion auf ihrem natürlichen Niveau.

Wenn Zentralbank B das Ziel verfolgt, die Produktion auf ihrem natürlichen Niveau zu halten, dann muss sie ebenfalls durch eine entsprechend expansive Geldpolitik verhindern, dass die Gesamtnachfragekurve ihre Lage verändert. Wenn ihr dies gelingt, dann hält sie nicht nur die Produktion auf ihrem natürlichen Niveau, sondern sie sorgt auch dafür, dass das Preisniveau unverändert bleibt.

b. Eine exogene Erhöhung des Ölpreises führt in Abbildung 9-5 zu einer Aufwärtsverschiebung der kurzfristigen Gesamtangebotskurve. Ohne Eingreifen der Zentralbank kommt es kurzfristig zu einem Anstieg des Preisniveaus von P^* auf P_1 und zu einem Rückgang der Produktion von $\overline{Y}$ auf Y_1. Langfristig wird das Preisniveau wegen der Unterauslastung der Kapazitäten sinken und die Produktion steigt wieder, bis schließlich beim Preisniveau P_1 wieder das natürliche Outputniveau erreicht ist.

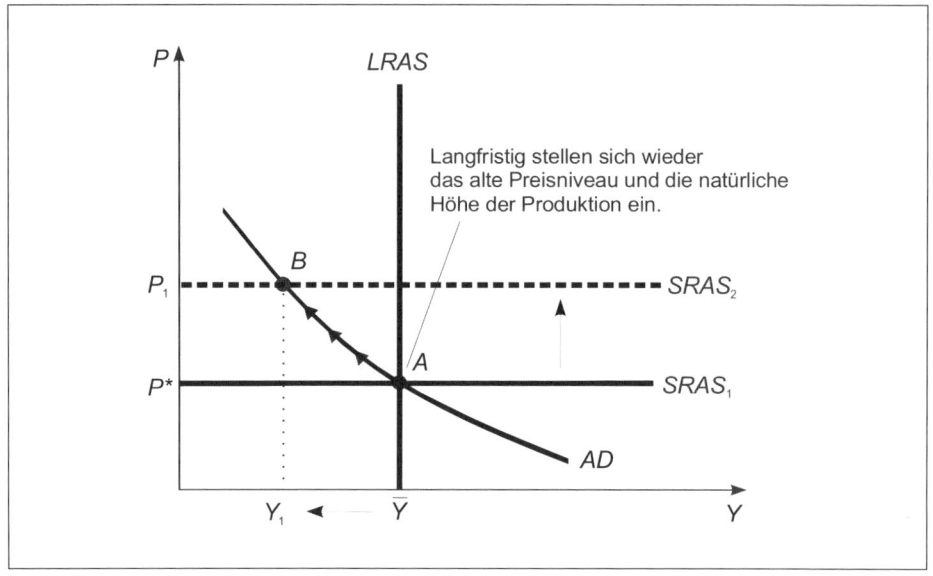

Abb. 9-5

Zentralbank A, die das Preisniveau auf P^* halten möchte, hat keine Möglichkeit, dieses Ziel kurzfristig zu erreichen. Das Preisniveau ist durch den Angebotsschock auf P_1 gestiegen und verharrt dort vorübergehend. Langfristig kommt es, wie eben überlegt, automatisch zu einem Rückgang des Preisniveaus. Zentralbank A kann ihr Ziel also nur durch eine Politik des Abwartens verfolgen.

Zentralbank B kann ihr Ziel, die Stabilisierung des Outputs auf seinem natürlichen Niveau, durch eine expansive Geldpolitik erreichen (vgl. Abbildung 9-6). Durch eine geeignete Erhöhung der Geldmenge verschiebt sich die Gesamtnachfragekurve von AD_1 auf AD_2. Damit gelingt es, den Output auf seinem natürlichen Niveau zu halten. Allerdings muss Zentralbank B in Kauf nehmen, dass das Preisniveau dauerhaft erhöht bleibt.

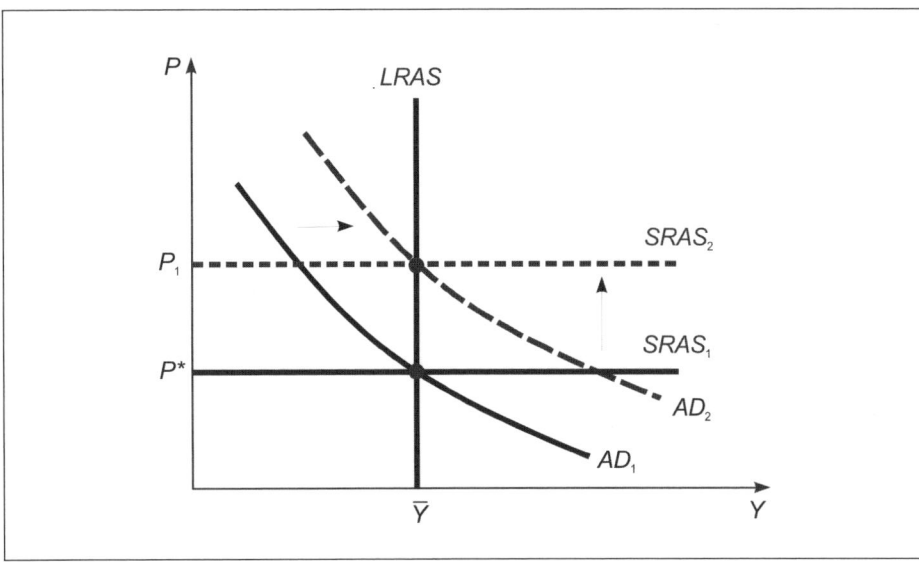

Abb. 9-6

Aufgabe 1

Verwenden Sie das keynesianische Kreuz, um die Auswirkungen folgender Ereignisse zu überprüfen:

a. Erhöhung der Staatsausgaben,

b. Steuererhöhung,

c. Gleich große Erhöhung von Staatsausgaben und Steuern.

Lösung

Das Modell des keynesianischen Kreuzes geht von der Annahme aus, dass die Investitionen exogen gegeben sind. Es gilt:

$$C = \bar{C} + c(Y - T)$$

$$I = \bar{I}$$

$$G = \bar{G}$$

$$T = \bar{T}$$

$$E = C + I + G$$

$$Y = E.$$

Durch Einsetzen erhält man die geplanten Ausgaben als Funktion des Einkommens

$$E = \bar{C} + c(Y - \bar{T}) + \bar{I} + \bar{G}$$

$$= \left[\bar{C} - c\bar{T} + \bar{I} + \bar{G}\right] + cY.$$

Graphisch:

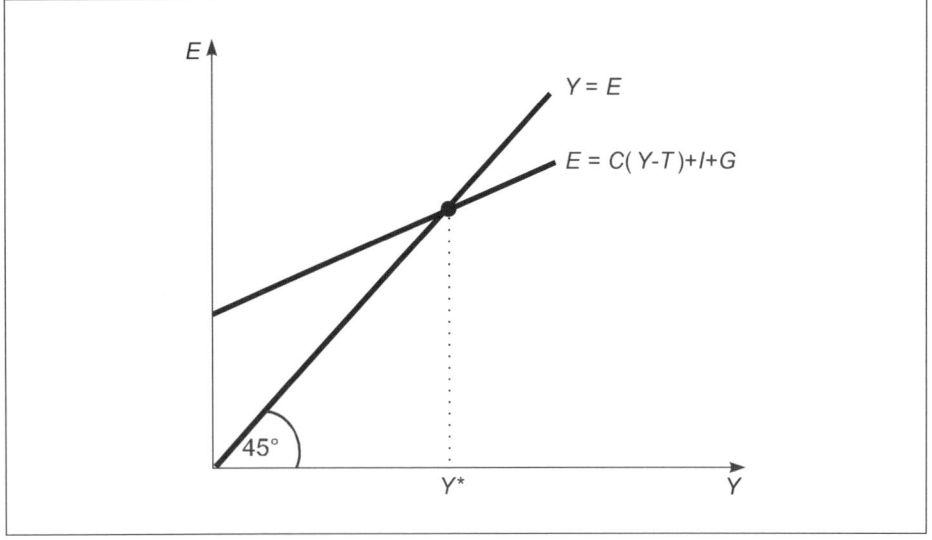

Abb. 10-1

Der Schnittpunkt der (Y = E)-Kurve und der Kurve der geplanten Ausgaben beschreibt das Gleichgewichtseinkommen. Es ist der Wert des Einkommens, bei dem Einkommen und geplante Ausgaben gerade übereinstimmen.

Rechnerisch lässt sich das Gleichgewichtseinkommen dadurch bestimmen, dass man *geplante Ausgaben* (E) und *tatsächliche Ausgaben* (Y) gleichsetzt und diese Gleichung nach Y auflöst:

$$Y = \left[\bar{C} - c\bar{T} + \bar{I} + \bar{G} \right] + cY$$

$$Y - cY = \left[\bar{C} - c\bar{T} + \bar{I} + \bar{G} \right]$$

$$(1 - c)Y = \left[\bar{C} - c\bar{T} + \bar{I} + \bar{G} \right]$$

$$Y = \frac{1}{1 - c}\left[\bar{C} - c\bar{T} + \bar{I} + \bar{G} \right].$$

Da jetzt Y einen ganz bestimmten Wert hat (der allein von der Größe der exogenen Variablen $\bar{C}, \bar{T}, \bar{I}$ und $\bar{G}$ sowie dem Wert der marginalen Konsumquote c abhängt), wollen wir diesen Wert mit Y_1 bezeichnen.

a. Eine Erhöhung der Staatsausgaben um ΔG führt dazu, dass sich die Kurve der geplanten Gesamtausgaben um diesen Betrag nach oben verschiebt.

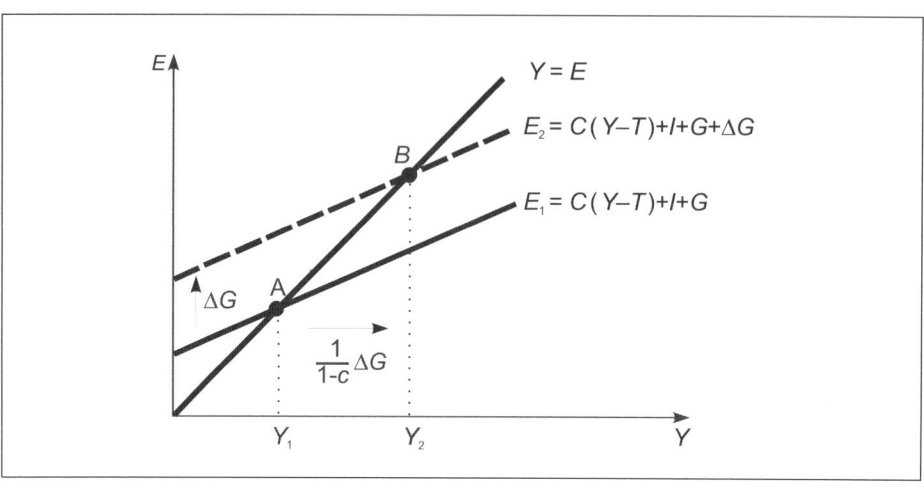

Abb. 10-2

Das Gleichgewichtseinkommen steigt von Y_1 auf Y_2. Dieser Einkommensanstieg

$$\left(\Delta Y = Y_2 - Y_1\right)$$

ist größer als die ursprüngliche Erhöhung der Staatsausgaben, und zwar beträgt er genau

$$\Delta Y = \frac{1}{(1-c)} \Delta G.$$

Um dieses Ergebnis algebraisch abzuleiten, müssen wir nur in der obigen Gleichung, die uns das Gleichgewichtseinkommen liefert, die zusätzlichen Staatsausgaben berücksichtigen. Bezeichnen wir das neue Gleichgewichtseinkommen mit Y_2, gilt:

$$Y_2 = \frac{1}{1-c}\left[\bar{C} - c\bar{T} + \bar{I} + \bar{G} + \Delta G\right].$$

Wir ziehen nun den Wert des alten Einkommens vom Wert des neuen Einkommens ab und erhalten so die Einkommensveränderung ΔY. Es gilt:

$$Y_2 = \frac{1}{1-c}\left[\bar{C} - c\bar{T} + \bar{I} + \bar{G} + \Delta G\right]$$

$$-Y_1 = \frac{-1}{1-c}\left[\bar{C} - c\bar{T} + \bar{I} + \bar{G}\right]$$

$$\overline{\rule{6cm}{0.4pt}}$$

$$\Delta Y = Y_2 - Y_1 = \frac{1}{1-c}\Delta G$$

Den Ausdruck $1/(1 - c)$ bezeichnet man als (einfachen) Staatsausgabenmultiplikator. Er gibt an, um das Wievielfache der ursprünglichen Staatsausgabenerhöhung das Gleichgewichtseinkommen steigt. Ökonomisch erklärt sich der Multiplikatoreffekt dadurch, dass die Erhöhung der Staatsausgaben zunächst zu einer entsprechenden Erhöhung von Produktion und Einkommen führt. Die Einkommenserhöhung hat zur Folge, dass die geplanten Konsumausgaben steigen, was wiederum zu einer Erhöhung von Produktion und Einkommen führt. Diese Einkommenserhöhung bewirkt abermals eine Zunahme des Konsums usw. Obwohl man es mit unendlich vielen »Multiplikatorrunden« zu tun hat, steigt das Einkommen nur um einen endlichen Wert, weil für die marginale Konsumquote $c < 1$ gilt.

b. Eine Steuererhöhung lässt sich analog zur Staatsausgabenerhöhung analysieren. Wir müssen jedoch berücksichtigen, dass die Steuern in unserer obigen Gleichung zur Bestimmung des Gleichgewichtseinkommens ein negatives Vorzeichen aufweisen. Eine Erhöhung der Steuern wirkt daher umgekehrt wie eine Staatsausgabenerhöhung und verschiebt die Kurve der geplanten Ausgaben nach unten.

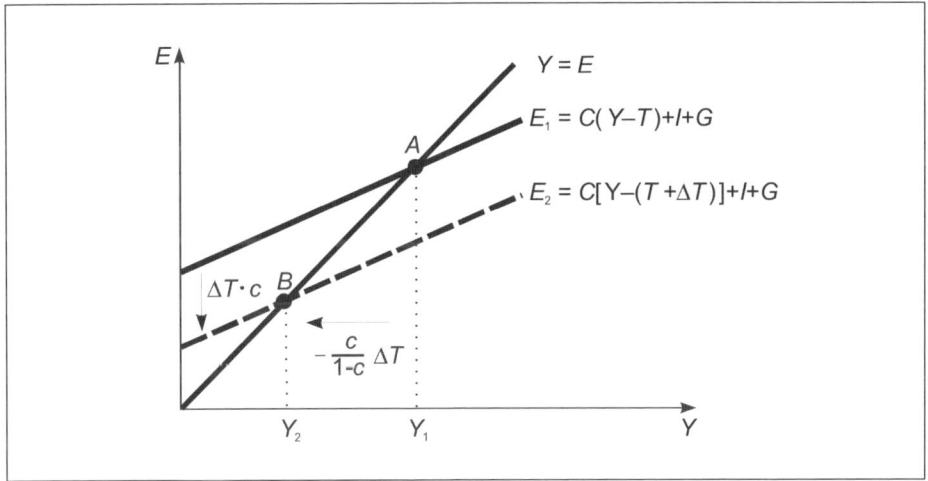

Abb. 10-3

Um die Einkommenswirkung algebraisch zu bestimmen, ziehen wir, wie in Teilaufgabe a., das alte Gleichgewichtseinkommen vom neuen ab. Es gilt:

$$Y_2 = \frac{1}{1-c}\left[\bar{C} - c\bar{T} - c\Delta T + \bar{I} + \bar{G}\right]$$

$$-Y_1 = \frac{-1}{1-c}\left[\bar{C} - c\bar{T} + \bar{I} + \bar{G}\right]$$

$$\Delta Y = Y_2 - Y_1 = \frac{1}{1-c}\left[-c\Delta T\right]$$

$$\Delta Y = -\frac{c}{1-c}\Delta T.$$

Den Ausdruck $-c/(1-c)$ bezeichnet man als einfachen Steuermultiplikator. Er gibt an, um das Wievielfache der ursprünglichen Steuererhöhung das Gleichgewichtseinkommen sinkt. Der Steuermultiplikator muss betragsmäßig kleiner sein als der Staatsausgabenmultiplikator, weil $c < 1$ gilt. Ökonomisch erklärt sich diese Tatsache dadurch, dass die geplanten Ausgaben in der ersten Runde nicht um den Betrag der Steuererhöhung sinken, sondern um weniger. Die Steuererhöhung führt nämlich zu einem Rückgang des verfügbaren Einkommens. Dieser Rückgang des verfügbaren Einkommens bewirkt eine Verminderung der geplanten Konsumausgaben entsprechend der marginalen Konsumquote. In der ersten Multiplikatorrunde sinken die geplanten Ausgaben folglich um $-c\Delta T$. Um diesen Betrag sinken dann auch Produktion und Einkommen, was zu einem weiteren Rückgang der geplanten Konsumausgaben führt etc.

c. Den Effekt einer gleich großen Erhöhung von Staatsausgaben und Steuern können wir leicht mithilfe unserer Überlegungen zu den Teilaufgaben a. und b. ermitteln. Die Erhöhung des Gleichgewichtseinkommens aufgrund der Staatsausgabenerhöhung war $[1/(1-c)]\Delta G$. Die Steuererhöhung bewirkt eine Einkommenssenkung um $[-c/(1-c)]\Delta T$.

Die Gesamtwirkung auf das Einkommen ist

$$\Delta Y = \frac{1}{1-c}\Delta G - \frac{c}{1-c}\Delta T.$$

Weil in der Fragestellung $\Delta G = \Delta T$ angenommen wird, gilt:

$$\Delta Y = \frac{1}{1-c}\Delta G - \frac{c}{1-c}\Delta G$$

$$= \frac{1-c}{1-c}\Delta G$$

$$= \Delta G.$$

Bei einer gleich großen Änderung von Staatsausgaben und Steuern erhöht sich das Gleichgewichtseinkommen im keynesianischen Kreuz gerade um den Betrag der ursprünglichen Änderung von Staatsausgaben und Steuern. In der Literatur wird dieses Ergebnis als *Haavelmo*-Theorem bezeichnet. Es ist darauf zurückzuführen, dass, wie wir gesehen haben, in der ersten Multiplikatorrunde die geplanten Ausgaben durch die Steuererhöhung um $-c\Delta T$ zurückgehen, aber aufgrund der Staatsausgabenerhöhung um ΔG steigen. Per saldo gibt es in dieser Runde einen expansiven Effekt in Höhe von $(1-c)\Delta G$, der sich während der weiteren Multiplikatorrunden fortpflanzt.

Aufgabe 2

In einem Modell des keynesianischen Kreuzes sei angenommen, dass die Konsumfunktion durch $C = 200 + 0{,}75(Y-T)$ gegeben sei. Die geplanten Investitionen betragen 100, die Staatsausgaben und die Steuern jeweils 100.

a. Stellen Sie die geplanten Ausgaben als Funktion des Einkommens graphisch dar.
b. Wie groß ist das gleichgewichtige Einkommensniveau?

c. Wie groß ist das neue Gleichgewichtseinkommen, wenn der Staat seine Güterkäufe auf 125 erhöht?

d. Welches Niveau der Staatsausgaben ist erforderlich, um ein Gleichgewichtseinkommen von 1.600 zu erreichen?

Lösung

a. Die geplanten Gesamtausgaben sind:

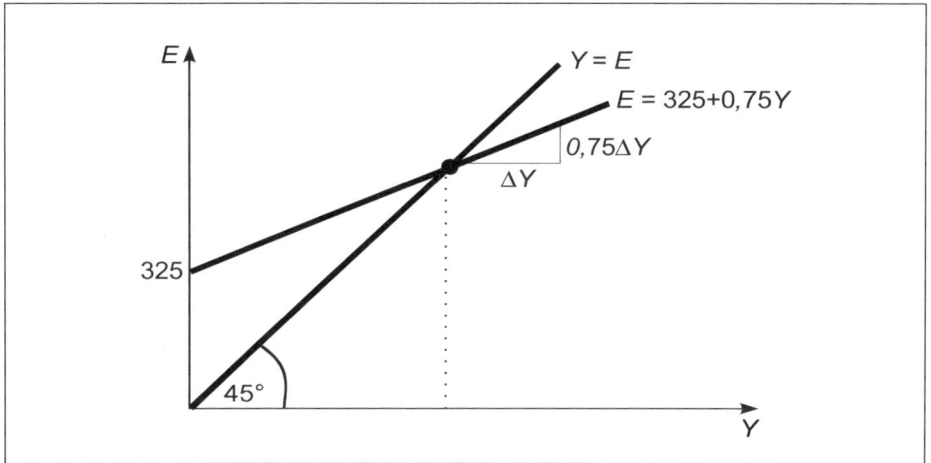

Abb. 10-4

$$E = C + I + G$$
$$= 200 + 0.75\,(Y - 100) + 100 + 100$$
$$= 325 + 0.75Y.$$

b. Das Gleichgewichtseinkommen erhält man durch Gleichsetzen von geplanten Ausgaben und tatsächlichen Ausgaben.

$$Y = E$$
$$Y = 325 + 0.75Y$$
$$(1 - 0.75)\,Y = 325$$
$$Y = 1.300.$$

c. Nach der Erhöhung der Staatsausgaben von 100 auf 125 gilt für die geplanten Ausgaben E = 350 + 0,75Y. Gleichsetzen von geplanten und tatsächlichen Ausgaben:

$$Y = 350 + 0.75Y$$
$$Y = 1.400.$$

Man kann diese Teilaufgabe auch auf eine andere Weise lösen, indem man von Teilaufgabe b. ausgehend die Frage beantwortet, um wie viel das Gleichgewichtseinkommen aufgrund der Erhöhung der Staatsausgaben um $\Delta G = 25$ steigt. Die Antwort liefert der Staatsausgabenmultiplikator:

$$\Delta Y = \frac{1}{1-c} \Delta G.$$

Mit $c = 0{,}75$ und $\Delta G = 25$ folgt:

$$\Delta Y = \frac{1}{1-0{,}75} \cdot 25 = 100.$$

Da das alte Gleichgewichtseinkommen 1.300 betrug, muss das neue Gleichgewichtseinkommen einen Wert von 1.400 aufweisen.

d. Zur Lösung dieser Teilaufgabe betrachten wir die Höhe der Staatsausgaben als Funktion des Gleichgewichtseinkommens. Für einen Wert des Gleichgewichtseinkommens $Y = 1.600$ folgt:

$$1.600 = 200 + 0{,}75\big(1.600 - 100\big) + 100 + G$$

$$G = 175.$$

Unter sonst gleichen Umständen müssen die Staatsausgaben also einen Wert von $G = 175$ haben, damit das Gleichgewichtseinkommen $Y = 1.600$ beträgt.

Aufgabe 3

Bei der Entwicklung des keynesianischen Kreuzes wurde davon ausgegangen, dass die Steuern als fester Gesamtbetrag erhoben werden. In vielen Ländern sind die Steuern jedoch einkommensabhängig. Ein solches einkommensabhängiges Steuersystem sei durch folgende Steueraufkommensfunktion beschrieben:

$$T = \overline{T} + tY.$$

Hierin stellen $\overline{T}$ und t Parameter der Steuergesetzgebung dar. Der Parameter t wird als marginaler Steuersatz bezeichnet: Wenn das Einkommen um 1 Euro steigt, dann steigt das Steueraufkommen um $t \times 1$ Euro.

a. Wie verändert dieses Steuersystem die Reaktion des Konsums auf Einkommensänderungen?
b. Wie verändert dieses Steuersystem im keynesianischen Kreuz den Staatsausgabenmultiplikator?
c. Wie verändert dieses Steuersystem die Steigung der IS-Kurve im IS/LM-Modell?

Lösung

Man wird davon ausgehen, dass $0 < t < 1$ gilt, d.h. bei einer Erhöhung des Einkommens nimmt das Steueraufkommen zu. Von einem zusätzlichen Euro ist aber nur ein Teil an den Fiskus abzuführen.

a. Mit der einkommensabhängigen Steuer gilt für die Konsumfunktion:

$$C = \bar{C} + c\left[Y - \left(\bar{T} + tY\right)\right]$$

$$= \bar{C} + cY - c\bar{T} - ctY$$

$$= \bar{C} - c\bar{T} + c\left(1 - t\right)Y.$$

Die Reaktion des Konsums auf Einkommensänderungen lässt sich durch die erste Ableitung der Konsumfunktion beschreiben:

$$\frac{dC}{dY} = c\left(1 - t\right).$$

Wegen der Annahme $0 < t < 1$ wirkt eine Einkommensveränderung weniger stark auf den Konsum als im Grundmodell mit »lump sum«-Steuer. Dies ist darauf zurückzuführen, dass im Fall der »lump sum«-Steuer eine Erhöhung des Bruttoeinkommens um einen Euro auch zu einem Anstieg des verfügbaren Einkommens um einen Euro führt. Bei der einkommensabhängigen Steuer hat ein Anstieg des Bruttoeinkommens um einen Euro aber nur einen Anstieg des verfügbaren Einkommens um $(1 - t)$ Euro zur Folge. Die modifizierte Konsumfunktion verläuft flacher als die ursprüngliche.

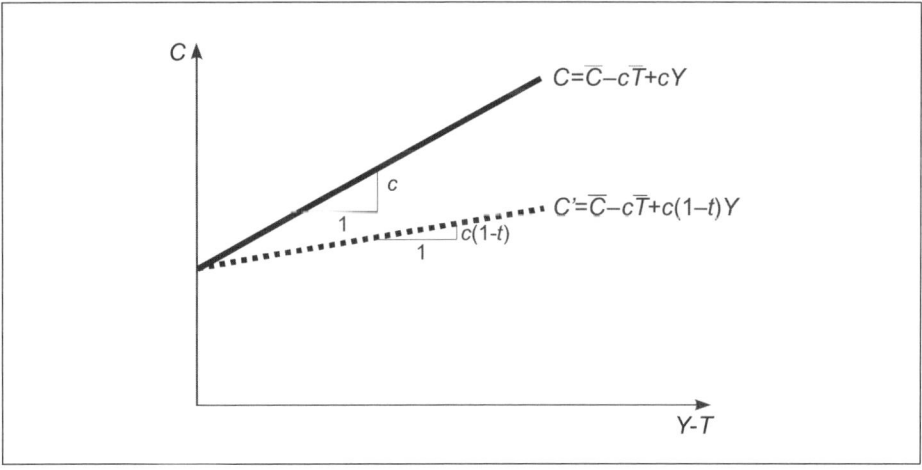

Abb. 10-5

b. Da die Steigung der Kurve der geplanten Ausgaben nur von der Steigung der Konsumfunktion bestimmt wird, verläuft auch sie flacher als die ursprüngliche Kurve.
   E bezeichnet die geplanten Ausgaben bei »lump sum«-Steuer, E' steht für die geplanten Ausgaben bei einkommensabhängiger Steuer.
   Da eine Erhöhung der Staatsausgaben um ΔG die Kurve der geplanten Ausgaben genau um diesen Betrag nach oben verschiebt, ist leicht erkennbar, dass das Gleichgewichtseinkommen bei einkommensabhängiger Steuer weniger stark reagiert als bei »lump sum«-Steuer.

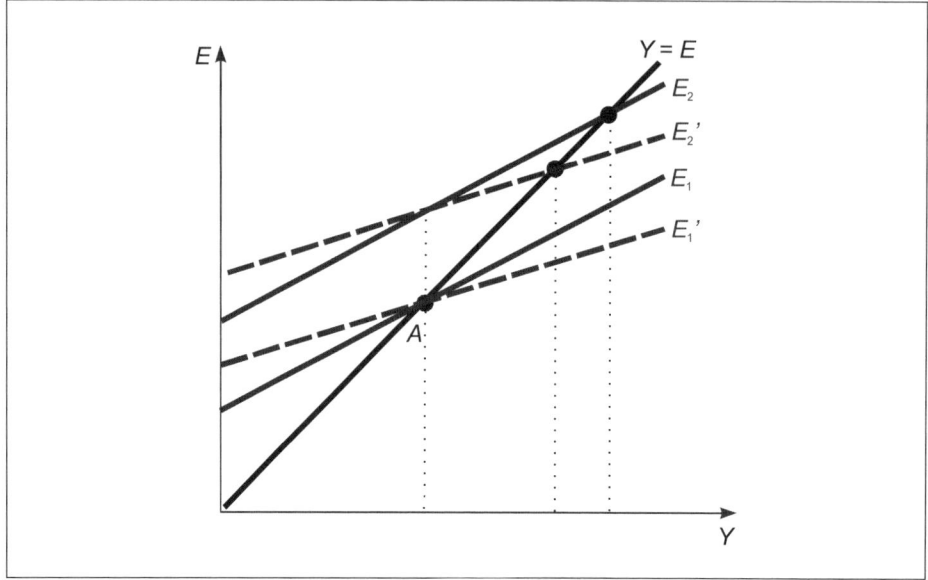

Abb. 10-6

Algebraisch lässt sich dieser Effekt genauer beschreiben. Für die geplanten Ausgaben gilt bei einkommensabhängiger Steuer:

$$E = \left[\bar{C} - c\bar{T} + \bar{I} + \bar{G} \right] + c(1 - t)Y.$$

Für das Gleichgewichtseinkommen gilt dann:

$$Y = \left[\bar{C} - c\bar{T} + \bar{I} + \bar{G} \right] + c(1 - t)Y$$

bzw. nach Auflösen nach Y:

$$Y = \frac{1}{1 - c(1 - t)} \left[\bar{C} - c\bar{T} + \bar{I} + \bar{G} \right].$$

Die Reaktion des Einkommens auf eine Änderung der Staatsausgaben wird durch die erste Ableitung nach G beschrieben:

$$\frac{dY}{dG} = \frac{1}{1 - c(1 - t)}.$$

Dies ist der Staatsausgabenmultiplikator für den Fall einer einkommensabhängigen Steuer. Es gilt

$$\frac{1}{1 - c + ct} < \frac{1}{1 - c},$$

da im ersten Ausdruck der Nenner größer ist als im zweiten. Der Staatsausgabenmultiplikator ist bei einkommensabhängiger Steuer also kleiner als bei »lump sum«-Steuer.

c. Um die Beantwortung dieser Teilaufgabe zu verstehen, ist es von zentraler Bedeutung, das graphische Verfahren zur Ableitung der IS-Kurve zu beherrschen, das in Abbildung 10-7 des Lehrbuches gezeigt wird. Im Zweifelsfall sollte man diese Ableitung nochmals durcharbeiten.

Die Investitionsfunktion wird von der einkommensabhängigen Steuer nicht berührt. Wie bei Teilaufgabe b. gezeigt wurde, verläuft im Fall einkommensabhängiger Steuern die Kurve der geplanten Ausgaben (E') flacher als im Fall der »lump sum«-Steuer (E). Wir gehen vom Zinssatz r_1 und den zugehörigen Investitionen in Höhe von I_1 aus. Bei sonst gegebenen Größen gilt für den Fall der »lump sum«-Steuer die durchgezogen gezeichnete Kurve der geplanten Gesamtausgaben E_1. Für den Fall der einkommensabhängigen Steuer gilt die gestrichelt gezeichnete Kurve E_1'. Aus Vereinfachungsgründen gehen wir davon aus, dass für r_1 beide Kurven einen gemeinsamen Schnittpunkt mit der ($Y = E$)-Linie haben, sodass wir in beiden Fällen das Gleichgewichtseinkommen Y_1 erhalten.

Nun betrachten wir einen niedrigen Zinssatz r_2, zu dem höhere Investitionen I_2 gehören. Für die höheren Investitionen I_2 liegen die Kurven der geplanten Gesamtausgaben für beide Steuersysteme genau um ΔI oberhalb der ursprünglichen Kurven.

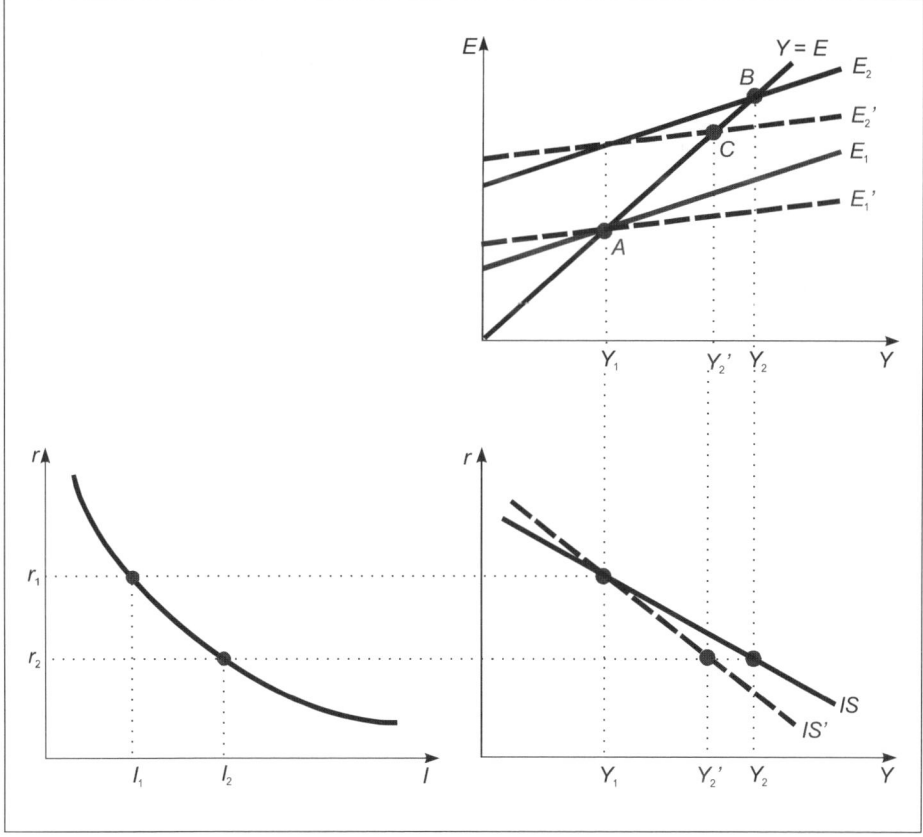

Abb. 10-7

Wie man leicht erkennen kann, liegt das Gleichgewichtseinkommen im Fall des einkommensabhängigen Steuersystems bei Y_2', während es bei dem System mit »lump sum«-Steuer bei Y_2 liegt, also höher ist. Eine gegebene Zinssenkung ist also bei einem einkommensabhängigen Steuersystem mit einem geringeren Anstieg des Gleichgewichtseinkommens verbunden als im System mit »lump sum«-Steuer. Die IS-Kurve verläuft daher bei einkommensabhängiger Steuer steiler.

Aufgabe 4

Es sollen die Auswirkungen erhöhter Sparsamkeit der Haushalte im keynesianischen Kreuz betrachtet werden. Ausgangspunkt soll folgende Konsumfunktion sein:

$$C = \overline{C} + c(Y - T).$$

Hierin ist $\overline{C}$ der autonome Konsum und c ist die marginale Konsumquote.

a. Welche Auswirkungen auf das Gleichgewichtseinkommen ergeben sich, wenn die Gesellschaft sparsamer wird und sich deswegen der autonome Konsum $\overline{C}$ verringert?
b. Welche Auswirkungen ergeben sich auf die gleichgewichtige Ersparnis?
c. Das Ergebnis aus b. wird als Sparparadoxon bezeichnet. Warum wohl?
d. Kann dieses »Paradoxon« auch im klassischen Modell auftreten, das in Kapitel 3 behandelt wurde? Warum oder warum nicht?

Lösung

a. Wenn die betrachtete Gesellschaft im beschriebenen Sinne sparsamer wird und der autonome Konsum sinkt ($\overline{C}_2 < \overline{C}_1$), dann ist der geplante Konsum für jedes Einkommensniveau geringer als zuvor. Die Konsumfunktion verschiebt sich parallel nach unten. Unter der Annahme sonst gleicher Größen verschiebt sich die Kurve der geplanten Ausgaben ebenfalls parallel nach unten.

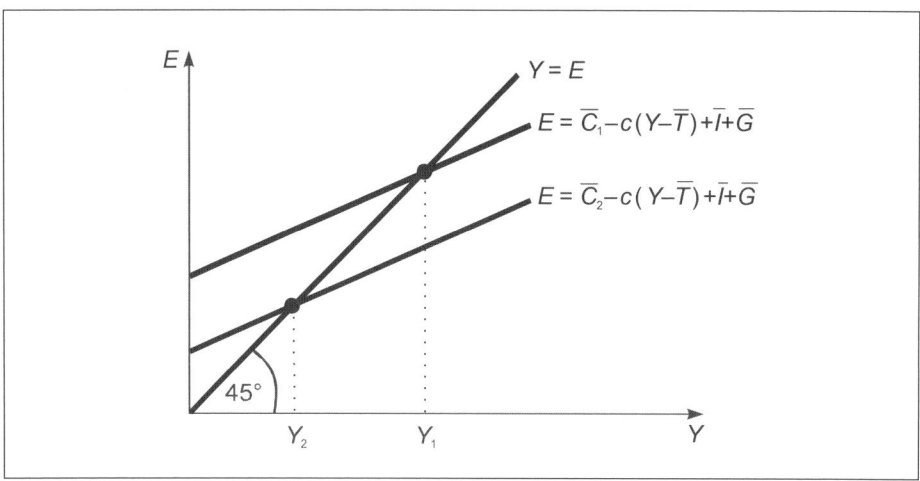

Abb. 10-8

Das Gleichgewichtseinkommen sinkt von Y_1 auf Y_2. Betrachtet man die Gleichung für die geplanten Ausgaben, dann sieht man, dass eine Senkung des autonomen Konsums genauso wirkt wie eine gleich starke Senkung der Staatsausgaben. In beiden Fällen (und auch bei einer gleich großen Veränderung der autonomen Investitionen) verschiebt sich die Kurve der geplanten Ausgaben um genau den Betrag der Änderung nach unten. Die Wirkung eines Anstiegs der autonomen Ersparnis bzw. eines entsprechenden Rückgangs des autonomen Konsums lässt sich daher völlig analog zu einer Änderung der Staatsausgaben beschreiben. Für den Einkommensrückgang gilt:

$$\Delta Y = \frac{1}{1-c} \Delta \bar{C}.$$

b. Um die Auswirkung auf die gleichgewichtige Ersparnis beurteilen zu können, müssen wir zwei Einflussfaktoren berücksichtigen:
   - Die gleichgewichtige Ersparnis steigt, weil die autonome Ersparnis um $\Delta \bar{S} = -\Delta \bar{C}$ zugenommen hat.
   - Die gleichgewichtige Ersparnis sinkt, weil die Ersparnis genau wie der Konsum einkommensabhängig ist und wir in Teilaufgabe a. gesehen haben, dass das Gleichgewichtseinkommen sinkt. Wenn der Konsum sich bei einer Einkommensänderung ΔY um $\Delta C = c \Delta Y$ ändert, dann muss sich die Ersparnis einkommensinduziert um $(1-c)\Delta Y$ ändern. (Konsumänderung plus Sparänderung muss gerade der Einkommensänderung entsprechen.)

Die gesamte Änderung der gleichgewichtigen Ersparnis ist dann:

$$\Delta S = \Delta \bar{S} + (1-c)\Delta Y.$$

In Teilaufgabe a. haben wir überlegt, dass

$$\Delta Y = \frac{1}{1-c} \Delta \bar{C}$$

gilt. Wegen $\Delta \bar{C} = -\Delta \bar{S}$ können wir zusammenfassend schreiben:

$$\Delta S = \Delta \bar{S} + (1-c) \cdot \frac{1}{1-c}\left(-\Delta \bar{S}\right)$$

$$= 0.$$

Die gleichgewichtige Ersparnis bleibt im vorliegenden Fall unverändert. Dieses erstaunliche Ergebnis ist darauf zurückzuführen, dass der Anstieg der autonomen Ersparnis durch einen gleich hohen Rückgang der einkommensabhängigen Ersparnis ausgeglichen wird. Dass dieses Ergebnis richtig ist, lässt sich sehr einfach auch noch auf einem anderen Weg begründen. Dazu müssen wir uns nur klarmachen, dass wir die Gleichgewichtsbedingung auch durch S = I ausdrücken können. Dazu formen wir die Gleichgewichtsbedingung

$$Y = C + I + G$$

folgendermaßen um:

$$Y - C - G = I$$
$$(Y - T - C) + (T - G) = I.$$

Der erste Klammerausdruck beschreibt die private Ersparnis, der zweite Klammerausdruck beschreibt die öffentliche Ersparnis. Beide Komponenten zusammen bilden die gesamtwirtschaftliche Ersparnis, d.h. es gilt:

$$S = I.$$

Da die Investitionen im Modell des keynesianischen Kreuzes als exogene Größen betrachtet wurden, bleiben sie in diesem Fall von einer Veränderung des Einkommens unberührt. Weil sich die Investitionen nicht ändern, kann sich auch das gleichgewichtige Sparen nicht ändern!

c. Das Ergebnis aus b. wird als Sparparadoxon bezeichnet, weil die Gesellschaft zwar mehr sparen möchte, es aber nicht kann. Die Erhöhung des autonomen Sparens führt im keynesianischen Kreuz zu einem Einkommensrückgang und damit auch zu einem induzierten Rückgang des Sparens, der die ursprüngliche Erhöhung des Sparens genau kompensiert.

d. Im klassischen Modell von Kapitel 3 kann das Sparparadoxon nicht auftreten, weil dort das Einkommen als gegeben angenommen wurde. Eine Erhöhung des Sparens führt im klassischen Modell zu einem höheren Kreditangebot, zu einem Rückgang der Zinsen und einem Anstieg der Investitionen.

Im neuen Gleichgewicht sind Sparen und Investieren größer als zuvor. Produktion und Einkommen verharren auf dem Vollbeschäftigungsniveau, das durch die Ausstattung mit Produktionsfaktoren und die verfügbare Technologie bestimmt wird.

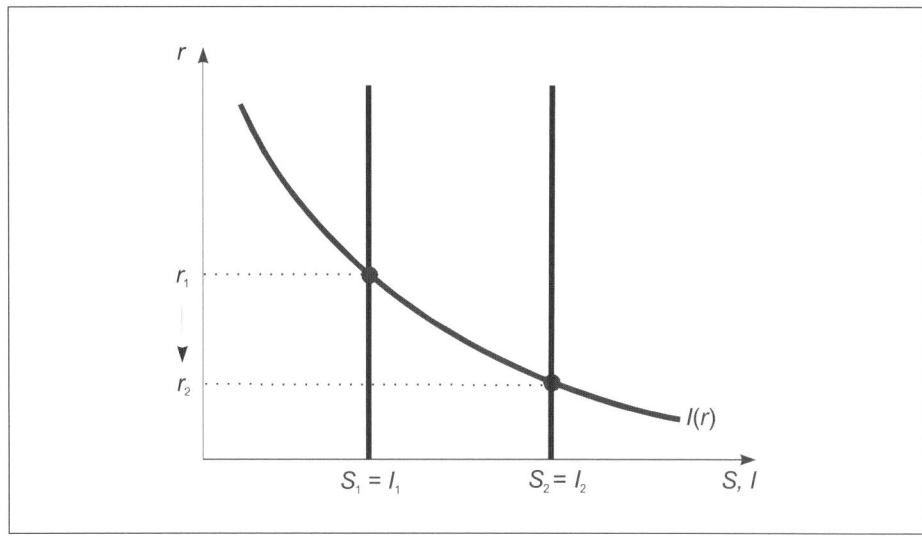

Abb. 10-9

Aufgabe 5

Nehmen Sie an, dass die Geldnachfragefunktion durch $(M/P)^d = 1.000 - 100r$ gegeben ist. Hierin ist r der Zinssatz in Prozent. Das Geldangebot ist $M = 1.000$ und für das Preisniveau gilt $P = 2$.

a. Stellen Sie Realkassenangebot und Realkassennachfrage graphisch dar.

b. Wie groß ist der gleichgewichtige Zinssatz?

c. Was geschieht unter der Annahme eines konstanten Preisniveaus mit dem gleichgewichtigen Zinssatz, wenn das Geldangebot von 1.000 auf 1.200 erhöht wird?

d. Welche Höhe des Geldangebots muss die Zentralbank realisieren, falls sie den Zinssatz auf 7 Prozent erhöhen will?

Lösung

a. Bei der Darstellung ist darauf zu achten, dass üblicherweise der Zinssatz an der senkrechten Achse und das reale Geldangebot sowie die reale Geldnachfrage an der waagerechten Achse abgetragen werden. Die Geldnachfrage beginnt daher in Abbildung 10-10 an der Ordinate bei einem Zinssatz von 10, verläuft mit einer negativen Steigung von 0,01 und endet an der Abszisse bei einer realen Geldnachfrage von 1.000. Das Geldangebot wird als exogene, durch die Zentralbank bestimmte Größe aufgefasst. Es wird also von Zinssatzänderungen nicht berührt. Daher verläuft die Geldangebotskurve in Abbildung 10-10 senkrecht.

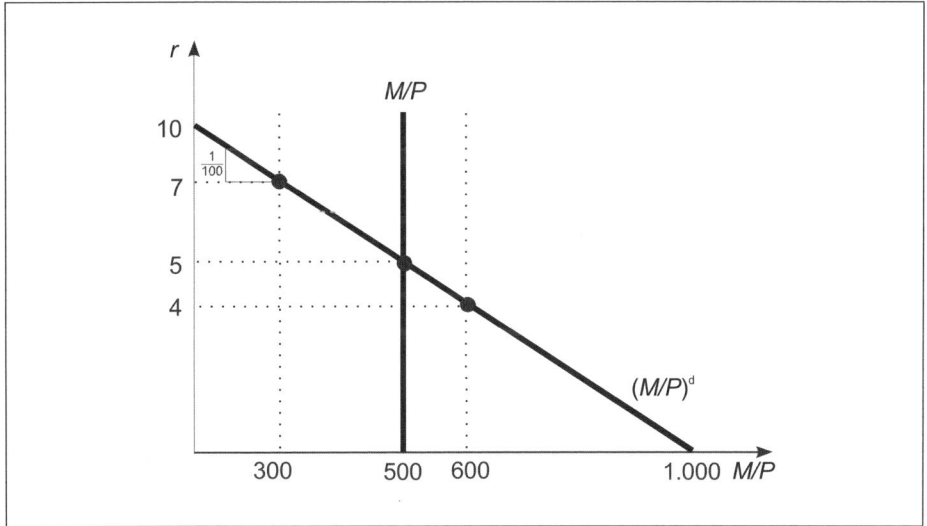

Abb. 10-10

b. Gleichgewicht am Geldmarkt herrscht dann, wenn reales Geldangebot und reale Geld-nachfrage übereinstimmen.

$$\frac{M}{P} = \left(\frac{M}{P}\right)^d$$

$$\frac{1.000}{2} = 1.000 - 100\,r$$

$$100\,r = 500$$

$$r^* = 5.$$

c. Wenn das nominale Geldangebot bei gegebenem Preisniveau auf 1.200 erhöht wird, gilt:

$$\frac{1.200}{2} = 1.000 - 100\,r$$

$$r^* = 4.$$

d. Gesucht ist das nominale Geldangebot, das zu einem gleichgewichtigen Zinssatz von 7 führt:

$$\frac{M}{2} = 1.000 - 100 \cdot 7$$

$$M = 600 \qquad \left(\frac{M}{2} = 300\right).$$

Gesamtwirtschaftliche Nachfrage II

Aufgabe 1

Was geschieht im IS/LM-Modell mit Zinssatz, Einkommen, Konsum und Investitionen, falls

a. die Zentralbank das Geldangebot erhöht,
b. die Regierung die Staatsausgaben erhöht,
c. die Regierung die Steuern erhöht,
d. die Regierung Staatsausgaben und Steuern im gleichen Umfang erhöht?

Lösung

a. Wenn die Zentralbank das Geldangebot erhöht, verschiebt sich die LM-Kurve nach rechts (vgl. Abbildung 11-1).

Der Zinssatz sinkt und das Einkommen steigt. Weil der Konsum positiv vom Einkommen abhängt, nimmt der Konsum ebenfalls zu. Da die Investitionen negativ vom Zinssatz abhängen, führt der Zinsrückgang zu einem Anstieg der Investitionen.

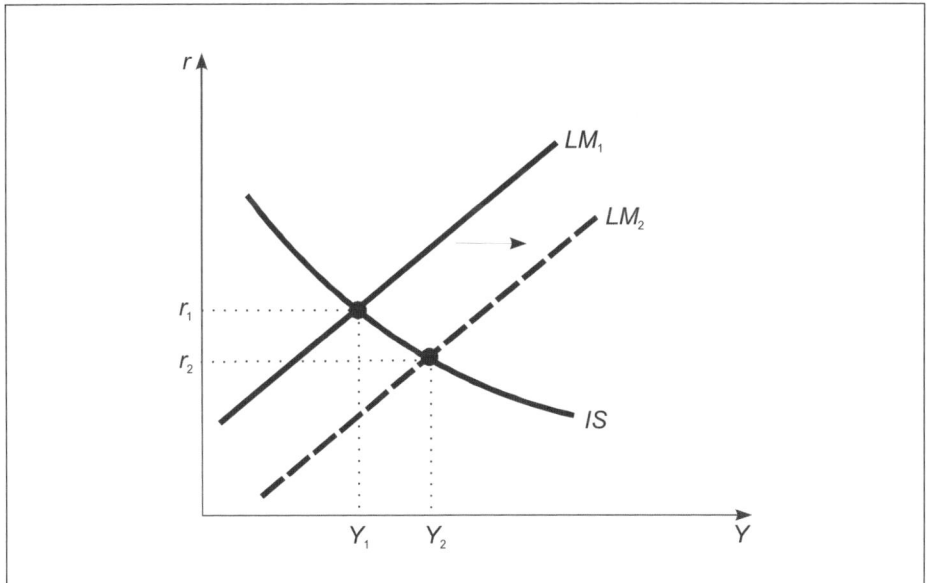

Abb. 11-1

b. Die Erhöhung der Staatsausgaben führt dazu, dass sich die IS-Kurve nach rechts verschiebt (vgl. Abbildung 11-2).

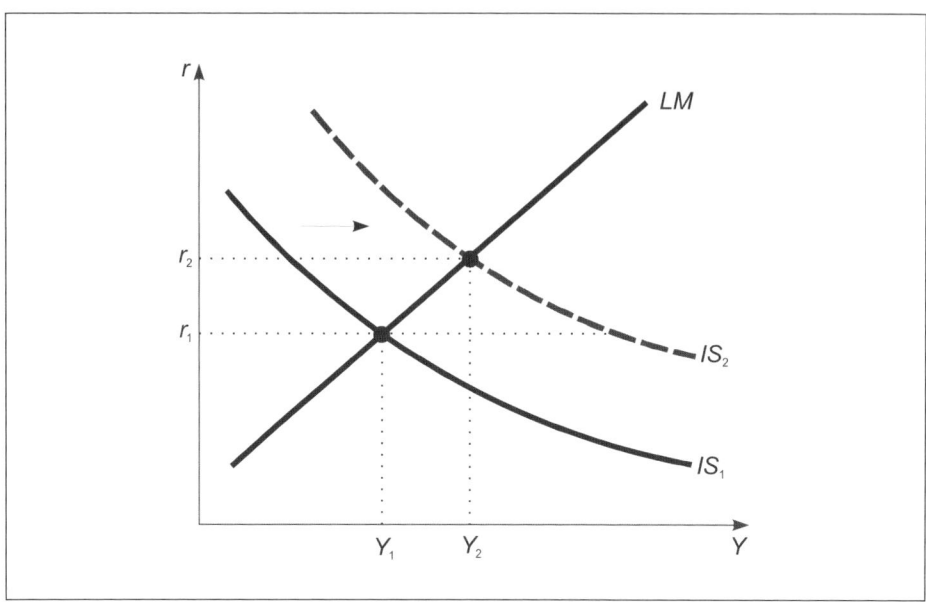

Abb. 11-2

Sowohl der Zinssatz als auch das Einkommen steigen. Die Erhöhung des Einkommens führt dazu, dass auch der Konsum steigt. Der höhere Zinssatz hat zur Folge, dass die Investitionen im neuen Gleichgewicht geringer sind als in der Ausgangssituation.

c. Die Erhöhung der Steuern führt dazu, dass sich die IS-Kurve nach links verschiebt (vgl. Abbildung 11-3).
Sowohl der Zinssatz als auch das Einkommen sinken. Die Verminderung des Einkommens hat einen Rückgang des Konsums zur Folge. Der geringere Zinssatz führt dazu, dass die Investitionen im neuen Gleichgewicht höher sind als in der Ausgangssituation.

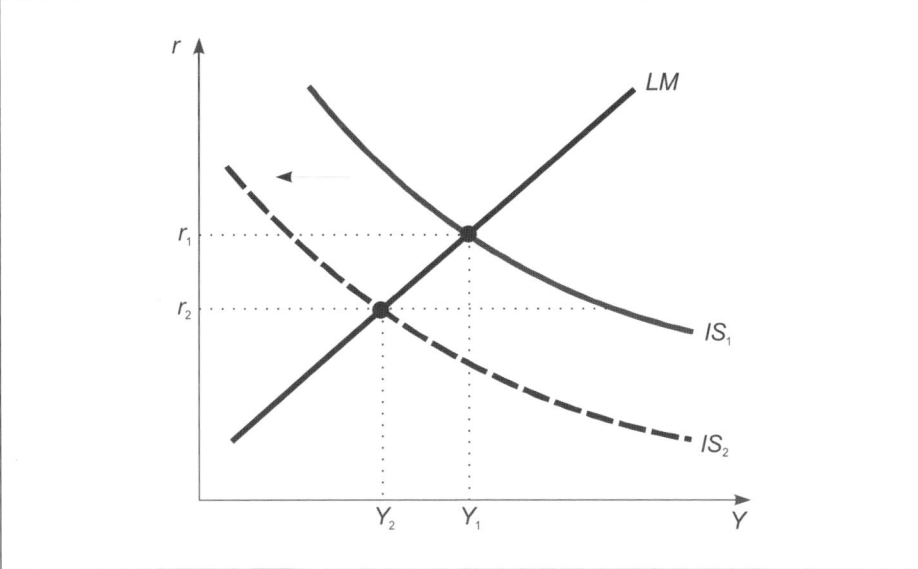

Abb. 11-3

d. Im Lehrbuch wird gezeigt, dass eine Erhöhung der Staatsausgaben um ΔG die IS-Kurve um den Betrag $[1/(1-\text{MPC})]\Delta G$ nach rechts verschiebt (vgl. Mankiw, S. 397). Ferner wird gezeigt, dass eine Steuererhöhung um ΔT die IS-Kurve um den Betrag $[-\text{MPC}/(1-\text{MPC})]\Delta T$ nach links verschiebt. Um den Gesamteffekt ermitteln zu können, der bei einer Erhöhung von Staatsausgaben und Steuern um den gleichen Betrag auftritt, müssen wir die Teileffekte addieren. Bei gegebenem Zinsniveau ergibt sich die Einkommensänderung dieser simultanen Staatsausgaben- und Steuererhöhung als:

$$\Delta Y = \frac{1}{1-\text{MPC}}\Delta G + \frac{-\text{MPC}}{1-\text{MPC}}\Delta T.$$

Weil $\Delta G = \Delta T$, können wir schreiben:

$$\Delta Y = \frac{1-\text{MPC}}{1-\text{MPC}}\Delta G$$

$$\Delta Y = \Delta G.$$

Eine Erhöhung von Staatsausgaben und Steuern um den gleichen Betrag ($\Delta G = \Delta T$) verschiebt die IS-Kurve um diesen Betrag nach rechts (vgl. Abbildung 11-4). Zinssatz und Einkommen steigen. Abbildung 11-4 zeigt aber, dass das Gleichgewichtseinkommen um weniger steigt als Staatsausgaben bzw. Steuern. Wenn der Einkommensanstieg geringer ist als die Steuererhöhung, muss das verfügbare Einkommen sinken. Daher ist der Konsum im neuen Gleichgewicht geringer als im alten. Weil der Zinssatz gestiegen ist, sind auch die Investitionen geringer als zuvor.

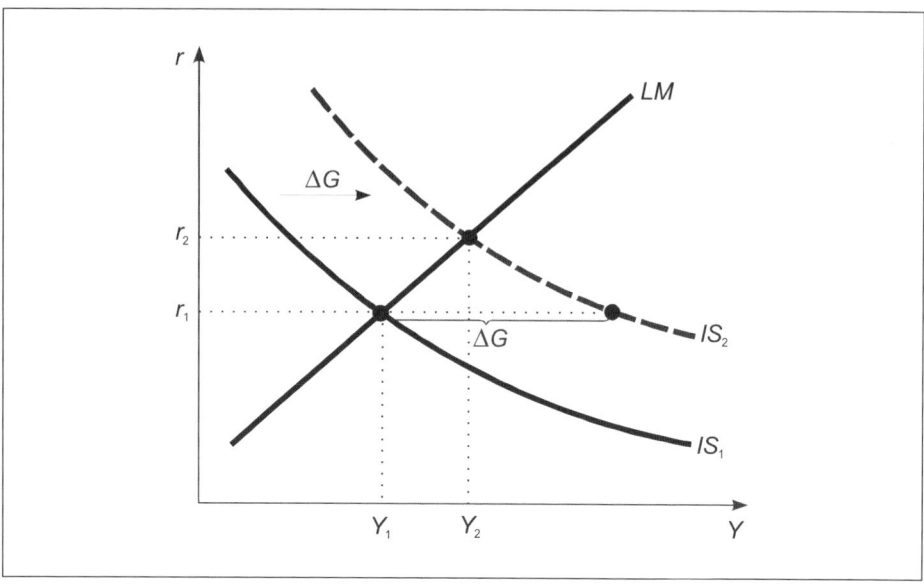

Abb. 11-4

Aufgabe 2

Verwenden Sie das IS/LM-Modell, um für jeden der folgenden Schocks eine Prognose der Auswirkungen auf Einkommen, Zinssatz, Konsum und Investitionen abzugeben. Erklären Sie jeweils, was die Zentralbank unternehmen sollte, um das Einkommen auf seinem ursprünglichen Niveau zu halten.

a. Nach der Erfindung eines neuen Hochgeschwindigkeits-Mikroprozessors beschließen viele Unternehmen, ihre Computersysteme zu modernisieren.

b. Nach einer Welle von Kreditkartenbetrügereien verwenden die Menschen wieder häufiger Bargeld zur Abwicklung ihrer Transaktionen.

c. Ein Bestseller mit dem Titel »Reich in Rente« überzeugt die Menschen davon, den Prozentsatz ihres Einkommens, den sie sparen, zu erhöhen.

Lösung

a. Die Erfindung des neuen Hochgeschwindigkeits-Mikroprozessors führt dazu, dass die Investitionsnachfrage (autonom) zunimmt. Zu jedem Zinssatz sind die gewünschten Investitionsausgaben höher als zuvor. Die IS-Kurve verschiebt sich daher nach rechts (vgl. Abbildung 11-5).

Sowohl der Zinssatz als auch das Einkommen nehmen zu. Weil das Einkommen steigt, nimmt auch der Konsum zu. Wegen des gestiegenen Zinssatzes wird die ursprüngliche Investitionserhöhung entsprechend gedämpft. Wie stark dieser Effekt ist, hängt von der Zinsreagibilität der Investitionen ab, die sich in der Steigung der IS-Kurve widerspiegelt.

Wenn die Zentralbank das Einkommen auf seinem ursprünglichen Niveau halten will, muss sie die Geldmenge so stark verringern, dass die neue LM-Kurve (LM$_2$) ihren Schnittpunkt mit der IS-Kurve über Y$_1$ hat.

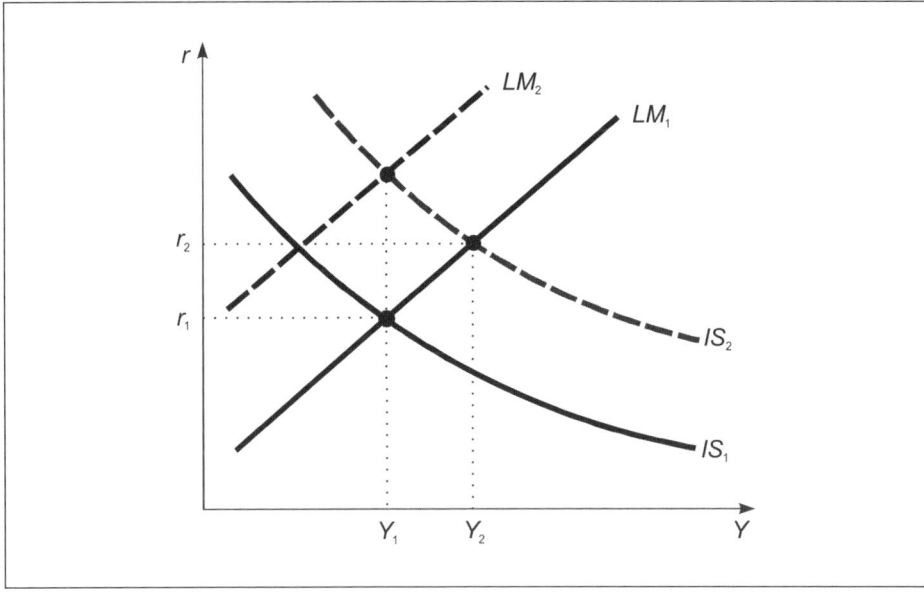

Abb. 11-5

b. Die häufigere Nutzung von Bargeld bedeutet eine Zunahme der Geldnachfrage. Die höhere Geldnachfrage schlägt sich in einer Linksverschiebung der LM-Kurve nieder, weil bei gegebenem Zinssatz und unverändertem Geldangebot ein Gleichgewicht auf dem Geldmarkt nur möglich ist, wenn die Geldnachfrage aufgrund eines niedrigeren Einkommens entsprechend sinkt (vgl. Abbildung 11-6).

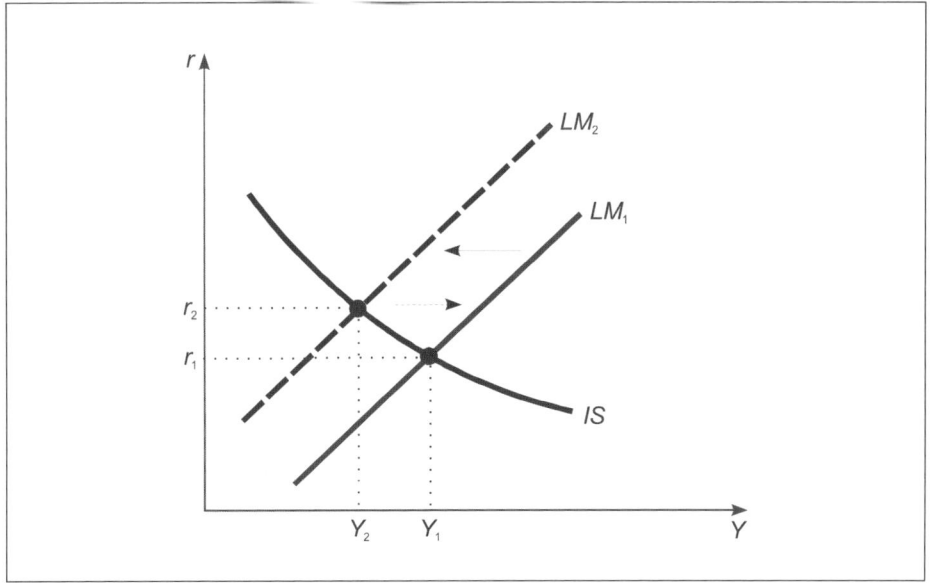

Abb. 11-6

Das Gleichgewichtseinkommen sinkt und der Gleichgewichtszinssatz steigt. Weil das Einkommen sinkt, geht auch der Konsum zurück. Weil der Zinssatz steigt, sinken die Investitionen.

Die Zentralbank kann den Rückgang des Einkommens verhindern, wenn sie die zusätzliche Geldnachfrage durch eine Erhöhung des Geldangebots befriedigt. Das Geldangebot muss so ausgedehnt werden, dass die LM-Kurve ihre ursprüngliche Lage (LM$_1$) beibehält.

c. Wenn für jedes gegebene Einkommen das Sparen zunimmt, bedeutet dies im keynesianischen Kreuz eine Abwärtsverschiebung der Kurve der geplanten Gesamtausgaben und damit eine Linksverschiebung der IS-Kurve (vgl. Abbildung 11-7).

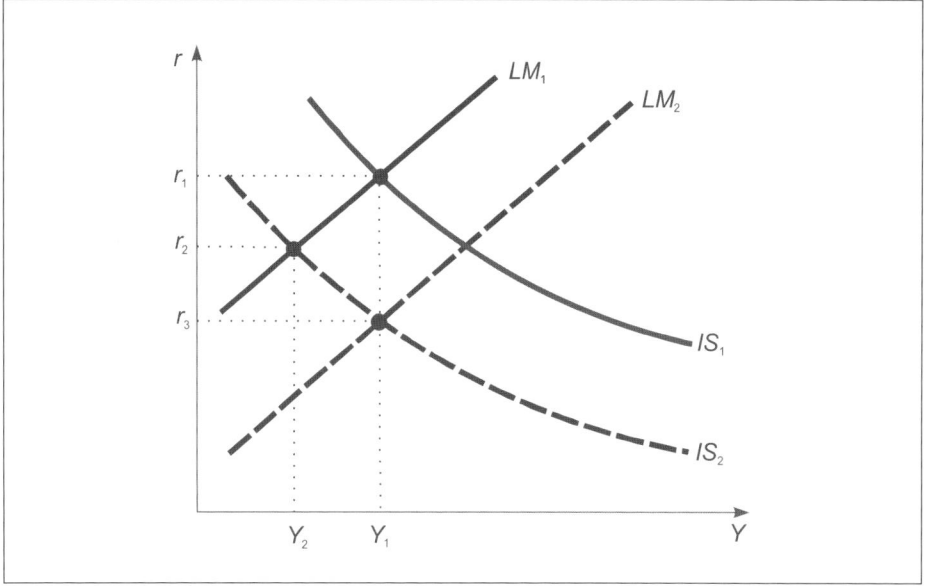

Abb. 11-7

Sowohl der Zinssatz als auch das Einkommen sind im neuen Gleichgewicht geringer als zuvor. Der Konsum sinkt im vorliegenden Fall aus zwei Gründen: Einmal, weil das Einkommen niedriger ist, und einmal, weil für jedes gegebene Einkommen annahmegemäß der Konsum niedriger ist. Die Investitionen nehmen hingegen zu, weil der Zinssatz im neuen Gleichgewicht niedriger ist als in der Ausgangssituation.

Wenn die Zentralbank das Einkommen auf dem ursprünglichen Niveau halten will, muss sie das Geldangebot so erhöhen, dass die neue LM-Kurve (LM$_2$) die neue IS-Kurve (IS$_2$) beim Einkommen Y$_1$ schneidet. Der Zinssatz sinkt dann auf r$_3$.

Aufgabe 3

Wir betrachten die Wirtschaft von Hicksonia.

a. Die Konsumfunktion lautet: $C = 200 + 0,75\,(Y - T)$.
   Die Investitionsfunktion lautet: $I = 200 - 25r$.
   Die Staatsausgaben und die Steuern betragen jeweils 100. Zeichnen Sie für diese Wirtschaft die IS-Kurve, wobei r im Bereich von 0 bis 8 liegt.

b. Die Geldnachfragefunktion von Hicksonia lautet: $(M/P)^d = Y - 100r$. Das Geldangebot M beträgt 1.000, und das Preisniveau P ist gleich 2. Zeichnen Sie für diese Wirtschaft die LM-Kurve im Bereich von 0 bis 8 für r.

c. Bestimmen Sie den gleichgewichtigen Zinssatz r und das Gleichgewichtseinkommen Y.

d. Nehmen Sie an, dass die Staatsausgaben von 100 auf 150 erhöht werden. Um welchen Betrag verschiebt sich die IS-Kurve? Welche Höhe haben im neuen Gleichgewicht Zinssatz und Einkommen?

e. Nehmen Sie nun stattdessen an, dass das Geldangebot von 1.000 auf 1.200 erhöht wird. Um welchen Betrag verschiebt sich die LM-Kurve? Welche Höhe haben im neuen Gleichgewicht Zinssatz und Einkommen?

f. Nehmen Sie für die ursprünglichen Werte der geld- und fiskalpolitischen Variablen an, dass das Preisniveau von 2 auf 4 steigt. Was geschieht? Welche Höhe haben im neuen Gleichgewicht Zinssatz und Einkommen?

g. Leiten Sie die Gleichung der Gesamtnachfragekurve ab und stellen Sie sie graphisch dar. Was geschieht mit dieser Gesamtnachfragekurve, wenn sich Fiskal- oder Geldpolitik so ändern, wie in d. und e. beschrieben?

Lösung

a. Die IS-Kurve ist durch die Gleichgewichtsbedingung am Gütermarkt gegeben:

$$Y = C\,(Y - T) + I\,(r) + G.$$

Einsetzen der gegebenen Funktionen liefert:

$$Y = 200 + 0,75\,(Y - 100) + 200 - 25\,r + 100$$
$$0,25\,Y = 425 - 25\,r$$
$$Y = 1.700 - 100\,r$$

bzw.

$$r = 17 - 0,01Y.$$

b. Die LM-Kurve ist durch die Gleichgewichtsbedingung am Geldmarkt gegeben:

$$\frac{M}{P} = L\,(r, Y).$$

Einsetzen der gegebenen Funktionen liefert:

$$\frac{1.000}{2} = Y - 100\,r$$
$$Y = 500 + 100\,r$$

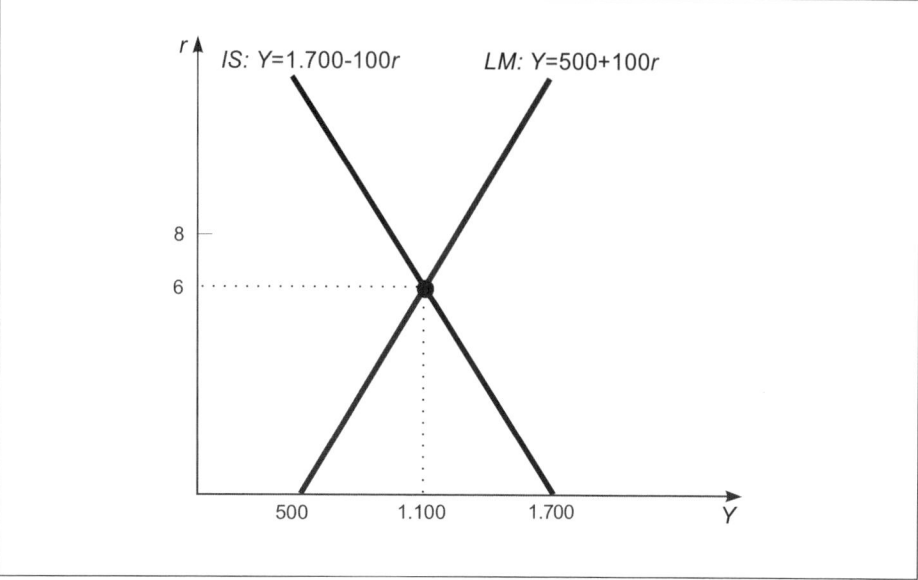

Abb. 11-8

bzw.

$$r = 0,01Y - 5.$$

c. Das Gleichgewicht ist geometrisch durch den Schnittpunkt von IS- und LM-Kurve gegeben. Wir finden diesen Schnittpunkt algebraisch, indem wir das lineare Gleichungssystem

$$Y = 1.700 - 100\,r \quad \text{IS}$$

$$Y = 500 + 100\,r \quad \text{LM}$$

lösen. (Dies ist auf verschiedene Weisen möglich.) Wir setzen gleich:

$$1.700 - 100\,r = 500 + 100\,r$$

$$200\,r = 1.200$$

$$r^* = 6.$$

Um Y zu bestimmen, setzen wir den gefundenen Wert in eine der beiden Gleichungen ein:

$$Y^* = 1.700 - 100 \cdot 6$$

$$= 1.100.$$

Der Gleichgewichtszinssatz beträgt 6 Prozent und das Gleichgewichtseinkommen ist 1.100.

d. Im Lehrbuch wird gezeigt, dass eine Erhöhung der Staatsausgaben um ΔG die IS-Kurve um $[1/(1 - MPC)]\Delta G$ nach rechts verschiebt. Da hier MPC = 0,75 und ΔG = 50 gilt, folgt:

$$\Delta Y\big|_{\bar{r}} = \frac{1}{1 - 0,75} \cdot 50$$

$$= 200.$$

(Hierbei soll $\Delta Y\big|_{r}$ darauf hinweisen, dass wir die Einkommensänderung für einen gegebenen Wert von r betrachten.)

Die IS-Kurve verschiebt sich aufgrund der Erhöhung der Staatsausgaben von 100 auf 150 um 200 Einheiten nach rechts (vgl. Abbildung 11-9).

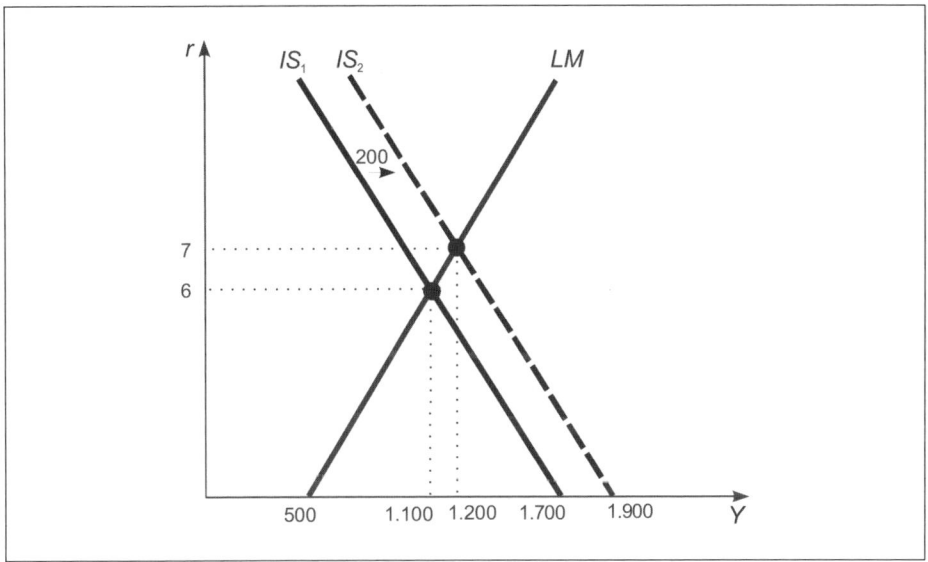

Abb. 11-9

Dass die IS-Kurve sich um 200 Einheiten nach rechts verschiebt, kann man auch erkennen, wenn man sich die Gleichung für die neue IS-Kurve ansieht:

$$Y = 200 + 0,75\,(Y - 100) + 200 - 25\,r + 150$$

$$Y = 1.900 - 100\,r$$

bzw.

$$r = 19 - 0,01Y.$$

Die neuen Gleichgewichtswerte für Zinssatz und Einkommen erhalten wir, indem wir das Gleichungssystem aus neuer IS-Gleichung und ursprünglicher LM-Gleichung lösen:

$$Y = 1.900 - 100\,r \qquad IS_2$$

$$Y = 500 + 100\,r \qquad LM.$$

Gleichsetzen:

$$1.900 - 100\,r = 500 + 100\,r$$

$$200\,r = 1.400$$

$$r^* = 7.$$

Einsetzen des für den Zinssatz gefundenen Wertes in eine der beiden Gleichungen erlaubt es, das Gleichgewichtseinkommen zu berechnen:

$$Y^* = 1.900 - 100 \cdot 7$$

$$= 1.200.$$

Eine Zunahme der Staatsausgaben von 100 auf 150 erhöht das Gleichgewichtseinkommen auf 1.200 und den Gleichgewichtszinssatz auf 7 Prozent (vgl. Abbildung 11-9).

e. Eine Erhöhung des (nominalen) Geldangebots von 1.000 auf 1.200 führt auf eine neue LM-Gleichung:

$$\frac{1.200}{2} = Y - 100\,r$$

$$Y = 600 + 100\,r$$

bzw.

$$r = 0{,}01Y - 6.$$

Die neue LM-Kurve ist als LM_2 in Abbildung 11-10 gezeigt.

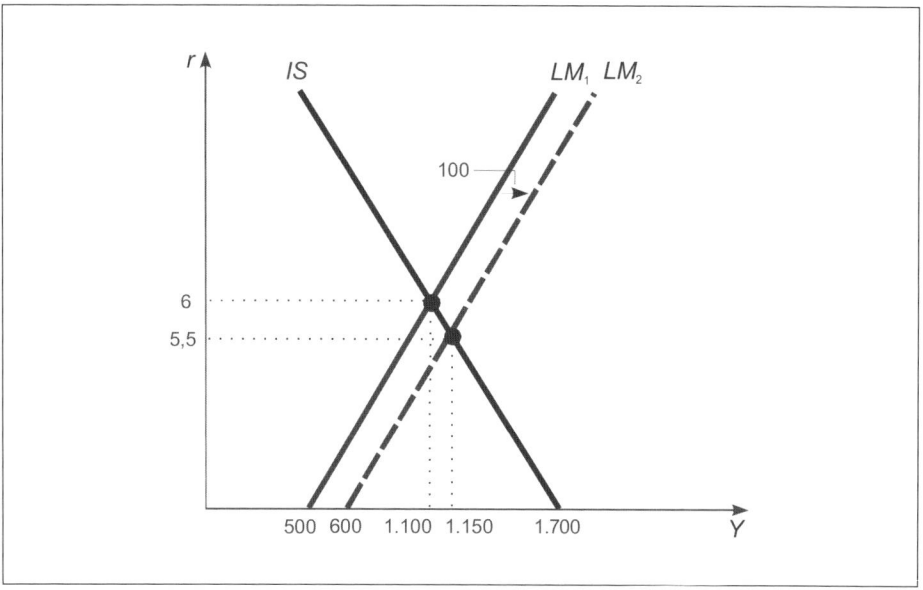

Abb. 11-10

Betrachtet man die Einkommenswerte, die sich aus den beiden LM-Kurven jeweils für r = 0 ergeben (500 bzw. 600), erkennt man sofort, dass sich die LM-Kurve aufgrund der Erhöhung des Geldangebots um 100 Einheiten nach rechts verschoben hat.

Die neuen Gleichgewichtswerte für Einkommen und Zinssatz erhalten wir, indem wir das Gleichungssystem aus alter IS-Gleichung und neuer LM-Gleichung lösen:

$$Y = 1.700 - 100\,r \qquad \text{IS}$$

$$Y = 600 + 100\,r \qquad \text{LM}_2\,.$$

Gleichsetzen:

$$1.700 - 100\,r = 600 + 100\,r$$

$$200\,r = 1.100$$

$$r^* = 5{,}5\,.$$

Einsetzen in eine der beiden Gleichungen liefert den zugehörigen Einkommenswert:

$$Y^* = 1.700 - 100 \cdot 5{,}5$$

$$= 1.150\,.$$

Die Erhöhung des Geldangebots von 1.000 auf 1.200 führt dazu, dass der Zinssatz auf 5,5 Prozent sinkt und das Einkommen auf 1.150 steigt (vgl. Abbildung 11-10).

f. Eine Erhöhung des Preisniveaus von 2 auf 4 wirkt sich auf die LM-Kurve aus, weil bei gegebenem nominalen Geldangebot das reale Geldangebot sinkt. Die IS-Kurve wird von der Erhöhung des Preisniveaus nicht berührt. Für die neue LM-Kurve gilt:

$$\frac{1.000}{4} = Y - 100\,r$$

$$Y = 250 + 100\,r$$

bzw.

$$r = 0{,}01Y - 2{,}5\,.$$

Wie Abbildung 11-11 zeigt, verschiebt sich die neue LM-Kurve im Vergleich zur alten um 250 Einheiten nach links. Die neuen Gleichgewichtswerte für Zinssatz und Einkommen können wir aus dem Gleichungssystem ableiten, das aus alter IS-Gleichung und neuer LM-Gleichung besteht:

$$Y = 1.700 - 100\,r \qquad \text{IS}$$

$$Y = 250 + 100\,r \qquad \text{LM}_2\,.$$

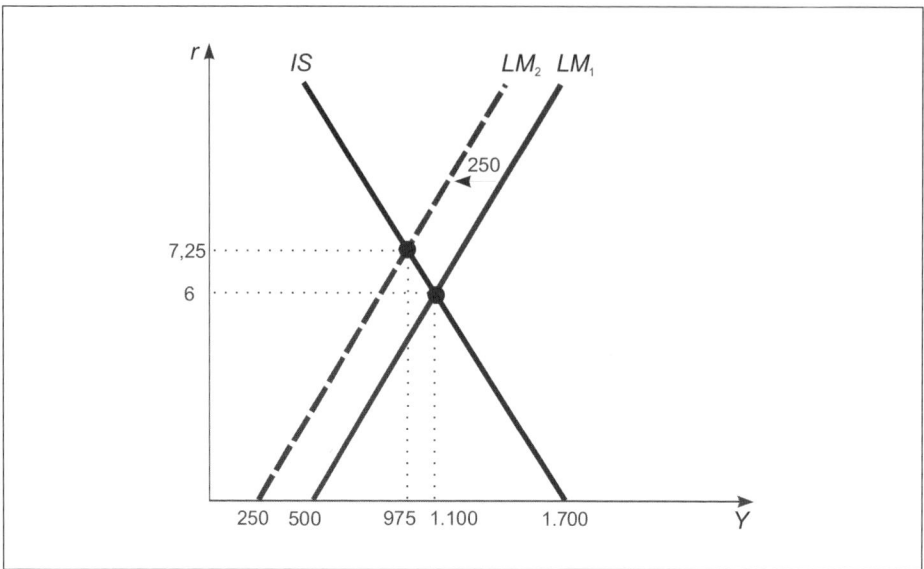

Abb. 11-11

Wir lösen dieses System:

$$1.700 - 100\,r = 250 + 100\,r$$

$$200\,r = 1.450$$

$$r^* = 7,25.$$

$$Y^* = 1.700 - 100 \cdot 7,25$$

$$= 975.$$

Der Anstieg des Preisniveaus von 2 auf 4 führt zu einem Rückgang des Einkommens auf 975 und zu einem Anstieg des Zinssatzes auf 7,25 Prozent.

g. Wir gehen wieder von der ursprünglichen IS-Kurve und von der ursprünglichen LM-Kurve aus. Die Gesamtnachfragekurve stellt eine Beziehung zwischen Einkommen und Preisniveau her. Daher eliminieren wir den Zinssatz r aus unserem Gleichungssystem. Bei der LM-Gleichung müssen wir beachten, dass wir aus Teil b. die Angabe für das nominale Geldangebot übernehmen (M = 1.000), nicht aber die Angabe für das Preisniveau, weil das Preisniveau nunmehr als endogene Variable betrachtet wird:

$$Y = 1.700 - 100\,r \qquad \text{IS}$$

$$Y = \frac{1.000}{P} + 100\,r \qquad \text{LM}$$

bzw.

$$100\,r = 1.700 - Y$$

$$100\,r = Y - \frac{1.000}{P}.$$

Gleichsetzen eliminiert den Zinssatz:

$$1.700 - Y = Y - \frac{1.000}{P}$$

$$2\,Y = 1.700 + \frac{1.000}{P}$$

$$Y = 850 + \frac{500}{P} \qquad \text{AD.}$$

Diese AD-Kurve ist in Abbildung 11-12 dargestellt.

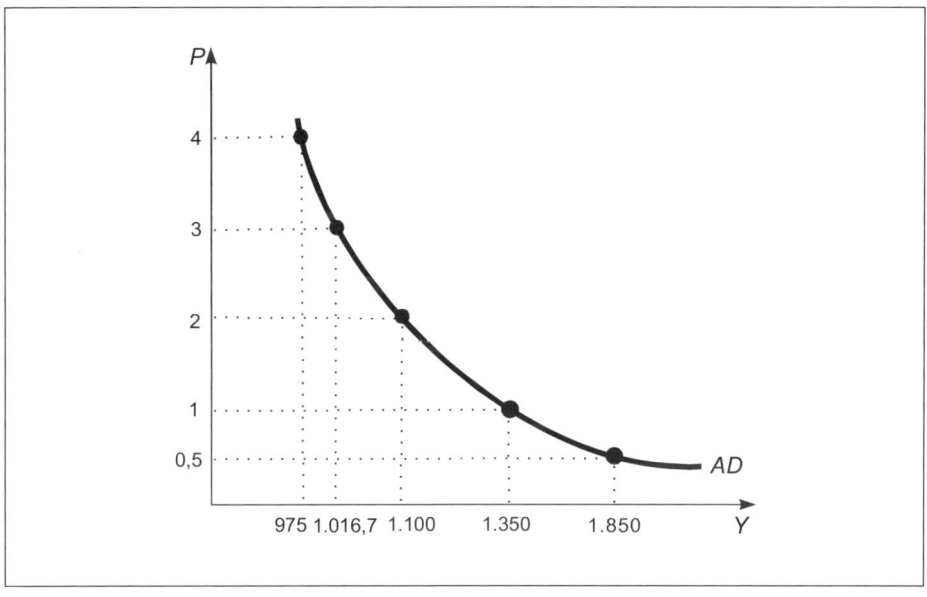

Abb. 11-12

Um die Auswirkungen der in Teil d. beschriebenen Änderung der Fiskalpolitik zu analysieren, verwenden wir die dort abgeleitete IS-Kurve und die LM-Kurve aus Teil b., wobei das Preisniveau wieder als Variable betrachtet wird:

$$Y = 1.900 - 100\,r \qquad \text{IS}$$

$$Y = \frac{1.000}{P} + 100\,r \qquad \text{LM}$$

bzw.

$$100\,r = 1.900 - Y$$

$$100\,r = Y - \frac{1.000}{P}.$$

Gleichsetzen:

$$1.900 - Y = Y - \frac{1.000}{P}$$

$$2\,Y = 1.900 + \frac{1.000}{P}$$

$$Y = 950 + \frac{500}{P} \quad \text{AD}.$$

Vergleichen wir diese neue AD-Kurve mit der ursprünglichen, stellen wir fest, dass für jedes gegebene Preisniveau der Einkommenswert nun 100 Einheiten höher ist. Die Erhöhung der Staatsausgaben auf 150 verschiebt also die AD-Kurve um 100 Einheiten nach rechts.

Bei der Analyse der Auswirkungen, die die Geldpolitik aus Teil e. hat, gehen wir analog vor. Alte IS-Kurve und neue LM-Kurve lassen sich durch folgendes Gleichungssystem beschreiben:

$$Y = 1.700 - 100\,r \quad \text{IS}$$

$$Y = \frac{1.200}{P} + 100\,r \quad \text{LM}$$

bzw.

$$100\,r = 1.700 - Y$$

$$100\,r = Y - \frac{1.200}{P}.$$

Gleichsetzen:

$$1.700 - Y = Y - \frac{1.200}{P}$$

$$2\,Y = 1.700 + \frac{1.200}{P}$$

$$Y = 850 + \frac{600}{P} \quad \text{AD}.$$

Vergleichen wir diese neue AD-Kurve mit der ursprünglichen, stellen wir fest, dass die Erhöhung des nominalen Geldangebots zu einer Dehnung der Kurve nach rechts führt.

Aufgabe 4

Erklären Sie, warum die folgenden Aussagen richtig sind. Diskutieren Sie die Wirkungen der Geld- und Fiskalpolitik für jeden dieser Spezialfälle.

a. Falls die Investitionen nicht vom Zinssatz abhängen, verläuft die IS-Kurve senkrecht.
b. Falls die Geldnachfrage nicht vom Zinssatz abhängt, verläuft die LM-Kurve senkrecht.
c. Falls die Geldnachfrage nicht vom Einkommen abhängt, verläuft die LM-Kurve waagerecht.
d. Falls die Geldnachfrage extrem sensitiv auf Zinssatzveränderungen reagiert, verläuft die LM-Kurve waagerecht.

Lösung

a. Falls die Investitionen nicht vom Zinssatz abhängen, verläuft die Investitionsfunktion senkrecht. Die graphische Ableitung der IS-Kurve für diesen Fall ist in Abbildung 11-13 gezeigt.

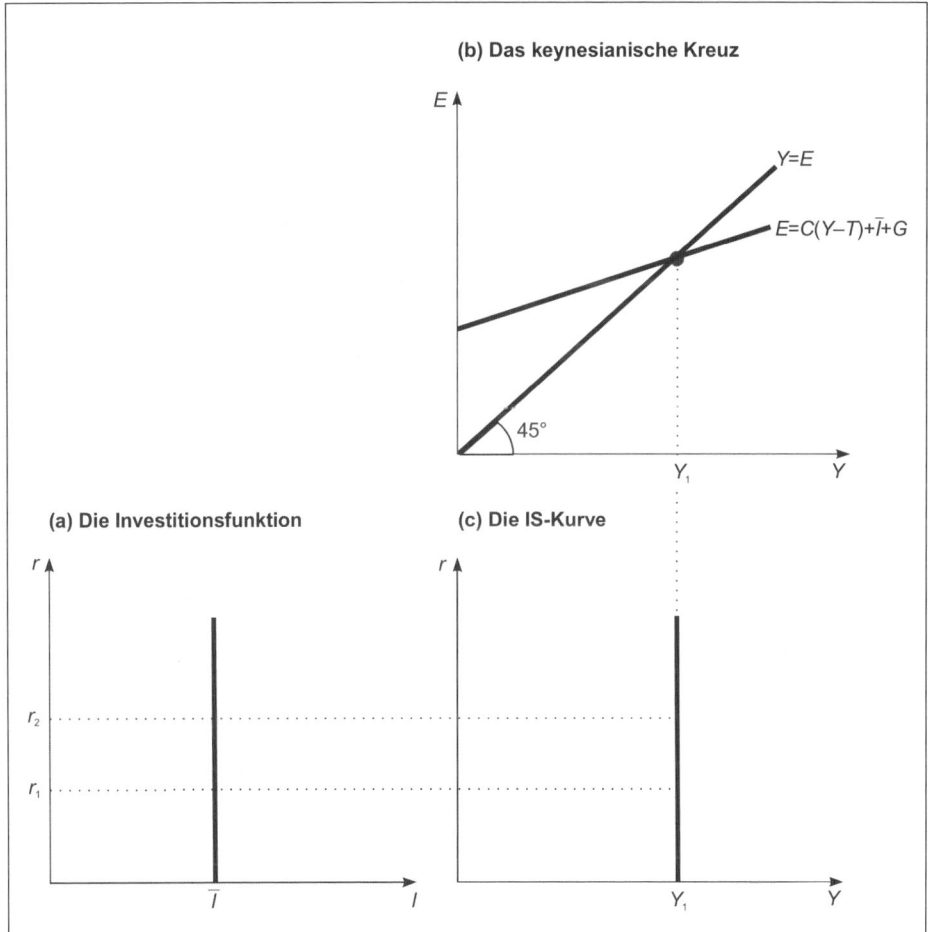

Abb. 11-13

Weil die Investitionen nicht vom Zinssatz abhängen, haben unterschiedliche Zinssätze keine Auswirkung auf die Höhe des Gleichgewichtseinkommens. Die Auswirkungen von Geld- und Fiskalpolitik sind in Abbildung 11-14 zusammengefasst.

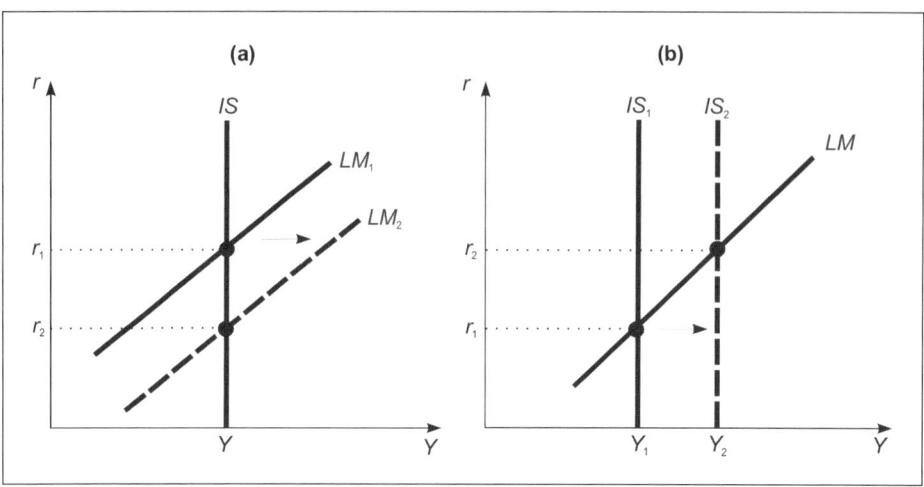

Abb. 11-14

Die Geldpolitik wirkt nur auf den Zinssatz, nicht auf das Einkommen. Erhöht die Zentralbank das Geldangebot, kommt es zu einem Rückgang des Zinssatzes. Da Investitionen und Einkommen auf den Zinssatz nicht reagieren, kommt es auch nicht zu einem einkommensinduzierten Anstieg der Geldnachfrage. D.h. der Zinssatz muss so weit sinken, bis die zinsinduzierte Zunahme der Geldnachfrage so groß ist wie die Erhöhung des Geldangebots.

Die Fiskalpolitik wirkt hingegen maximal, weil die mit dem Einkommensanstieg verbundene Zunahme des Zinssatzes nicht dämpfend auf die Investitionen wirkt.

b. Falls die Geldnachfrage nicht vom Zinssatz abhängt, gibt es nur einen Wert des Einkommens, bei dem der Geldmarkt im Gleichgewicht ist. In Abbildung 11-15 sind daher Geldnachfragekurve und Geldangebotskurve im Gleichgewicht deckungsgleich.

Der Geldmarkt ist für das Einkommen im Gleichgewicht, bei dem die Geldnachfrage gerade so groß ist wie das Geldangebot, unabhängig davon, welchen Wert der Zinssatz aufweist. Die Auswirkungen von Geld- und Fiskalpolitik sind in Abbildung 11-16 zusammengefasst.

Nun wirkt die Geldpolitik maximal auf das Einkommen. Die Erhöhung des Geldangebots führt zu einem Rückgang des Zinssatzes, der die Investitionen stimuliert und damit das Einkommen erhöht. Weil der Rückgang des Zinssatzes nicht zu einem Anstieg der Geldnachfrage führt, sinkt der Zinssatz so lange weiter, bis über die Zunahme an Investitionen und Einkommen die Geldnachfrage sich so weit erhöht hat, dass der Geldmarkt wieder im Gleichgewicht ist.

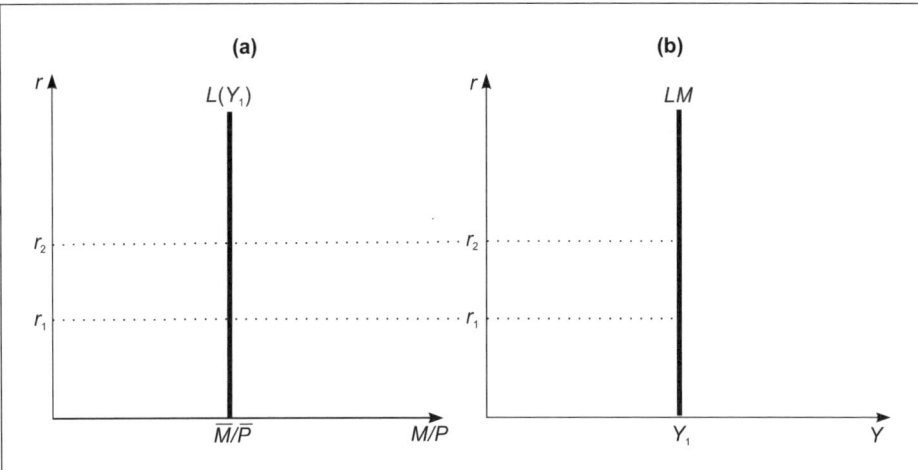

Abb. 11-15

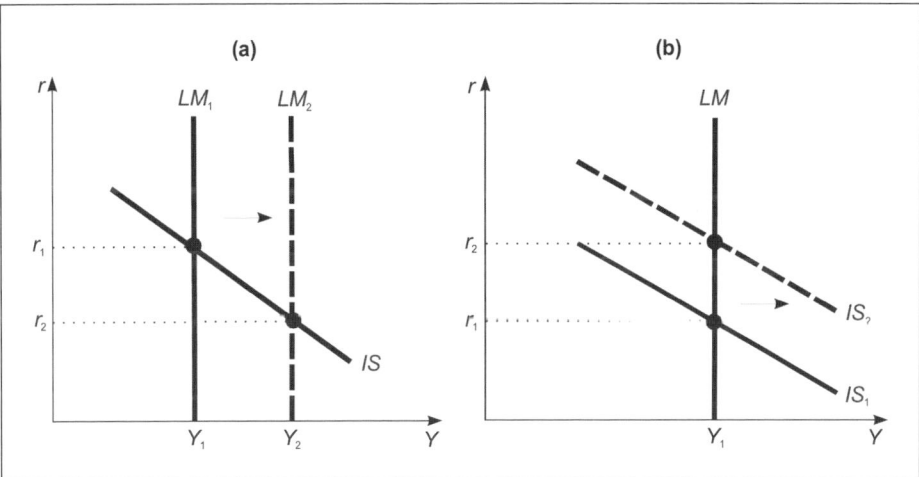

Abb. 11-16

Die Fiskalpolitik ist hingegen unwirksam. Weil das Gleichgewichtseinkommen über den Geldmarkt bereits bestimmt ist, steigt der Zinssatz so lange an, bis die gesunkene Investitionsnachfrage die durch die Fiskalpolitik ausgelöste Erhöhung der geplanten Ausgaben genau ausgeglichen hat.

c. Falls die Geldnachfrage nicht vom Einkommen abhängt, gibt es – wie Abbildung 11-17 zeigt – genau einen Wert des Zinssatzes, bei dem der Geldmarkt im Gleichgewicht ist.

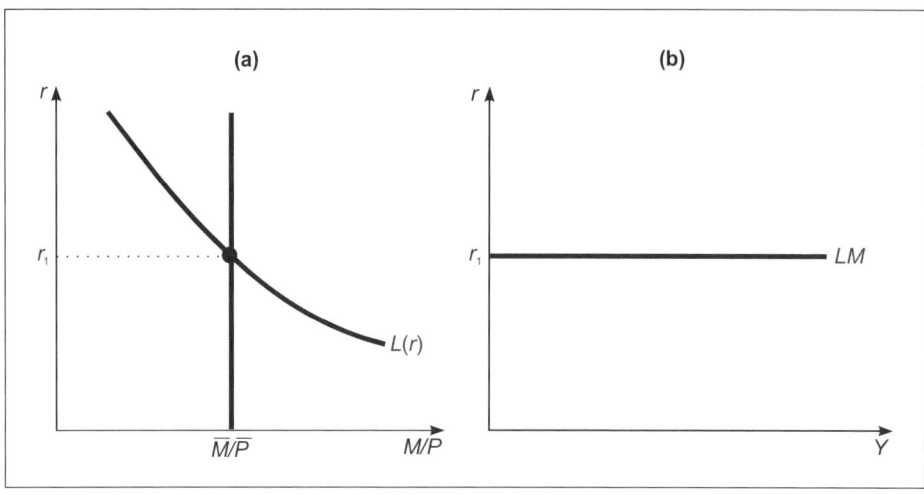

Abb. 11-17

Weil der Geldmarkt nur bei diesem Zinssatz im Gleichgewicht sein kann, spielt die Höhe des Einkommens für die LM-Kurve keine Rolle. Sie verläuft daher in Abbildung 11-17(b) waagerecht.

Die Auswirkungen von Geld- und Fiskalpolitik sind in Abbildung 11-18 zu erkennen. Die Geldpolitik ist wirksam. Eine Erhöhung des Geldangebots hat eine Zinssatzsenkung zur Folge. Dadurch verschiebt sich die LM-Kurve nach unten. Die Zinssatzsenkung stimuliert die Investitionen und erhöht das Einkommen. Da die Einkommenser-

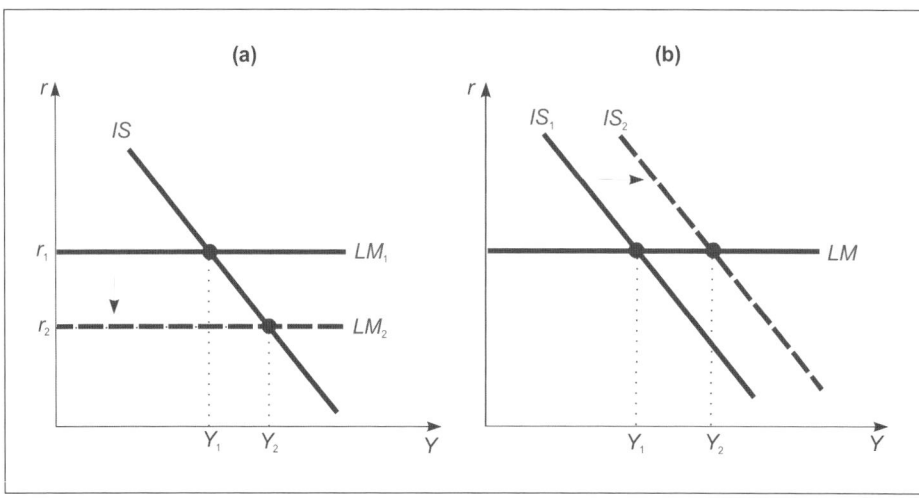

Abb. 11-18

höhung aber nicht zu einem Anstieg der Geldnachfrage führt, muss der Zinssatz so lange sinken, bis die zinsinduzierte Zunahme der Geldnachfrage so groß ist wie die Erhöhung des Geldangebots.

Auch die Fiskalpolitik ist sehr wirksam. Eine fiskalpolitisch bedingte Erhöhung der geplanten Gesamtausgaben führt zu einer Zunahme des Einkommens. Weil dies aber keinen Einfluss auf die Geldnachfrage hat, kommt es nicht zu einem Zinsanstieg, der dämpfend auf die Investitionsnachfrage wirken würde.

d. Falls die Geldnachfrage extrem sensitiv auf Zinssatzänderungen reagiert, dann verläuft die Geldnachfragekurve – wie Abbildung 11-19 zeigt – nahezu waagerecht.

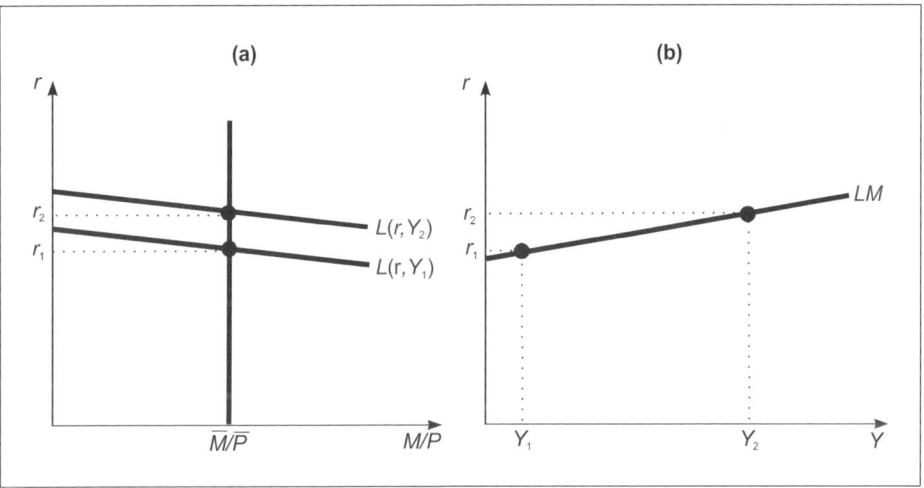

Abb. 11-19

Die LM-Kurve zeigt die Zins-Einkommens-Kombinationen, bei denen der Geldmarkt im Gleichgewicht ist. Wenn das Einkommen von Y_1 auf Y_2 steigt, dann nimmt die Geldnachfrage einkommensinduziert zu. Bei gegebenem Geldangebot ist ein Gleichgewicht am Geldmarkt nur möglich, wenn die Geldnachfrage im gleichen Ausmaß zinsinduziert zurückgeht. Dazu muss der Zinssatz entsprechend steigen. Wenn die Geldnachfrage extrem sensitiv auf Zinsänderungen reagiert, bedarf es bei gegebener Einkommenserhöhung nur eines sehr, sehr geringen Zinsanstiegs, um den Geldmarkt im Gleichgewicht zu halten. Daher verläuft die LM-Kurve in diesem Fall nahezu waagerecht.

Die Auswirkungen von Geld- und Fiskalpolitik sind in Abbildung 11-20 zu erkennen. Die Erhöhung des Geldangebots verschiebt die LM-Kurve um einen bestimmten Betrag nach rechts. Durch die Erhöhung des Geldangebots wird eine Zinssenkung ausgelöst. Wenn die Geldnachfrage extrem sensitiv hierauf reagiert, dann reicht schon eine winzige Zinsänderung aus, um die Geldnachfrage so weit auszudehnen, dass der Geldmarkt wieder im Gleichgewicht ist. Diese winzige Zinsänderung bewirkt aber nur einen minimalen Anstieg der Investitionen. Daher ändert sich auch das Einkommen kaum.

Die Fiskalpolitik ist hingegen sehr wirksam. Die Stimulierung der geplanten Ausgaben führt zu einer entsprechenden Zunahme des Einkommens, die ihrerseits eine Erhöhung der Geldnachfrage hervorruft. Bei gegebenem Geldangebot reicht im vorlie-

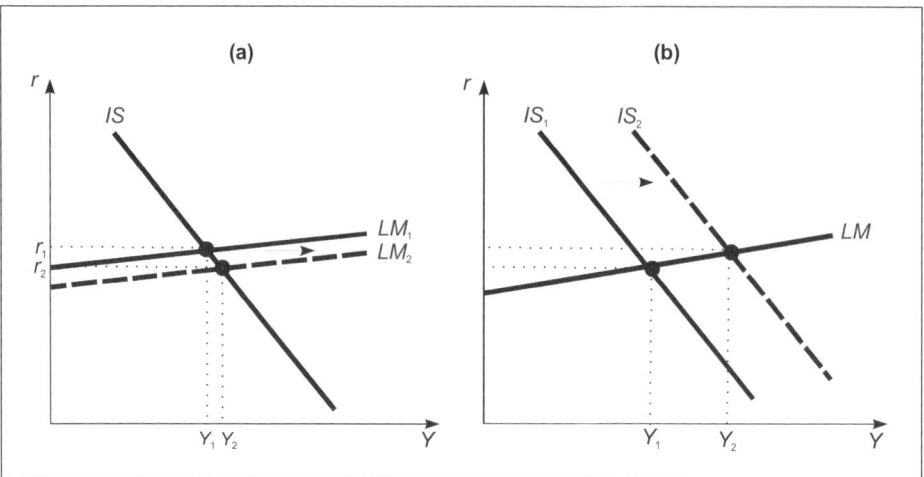

Abb. 11-20

genden Fall ein sehr geringer Anstieg aus, um einen solchen Rückgang der Geldnachfrage zu bewirken, dass der Geldmarkt im Gleichgewicht bleibt. Da die Zinsen kaum steigen, fällt der Rückgang der Investitionen, der dem fiskalpolitischen Impuls dämpfend gegenübersteht, sehr gering aus.

Aufgabe 5

Nehmen Sie an, dass die Regierung die Investitionen erhöhen möchte, den Output aber konstant halten will. Mit welcher Kombination von Geld- und Fiskalpolitik lässt sich im IS/LM-Modell dieses Ziel erreichen? In den frühen 1980er-Jahren senkte die Regierung der USA die Steuern und nahm ein Haushaltsdefizit in Kauf, während die Zentralbank eine Politik des knappen Geldes verfolgte. Welche Wirkungen sind von einer solchen Politikkombination zu erwarten?

Lösung

Eine Erhöhung der privaten Investitionen lässt sich im IS/LM-Modell über eine Zinssenkung erreichen. Dazu muss die Geldpolitik expansiver werden. Eine expansive Geldpolitik führt aber dazu, dass nicht nur die Investitionen steigen, sondern auch das Einkommen steigt. Will die Politik das Einkommen auf dem ursprünglichen Niveau halten, so muss diese expansive Einkommenswirkung der Geldpolitik durch eine entsprechende kontraktive Fiskalpolitik aufgefangen werden. D. h. die Ausgaben müssen gesenkt oder die Steuern erhöht werden. Abbildung 11-21 fasst die notwendigen Politikreaktionen graphisch zusammen.

Die in den frühen 1980er-Jahren in den USA verfolgte Politikkombination aus expansiver Fiskalpolitik und kontraktiver Geldpolitik hat eine genau gegenteilige Wirkung. Die Steuersenkung führt dazu, dass die IS-Kurve sich nach rechts verschiebt. Die kontraktive Geldpolitik verschiebt hingegen die LM-Kurve nach links. Wie Abbildung 11-22 zeigt, führt diese Politikkombination zu einem starken Anstieg des Zinssatzes, mit dem ein entsprechender Rückgang der Investitionen verbunden ist.

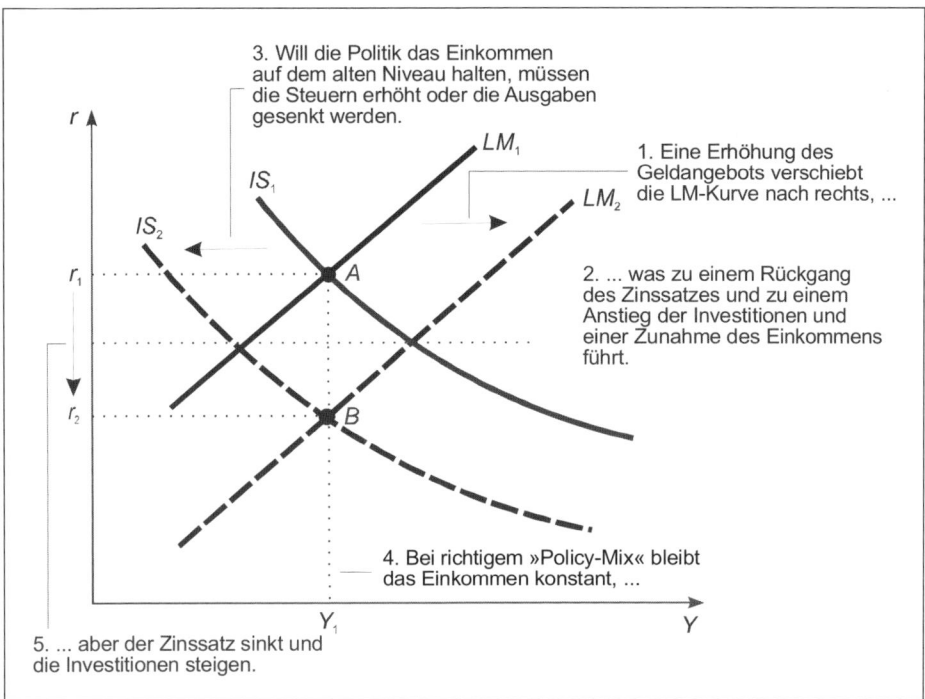

Abb. 11-21

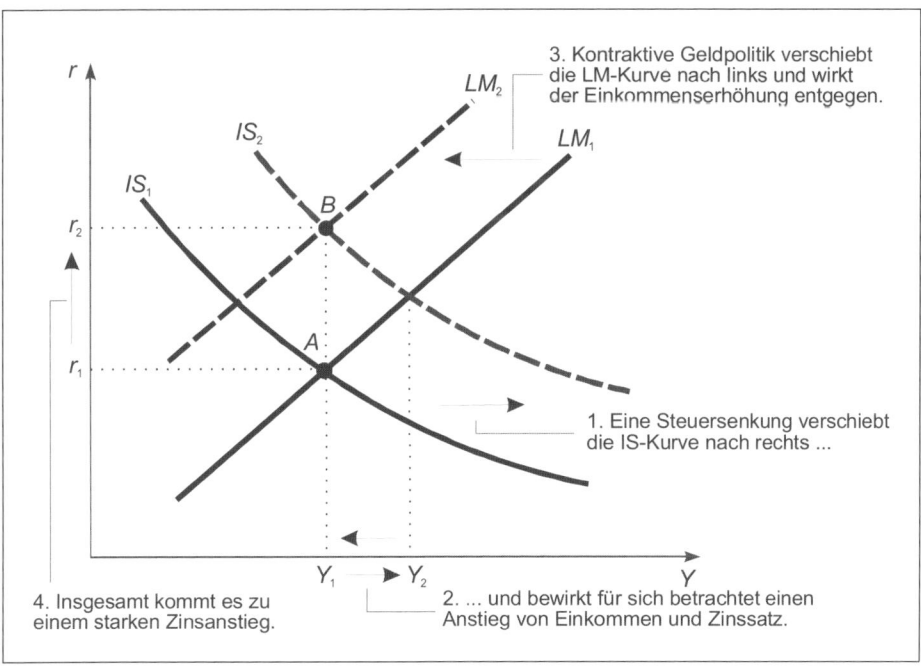

Abb. 11-22

Aufgabe 6

Verwenden Sie das IS/LM-Diagramm, um die kurz- und langfristigen Wirkungen folgender wirtschaftspolitischer Maßnahmen auf das Gesamteinkommen, das Preisniveau und den Zinssatz zu beschreiben:

a. Erhöhung des Geldangebots.
b. Erhöhung der Staatsausgaben.
c. Erhöhung der Steuern.

Lösung

a. Die Erhöhung des Geldangebots führt zu einer Rechtsverschiebung der LM-Kurve (vgl. Abbildung 11-23). Aufgrund des gestiegenen Geldangebots kommt es zu einem Rückgang des Zinssatzes, wodurch die Investitionen stimuliert werden und das Einkommen steigt. Weil das Produktionsniveau Y_2 über dem natürlichen Niveau liegt, kommt es langfristig zu einem Anstieg der Preise. Der Preisanstieg hat zur Folge, dass das reale Geldangebot zurückgeht, wodurch sich die LM-Kurve wieder nach links verschiebt. Der Preisanstieg hält so lange an, bis die LM-Kurve wieder auf ihrer ursprünglichen Position liegt und Einkommen und Zinssatz ebenfalls wieder ihre alten Werte erreicht haben.

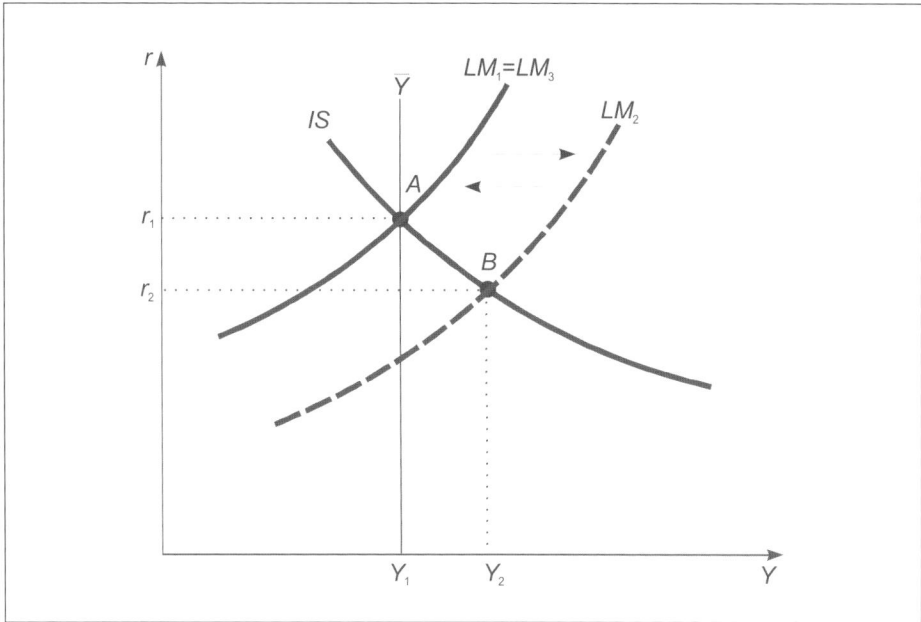

Abb. 11-23

Kurzfristig bewirkt die Erhöhung des Geldangebots einen Anstieg des Einkommens und einen Rückgang des Zinssatzes. Langfristig hingegen kehren Einkommen und Zinssatz wieder auf ihr ursprüngliches (natürliches) Niveau zurück und der einzige Effekt der Erhöhung des Geldangebots ist ein Anstieg des Preisniveaus.

b. Die Erhöhung der Staatsausgaben verschiebt die IS-Kurve nach rechts. Bei gegebenem Zinssatz (r_1) wird das Ausmaß dieser Rechtsverschiebung durch den einfachen Staatsausgabenmultiplikator bestimmt. Weil die Einkommenserhöhung kurzfristig zu einem Anstieg des Zinssatzes auf r_2 führt, bewirkt die Erhöhung der Staatsausgaben kurzfristig eine Verdrängung privater Investitionen. Das kurzfristige Gleichgewicht wird daher durch Punkt C beschrieben. Weil hier Produktion und Einkommen über ihrem natürlichen Niveau liegen, kommt es langfristig zu einem Anstieg der Preise. Dieser Preisanstieg führt zu einem Rückgang des realen Geldangebots, weswegen sich die LM-Kurve nach links verschiebt. Preisanstieg und Linksverschiebung der LM-Kurve halten so lange an, bis in Punkt D ein Gleichgewicht erreicht ist, bei dem Produktion und Einkommen wieder mit ihrem natürlichen Niveau übereinstimmen. Der mit dieser Anpassung an das langfristige Gleichgewicht verbundene Einkommensrückgang wird dadurch hervorgerufen, dass die Verringerung des realen Geldangebots einen weiteren Anstieg des Zinssatzes bewirkt, der seinerseits eine Verminderung der Investitionen hervorruft. Langfristig bewirkt die Erhöhung der Staatsausgaben also lediglich einen Anstieg des Zinssatzes und des Preisniveaus. Das Einkommen ändert sich nur kurzfristig, kehrt langfristig aber wieder auf sein natürliches Niveau zurück. Allerdings ist zu beachten, dass im neuen Gleichgewicht der Anteil der Staatsausgaben gestiegen und der Anteil der privaten Investitionen gesunken ist.

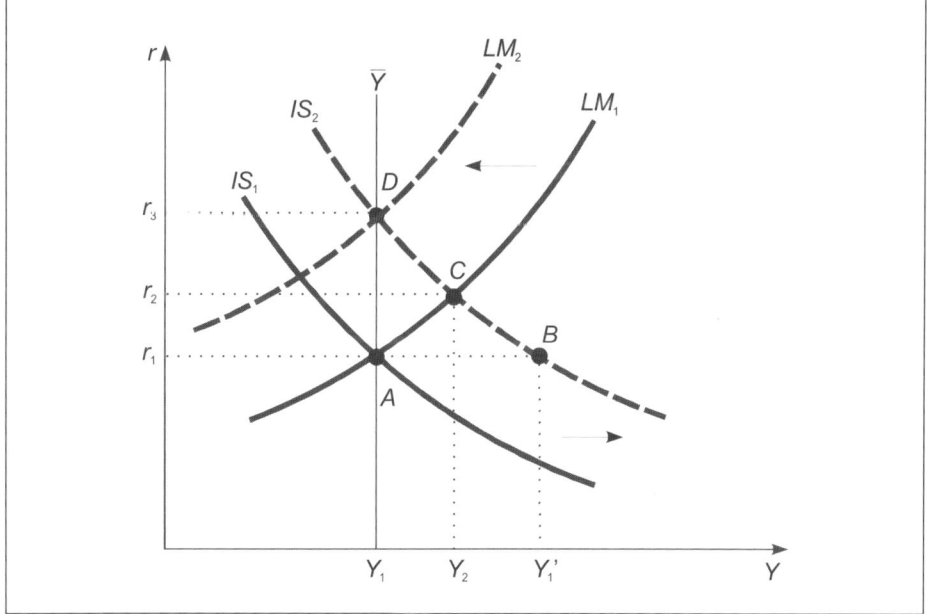

Abb. 11-24

c. Eine Erhöhung der Steuern führt dazu, dass sich die IS-Kurve nach links verschiebt (Bewegung der IS-Kurve von IS_1 nach IS_2 in Abbildung 11-25). Bei gegebenem Zinssatz entspricht die Linksverschiebung dem einfachen Steuermultiplikator des keynesianischen Kreuzes. Weil der Einkommensrückgang eine Verminderung des Zinssatzes

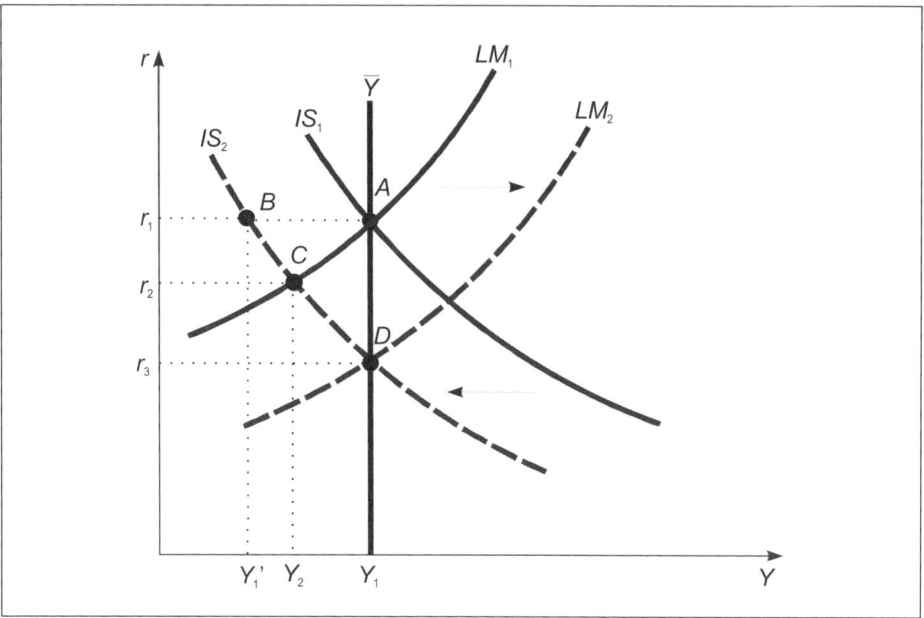

Abb. 11-25

auslöst und daher die Investitionen stimuliert werden, sinkt das Einkommen kurzfristig, aber nicht auf Y_1', sondern auf Y_2. Weil das Einkommen Y_2 unterhalb des natürlichen Niveaus liegt, kommt es langfristig zu einem Sinken der Preise. Der Rückgang der Preise bewirkt einen Anstieg des realen Geldangebots, weswegen sich die LM-Kurve nach rechts verschiebt. Der Preisanstieg hält so lange an, bis der Punkt D erreicht ist, wo das Gleichgewichtseinkommen wieder auf dem natürlichen Niveau liegt. Mit dieser Anpassung an das langfristige Gleichgewicht ist ein weiterer Rückgang des Zinssatzes verbunden. Kurzfristig bewirkt die Steuersenkung also einen Rückgang von Zinssatz und Einkommen. Langfristig vermindert sich das Preisniveau, der Zinssatz sinkt noch weiter, aber das Einkommen kehrt auf das ursprüngliche Niveau zurück.

Aufgabe 7
Die Zentralbank zieht zwei geldpolitische Strategien in Betracht:
- Fixieren der Geldmenge bei freiem Spiel des Zinssatzes,
- Anpassung der Geldmenge, sodass der Zinssatz konstant bleibt.

Welche Politikvariante ist im IS/LM-Modell besser zur Stabilisierung des Outputs geeignet, falls
a. alle Störungen der Wirtschaft auf exogenen Veränderungen der Nachfrage nach Waren und Dienstleistungen beruhen,
b. alle Störungen der Wirtschaft auf exogenen Veränderungen der Geldnachfrage beruhen?

Lösung

a. Falls alle Störungen der Wirtschaft auf exogenen Veränderungen der Nachfrage nach Waren und Dienstleistungen beruhen, dann führen solche exogenen Störungen ausschließlich zu einer Verschiebung der IS-Kurve. In Abbildung 11-26 ist eine solche Störung gezeigt.

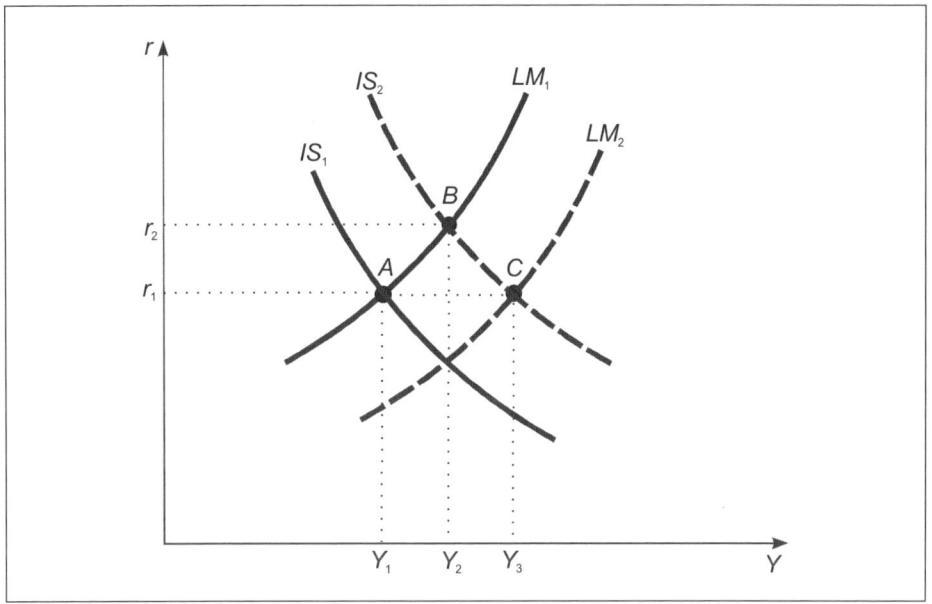

Abb. 11-26

Wir nehmen an, dass die IS-Kurve sich expansiv verschiebt (von IS_1 nach IS_2). Wenn die Zentralbank das Geldangebot fixiert und ein freies Spiel des Zinssatzes zulässt, dann verändert die LM-Kurve ihre Lage nicht. Konsequenz dieser Politik ist ein Anstieg des Zinssatzes auf r_2 und eine Erhöhung des Einkommens auf Y_2.

Will die Zentralbank hingegen den Zinssatz konstant halten, dann muss sie die Geldmenge so erhöhen, dass sich die LM-Kurve so weit nach rechts verschiebt, bis das neue Gleichgewicht mit dem ursprünglichen Zinssatz r_1 vereinbar ist. Diese expansive Geldpolitik bewirkt eine weitere Erhöhung des Einkommens, sodass das neue Gleichgewichtseinkommen bei Y_3 liegt. Falls alle Störungen der Wirtschaft auf exogenen Veränderungen der Nachfrage nach Waren und Dienstleistungen beruhen, führt also eine Politik des konstanten Zinssatzes zu größeren Schwankungen des Outputs als eine Politik, welche die Geldmenge fixiert und ein freies Spiel des Zinssatzes zulässt.

b. Falls alle Störungen der Wirtschaft auf exogenen Veränderungen der Geldnachfrage beruhen, verschiebt sich durch diese Störungen lediglich die LM-Kurve, während die IS-Kurve davon unberührt bleibt. Wir wollen annehmen, dass es zu einem exogenen Rückgang der Geldnachfrage kommt. Falls die Zentralbank das Geldangebot konstant hält, kommt es zu einer Rechtsverschiebung der LM-Kurve (von LM_1 nach LM_2 in

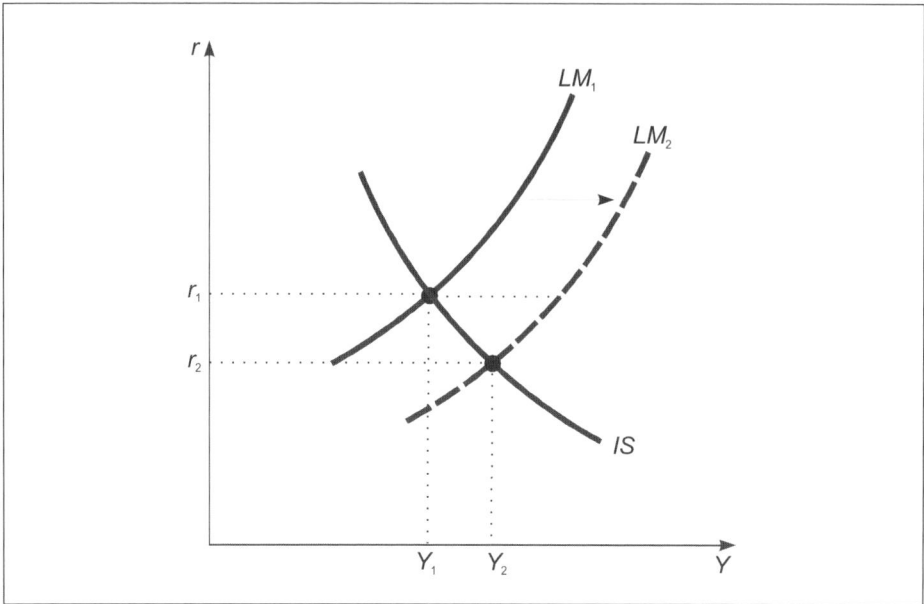

Abb. 11-27

Abbildung 11-27). Der Zinssatz sinkt von r_1 auf r_2 und die Produktion steigt von Y_1 auf Y_2.

Verfolgt die Zentralbank dagegen eine Politik, bei der der Zinssatz konstant gehalten wird, tritt diese Verschiebung der LM-Kurve nicht ein. Ein Rückgang der Geldnachfrage wird dann von der Zentralbank unmittelbar mit einer entsprechenden Verringerung des Geldangebots beantwortet, sodass die Lage der LM-Kurve unverändert bleibt. Falls also alle Störungen der Wirtschaft auf exogenen Veränderungen der Geldnachfrage beruhen, ist eine Politik, die darauf abzielt, den Zinssatz konstant zu halten, besser zur Stabilisierung des Outputs geeignet als eine Politik, bei der die Geldmenge fixiert wird.

Aufgabe 8

Nehmen Sie an, dass die Nachfrage nach Realkasse vom verfügbaren Einkommen abhängt. D.h. die Geldnachfragefunktion lautet $M/P = L(r, Y - T)$. Überlegen Sie unter Verwendung des IS/LM-Modells, ob sich durch diese neue Form der Geldnachfragefunktion

a. die Analyse von Änderungen der Staatsausgaben,

b. die Analyse von Steueränderungen

anders gestaltet als zuvor.

Lösung

a. Die in der Aufgabenstellung vorgestellte Variante der Geldnachfragefunktion verändert die bisherige Analyse der Staatsausgaben nicht. Eine Erhöhung der Staatsausgaben führt über einen Anstieg des Gesamteinkommens zu Rückwirkungen auf dem

Geldmarkt. Da sich das verfügbare Einkommen aber genauso ändert wie das Einkommen vor Steuern, spielt es für die Analyse keine Rolle, ob die Geldnachfrage vom Gesamteinkommen oder vom verfügbaren Einkommen abhängig ist.

b. Eine Steuersenkung führt dazu, dass das verfügbare Einkommen für jedes gegebene Niveau des Gesamteinkommens steigt. Damit erhöht sich für jedes gegebene Gesamteinkommen auch das Niveau der geplanten Konsumausgaben. Daher ist bei jedem gegebenen Zinssatz Gleichgewicht auf dem Gütermarkt nur bei einem höheren Niveau des Gesamteinkommens möglich. Die IS-Kurve verschiebt sich also nach rechts. Bei der sonst im Lehrbuch verwendeten Form der Geldnachfragefunktion bleibt die Lage der LM-Kurve unverändert. Jetzt aber ist die Geldnachfrage vom verfügbaren Einkommen abhängig. Eine Senkung der Steuern bedeutet, dass auf dem Geldmarkt zu jedem gegebenen Zinssatz die Geldnachfrage steigt. Bei unverändertem Geldangebot und gegebenem Gesamteinkommen Y_1 ist Gleichgewicht auf dem Geldmarkt nur möglich, wenn der Zins auf r_2 steigt (vgl. Abbildung 11-28(a)). Das bedeutet, dass sich im IS/LM-Diagramm die LM-Kurve nach oben verschiebt (vgl. Abbildung 11-28(b)). Der durch die Steuersenkung ausgelösten expansiven Verschiebung der IS-Kurve steht nun also eine kontraktive Verschiebung der LM-Kurve gegenüber. Je nachdem, wie stark die Geldnachfrage auf das verfügbare Einkommen reagiert, kann dieser kontraktive Effekt kleiner, gleich oder größer sein als der expansive Effekt. Bei einer vom verfügbaren Einkommen abhängigen Geldnachfragefunktion lässt sich daher nicht mehr eindeutig sagen, ob sich eine Steuersenkung insgesamt expansiv oder kontraktiv auf das Gleichgewichtseinkommen auswirkt.

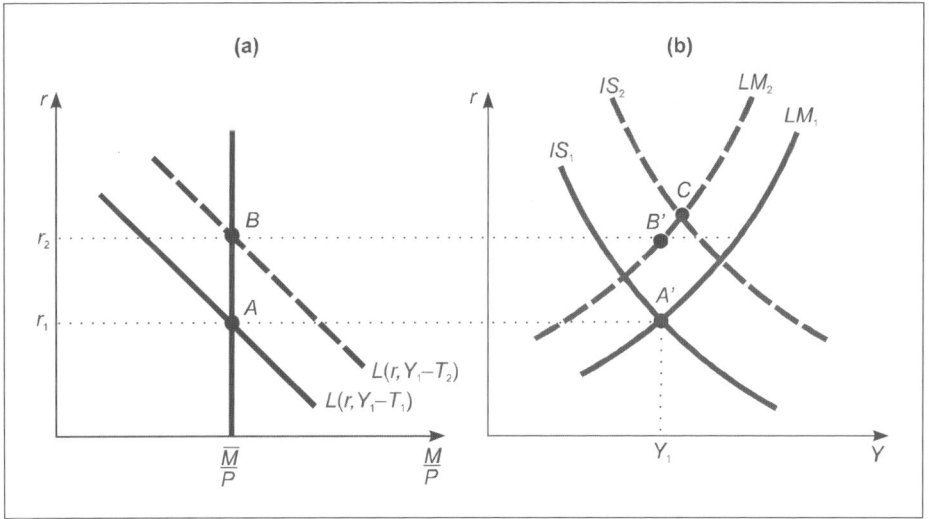

Abb. 11-28

Aufgabe 9

In dieser Aufgabe sollen Sie das IS/LM-Modell algebraisch analysieren. Gehen wir davon aus, dass die Konsumfunktion linear im verfügbaren Einkommen ist:

$$C(Y - T) = a + b(Y - T).$$

Hierin gilt: $a > 0$ und $0 < b < 1$. Nehmen Sie weiter an, dass die Investitionsfunktion linear im Zinssatz ist:

$$I(r) = c - dr,$$

wobei $c > 0$ und $d > 0$.

a. Gehen Sie von der Gleichgewichtsbedingung für eine geschlossene Volkswirtschaft aus und stellen Sie Y als Funktion von r, den exogenen Variablen G und T sowie den Modellparametern a, b, c und d dar.

b. Wie hängt die Steigung der IS-Kurve vom Parameter d ab, der Sensitivität der Investitionen in Bezug auf den Zinssatz? Beziehen Sie sich auf Ihre Antwort zu Teilaufgabe a. und erläutern Sie Ihre Überlegungen.

c. Welche Änderung wird eine größere waagerechte Verschiebung der IS-Kurve hervorrufen: eine Steuersenkung um 100 Euro oder eine Erhöhung der Staatsausgaben um 100 Euro? Beziehen Sie sich auf Ihre Antwort zu Teilaufgabe a. und erläutern Sie Ihre Überlegungen.

Nehmen Sie nun weiter an, dass die reale Geldnachfrage eine lineare Funktion von Einkommen und Zinssatz ist:

$$L(r, Y) = eY - fr$$
wobei $e > 0$ und $f > 0$.

d. Stellen Sie unter Verwendung der Gleichgewichtsbedingung für den Geldmarkt r als Funktion von Y, M und P sowie den Parametern e und f dar.

e. Verwenden Sie Ihre Antwort auf Teilaufgabe d., um zu bestimmen, ob die LM-Kurve für große oder kleine Werte von f steiler verläuft. Erläutern Sie Ihre Überlegung.

f. Wie hängt die Größe der Verschiebung der LM-Kurve, die sich aus einer Erhöhung von M um 100 Euro ergibt, ab von
   i. dem Wert des Parameters e, der Einkommenssensitivität der Geldnachfrage?
   ii. dem Wert des Parameters f, der Zinssensitivität der Geldnachfrage?

g. Verwenden Sie Ihre Antworten zu Teilaufgabe a. und Teilaufgabe d., um einen Ausdruck für die Gesamtnachfragekurve abzuleiten. Ihre Gleichung sollte Y als Funktion von P, den exogenen Politikvariablen M, G und T sowie den Modellparametern zeigen. Dieser Ausdruck dürfte nicht den Zinssatz r enthalten.

h. Verwenden Sie Ihre Antwort zu Teilaufgabe g., um zu zeigen, dass die Gesamtnachfragekurve eine negative Steigung aufweist.

i. Verwenden Sie Ihre Antwort zu Teilaufgabe g., um zu zeigen, dass Erhöhungen von G und M sowie Verringerungen von T die Gesamtnachfragekurve nach rechts verschieben. Wie ändert sich Ihr Ergebnis, falls der Parameter f (Zinssensitivität der Geldnachfrage) gleich null ist?

Lösung

a. Gefragt ist nach der Gleichung der IS-Kurve, die das Gütermarktgleichgewicht einer geschlossenen Volkswirtschaft beschreibt. Gegeben sind die Konsumfunktion und die

Investitionsfunktion. Steuern und Staatsausgaben werden als exogene Größen betrachtet. Es wird angenommen, dass die Gleichgewichtsbedingung erfüllt ist. Wir setzen die gegebenen Funktionen in die Gleichgewichtsbedingung ein und lösen nach Y auf:

$$C = a + b(Y - T), \quad a > 0, \quad 0 < b < 1$$

$$I = c - dr, \quad c,d > 0$$

$$Y = C + I + G$$

$$Y = \big[a + b(Y - T)\big] + \big[c - dr\big] + G$$

$$Y = \frac{a + c}{1 - b} + \frac{1}{1 - b}G - \frac{b}{1 - b}T - \frac{d}{1 - b}r$$

b. Die ersten drei Terme sind konstant. Sie bestimmen den Achsenabschnitt der IS-Kurve. (Es ist zu beachten, dass die IS-Kurve üblicherweise in einem Diagramm gezeichnet wird, bei dem Y an der Abszisse und r an der Ordinate abgetragen sind. Die Summe der ersten drei Terme liefert also den Abszissenabschnitt.) Die Steigung der IS-Kurve wird durch den Koeffizienten des letzten Terms bestimmt. Weil d > 0 und 0 < b < 1 gilt, muss der Koeffizient betragsmäßig größer als null sein. Wegen des negativen Vorzeichens verläuft die IS-Kurve fallend. Je größer d ist, die Sensitivität der Investitionen in Bezug auf den Zinssatz, desto größer ist der Koeffizient d/(1 – b) betragsmäßig. Dies impliziert, dass eine gegebene Zinsänderung bei großem d eine starke Änderung des Gleichgewichtseinkommens hervorruft. Die IS-Kurve verläuft in einem Diagramm, an dessen Abszisse Y und an dessen Ordinate r abgetragen ist, dann vergleichsweise flach.

c. Eine Erhöhung der Staatsausgaben oder eine Senkung der Steuern führen für jeden gegebenen Zinssatz zu einem Anstieg des Einkommens, bei dem der Gütermarkt im Gleichgewicht ist. Daher verschiebt sich die IS-Kurve nach rechts. Das Ausmaß dieser Rechtsverschiebung wird durch den Koeffizienten 1/(1 – b) bzw. –b/(1 – b) bestimmt. Weil 0 < b < 1 gilt, ist der Koeffizient der Steuern betragsmäßig kleiner als der Koeffizient der Staatsausgaben. Daher ruft eine Erhöhung der Staatsausgaben um 100 Euro eine größere waagerechte Verschiebung hervor als eine Senkung der Steuern um 100 Euro.

d. Gefragt ist nach der Gleichung der LM-Kurve. Diese ergibt sich aus der Geldnachfragefunktion, der Geldangebotsfunktion und der Geldmarktgleichgewichtsbedingung. Es gilt:

$$L = eY - fr$$

$$\frac{M}{P} = L$$

$$\frac{M}{P} = eY - fr$$

$$r = \frac{e}{f}Y - \frac{1}{f}\frac{M}{P}$$

e. Die Steigung der LM-Kurve wird durch den Koeffizienten e/f bestimmt. Weil f im Nenner steht, wird der Koeffizient kleiner, wenn f größere Werte annimmt. Eine große

Zinssensitivität der Geldnachfrage (Reaktion der Geldnachfrage auf Zinssatzänderungen, f ist groß) führt also dazu, dass eine gegebene Änderung des Einkommens mit einer geringen Änderung des Gleichgewichtszinssatzes einhergeht. Die LM-Kurve verläuft daher für kleinere Werte von f steiler.

f. Eine Erhöhung des nominalen Geldangebots M führt bei jedem gegebenen Einkommen zu einem Rückgang des Zinssatzes, bei dem der Geldmarkt im Gleichgewicht ist. Die LM-Kurve verschiebt sich also nach unten. Das Ausmaß dieser Verschiebung wird durch den Koeffizienten $-(1/f)$ bestimmt. Die Verschiebung ist umso stärker, je kleiner f ist. Der Wert des Parameters e (Einkommenssensitivität der Geldnachfrage) spielt keine Rolle.

g. Die Gleichung der Gesamtnachfragekurve ergibt sich aus der Zusammenführung von IS-Kurve und LM-Kurve. Formal haben wir es mit einem System von zwei Gleichungen und drei Variablen (Y, r, P) zu tun, dass wir zu einer Gleichung in zwei Variablen (Y und P) zusammenfassen. Wir setzen daher die LM-Beziehung in die IS-Beziehung ein:

$$Y = \frac{a+c}{1-b} + \frac{1}{1-b}G - \frac{b}{1-b}T - \frac{d}{1-b}\left[\frac{e}{f}Y - \frac{1}{f}\frac{M}{P}\right]$$

$$Y = \frac{z(a+c)}{1-b} + \frac{z}{1-b}G - \frac{zb}{1-b}T + \frac{d}{(1-b)\left(f+\dfrac{de}{1-b}\right)}\frac{M}{P}.$$

Hierin ist

$$z = \frac{f}{f+\dfrac{de}{1-b}}$$

h. Die Steigung der Gesamtnachfragekurve ergibt sich algebraisch als erste Ableitung:

$$\frac{dY}{dP} = -\frac{d}{(1-b)\left(f+\dfrac{de}{1-b}\right)}\frac{M}{P^2} < 0$$

i. Die Gesamtnachfragekurve wird üblicherweise in einem Diagramm dargestellt, bei dem das Einkommen Y an der Abszisse und das allgemeine Preisniveau P an der Ordinate abgetragen werden. Eine Erhöhung von G führt ebenso wie eine Erhöhung von M für jedes gegebene Preisniveau zu einem höheren Wert von Y, was eine Rechtsverschiebung der Gesamtnachfragekurve impliziert. Weil der Steuerkoeffizient ein negatives Vorzeichen hat, ruft eine Senkung der Steuern für jedes gegebene Preisniveau einen Anstieg des Einkommens hervor, was eine Rechtsverschiebung der Gesamtnachfragekurve impliziert. Falls der Parameter f gleich null ist, hat auch der zusammengesetzte Koeffizient z einen Wert von null. In diesem Fall haben Änderungen von Staatsausgaben und Steuern keine Wirkung auf die Lage der Gesamtnachfragekurve. Weil f im Nenner des Koeffizienten des Geldangebots steht, ist dieser Koeffizient besonders groß, wenn f gleich null ist. Eine Erhöhung des Geldangebots ruft dann eine starke Rechtsverschiebung der Gesamtnachfragekurve hervor.

Noch einmal offene Volkswirtschaft: Das Mundell-Fleming-Modell und das Wechselkursregime

Aufgabe 1

Verwenden Sie das Mundell-Fleming-Modell, um sowohl bei flexiblen als auch bei festen Wechselkursen die Reaktionen des Gesamteinkommens, des Wechselkurses und der Leistungsbilanz auf die folgenden Schocks zu analysieren:

a. Die Konsumenten blicken skeptischer in die Zukunft. Daher kommt es zu einem Rückgang der Ausgaben und einer Erhöhung des Sparens.

b. Die Einführung einer besonders schicken Toyota-Reihe führt dazu, dass sich mehr Konsumenten für ausländische Autos entscheiden.

c. Die Einführung von Geldautomaten vermindert die Geldnachfrage.

Lösung

Das Mundell-Fleming-Modell geht von einem sowohl im Inland als auch im Ausland kurzfristig gegebenen Preisniveau aus. Darüber hinaus wird vollkommene Kapitalmobilität angenommen, sodass in einer kleinen offenen Volkswirtschaft der Zinssatz durch den Weltrealzinssatz bestimmt wird. Wir können das Mundell-Fleming-Modell durch folgende Gleichungen beschreiben:

$$Y = C(Y - T) + I(r) + G + NX(e) \qquad IS^*\text{-Kurve}$$

$$\frac{M}{P} = L(r^*, Y) \qquad\qquad\qquad LM^*\text{-Kurve.}$$

Hierin steht e für den nominalen Wechselkurs. (Realer und nominaler Wechselkurs verhalten sich im Mundell-Fleming-Modell wegen der Annahme konstanter Preise proportional.)

a. Wenn die Konsumenten skeptischer in die Zukunft blicken und es daher zu einem exogenen Rückgang der Konsumausgaben kommt, verschiebt sich die IS*-Kurve nach links. Je nachdem, ob flexible oder feste Wechselkurse vorliegen, hat diese Linksverschiebung unterschiedliche Wirkungen. In Abbildung 12-1 ist zunächst der Fall flexibler Wechselkurse gezeigt. Weil sich das Geldangebot nicht ändert, behält die LM*-Kurve ihre Lage bei. Daher kann sich auch das Einkommen nicht ändern. Dahinter steht folgender Mechanismus: Der Rückgang der inländischen Gesamtausgaben impliziert tendenziell einen Rückgang der inländischen Geldnachfrage und damit einen Rückgang des Inlandszinssatzes. Wegen der Annahme vollkommener Kapitalmobilität führt diese Zinssenkungstendenz aber dazu, dass Kapital aus dem Inland abströmt und damit der Wechselkurs der heimischen Währung sinkt. Dieser Rückgang des Wechselkurses verbilligt die inländischen Güter relativ zu den ausländischen mit der Konsequenz, dass die Nettoexporte steigen. Die Zunahme der Nettoexporte gleicht die

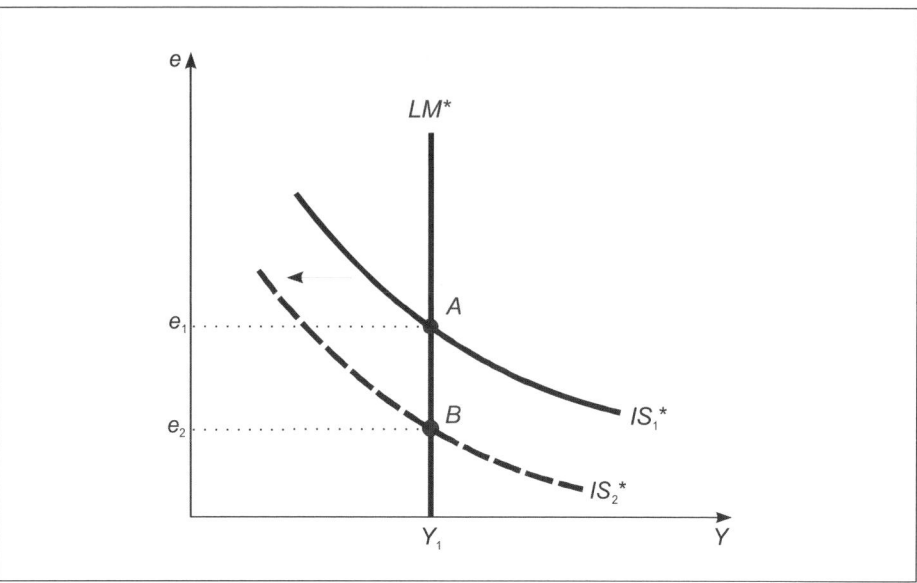

Abb. 12-1

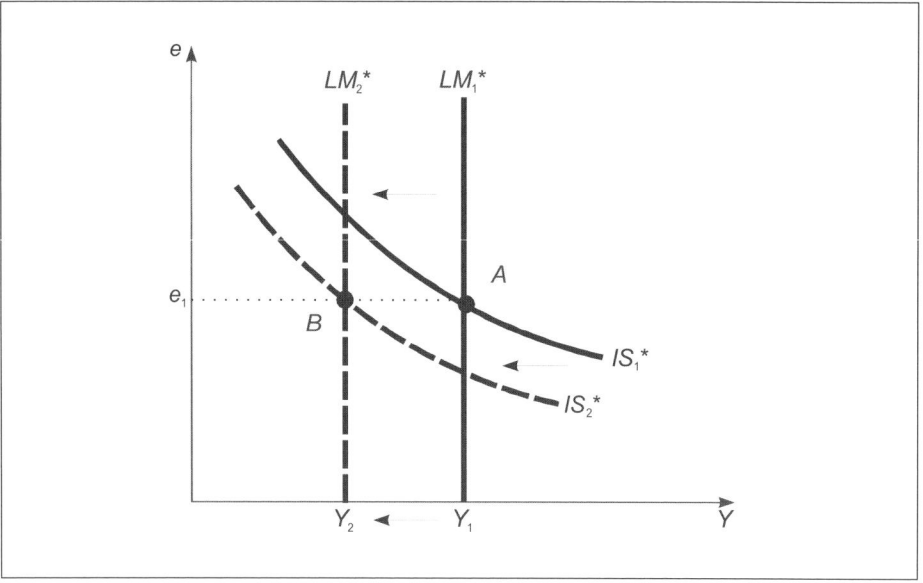

Abb. 12-2

Wirkungen der gesunkenen inländischen Konsumausgaben auf das Gesamteinkommen gerade aus.

Die Konsequenzen des exogenen Rückgangs der Konsumausgaben bei festen Wechselkursen ist in Abbildung 12-2 gezeigt. Wieder verschiebt sich die IS*-Kurve nach links. Die dadurch ausgelöste Zinssenkungstendenz bewirkt, dass inländische Währung abströmt und es zum Druck auf den Wechselkurs kommt. In einem Regime fester Wechselkurse muss die Zentralbank aber den Wechselkurs e_1 verteidigen. Sie kauft daher inländische Währung auf, was zu einer Verringerung des Geldangebots und zu einer Linksverschiebung der LM*-Kurve führt. Weil sich der Wechselkurs nicht ändert, nehmen auch die Nettoexporte nicht zu, sodass die Auslandsnachfrage keine kompensatorische Wirkung gegenüber dem exogenen Rückgang der inländischen Konsumausgaben entfaltet. Daher sinkt das Einkommen von Y_1 auf Y_2.

b. Falls sich die Präferenzen der Konsumenten zugunsten von Importgütern verändern, bedeutet dies, dass zu jedem gegebenen Wechselkurs die Nettoexporte geringer werden. Dieser exogene Rückgang der Nettoexporte führt zu einer Linksverschiebung der IS*-Kurve. Abbildung 12-3 zeigt die Auswirkungen, die diese Verschiebung im Fall flexibler Wechselkurse aufweist. Weil die LM*-Kurve durch den Rückgang der Nettoexporte nicht berührt wird, kann sich das Einkommen nicht ändern. Der Rückgang der Nettoexporte bedeutet eine Verringerung der geplanten Gesamtausgaben. Dies führt tendenziell zu einem Rückgang der Geldnachfrage, wodurch es zu einer Zinssenkungstendenz kommt. Wegen der Annahme vollkommener Kapitalmobilität bewirkt diese Zinssenkungstendenz, dass inländisches Kapital ins Ausland strömt. Daher sinkt der Wechselkurs. Die Verminderung des Wechselkurses verbilligt die inländischen Güter relativ zu den ausländischen, sodass die Nettoexporte steigen. Im Endergebnis wird der präferenzbedingte exogene Rückgang der Nettoexporte genau durch eine Zunahme der Nettoexporte aufgrund des sinkenden Wechselkurses ausgeglichen.

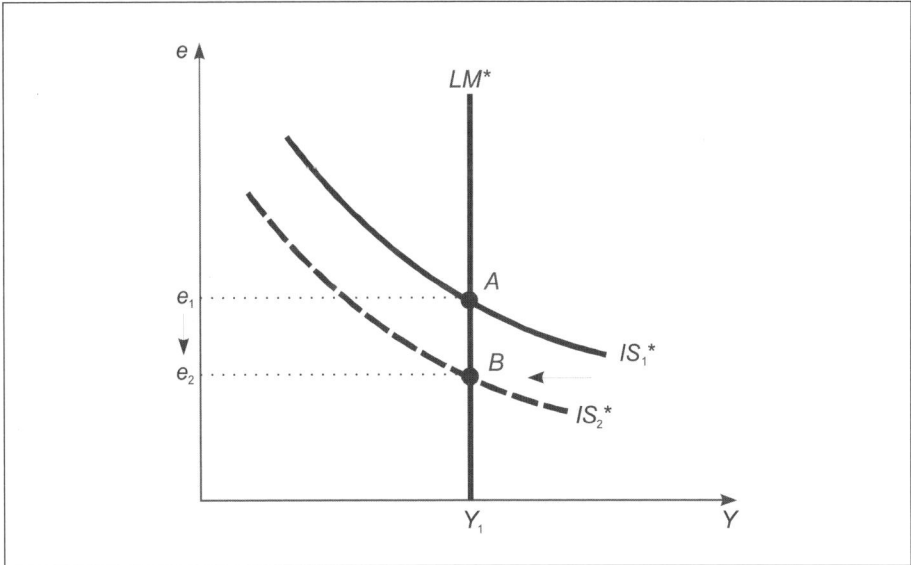

Abb. 12-3

Die Konsequenzen der Linksverschiebung der IS*-Kurve bei festen Wechselkursen sind in Abbildung 12-4 zu erkennen. Wieder löst der exogene Rückgang der Nettoexporte über die damit tendenziell verbundene Einkommenssenkung eine Zinssenkungstendenz aus. Aufgrund dieser Zinssenkungstendenz strömt Kapital vom Inland ins Aus-

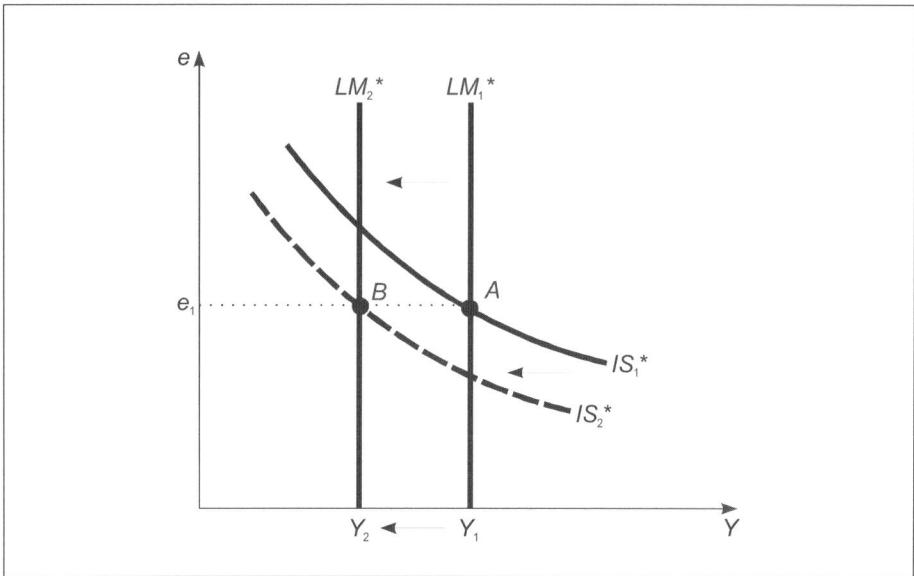

Abb. 12-4

land, was zu einem Druck auf den Wechselkurs führt. Weil in einem System fester Wechselkurse die Zentralbank den Kurs e_1 verteidigen muss, kauft sie inländische Währung auf. Dies impliziert einen Rückgang des inländischen Geldangebots. Die LM*-Kurve verschiebt sich nach links. Weil der Wechselkurs sich nicht ändert, kann der exogene Rückgang der Nettoexporte nicht aufgefangen werden. Produktion und Einkommen des Inlands sinken daher.

c. Der durch die Einführung von Geldautomaten bedingte Rückgang der Geldnachfrage führt dazu, dass sich die LM*-Kurve nach rechts verschiebt. Dies ist darauf zurückzuführen, dass der exogene Rückgang der Geldnachfrage zu einem Ungleichgewicht am Geldmarkt führt. Unter der Annahme eines gegebenen Geldangebots muss die Geldnachfrage zunehmen, damit der Geldmarkt wieder ins Gleichgewicht kommt. Da der Zinssatz durch den Weltrealzinssatz fixiert ist, muss letztlich das Einkommen steigen. Abbildung 12-5 zeigt die Wirkungen des exogenen Rückgangs der Geldnachfrage für den Fall flexibler Wechselkurse. Der Rückgang der Geldnachfrage löst eine Zinssenkungstendenz aus. Daher strömt Kapital ins Ausland ab. Dieser Kapitalabstrom führt zu einem Rückgang des Wechselkurses, der einen Anstieg der Nettoexporte zur Folge hat. Der Druck auf den Wechselkurs und die damit verbundene Zunahme der Nettoexporte halten so lange an, bis die Geldnachfrage aufgrund der Einkommenszunahme wieder das ursprüngliche Niveau erreicht hat.

Der Fall fester Wechselkurse ist in Abbildung 12-6 dargestellt. Wieder verschiebt die exogene Verringerung der Geldnachfrage die LM-Kurve nach rechts. Auch jetzt kommt es zu einer Zinssenkungstendenz im Inland, die wegen der vollkommenen Kapitalmobilität erhöhten Kapitalabfluss und damit einen Druck auf den Wechselkurs auslöst. In einem System fester Wechselkurse muss die Zentralbank jedoch den Kurs e_1 verteidigen. Sie kauft daher am Devisenmarkt inländische Währung auf. Damit verringert sich das inländische Geldangebot, was sich in einer Linksverschiebung der LM*-Kurve

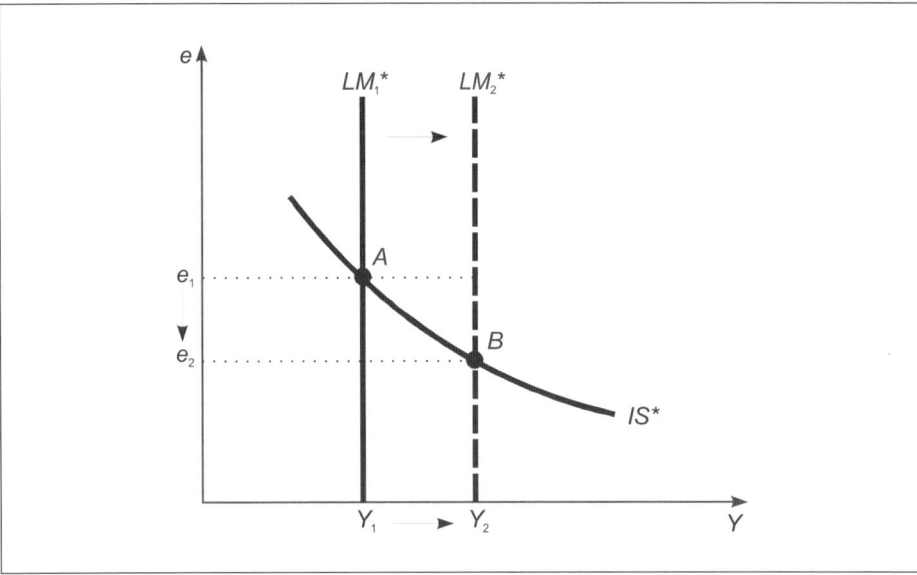

Abb. 12-5

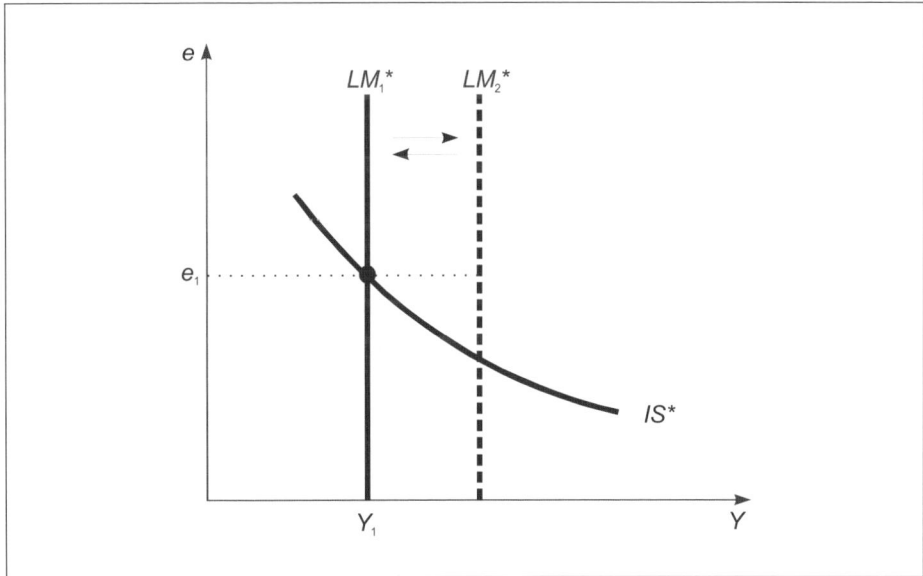

Abb. 12-6

niederschlägt. Der Druck auf den Wechselkurs und die dadurch bedingte Devisenmark-tintervention der Zentralbank halten so lange an, bis das Geldangebot auf das durch die Störung geringer gewordene Niveau der Geldnachfrage gesunken ist. Im neuen Gleichgewicht haben Gesamteinkommen, Wechselkurs und Leistungsbilanzsaldo die gleiche Höhe wie vor der Störung.

Aufgabe 2

Eine kleine offene Volkswirtschaft mit flexiblen Wechselkursen befindet sich in einer Rezession bei ausgeglichener Leistungsbilanz. Wenn die politischen Entscheidungsträger Vollbeschäftigung unter Beibehaltung der ausgeglichenen Leistungsbilanz erreichen wollen, welche Kombination aus Geld- und Fiskalpolitik sollten sie wählen?

Lösung

In der zu dieser Aufgabe gehörenden Abbildung ist das Realeinkommen an der Abszisse abgetragen. Im Ausgangspunkt gelten die Kurven LM_1^* und IS_1^*. Das Gleichgewichtseinkommen in der Rezession ist Y_R. Annahmegemäß ist beim Wechselkurs e_f die Leistungsbilanz ausgeglichen. Das Einkommen, bei dem das Produktionspotenzial ausgelastet wird, ist mit Y_v bezeichnet. Ziel der Politik ist es, dieses Vollbeschäftigungseinkommen anzusteuern. Mit fiskalpolitischen Maßnahmen allein lässt sich dieses Ziel nicht erreichen – das Einkommen würde auf Y_R verharren und die Leistungsbilanz würde aufgrund des gestiegenen Wechselkurses defizitär werden. Mit geldpolitischen Maßnahmen (Verschiebung der LM*-Kurve) könnte das Beschäftigungsziel zwar erreicht werden, aber aufgrund des gesunkenen Wechselkurses würde ein Leistungsbilanzüberschuss resultieren. Die Politik kann beide Ziele – Vollbeschäftigung und ausgeglichene Leistungsbilanz – durch eine geeignete Kombination von Geld- und Fiskalpolitik erreichen, bei der beide Kurven sich derart nach rechts verschieben, dass die IS*-Kurve sich genau über dem Vollbeschäftigungseinkommen befindet und die LM*-Kurve die IS*-Kurve beim ursprünglichen Wechselkurs schneidet.

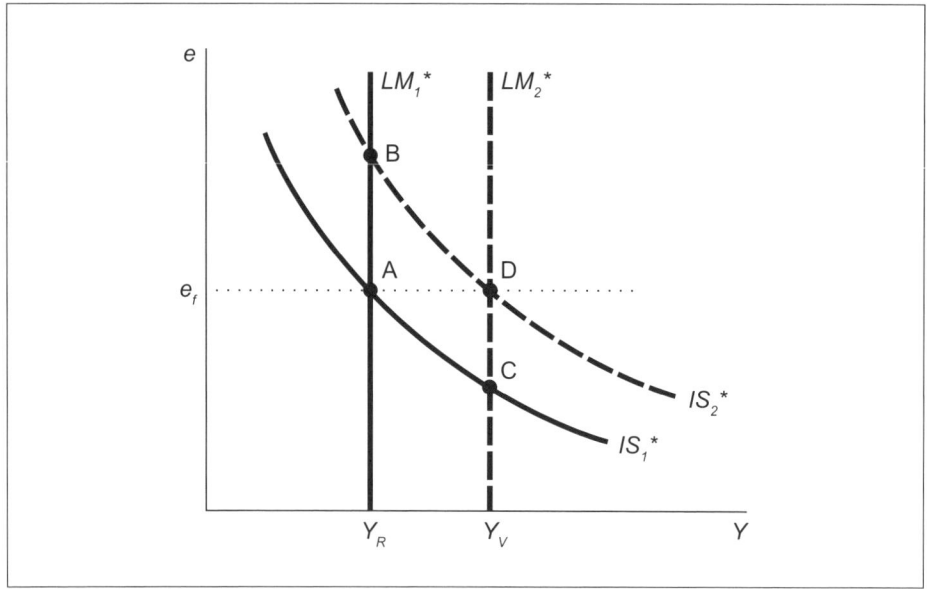

Abb. 12-7

Aufgabe 3

Im Mundell-Fleming-Modell wird der Weltzinssatz r* als exogene Variable betrachtet. Wir wollen die Wirkungen einer Änderung dieser Variablen analysieren.

a. Aus welchen Gründen könnte sich der Weltzinssatz ändern?

b. Welche Wirkungen hat eine Erhöhung des Weltzinssatzes im Mundell-Fleming-Modell mit flexiblen Wechselkursen auf Gesamteinkommen, Wechselkurs und Leistungsbilanz?

c. Welche Wirkungen hat eine Erhöhung des Weltzinssatzes im Mundell-Fleming-Modell mit festen Wechselkursen auf Gesamteinkommen, Wechselkurs und Leistungsbilanz?

Lösung

a. Das Mundell-Fleming-Modell der kleinen offenen Volkswirtschaft betrachtet den Weltzinssatz als exogene Variable, weil die Verhältnisse des kleinen Landes nur einen vernachlässigbaren Einfluss auf die Weltwirtschaft haben. Die Weltwirtschaft insgesamt kann man aber als geschlossene Volkswirtschaft betrachten. Daher kann sich der Weltzinssatz aus den gleichen Gründen ändern, die bei der Analyse der geschlossenen Volkswirtschaft erörtert wurden. Langfristig ergibt sich der Weltzinssatz als Zinssatz, der Weltersparnis und Weltinvestitionen ins Gleichgewicht bringt. Alle Größen, die sich auf die Weltersparnis oder die Weltinvestitionsnachfrage auswirken, beeinflussen daher den realen Weltzinssatz. Kurzfristig wird der Weltzinssatz durch alle Größen beeinflusst, die sich auf die Weltgesamtnachfrage nach Gütern oder das Weltangebot an Geld auswirken.

b. Eine Erhöhung des Weltzinssatzes führt dazu, dass zu jedem gegebenen Wechselkurs das vom Gütermarkt bestimmte Gleichgewichtseinkommen geringer ist als zuvor, weil der Zinsanstieg zu einem Rückgang der Investitionsnachfrage führt. Die IS*-Kurve verschiebt sich daher nach links (vgl. Abbildung 12-8). Gleichzeitig führt der höhere Zinssatz zu einem Rückgang der Geldnachfrage, sodass bei gegebenem Geldangebot

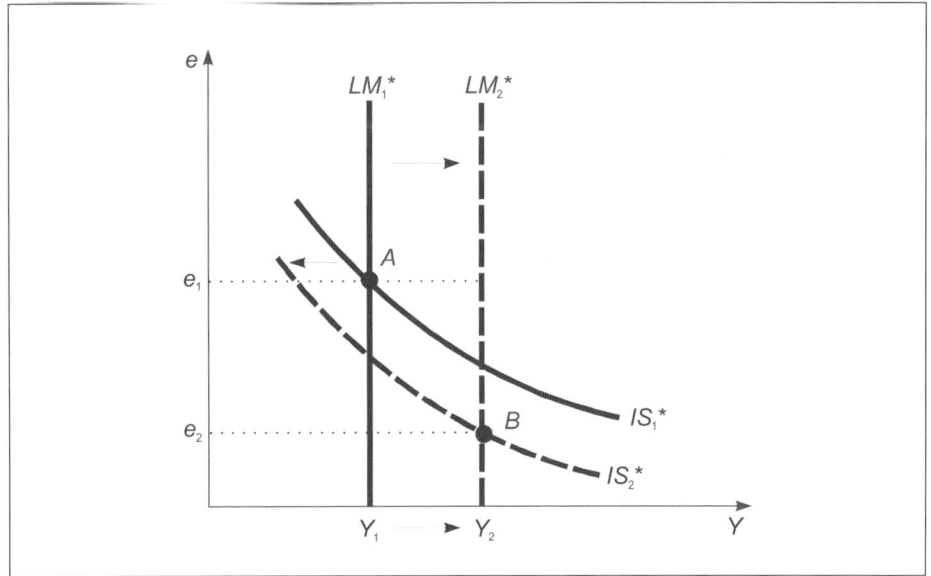

Abb. 12-8

ein Gleichgewicht nur bei höherem Einkommen möglich ist. Daher verschiebt sich die LM*-Kurve nach rechts. Der Zinsanstieg am Weltmarkt hat zur Folge, dass inländisches Kapital abströmt. Dies führt zu einem Rückgang des Wechselkurses, der mit einer Erhöhung der Nettoexporte verbunden ist. Der Druck auf den Wechselkurs hält so lange an, bis der hierdurch ausgelöste Anstieg der Nettoexporte das Einkommen so weit erhöht hat, dass Güter und Geldmarkt wieder im Gleichgewicht sind. Abbildung 12-8 zeigt, dass das Gesamteinkommen steigt, der Wechselkurs sinkt und daher der Leistungsbilanzsaldo zunimmt.

c. Die Auswirkungen einer Erhöhung des Weltzinssatzes im Fall fester Wechselkurse sind in Abbildung 12-9 gezeigt. Wieder führt der Anstieg des Zinssatzes zu einer Linksverschiebung der IS*-Kurve, weil der höhere Zinssatz zu einem Rückgang der Investitionen führt und daher für einen gegebenen Wechselkurs ein Gütermarktgleichgewicht nur bei geringerem Einkommen möglich ist. Die Auswirkung der Zinserhöhung auf die LM*-Kurve ist etwas komplexer. Eigentlich würde sich die LM*-Kurve nach rechts verschieben ($LM_2^{*'}$), weil der Anstieg des Zinssatzes einen Rückgang der Geldnachfrage hervorruft. Ein Gleichgewicht am Geldmarkt ist bei gegebenem Geldangebot nur dann möglich, wenn das Einkommen zunimmt. In einem System fester Wechselkurse muss die Zentralbank jedoch den gegebenen Wechselkurs e_1 verteidigen. Der Anstieg des Weltmarktzinssatzes führt zu einem Kapitalabfluss, der einen Druck auf den Wechselkurs zur Folge hat. Weil die Zentralbank den Wechselkurs e_1 verteidigen muss, kauft sie zur Stützung des Kurses heimische Währung auf. Damit verringert sich aber die inländische Geldmenge, was eine Linksverschiebung der LM*-Kurve hervorruft. Der Abwertungsdruck und die Intervention der Zentralbank halten so lange an, bis sich die LM*-Kurve so weit verschoben hat, dass im Punkt B ein neues Gleichgewicht erreicht ist. Abbildung 12-9 zeigt, dass das Einkommen sinkt, der Wechselkurs und damit der Leistungsbilanzsaldo aber im Endeffekt unverändert bleiben.

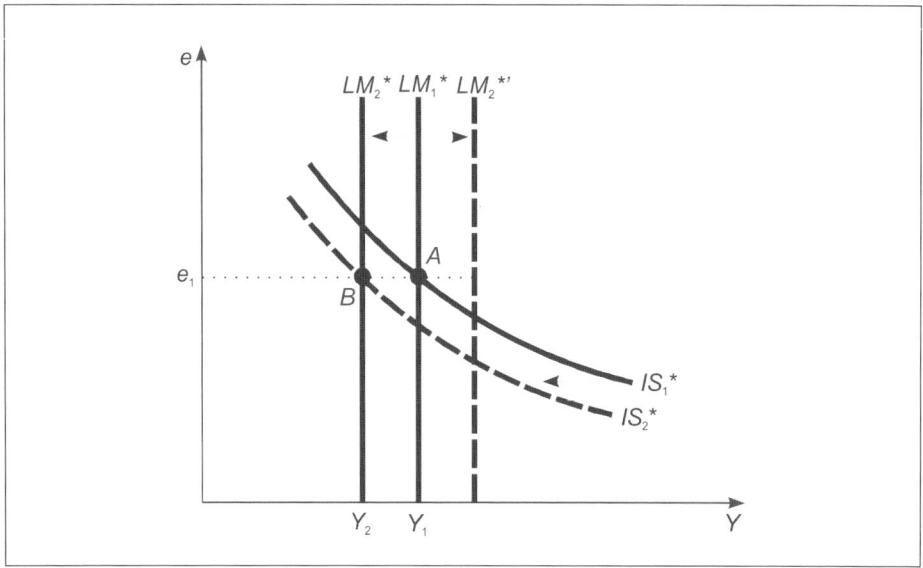

Abb. 12-9

Aufgabe 4

Wirtschaftspolitiker und Manager machen sich häufig Gedanken um die Wettbewerbsfähigkeit der deutschen Industrie. (Gemeint ist die Fähigkeit der deutschen Industrie, ihre Produkte mit Gewinn auf dem Weltmarkt zu verkaufen.)

a. Welchen Einfluss auf die Wettbewerbsfähigkeit hat eine Änderung des Wechselkurses?

b. Nehmen Sie an, dass Sie die Wettbewerbsfähigkeit der deutschen Industrie erhöhen wollen, ohne das Gesamteinkommen zu ändern. Welche Kombination aus Geld- und Fiskalpolitik würden Sie unter Zugrundelegung des Mundell-Fleming-Modells verfolgen?

Lösung

a. Ein Rückgang des Wechselkurses der inländischen Währung verbessert die Wettbewerbsfähigkeit der deutschen Industrie. Wenn wir als Beispiel den Euro-Dollar-Kurs betrachten, dann bedeutet ein geringerer Wechselkurs des Euros, dass mit einem Euro weniger Dollar erworben werden können. Umgekehrt bedeutet dies, dass man für einen Dollar mehr Euro erhält. Aus Sicht des Auslands bedeutet dies, dass die inländischen Güter billiger geworden sind. Daher nimmt die Wettbewerbsfähigkeit der inländischen Industrie zu.

b. Bei der Beantwortung dieser Teilaufgabe müssen wir zwischen flexiblen und festen Wechselkursen unterscheiden. In Abbildung 12-10 sind LM*- und IS*-Kurve eingetragen. Man erkennt, dass die Höhe des Gleichgewichtseinkommens durch die Lage der LM*-Kurve bestimmt wird. Eine Konstanz der Geldpolitik stellt daher sicher, dass sich das Gesamteinkommen nicht ändert. Eine Erhöhung der Wettbewerbsfähigkeit lässt sich, wie bei Teil a. besprochen, durch eine Senkung des Wechselkurses erreichen. Hierzu muss die IS*-Kurve geeignet verschoben werden. Die notwendige kontraktive Lageänderung lässt sich durch eine Verminderung der Staatsausgaben oder eine Erhöhung der Steuern bewirken.

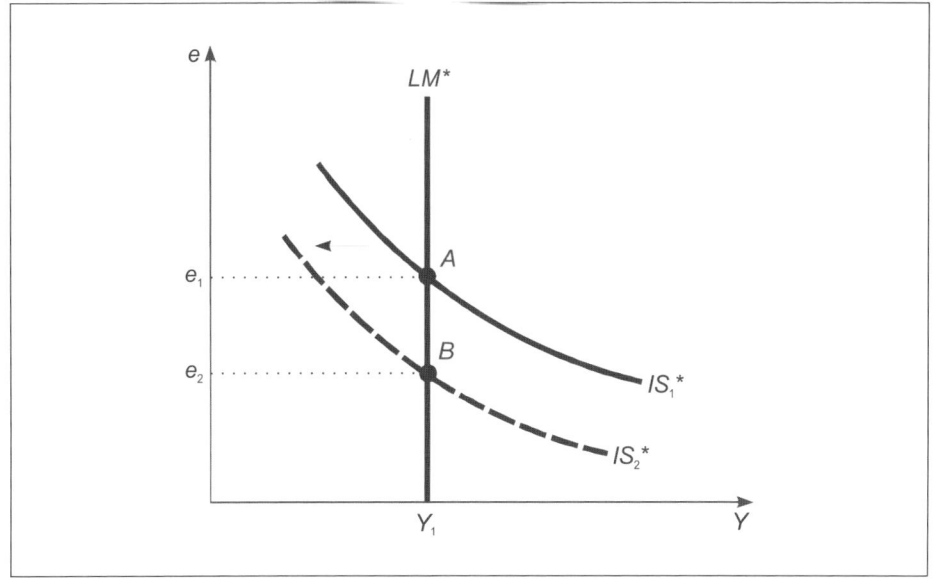

Abb. 12-10

Bei festen Wechselkursen kann der gewünschte Wechselkursrückgang zunächst einfach durch eine Abwertung der inländischen Währung erreicht werden. In Abbildung 12-11 sinkt der Wechselkurs dabei von e_1 auf e_2. Mit dem geringeren Wechselkurs ist eine Zunahme des Leistungsbilanzsaldos verbunden, weil die Nettoexporte zunehmen. Die Erhöhung der Nettoexporte führt tendenziell zu einem Anstieg von Produktion und Einkommen. Um das Einkommen auf dem ursprünglichen Niveau Y_1 zu halten, müssen daher die Staatsausgaben entsprechend gesenkt bzw. die Steuern entsprechend erhöht werden. Eine solche Politik verschiebt die IS*-Kurve nach links, sodass in Punkt B ein neues Gleichgewicht bei niedrigerem Wechselkurs, größerem Leistungsbilanzsaldo, aber unverändertem Einkommen erreicht wird.

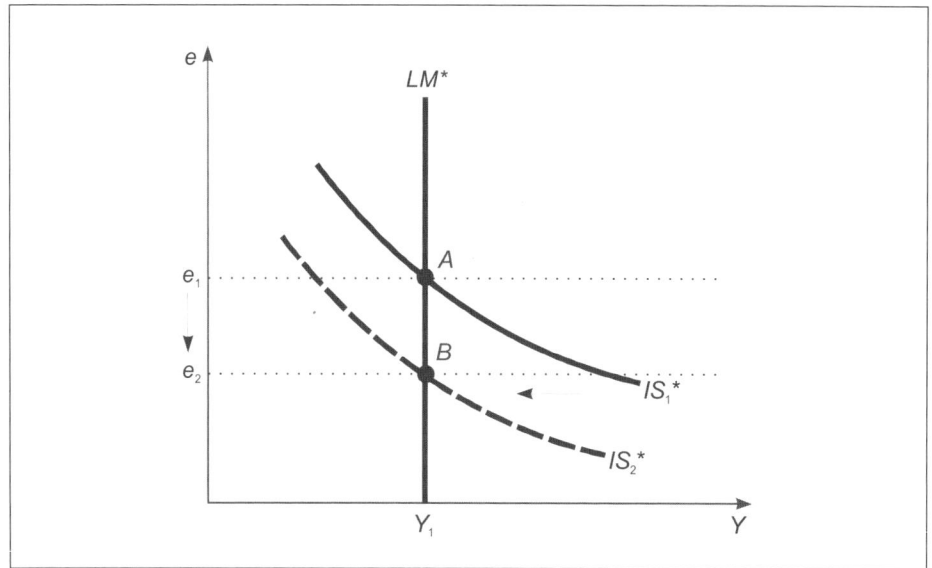

Abb. 12-11

Aufgabe 5

Nehmen Sie an, dass höhere Einkommen mit höheren Importen und daher mit geringeren Nettoexporten verbunden sind. Die Nettoexportfunktion soll also folgendes Aussehen aufweisen:

NX = NX(e, Y).

Analysieren Sie für eine kleine offene Volkswirtschaft die Auswirkungen einer expansiven Fiskalpolitik auf Produktion und Leistungsbilanz bei
a. flexiblen Wechselkursen und
b. festen Wechselkursen.

Vergleichen Sie Ihre Antwort mit Tabelle 12–1.

Lösung

Wenn wir die Nettoexportkurve nach wie vor in einem (NX, e)-Diagramm zeichnen, wirkt das Einkommen als Lageparameter. Änderungen des Einkommens verschieben die Nettoexportkurve. Nimmt das Einkommen zu, steigt bei gegebenem Wechselkurs die Nachfrage nach ausländischen Gütern, der Import steigt, deswegen ceteris paribus die Nettoexporte sinken. Die Nettoexportkurve verschiebt sich daher nach links.

a. In Abbildung 12-12 sind Nettoexportkurve (Diagramm (a)) sowie LM*- und IS*-Kurve (Diagramm (b)) dargestellt. Expansive Fiskalpolitik durch Erhöhung der Staatsausgaben oder Senkung der Steuern verschiebt die IS*-Kurve nach rechts (von IS_1^* nach IS_2^*). Bei gegebenem Geldangebot bleibt die Lage der LM*-Kurve unverändert. Daher kann sich auch der Wert des Gleichgewichtseinkommens nicht ändern. Er verharrt bei Y_1. Der Anstieg der Staatsausgaben führt jedoch tendenziell zu einem Anstieg des Einkommens, weswegen die Geldnachfrage zunimmt. Gleichgewicht am Geldmarkt erfordert einen Anstieg des Zinssatzes. Diese Zinssteigerungstendenz bewirkt einen Zustrom von ausländischem Kapital, weswegen der Wechselkurs steigt. Der steigende Wechselkurs verringert die Nettoexporte. Dieser Prozess hält so lange an, bis in Punkt B beim Wechselkurs e_2 und dem ursprünglichen Einkommen Y_1 ein neues Gleichgewicht erreicht ist. Vergleicht man diese Ergebnisse mit Tabelle 12-1 (Mankiw, S. 452), so sieht man, dass sich gegenüber den dort dargestellten Wirkungen keine Änderung ergibt.

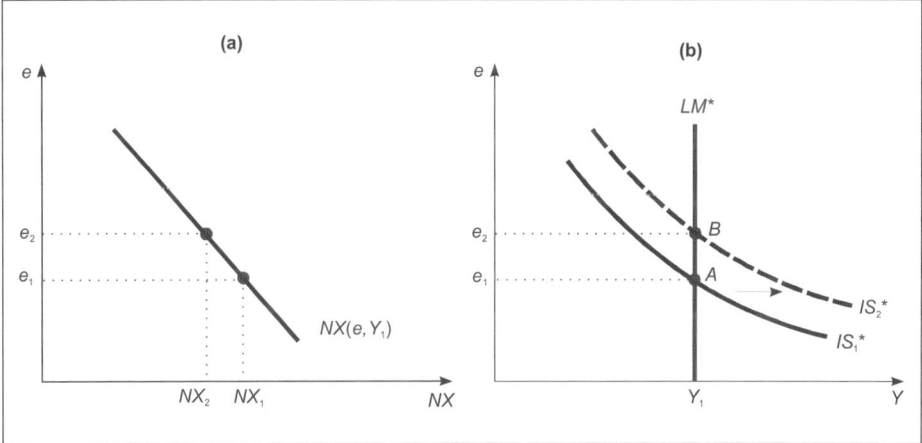

Abb. 12-12

b. Wiederum führt die expansive Fiskalpolitik zu einer Rechtsverschiebung der IS*-Kurve (siehe Abbildung 12-13). Der dadurch ausgelöste Einkommenszuwachs führt zu einem einkommensinduzierten Anstieg der Geldnachfrage. Bei gegebenem Geldangebot kann der Geldmarkt nur im Gleichgewicht sein, wenn die zinsinduzierte Geldnachfrage abnimmt, der Zinssatz also steigt. Die Zinssteigerungstendenz führt aber dazu, dass bei vollkommener Kapitalmobilität ausländisches Kapital ins Inland strömt mit der Konsequenz, dass es tendenziell zu einem Anstieg des Wechselkurses kommt. In einem System fester Wechselkurse muss die Zentralbank aber intervenieren, um den Wechselkurs auf dem Niveau e_1 zu halten. Dazu kauft sie ausländische Währung gegen

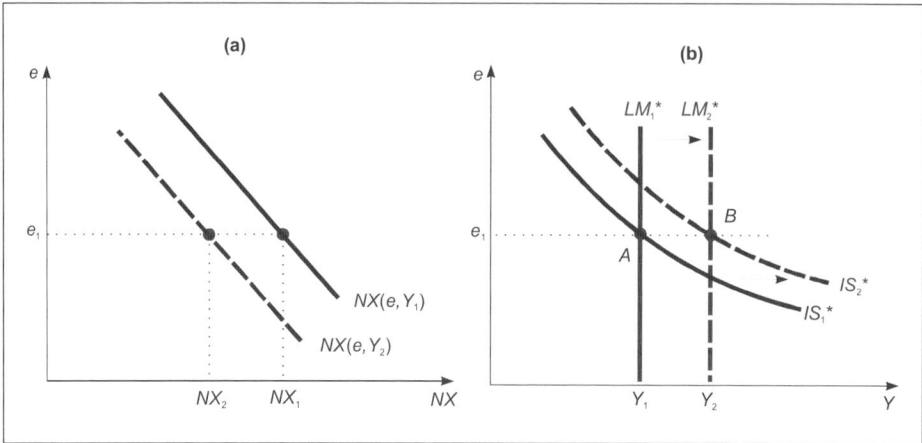

Abb. 12-13

Herausgabe inländischer Währung auf. Dies impliziert einen Anstieg der inländischen Geldmenge und damit eine Rechtsverschiebung der LM*-Kurve (von LM_1^* nach LM_2^*). Im neuen Gleichgewicht ist das Einkommen gestiegen und der Wechselkurs konstant geblieben. Bei Einkommensabhängigkeit der Nettoexporte nehmen aber die Nettoexporte aufgrund der Einkommenserhöhung ab, weswegen der Leistungsbilanzsaldo kleiner wird. Dies ist auch der einzige Unterschied gegenüber dem Ergebnis in Tabelle 12-1, wo der Leistungsbilanzsaldo unverändert bleibt.

Aufgabe 6
Nehmen Sie an, dass die Geldnachfrage vom verfügbaren Einkommen abhängt, sodass die Geldmarktgleichung folgendes Aussehen gewinnt:

$$M/P = L(r, Y - T).$$

Analysieren Sie für eine kleine offene Volkswirtschaft die Wirkungen einer Steuersenkung auf Wechselkurs und Einkommen sowohl für flexible als auch für feste Wechselkurse.

Lösung
Eine Steuersenkung verschiebt in beiden Fällen die IS*-Kurve nach rechts. Im Fall flexibler Wechselkurse verschiebt sich die LM*-Kurve nach links, wie in Abbildung 12-14 gezeigt.

Diese Linksverschiebung kann man sich folgendermaßen klarmachen. Das Geldmarktgleichgewicht wird jetzt für alle Kombinationen von Zins und verfügbarem Einkommen betrachtet (vgl. Abbildung 12-15, Diagramm (a)).

Wir können die Geldnachfragekurve nur für ein gegebenes verfügbares Einkommen zeichnen. Ein höheres verfügbares Einkommen führt zu einer höheren Geldnachfrage. Bei gegebenem Geldangebot ist Gleichgewicht am Geldmarkt nur möglich, wenn auch der Zins steigt. Die LM'-Kurve in Abbildung 12-15, Diagramm (b) gibt alle Kombinationen von Zinssatz und verfügbarem Einkommen wieder, bei denen der Geldmarkt im Gleichge-

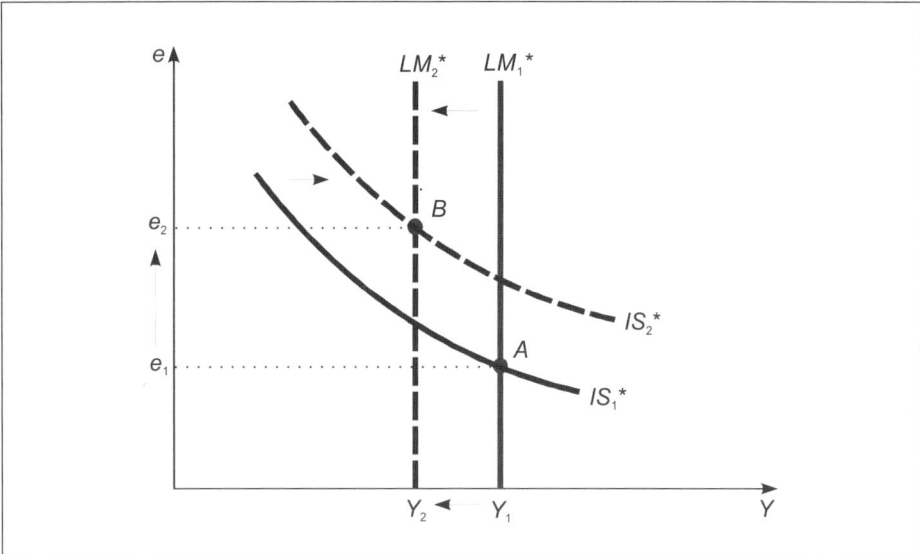

Abb. 12-14

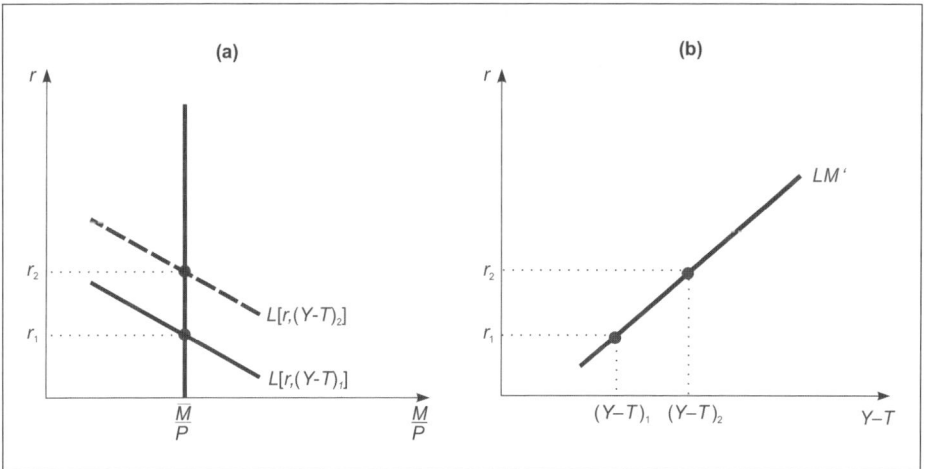

Abb. 12-15

wicht ist. Weil aber der Zinssatz durch den Weltmarktzinssatz bestimmt ist, gibt es nur ein Niveau des verfübaren Einkommens, bei dem auf dem Geldmarkt Gleichgewicht herrscht (vgl. Abbildung 12-16).

Wenn T gesenkt wird, kann Gleichgewicht am Geldmarkt nur herrschen, wenn Y im gleichen Ausmaß sinkt. Nur dann hat das verfügbare Einkommen die erforderliche Höhe $(Y - T)^*$. Die im (Y, e)-Diagramm gezeichnete LM*-Kurve muss sich daher nach links verschieben, wie in Abbildung 12-14 dargestellt. Abbildung 12-14 zeigt, dass die Steuersenkung zu einem Rückgang des Einkommens und einem Anstieg des Wechselkurses führt.

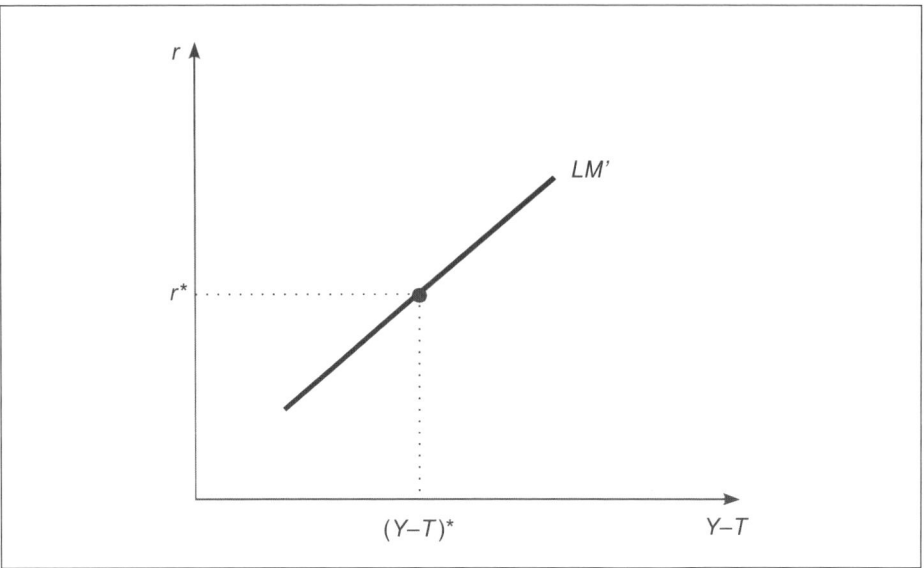

Abb. 12-16

Bei festen Wechselkursen verschiebt sich die IS*-Kurve wiederum nach rechts. Die durch die Einkommenserhöhung ausgelöste Zinssteigerungstendenz ruft einen Kapitalzufluss aus dem Ausland hervor. Damit entsteht ein Aufwertungsdruck. Weil die Zentralbank den Kurs e_1 verteidigen muss, kauft sie ausländische Währung an und erhöht damit das Geldangebot. Die LM*-Kurve verschiebt sich daher bei einem System fester Wechselkurse nach *rechts*. Diese Zusammenhänge werden in Abbildung 12-17 gezeigt.

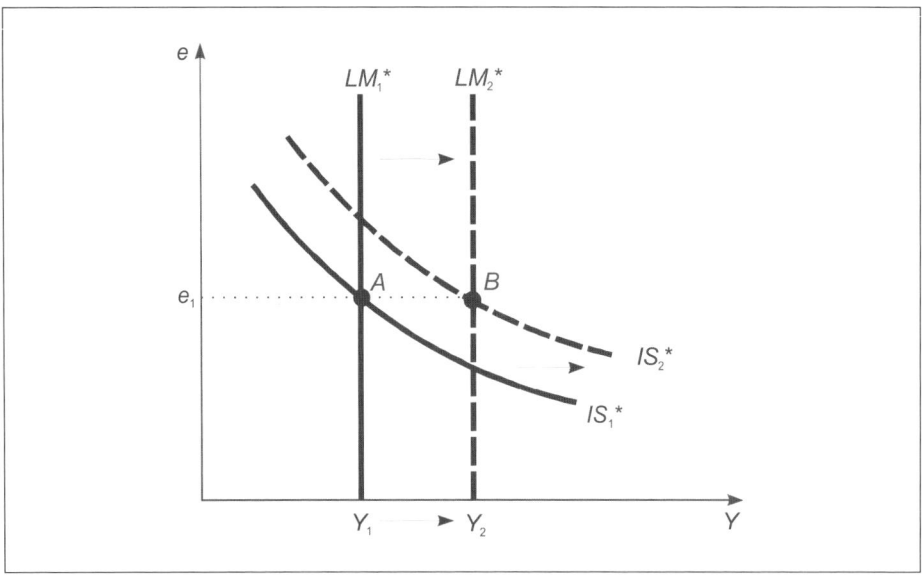

Abb. 12-17

Der Aufwertungsdruck und die Ausdehnung des Geldangebots halten so lange an, bis in Punkt B ein neues Gleichgewicht erreicht ist. Bei festen Wechselkursen bleibt der Kurs auf dem vorgegebenen Niveau und das Einkommen steigt.

Aufgabe 7

Nehmen Sie an, dass in das für die Geldnachfrage relevante Preisniveau auch der Preis für Importgüter eingeht, der seinerseits vom Wechselkurs abhängt. Der Geldmarkt soll also durch folgende Gleichung beschrieben werden:

$M/P = L(r, Y)$, wobei

$P = \lambda P_d + (1 - \lambda)P_f/e$.

Der Parameter λ gibt das Gewicht der heimischen Güter im Preisindex P wieder. Nehmen Sie an, dass der Preis der heimischen Güter P_d und der Preis der ausländischen Güter gemessen in ausländischer Währung P_f konstant sind.

a. Nehmen Sie an, dass wir die LM*-Kurve für gegebene Werte von P_d und P_f (anstelle von P) zeichnen. Verläuft die LM*-Kurve immer noch senkrecht? Erläutern Sie!

b. Welche Wirkungen weist in diesem Modell eine expansive Fiskalpolitik bei flexiblen Wechselkursen auf? Erläutern Sie Ihre Antwort. Vergleichen Sie Ihr Ergebnis mit dem der Standardversion des Mundell-Fleming-Modells.

c. Nehmen Sie an, dass es aufgrund von politischen Instabilitäten zu einem Anstieg der Länderrisikoprämie und damit des Zinssatzes kommt. Welche Wirkungen ergeben sich auf den Wechselkurs, das Preisniveau und das Gesamteinkommen? Vergleichen Sie Ihr Ergebnis mit dem der Standardversion des Mundell-Fleming-Modells.

Lösung

a. Mit der in der Aufgabenstellung gegebenen Definition des inländischen Preisniveaus können wir die LM*-Kurve durch folgende Beziehung beschreiben:

$$\frac{M}{\lambda P_d + (1 - \lambda)\dfrac{P_f}{e}} = L(r^*, Y).$$

Weil die Inländer auch Importgüter verwenden, führt ein Anstieg des Wechselkurses, der die Importgüter aus Sicht des Inlands verbilligt, zu einem Rückgang der Importgüterpreise und entsprechend dem Gewicht $(1 - \lambda)$ zu einem Rückgang des für die Bestimmung der realen Geldmenge relevanten Preisniveaus. Der Rückgang des Preisniveaus impliziert bei gegebenem nominalen Geldangebot einen Anstieg des realen Geldangebots. Weil der Zinssatz durch den Weltrealzinssatz fixiert ist, ist Gleichgewicht am Geldmarkt nur bei höherem Einkommen möglich. Daher muss die LM*-Kurve in diesem Fall, wie in Abbildung 12-18 gezeigt, mit positiver Steigung verlaufen.

b. Expansive Fiskalpolitik verschiebt die IS*-Kurve nach rechts (von IS_1^* nach IS_2^* in Abbildung 12-19). Da sich die Lage der LM*-Kurve durch die expansive Fiskalpolitik nicht ändert, liegt das neue Gleichgewicht in Punkt B. Im Vergleich zum alten Gleichgewicht (Punkt A) sind Wechselkurs und Einkommen gestiegen. Ökonomisch ist dieses Ergebnis folgendermaßen zu erklären. Die expansive Fiskalpolitik führt zu einer Einkommenserhöhung. Daher nimmt die einkommensinduzierte Geldnachfrage zu. Bei

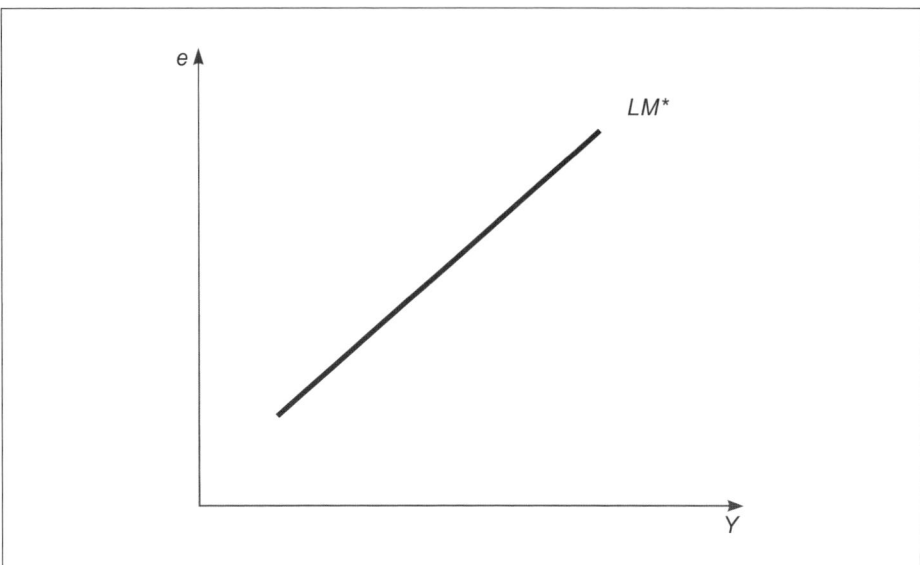

Abb. 12-18

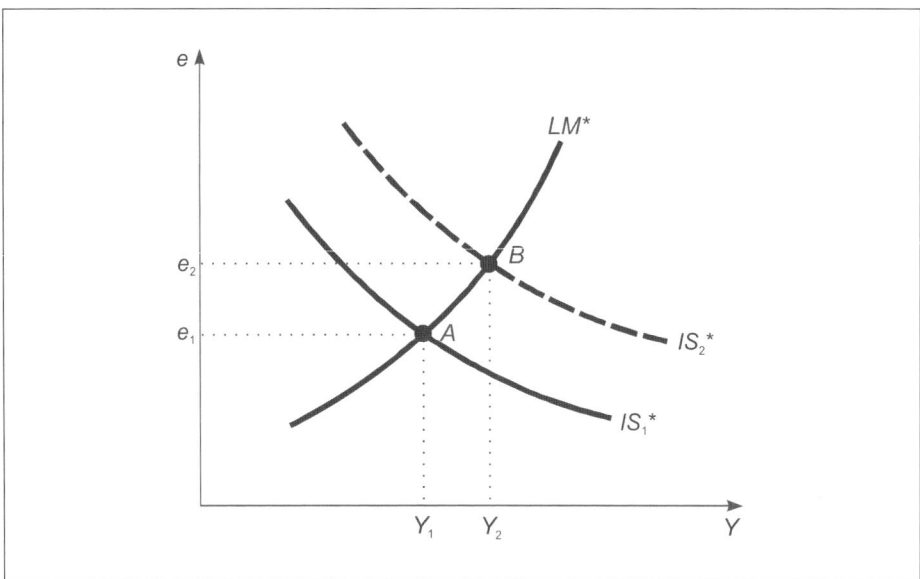

Abb. 12-19

zunächst gegebenem realen Geldangebot ist Gleichgewicht am Geldmarkt nur möglich, wenn die zinsinduzierte Geldnachfrage sinkt. Dazu wäre eine Erhöhung des Zinssatzes notwendig. Sobald es im Inland zu Zinssteigerungstendenzen kommt, strömt Kapital aus dem Ausland zu mit der Konsequenz, dass der Wechselkurs steigt. Der steigende Wechselkurs hat zwei Effekte: Zum einen nehmen die Importe zu, die Nettoexporte gehen also zurück. Zum anderen impliziert der Wechselkursanstieg aus inländischer

Sicht eine Verbilligung der ausländischen Güter, weswegen das durchschnittliche Preisniveau im Inland sinkt. Das rückläufige Preisniveau impliziert einen Anstieg der realen Geldmenge. Das durch die expansive Fiskalpolitik ausgelöste Ungleichgewicht am Geldmarkt wird also von zwei Seiten geschlossen: einmal über den Rückgang der Nettoexporte und einmal über einen Anstieg der realen Geldmenge. In der Standardversion des Mundell-Fleming-Modells ist das Preisniveau gegeben. Damit bleibt aber das reale Geldangebot konstant und die LM*-Kurve verläuft senkrecht. Aus diesem Grund wird das Gleichgewicht allein über einen Rückgang des Nettoexports wiederhergestellt.

c. Werden Länderrisikoprämien berücksichtigt, lässt sich das Mundell-Fleming-Modell wie folgt darstellen (vgl. Mankiw, S. 453 f.):

$$r = r^* + \theta$$

$$Y = C(Y - T) + I(r^* + \theta) + G + NX(e) \quad IS^*$$

$$\frac{M}{\lambda P_d + (1 - \lambda)\dfrac{P_f}{e}} = L(r^* + \theta, Y) \quad\quad LM^*.$$

Abbildung 12-20 zeigt das Modell graphisch.

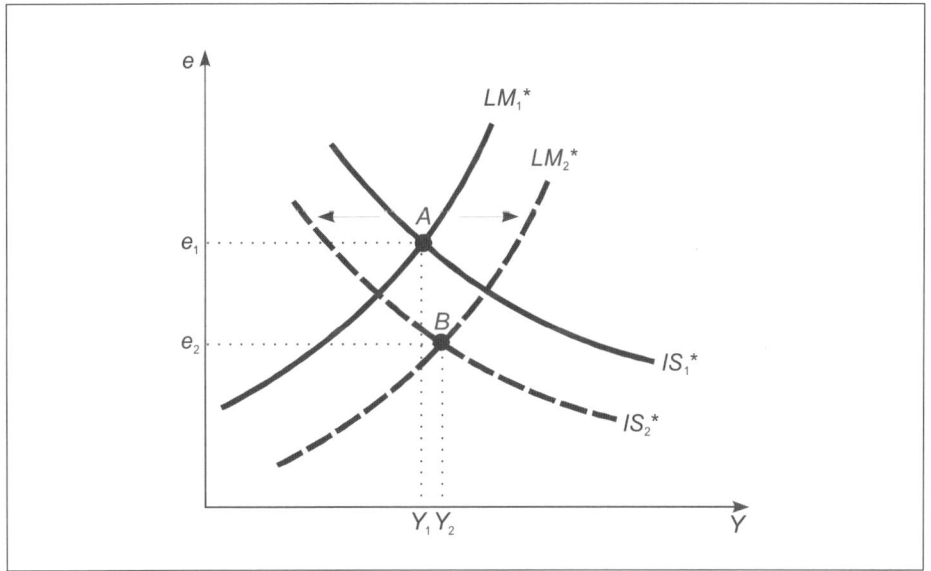

Abb. 12-20

Eine Erhöhung der Länderrisikoprämie verschiebt die IS*-Kurve nach links und die LM*-Kurve nach rechts. Dahinter stehen folgende ökonomische Zusammenhänge: Die Erhöhung der Risikoprämie bedeutet einen Anstieg des inländischen Zinssatzes, weswegen die Investitionen sinken und das Einkommen für jeden gegebenen Wechselkurs zurückgeht. Dies führt zu einer Linksverschiebung der IS*-Kurve. Das zum gegebenen

Wechselkurs geringere Einkommen führt zu einem einkommensinduzierten Rückgang der Geldnachfrage. Nehmen wir zunächst einmal das reale Geldangebot als gegeben an. Dann muss zinsinduziert die Geldnachfrage kompensatorisch steigen, damit Gleichgewicht am Geldmarkt herrscht. Dies erfordert aber einen Rückgang des Zinssatzes. Eine Zinssenkungstendenz bewirkt nun aber ihrerseits einen Kapitalabfluss aus dem Inland, weswegen der Wechselkurs sinkt. Der sinkende Wechselkurs erhöht die Nettoexporte, was tendenziell einkommenserhöhend wirkt. Die eben getroffene Annahme eines konstanten realen Geldangebots lässt sich im vorliegenden Fall aber nicht aufrechterhalten. Die Erhöhung der Risikoprämie und der damit verbundene Zinsanstieg bewirken einen zinsinduzierten Rückgang der Geldnachfrage. Bei gegebenem realen Geldangebot müsste daher das Einkommen notwendigerweise steigen, damit ein Geldmarktgleichgewicht erreicht wird. Daher müsste der Wechselkurs so weit sinken, dass über einen Anstieg der Nettoexporte ein höheres Einkommen als in der Ausgangssituation erreicht wird. (Dies ist der Fall, der im Lehrbuch besprochen wird, s. Mankiw, S. 453 f.) Im vorliegenden Fall verläuft die LM*-Kurve aber mit positiver Steigung. Der sinkende Wechselkurs bewirkt aus Sicht des Inlands eine Verteuerung der Importe, weswegen das inländische Preisniveau steigt. Das steigende Preisniveau impliziert einen Rückgang des realen Geldangebots. Wie in der Standardversion geht auch hier der Wechselkurs zurück. Im Unterschied zur Standardversion kommt es aber zu einem Anstieg des Preisniveaus. Ob das Einkommen, wie im Standardmodell, im neuen Gleichgewicht größer ist als im ursprünglichen Gleichgewicht, hängt von der relativen Lage von LM*- und IS*-Kurve ab. Prinzipiell kann im vorliegenden Fall das neue Gleichgewichtseinkommen auch dem alten entsprechen bzw. kleiner sein.

Aufgabe 8

Verwenden Sie das Mundell-Fleming-Modell zur Beantwortung der folgenden Fragen, die sich auf den Freistaat Sachsen (eine kleine offene Volkswirtschaft) beziehen.

a. Welche Art von Wechselkurssystem hat Sachsen gegenüber seinen Haupthandelspartnern (Bayern, Baden-Württemberg, Hessen, Thüringen ...)?

b. Sollte die Staatsregierung zur Stimulierung der Beschäftigung Geld- oder Fiskalpolitik betreiben, wenn Sachsen unter einer Rezession leidet? Erläuterung! (Hinweis: Nehmen Sie bei der Beantwortung dieser Frage an, dass die Staatsregierung Geld drucken kann.)

c. Welche Folgen würden sich für Produktion, Wechselkurs und Leistungsbilanz ergeben, wenn Sachsen den Import von Wein aus Hessen untersagen würde? Betrachten Sie sowohl die kurzfristigen als auch die langfristigen Wirkungen.

Lösung

a. Sachsen hat gegenüber den anderen Bundesländern ein System fester Wechselkurse in Form einer Währungsunion, weil eine einheitliche Währung verwendet wird.

b. In dieser nicht ganz realistischen Aufgabe sollten wir nicht nur annehmen, dass die sächsische Staatsregierung Geld drucken kann, sondern auch davon ausgehen, dass der Wechselkurs festgelegt ist, weil in Sachsen ebenso wie beispielsweise in Hessen die Währung auf Euro lautet. Legen wir demzufolge das Mundell-Fleming-Modell mit festen Wechselkursen zugrunde, kommen wir zu dem Ergebnis, dass die Staatsregierung die Beschäftigung nicht über Geldpolitik stimulieren kann. Ein erhöhtes Angebot an »sächsischen Euros« würde einen Druck auf den Wechselkurs auslösen. Da die Staatsregierung aber das gegebene Wechselkursniveau verteidigen muss, müsste sie sächsische Euro vom Markt nehmen und würde somit die Geldmenge wieder verringern. Bei expansiver Fiskalpolitik würde hingegen das Einkommen bei gegebenem Wechselkurs steigen und zu einer einkommensinduzierten Zunahme der Geldnachfrage führen. Bei gegebenem Geldangebot ist Gleichgewicht am Geldmarkt aber nur möglich, wenn die Geldnachfrage zinsinduziert zurückgeht. Dazu müsste der Zinssatz in Sachsen steigen, was aber Zufluss von ausländischem Kapital auslösen und den Wechselkurs in die Höhe treiben würde. Um den gegebenen Wechselkurs halten zu können, muss die Staatsregierung »sächsische Euro« auf den Markt werfen, wodurch sich das Geldangebot erhöht. Insgesamt würde also bei gegebenem Wechselkurs durch die expansive Fiskalpolitik das Einkommen steigen. Daher sollte die Staatsregierung zur Stimulierung der Beschäftigung Fiskalpolitik und nicht Geldpolitik betreiben.

c. Wir wollen annehmen, dass die sächsische Produktion im Ausgangspunkt auf dem natürlichen Niveau liegt. Das Verbot des Imports von Wein aus Hessen führt dazu, dass bei gegebenem Wechselkurs die Nettoexporte steigen. Daher verschiebt sich die IS*-Kurve nach rechts (vgl. Abbildung 12-21). Die damit verbundene Einkommenserhöhung führt zu einem einkommensinduzierten Anstieg der Geldnachfrage. Bei gegebenem realen Geldangebot kann Gleichgewicht am Geldmarkt nur herrschen, wenn die Geldnachfrage im gleichen Umfang zinsinduziert zurückgeht. Der hierzu erforderliche

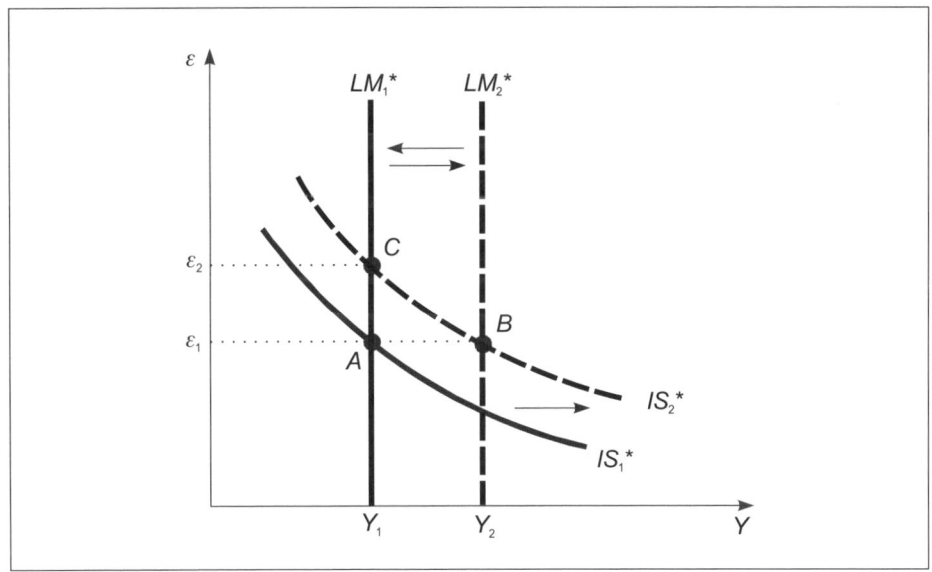

Abb. 12-21

Zinsanstieg führt aber dazu, dass Kapital aus dem Ausland einströmt und es zu einem Aufwertungsdruck kommt. Um die Aufwertung zu verhindern, muss die Zentralbank »ausländische Währung« gegen »sächsische Euros« aufkaufen. Damit erhöht sich das Geldangebot und die LM*-Kurve verschiebt sich nach rechts. Das neue kurzfristige

Gleichgewicht liegt in Punkt B. Hier hat der Wechselkurs sein ursprüngliches Niveau und das Einkommen ist gestiegen.

Weil wir angenommen haben, dass die sächsische Wirtschaft bei Y_1 auf ihrem natürlichen Niveau produziert, liegt die Produktion Y_2 darüber. Daher kommt es langfristig zu einem Anstieg des Preisniveaus. Dieser Preisniveauanstieg reduziert das reale Geldangebot, weswegen sich die LM*-Kurve wieder nach links verschiebt. Bei gegebenem nominalen Wechselkurs führt das gestiegene Preisniveau zu einem Anstieg des realen Wechselkurses. Die Produktion liegt wieder auf ihrem natürlichen Niveau.

Anhang zu 12
Ein kurzfristiges Modell der großen offenen Volkswirtschaft

Aufgabe 1

Stellen Sie sich vor, dass Sie der Leiter oder die Leiterin der Zentralbank einer großen offenen Volkswirtschaft sind. Ihr Ziel sei die Stabilisierung des Gesamteinkommens und Sie passen die Geldmenge entsprechend an. Welche Folgen ergeben sich unter Ihrer Politik bei jedem der folgenden Schocks für das Geldangebot, den Zinssatz, den Wechselkurs und die Leistungsbilanz?

a. Der Präsident Ihres Landes erhöht die Steuern, um das Budgetdefizit zu verringern.

b. Der Präsident Ihres Landes beschränkt die Einfuhr japanischer Importwagen.

Lösung

Das kurzfristige Modell der großen offenen Volkswirtschaft lässt sich in folgenden drei Gleichungen zusammenfassen:

$$Y = C(Y - T) + I(r) + G + NX(e)$$

$$\frac{M}{P} = L(r, Y)$$

$$NX(e) = NKE(r).$$

Der wesentliche Unterschied gegenüber der kleinen offenen Volkswirtschaft besteht darin, dass nunmehr der Zinssatz nicht mehr allein durch die Weltfinanzmärkte bestimmt wird. Sinkt der inländische Zinssatz, nimmt der Nettokapitalexport zu. Nettokapitalexport $NKE(r)$ und Leistungsbilanzsaldo $NX(e)$ müssen übereinstimmen. Mithilfe dieser Beziehung kann man das Modell auf zwei Gleichungen reduzieren:

$$Y = C(Y - T) + I(r) + G + NKE(r) \quad \text{IS}$$

$$\frac{M}{P} = L(r, Y) \quad \text{LM.}$$

Der einzige Unterschied zum IS/LM-Modell der geschlossenen Volkswirtschaft besteht darin, dass der Zinssatz die Ausgaben nicht nur über die Investitionen, sondern auch über die Nettoexporte beeinflusst.

a. Das Ausgangsgleichgewicht, die Wirkungen der Steuererhöhung und die Wirkungen der notwendigen Geldpolitik sind in Abbildung 12-22 gezeigt, die auf der im Lehrbuch entwickelten Darstellung basiert (vgl. Mankiw, S. 473 f.).

Eine Steuererhöhung verschiebt die IS-Kurve nach links (von IS_1 nach IS_2). Um die daraus resultierende Verringerung des Gleichgewichtseinkommens zu verhindern, muss die Zentralbank das Geldangebot erhöhen. Hierdurch verschiebt sich die LM-Kurve nach rechts. Wenn die Zentralbank das Geldangebot stark genug erhöht, gelingt es ihr, die LM-Kurve so zu verschieben, dass der Schnittpunkt mit der IS_2-Kurve genau auf dem Niveau Y_1 liegt. Sowohl die kontraktive Verschiebung der IS-Kurve als auch die expansive Verschiebung der LM-Kurve lösen eine Zinssenkungstendenz aus. Die Zinssenkung induziert eine Zunahme der Nettokapitalexporte (vgl. Diagramm (b)). Die Zunahme des Nettokapitalabflusses erhöht das Angebot an inländischer Währung. Daher kommt es zu einem Rückgang des Wechselkurses (vgl. Diagramm (c)). Weil die inländischen Güter relativ zu den ausländischen Gütern billiger werden, nehmen die Nettoexporte und damit der Leistungsbilanzsaldo zu.

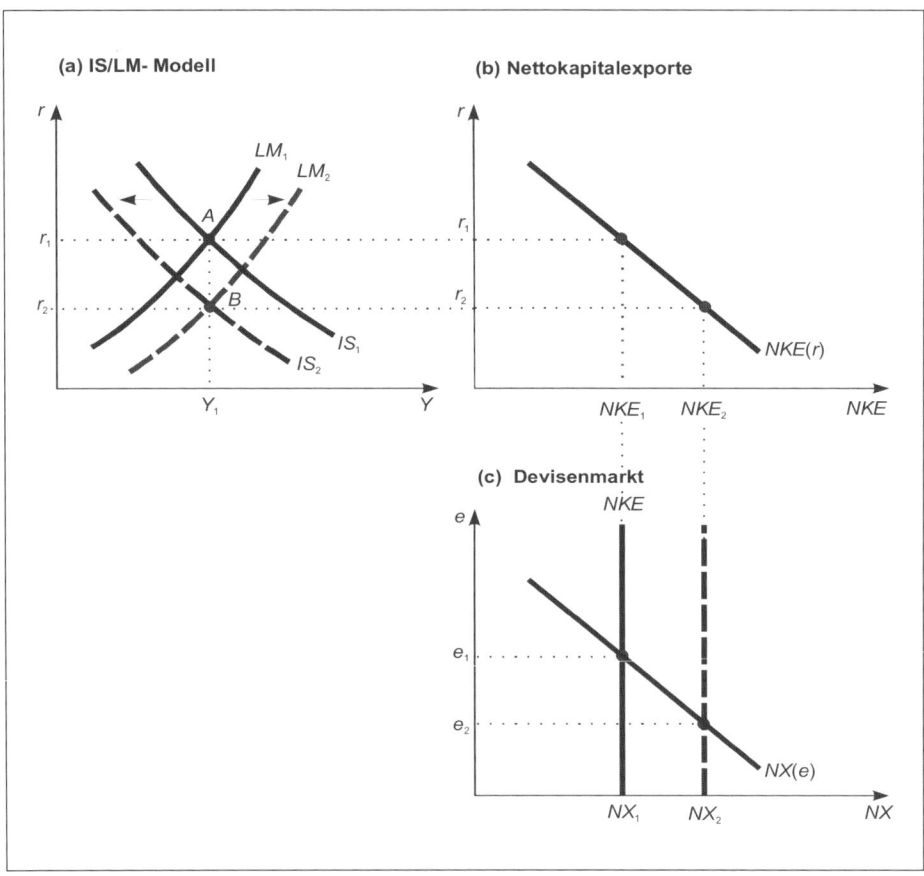

Abb. 12-22

b. Die Auswirkungen der Importrestriktion sind in Abbildung 12-23 zusammengefasst. Durch die Beschränkung der Einfuhren erhöhen sich für jeden gegebenen Wechselkurs die Nettoexporte. Daher verschiebt sich die Nettoexportkurve nach rechts (von NX_1 nach NX_2). Weil sich die Importrestriktion weder auf die IS- noch auf die LM-Kurve auswirkt, bleibt der Zinssatz unverändert bei r_1. Daher bleibt auch der Nettokapital-export auf dem Niveau NKE_1. Da die beim Wechselkurs e_1 gegebenen höheren Netto-exporte nicht durch einen erhöhten Nettokapitalexport gestützt werden, kommt es zu einem Anstieg des Wechselkurses. Die Nettoexporte gehen wechselkursinduziert zurück, bis beim Kurs e_2 das alte Niveau erreicht ist. Im Endeffekt bleiben also Ein-kommen, Zinssatz und Leistungsbilanzsaldo gegenüber der Ausgangssituation unverändert. Es kommt allerdings zu einem Anstieg des Wechselkurses. Außerdem ist zu beachten, dass das Handelsvolumen sinkt, weil dem durch die Importrestriktionen verminderten Import ein wechselkursinduzierter gleich hoher Rückgang der Exporte gegenübersteht.

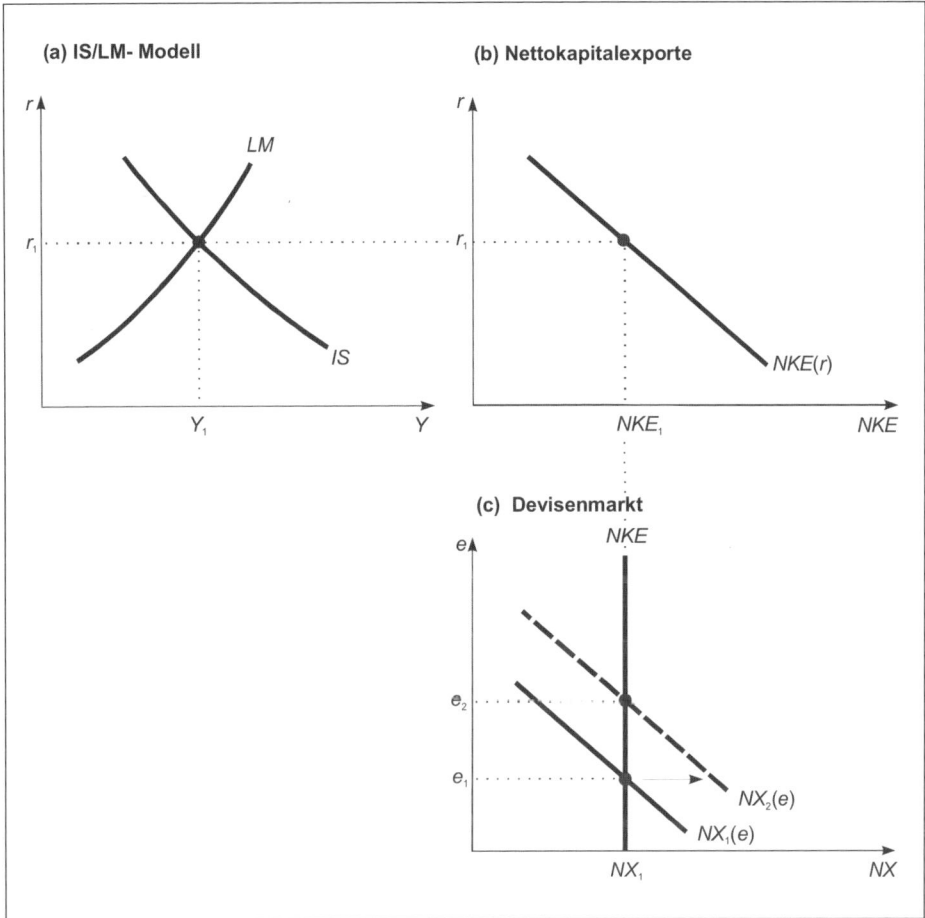

Abb. 12-23

Aufgabe 2

Im Verlauf der letzten Dekaden hat sich die Bereitschaft der Investoren erhöht, die Möglichkeiten zu nutzen, die sich in anderen Ländern bieten. Wegen dieser Verhaltensänderung sind Volkswirtschaften heute offener als in der Vergangenheit. Überlegen Sie, wie sich diese Entwicklung auf die Fähigkeit der Geldpolitik auswirkt, die Wirtschaft zu beeinflussen.

a. Wie ändert sich die Steigung der NKE-Kurve, wenn die Bereitschaft der Investoren wächst, ausländische und inländische Vermögensobjekte als Substitute zu betrachten?

b. Wie ändert sich die Steigung der IS-Kurve, wenn sich die NKE-Kurve wie eben gefragt ändert?

c. Wie wirkt sich diese Änderung der IS-Kurve auf die Möglichkeiten der Zentralbank zur Steuerung des Zinssatzes aus?

d. Wie wirkt sich diese Änderung der IS-Kurve auf die Möglichkeiten der Zentralbank aus, das gesamtwirtschaftliche Einkommen zu steuern?

Lösung

a. Wenn die Bereitschaft der Investoren wächst, ausländische und inländische Vermögensobjekte als Substitute zu betrachten, dann führt eine gegebene Zinssatzvariation zu einer stärkeren Reaktion der Nettokapitalexporte. Wie Abbildung 12-24 zeigt, verläuft die NKE-Kurve in diesem Fall flacher. Die Steigung der Kurve ist (absolut) umso kleiner, je stärker ausländische und inländische Vermögensobjekte als Substitute betrachtet werden.

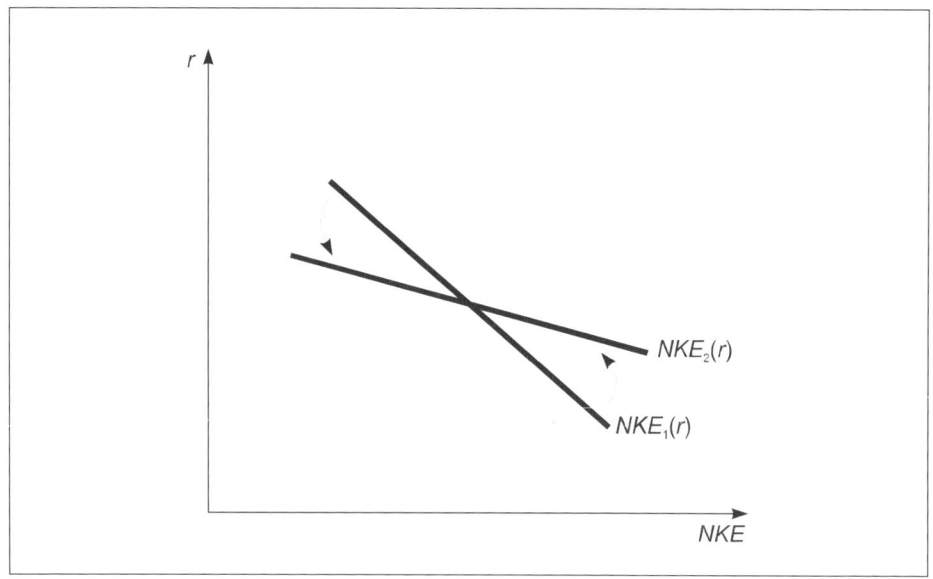

Abb. 12-24

b. Eine flacher verlaufende NKE-Kurve führt zu einer flacher verlaufenden IS-Kurve. Dies ist darauf zurückzuführen, dass bei flach verlaufender NKE-Kurve eine geringe Zinssenkung ausreicht, um die geplanten Ausgaben stark zu erhöhen. Ein Gleichgewicht auf dem Gütermarkt ist daher nur möglich, wenn auch das Einkommen stark zunimmt. Abbildung 12-25 stellt diesen Zusammenhang graphisch dar.

c. Die Auswirkung des flacheren Verlaufs der IS-Kurve auf die Möglichkeiten der Zentralbank zur Steuerung des Zinssatzes kann man in Abbildung 12-26 erkennen.
Das Diagramm wurde so konstruiert, dass in der Ausgangssituation (Punkt A) sowohl für die flache IS-Kurve (IS_2) als auch für die steile IS-Kurve (IS_1) das gleiche Einkommen und der gleiche Zinssatz vorliegen. Erhöht die Zentralbank das Geldangebot

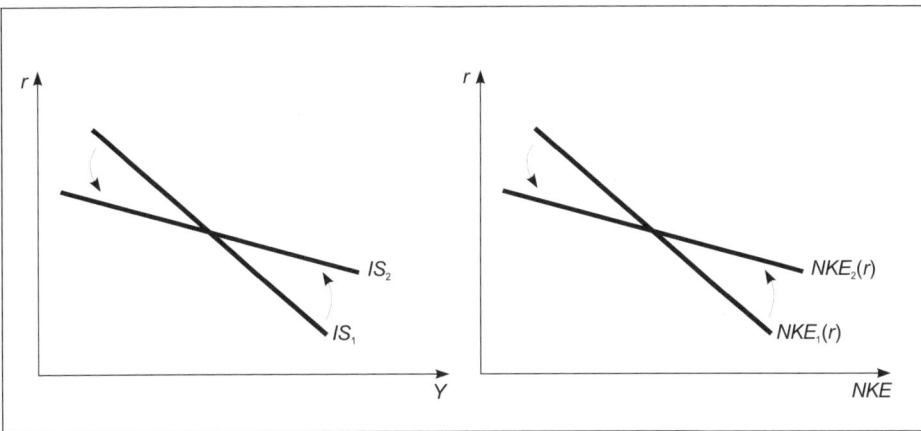

Abb. 12-25

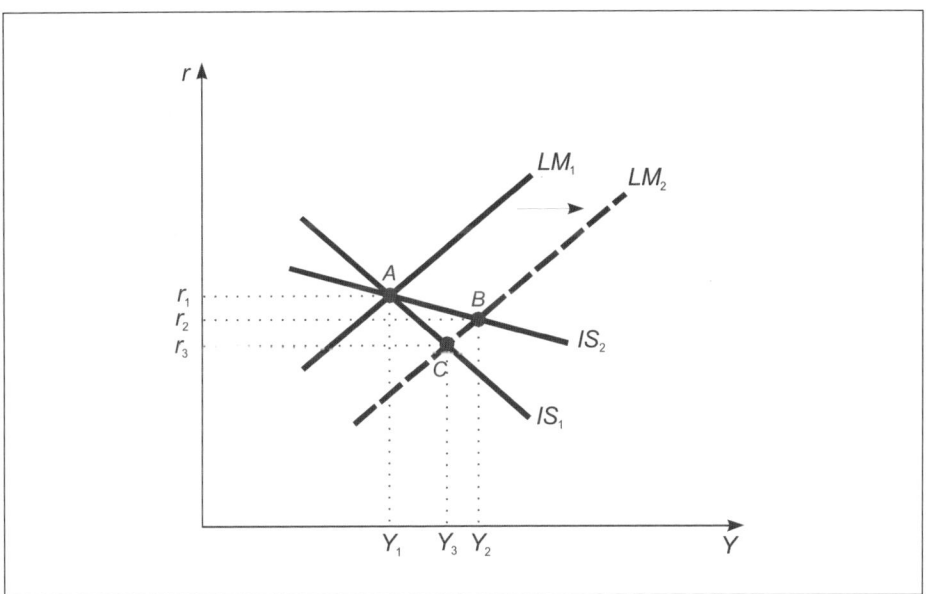

Abb. 12-26

um einen bestimmten Betrag, so ist die Wirkung dieser Geldangebotserhöhung auf den Zinssatz im Fall der flachen IS-Kurve schwächer ausgeprägt. Je stärker inländische und ausländische Vermögensobjekte als Substitute betrachtet werden, desto weniger wirkt sich eine Änderung des Geldangebots auf den Zinssatz aus.

d. Bei der Analyse der Auswirkungen der Geldpolitik auf das Einkommen können wir uns auf Abbildung 12-26 beziehen. Es wird deutlich, dass die Einkommenswirkung einer gegebenen Erhöhung des Geldangebots im Fall einer flachen IS-Kurve stärker ist als bei einer steil verlaufenden IS-Kurve. Dies liegt daran, dass die Erhöhung des Geldangebots zu einem Zinsrückgang führt. Dieser Zinsrückgang stimuliert auf der einen

Seite die inländischen Investitionen und führt zu einer Zunahme der Nettokapitalexporte. Die Zunahme der Nettokapitalexporte ist umso stärker ausgeprägt, je stärker ausländische und inländische Vermögensobjekte als Substitute betrachtet werden, d.h. je flacher die NKE-Kurve verläuft. Bei flach verlaufender NKE-Kurve führt eine gegebene Zinssenkung zu einer starken Zunahme der Nettokapitalexporte. Dies hat aber auch einen starken Rückgang des Wechselkurses zur Folge, weswegen die Nettoexporte stark zunehmen. Aus dieser starken Zunahme der Nettoexporte resultiert die vergleichsweise große Einkommenswirkung. Insgesamt verbessert sich also durch den flacheren Verlauf der IS-Kurve die Möglichkeit der Zentralbank, das gesamtwirtschaftliche Einkommen zu steuern.

Aufgabe 3

Das Land Markum ist eine große offene Volkswirtschaft. Die Politiker von Markum möchten das Investitionsniveau erhöhen, ohne das Gesamteinkommen oder den Wechselkurs zu verändern.

a. Gibt es eine Kombination aus heimischer Geld- und Fiskalpolitik, die dies ermöglicht?
b. Gibt es eine Kombination aus heimischer Geld-, Fiskal- und Handelspolitik, die dies ermöglicht?
c. Gibt es eine Kombination aus inländischer und ausländischer Geld- und Fiskalpolitik, die dies ermöglicht?

Lösung

a. Um das Investitionsniveau zu erhöhen, muss durch die Politik eine Zinssenkung ausgelöst werden. Abbildung 12-27 zeigt, dass eine solche Zinssenkung beispielsweise durch eine Erhöhung des Geldangebots hervorgerufen werden kann. Um das Einkommen auf dem ursprünglichen Niveau zu halten, muss die expansive Geldpolitik von einer entsprechend kontraktiven Fiskalpolitik begleitet werden. Die durch diese Politikkombination hervorgerufene Zinssenkung führt allerdings zu einer Zunahme der Nettokapitalexporte. Dadurch wird ein Rückgang des Wechselkurses der inländischen Währung ausgelöst. Es gibt also keine Kombination aus heimischer Geld- und Fiskalpolitik, die gleichzeitig das Investitionsniveau erhöht, aber das Gesamteinkommen und den Wechselkurs unverändert lässt.

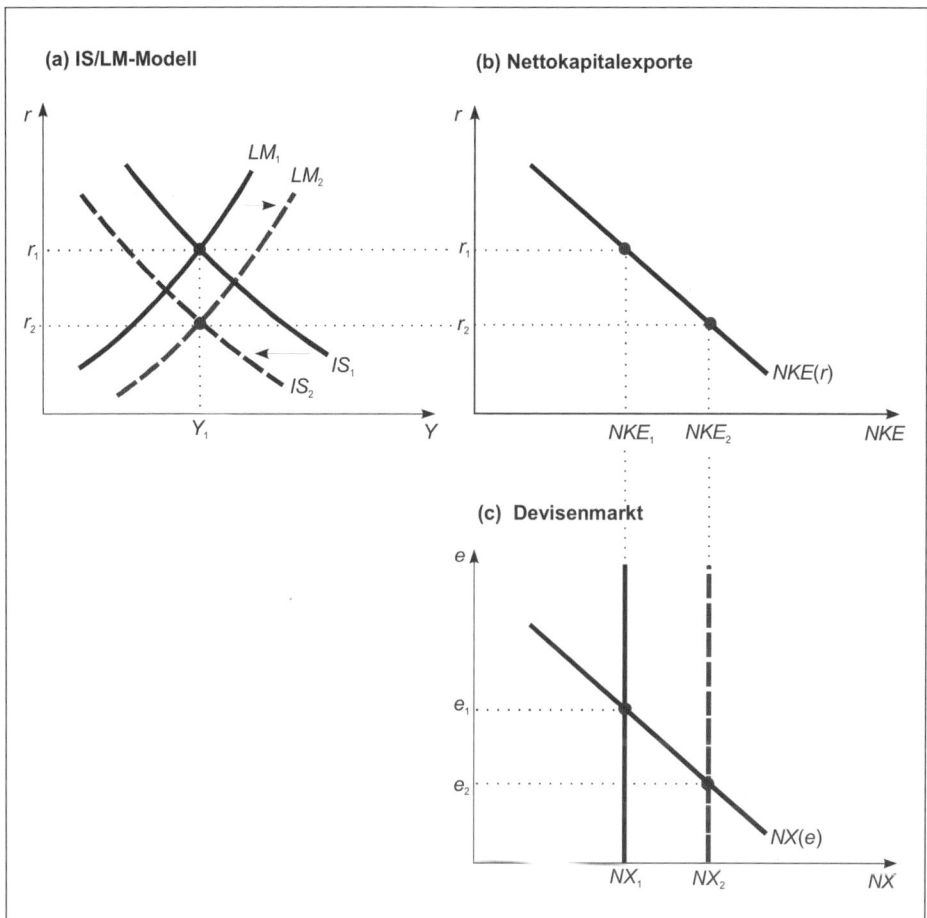

Abb. 12-27

b. Die Ausgangssituation für die Politik ist die gleiche wie in Teil a. Durch eine expansive
   Geldpolitik und eine entsprechende kontraktive Fiskalpolitik verschieben sich LM-
   Kurve und IS-Kurve so, dass das Einkommen auf dem Niveau Y_1 bleibt
   (siehe Abbildung 12-28). Wieder wird hierdurch ein Rückgang des Zinssatzes von r_1
   auf r_2 ausgelöst. Der Rückgang des Zinssatzes führt zu einer Erhöhung der Nettokapitalexporte. Hierdurch kommt es wie in Teil a. tendenziell zu einem Rückgang des
   Wechselkurses. Dieser Rückgang lässt sich jedoch verhindern, wenn eine restriktive
   Handelspolitik durch Beschränkung der Importe verfolgt wird. Bei geeigneter Dosie-
   rung dieser Handelspolitik verschiebt sich die NX-Kurve genau so weit, dass der Wechselkurs e_1 gehalten werden kann.

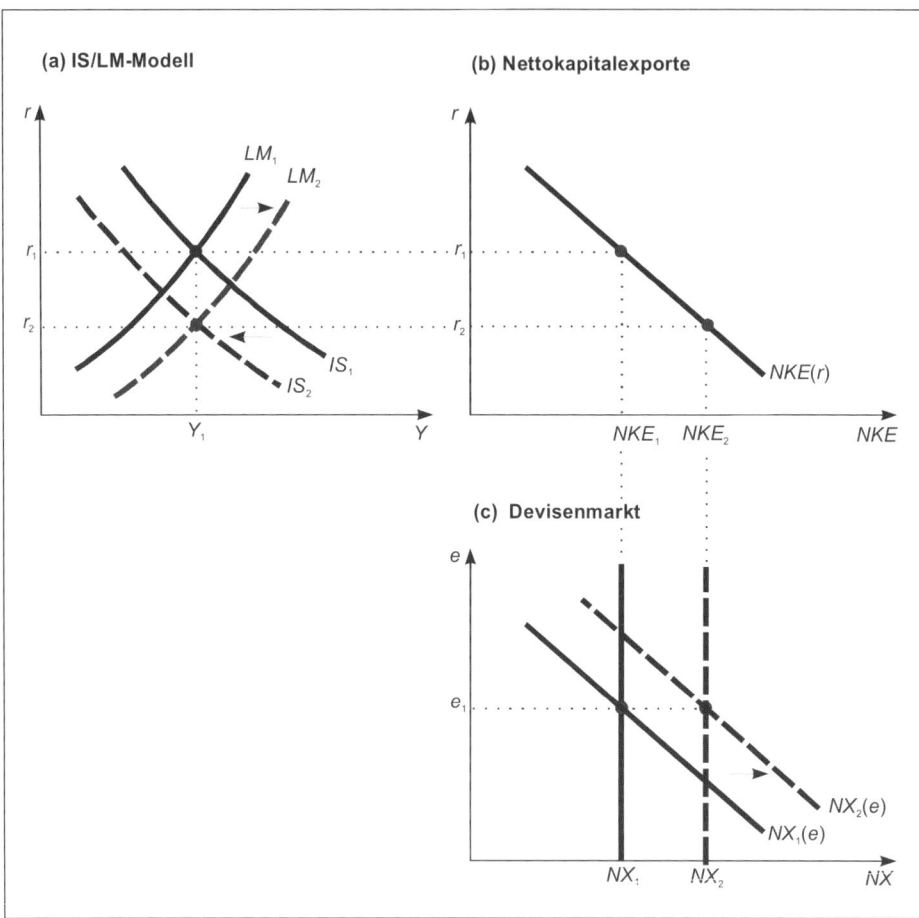

Abb. 12-28

c. Abbildung 12-29 illustriert die notwendige Politikkombination. Wieder muss die Geldpolitik expansiv und die Fiskalpolitik kontraktiv wirken, damit das Investitionsniveau steigt, aber das Einkommen auf dem ursprünglichen Niveau Y_1 bleibt. Diese Politikkombination führt zu einer Zinssenkung, die eigentlich einen Anstieg der Nettokapitalexporte hervorrufen würde. Damit würde auch der Leistungsbilanzsaldo steigen und der Wechselkurs sinken. Um eine Änderung von Nettokapitalexport, Leistungsbilanzsaldo und Wechselkurs zu verhindern, muss die Kurve der Nettokapitalexporte nach links verschoben werden. Diese Verschiebung nach links lässt sich durch eine Zinssenkung im Ausland erreichen. Eine Zinssenkung im Ausland ergibt sich als Folge einer expansiven Geldpolitik oder einer kontraktiven Fiskalpolitik im Ausland. Zusammengefasst gilt: Um das inländische Investitionsniveau zu erhöhen, ohne das Gesamteinkommen oder den Wechselkurs zu ändern, ist eine expansive Geld- und eine kontraktive Fiskalpolitik im Inland erforderlich, die von einer expansiven Geld- bzw. kontraktiven Fiskalpolitik im Ausland begleitet wird.

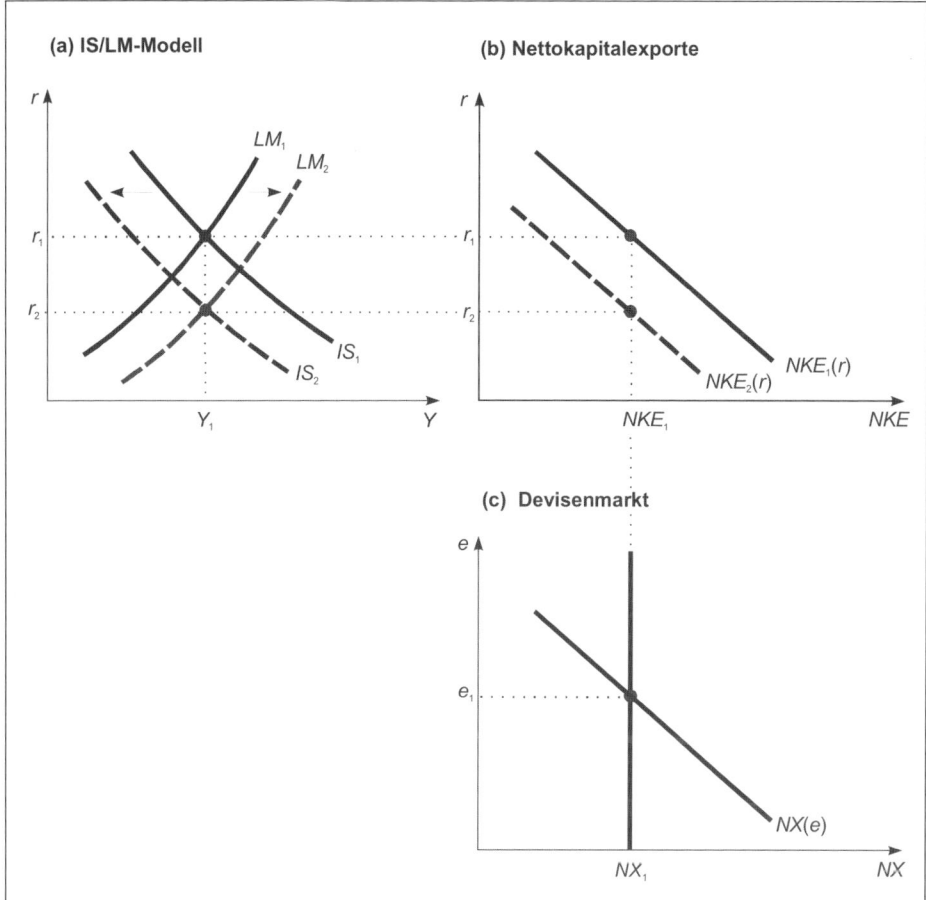

Abb. 12-29

Aufgabe 4

Gehen Sie von einer großen offenen Volkswirtschaft mit festen Wechselkursen aus.

a. Erläutern Sie die Folge einer kontraktiven Fiskalpolitik (wie beispielsweise einer Steuererhöhung). Vergleichen Sie Ihre Antwort mit dem Fall einer kleinen offenen Volkswirtschaft.

b. Erläutern Sie, was geschieht, wenn die Zentralbank das Geldangebot durch den Ankauf von Wertpapieren von den Privaten erhöht. Vergleichen Sie Ihre Antwort mit dem Fall der kleinen offenen Volkswirtschaft.

Lösung

a. Die Folgen einer kontraktiven Fiskalpolitik in einer großen offenen Volkswirtschaft mit festen Wechselkursen sind in Abbildung 12-30 zusammengefasst. Wir gehen aus vom Gleichgewicht in Punkt A. Eine kontraktive Fiskalpolitik verschiebt die IS-Kurve nach links. Ohne weitere Änderungen würde das Gleichgewicht sich von Punkt A nach Punkt B verlagern. Punkt B ist aber mit einem niedrigeren Zinssatz (r_2) verbunden.

Die Zinssatzsenkung würde zu einem Anstieg der Nettokapitalexporte führen. Der Anstieg der Nettokapitalexporte würde einen Rückgang des Wechselkurses auf e_2 auslösen. In einem System fester Wechselkurse muss die Zentralbank jedoch das Wechselkursniveau e_1 verteidigen. Sie wird daher am Devisenmarkt intervenieren und inländische Währung aufkaufen. Dadurch verringert sich das Geldangebot, sodass sich die LM-Kurve nach links verschiebt. Die Zentralbank muss so lange am Devisenmarkt intervenieren und das Geldangebot einschränken, bis in Punkt C ein neues Gleichgewicht beim alten Zinssatz r_1 erreicht ist. Nur wenn der Zinssatz r_1 beträgt, bleibt der Wechselkurs auf seinem ursprünglichen Niveau. Auch in der kleinen offenen Volkswirtschaft mit festen Wechselkursen hätte die Zentralbank mit einer kontraktiven Geldpolitik reagieren müssen, um den Wechselkurs zu verteidigen. In dieser Hinsicht gibt es keinen Unterschied zwischen der kleinen offenen und der großen offenen Volkswirtschaft.

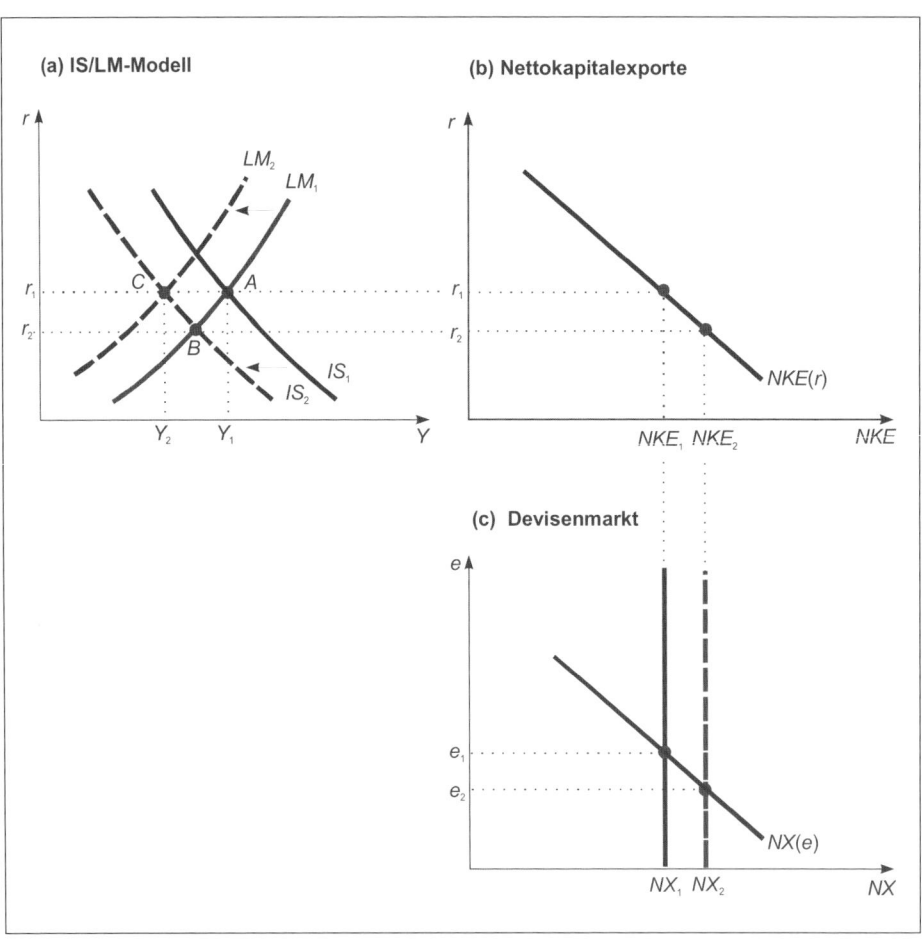

Abb. 12-30

b. Eine expansive Offenmarktpolitik verschiebt, wie in Abbildung 12-31 ersichtlich, die LM-Kurve nach rechts. Für sich betrachtet würde dies einen Rückgang des Zinssatzes auslösen. Der niedrigere Zinssatz würde zu einer Erhöhung der Nettokapitalexporte und zu einem Rückgang des Wechselkurses führen. In einem System fester Wechselkurse muss die Zentralbank jedoch den Wechselkurs e_1 verteidigen. Sie muss daher am Devisenmarkt intervenieren und heimische Währung kaufen, um den Wechselkurs zu stützen. Damit verringert sich aber das Geldangebot, was zu einer Linksverschiebung der LM-Kurve führt. Der Wechselkurs e_1 lässt sich nur halten, wenn die Zentralbank in einem solchen Maße interveniert, dass der Zinssatz r_1 bestehen bleibt. Auch in der kleinen offenen Volkswirtschaft muss die Zentralbank auf den Einsatz expansiver geldpolitischer Instrumente unmittelbar mit einer Devisenmarktintervention und einer damit verbundenen Geldangebotsverringerung reagieren. Insofern gibt es also auch hier keinen Unterschied zwischen der kleinen und der großen offenen Volkswirtschaft bei festen Wechselkursen.

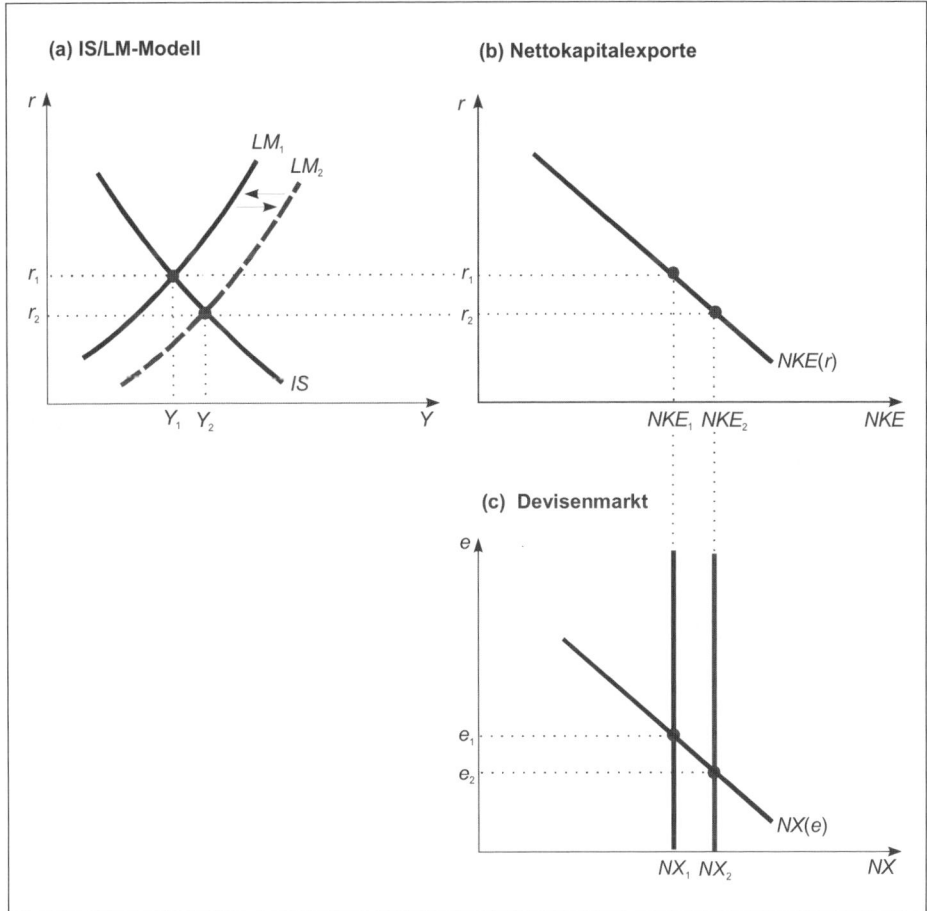

Abb. 12-31

13 Gesamtwirtschaftliches Angebot

Aufgabe 1

Beschreiben Sie für folgende Spezialfälle die Gesamtangebotskurve, die sich aus dem Preisstarrheiten-Modell ergibt. Vergleichen Sie diese Spezialfälle mit der kurzfristigen Angebotskurve, die in Kapitel 9 diskutiert wurde.

a. Kein Unternehmen hat flexible Preise ($s = 1$).

b. Der angestrebte Preis hängt nicht von der Gesamtproduktion ab ($a = 0$).

Lösung

Das Preisstarrheiten-Modell geht davon aus, dass es in der Wirtschaft zwei Gruppen von Unternehmen gibt. Die erste Gruppe setzt ihre Preise im vorhinein aufgrund ihrer Preiserwartungen fest. (Die Preiserwartungen werden als Näherungsgröße für die erwarteten Kosten angesehen.)

Es gilt:

$$p^s = P^e.$$

Die zweite Gruppe hat ein flexibles Preisbildungsschema. Neben dem allgemeinen Preisniveau (das wieder als Näherungsgröße für die Kosten dient) geht in die Preisbildung eine »konjunkturelle« Komponente ein. Der angestrebte Preis wird erhöht, falls das Einkommen über dem natürlichen Niveau liegt und umgekehrt:

$$p^f = P + a\left(Y - \overline{Y}\right).$$

Das gesamtwirtschaftliche Preisniveau ergibt sich als gewichteter Durchschnitt beider Preise, wobei als Gewicht der jeweilige Anteil der Unternehmen an der Wirtschaft dient. Bezeichnet man den Anteil der Unternehmen mit starren Preisen mit s, ergibt sich das allgemeine Preisniveau zu:

$$P = sP^e + (1 - s)\left[P + a\left(Y - \overline{Y}\right)\right]$$

$$P = P^e + \left[(1 - s) \cdot a/s\right]\left(Y - \overline{Y}\right)$$

$$= \frac{(1 - s)a}{s}Y - \frac{(1 - s)a}{s}\overline{Y} + P^e.$$

a. Falls kein Unternehmen flexible Preise hat (s = 1), folgt:

$P = P^e$.

Die AS-Kurve verläuft also waagerecht.
Dieses Ergebnis ist darauf zurückzuführen, dass kein Unternehmen mit seinem Preis auf Abweichungen des Outputs von seinem natürlichen Niveau reagiert, weil in der Wirtschaft ja nur Unternehmen mit starren Preisen existieren.

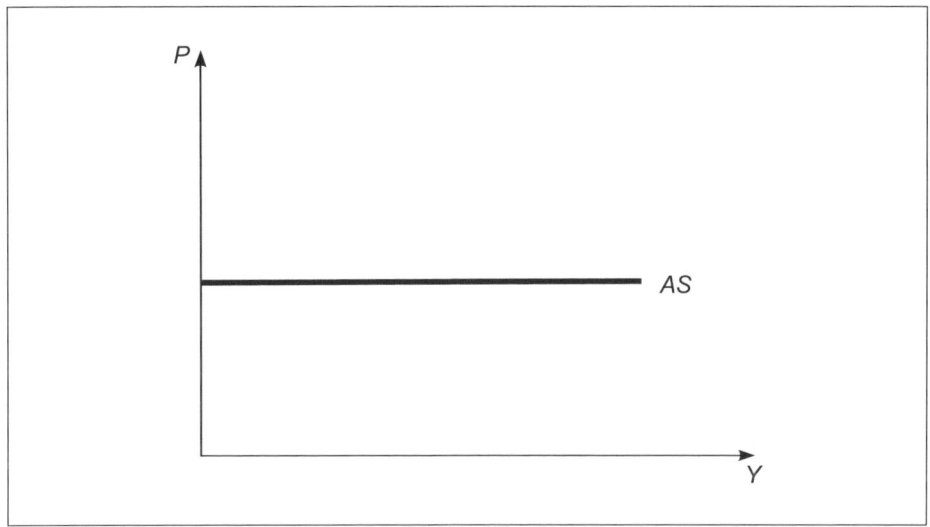

Abb. 13-1

b. Das gleiche Ergebnis folgt für den Fall, dass der angestrebte Preis nicht von der Höhe des Outputs abhängt (a = 0). Zwar gibt es dann Unternehmen mit flexiblen Preisen, diese passen ihre Preise aber nur an das allgemeine Preisniveau an ($p^f = P$), das durch die Preiserwartungen der Unternehmen mit den starren Preisen ($p^s = P^e$) bestimmt wird:

$P = sp^s + (1 - s)p^f$

$P = sP^e + (1 - s)P$

$P = P^e$.

Beide Spezialfälle entsprechen genau der kurzfristigen Gesamtangebotskurve aus Kapitel 9, weil sowohl die Annahme, dass kein Unternehmen flexible Preise hat, als auch die Annahme, dass der angestrebte Preis nicht von der Höhe der Produktion abhängt, starre Preise für die Gesamtwirtschaft impliziert.

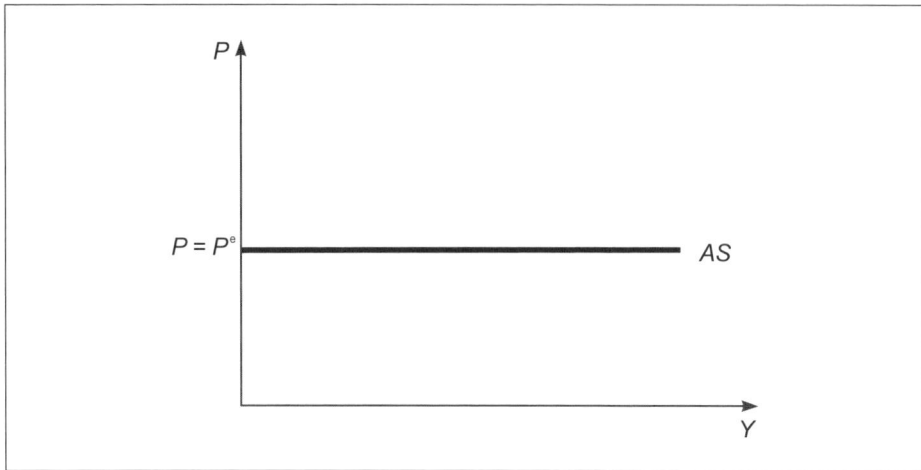

Abb. 13-2

Aufgabe 2

Nehmen Sie an, dass für eine Wirtschaft die folgende Phillips-Kurve gilt:

$$\pi = \pi_{-1} - 0,5\,(u - 0,06).$$

a. Wie hoch ist die natürliche Arbeitslosenquote?
b. Stellen Sie die kurz- und langfristige Beziehung zwischen Arbeitslosigkeit und Inflation graphisch dar.
c. Wie viel zyklische Arbeitslosigkeit ist erforderlich, um die Inflation um 5 Prozentpunkte zu vermindern? Berechnen Sie unter Verwendung des Okunschen Gesetzes das Opferverhältnis.
d. Die Inflationsrate beträgt 10 Prozent. Die Zentralbank möchte sie auf 5 Prozent reduzieren. Beschreiben Sie zwei Szenarien, mit denen sich dieses Ziel erreichen lässt.

Lösung

Die Phillips-Kurve wird durch folgende Gleichung charakterisiert:

$$\pi = \pi_{-1} - 0,5\,(u - 0,06).$$

a. Die natürliche Arbeitslosenquote ergibt sich, wenn keine Überraschungsinflation auftritt, d.h. $\pi = \pi_{-1} = \ldots$ gilt. Aus der Phillips-Kurve folgt, dass für die natürliche Arbeitslosenquote $u^n = 0,06$ gilt. Im vorliegenden Beispiel beträgt die natürliche Arbeitslosenquote also 6 Prozent.
b. Die Phillips-Kurve wird in einem Diagramm dargestellt, bei dem die Inflation an der Ordinate und die Arbeitslosenquote an der Abszisse abgetragen werden (vgl. Abbildung 13-3).

$$\pi = \pi_{-1} - 0,5\,(u - 0,06)$$
$$= \pi_{-1} + 0,03 - 0,5u.$$

Kurzfristig verläuft die Phillips-Kurve mit negativer Steigung $\left(\dfrac{\Delta\pi}{\Delta u} = -0,5\right)$. Ihre Lage wird durch π_{-1} und die Konstante 0,03 bestimmt. Langfristig ($\pi = \pi_{-1} = \ldots$) gibt es keinen Zusammenhang zwischen Arbeitslosigkeit und Inflation: Die Phillips-Kurve verläuft senkrecht über der natürlichen Arbeitslosigkeit ($u^n = 0,06$).

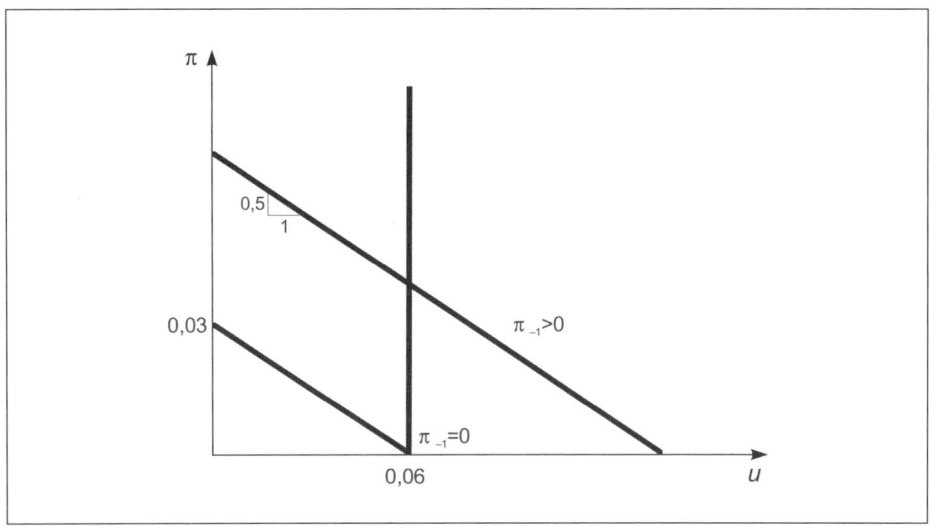

Abb. 13-3

c. Der Zusammenhang zwischen zyklischer Arbeitslosigkeit und Inflation lässt sich leichter erkennen, wenn man die Phillips-Kurve nach u auflöst:

$$\pi = \pi_{-1} - 0,5\left(u - 0,06\right)$$

$$u = 2\pi_{-1} + 0,06 - 2\pi$$

Der kurzfristige Zusammenhang zwischen Änderung der Inflationsrate und Änderung der Arbeitslosigkeit ist:

$$\frac{\Delta u}{\Delta \pi} = -2$$

$$\Delta u = -2 \cdot \Delta\pi.$$

Für $\Delta\pi = -5$ folgt $\Delta u = 10$.

Vom Gleichgewicht ausgehend, ist also ein Anstieg der Arbeitslosigkeit um 10 Prozentpunkte über das natürliche Niveau erforderlich, um die Inflation um 5 Prozentpunkte zu senken.

Das Okunsche Gesetz lautet:

$$\frac{\Delta Y}{Y} = 3\% - 2\,\Delta u.$$

Eine *Änderung* der Arbeitslosenquote um einen Prozentpunkt führt zu einer *Änderung* der Wachstumsrate um das doppelte (in die entgegengesetzte Richtung).

Wenn also die Arbeitslosigkeit um 10 Prozent steigt, gehen 17 Prozent reales BIP verloren. Das Opferverhältnis ergibt sich aus der Anzahl von Prozentpunkten reales BIP, die aufgegeben werden müssen, um die Inflation um einen Prozentpunkt zu senken. Im vorliegenden Fall ergibt sich:

$$\text{Opferverhältnis} = \frac{20}{5} = 4.$$

d. Die Inflation soll um 5 Prozentpunkte gesenkt werden. Zwei mögliche Szenarien sind eine Cold-turkey-Strategie, bei der die Inflationssenkung in einem Jahr erreicht wird, und eine graduelle Strategie, bei der die Inflationssenkung über einen Zeitraum von fünf Jahren verteilt wird.

Die Cold-turkey-Strategie ist in dem betreffenden Jahr mit einem Anstieg der Arbeitslosenquote um 10 Prozentpunkte und einem Wachstumsrückgang um 20 Prozentpunkte verbunden.

Die vorgeschlagene graduelle Strategie verringert die Inflation Jahr für Jahr um einen Prozentpunkt. Die Phillips-Kurve zeigt, dass die Arbeitslosigkeit fünf Jahre lang um 2 Prozentpunkte über dem natürlichen Niveau liegen muss und das Wachstum fünf Jahre lang jeweils 4 Prozentpunkte unter dem natürlichen Niveau liegt.

Bei beiden Strategien kommt es jeweils zu einer Gesamtwachstumseinbuße von 20 Prozentpunkten des BIP.

Aufgabe 3

Die Vertreter der rationalen Erwartungen behaupten folgendes: Die Kosten der Inflationsverminderung – das Opferverhältnis – sind geringer, falls alle glauben, dass die Politiker es mit der Inflationsbekämpfung wirklich ernst meinen; sie sind höher, wenn das Publikum skeptisch in Bezug auf die wahren Intentionen der Politiker ist. Warum könnte diese Behauptung stimmen? Wie lässt sich die Glaubwürdigkeit erreichen?

Lösung

Das Opferverhältnis gibt die Anzahl der Prozentpunkte reales BIP an, auf die verzichtet werden muss, um die Inflation um einen Prozentpunkt zu senken. Gemäß der Phillips-Kurve erfolgt die Senkung der Inflation über eine Erhöhung der Arbeitslosigkeit. Die Erhöhung der Arbeitslosigkeit ist über das Okunsche Gesetz mit einer Verringerung des BIP-Wachstums verbunden.

Für die Phillips-Kurve gilt:

$$\pi = \pi^e - \beta\left(u - u^n\right)$$

bzw.

$$u = \frac{1}{\beta}\left(\pi^e - \pi\right) + u^n.$$

Wenn die Inflationserwartung sehr träge ist, führt eine Reduzierung der tatsächlichen Inflation zu einem deutlichen Anstieg der Arbeitslosigkeit und damit ceteris paribus zu einem hohen Opferverhältnis.

Bei rationalen Erwartungen und Glaubwürdigkeit der Politik sollten die Inflationserwartungen sich weitgehend an die von der Politik genannte Zielrate anpassen. In diesem Fall entsteht nur eine sehr geringe »zyklische« Arbeitslosigkeit und das Opferverhältnis ist gering.

Erscheinen dem Publikum die Ankündigungen der Politiker unglaubwürdig, wird aber die Inflation doch tatsächlich gesenkt, passen sich die Erwartungen nur langsam an. Es entsteht eine hohe zyklische Arbeitslosigkeit und auch das Opferverhältnis ist hoch.

Glaubwürdigkeit bei der Inflationsbekämpfung lässt sich prinzipiell durch eine Regelbindung erreichen, welche die Politik auf die Inflationsbekämpfung festlegt. Es wird allerdings kaum möglich sein, Regeln zu installieren, die unter keinen Umständen durchbrochen werden. Eine andere Möglichkeit besteht darin, die geldpolitischen Instanzen mit bekanntermaßen inflationsaversen Persönlichkeiten zu besetzen.

Aufgabe 4

Nehmen Sie an, dass sich die Wirtschaft in der Ausgangssituation im langfristigen Gleichgewicht befindet. Jetzt erhöht die Zentralbank das Geldangebot.

a. Gehen Sie davon aus, dass jede aus dieser Politikmaßnahme resultierende Inflation unerwartet ist. Erläutern Sie, von dieser Annahme ausgehend, alle Änderungen des BIP, der Arbeitslosigkeit und der Inflation, die durch die expansive Geldpolitik hervorgerufen werden. Erläutern Sie Ihre Schlussfolgerungen unter der Verwendung von drei Diagrammen: eines für das IS/LM-Modell, eines für das AD/AS-Modell und eines für die Phillips-Kurve.

b. Gehen Sie nun von der Annahme aus, dass jede aus der expansiven Geldpolitik resultierende Inflation erwartet wurde. Erläutern Sie alle Änderungen des BIP, der Arbeitslosigkeit und der Inflation, die durch die expansive Geldpolitik hervorgerufen werden. Erläutern Sie Ihre Schlussfolgerungen wiederum unter Verwendung der in Teilaufgabe a. genannten Diagramme.

Lösung

a. Wir gehen von einer langfristigen Gleichgewichtssituation aus, bei der sich IS- und LM-Kurve sowie AD- und AS-Kurve genau oberhalb des natürlichen Produktionsniveaus schneiden (Punkt A). Die kurzfristige Phillips-Kurve schneidet die langfristige Phillips-Kurve bei einer Inflationsrate von null. Jetzt kommt es zu einer Erhöhung des Geldangebots.

Im IS-LM-Diagramm bewirkt diese Änderung eine Rechtsverschiebung der LM-Kurve. Dadurch verlagert sich der Schnittpunkt mit der IS-Kurve nach rechts unten zu Punkt B. Hier ist das Produktionsniveau höher und der Zinssatz niedriger als im ursprünglichen Gleichgewicht. Dem höheren Produktionsniveau entspricht eine höhere Beschäftigung. Kurzfristig kommt es also zu einer Erhöhung von Produktion und Beschäftigung sowie zu einem Rückgang des Zinssatzes. Langfristig wird sich jedoch aufgrund der Überauslastung der Kapazitäten das Preisniveau erhöhen. Der Anstieg des Preisniveaus impliziert eine Verringerung der realen Geldmenge, die zu einer Linksverschiebung der LM-Kurve führt. Der Anstieg des Preisniveaus und die Links-

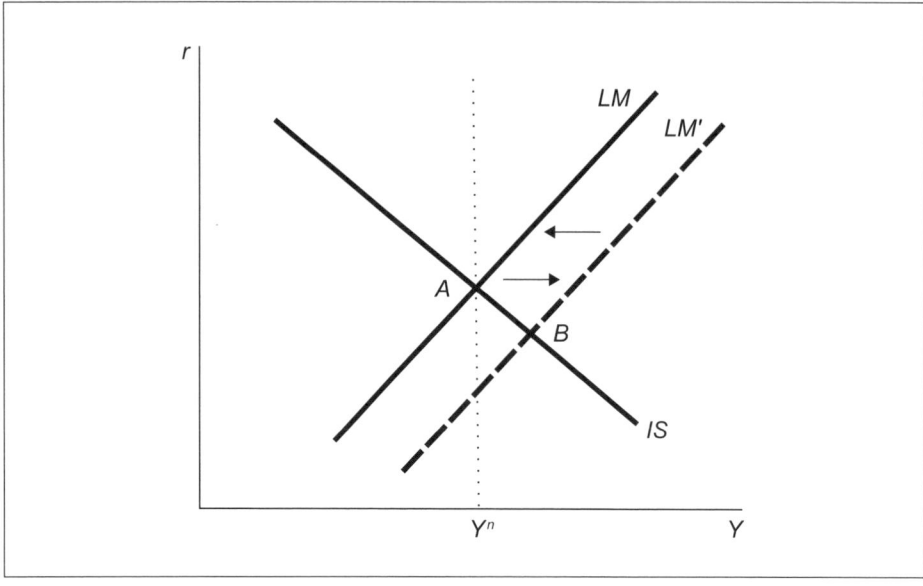

Abb. 13-4

verschiebung werden so lange anhalten, bis die LM-Kurve wieder ihre ursprüngliche Lage erreicht hat und alle Variablen ihre alten Gleichgewichtswerte aufweisen.

Im AD-AS-Diagramm (Abbildung 13-5) bewirkt die Erhöhung des Geldangebots eine Rechtsverschiebung der AD-Kurve. Dadurch verlagert sich der Schnittpunkt mit der AS-Kurve nach rechts oben zu Punkt B. Hier sind das Produktionsniveau und das Preisniveau höher als im Ausgangsgleichgewicht. Mit der Anpassung der Preiserwartungen an das gestiegene Preisniveau verschiebt sich die AS-Kurve sukzessive nach links oben. Die Erwartungsanpassung und die Verschiebung der AS-Kurve halten so lange an, bis in Punkt C ein neues Gleichgewicht erreicht ist. (Das steigende Preisniveau impliziert ein Sinken der realen Geldmenge. Während ein Rückgang der realen Geldmenge aufgrund einer Verringerung des nominalen Geldangebots zu einer Linksverschiebung der AD-Kurve führen würde, impliziert die Verringerung der realen Geldmenge über einen Anstieg des Preisniveaus eine Bewegung entlang der gegebenen AD-Kurve.)

Im Phillips-Kurven-Diagramm (Abbildung 13-6) führt die geldpolitische Expansion von Punkt A ausgehend zunächst zu einer Bewegung entlang der kurzfristigen Phillips-Kurve bis Punkt B. Dieser Punkt impliziert eine gesunkene Arbeitslosigkeit (und eine gestiegene Produktion) sowie eine höhere Inflationsrate. Langfristig passen sich die Inflationserwartungen an die gestiegene tatsächliche Inflationsrate an. Weil die Inflationserwartung Lageparameter der kurzfristigen Phillips-Kurve ist, verschiebt sich diese mit steigender Inflationserwartung nach oben. Die Anpassung hält so lange an, bis in Punkt C ein neues Gleichgewicht erreicht wird. Hier sind Produktion und Beschäftigung (bzw. Arbeitslosigkeit) wieder auf ihren natürlichen Niveaus. Die Inflationsrate ist allerdings höher als zuvor. (Man beachte, dass bei dieser Teilantwort eigentlich nicht ein höheres Niveau des Geldangebots angenommen werden muss, sondern eine höhere Wachstumsrate.)

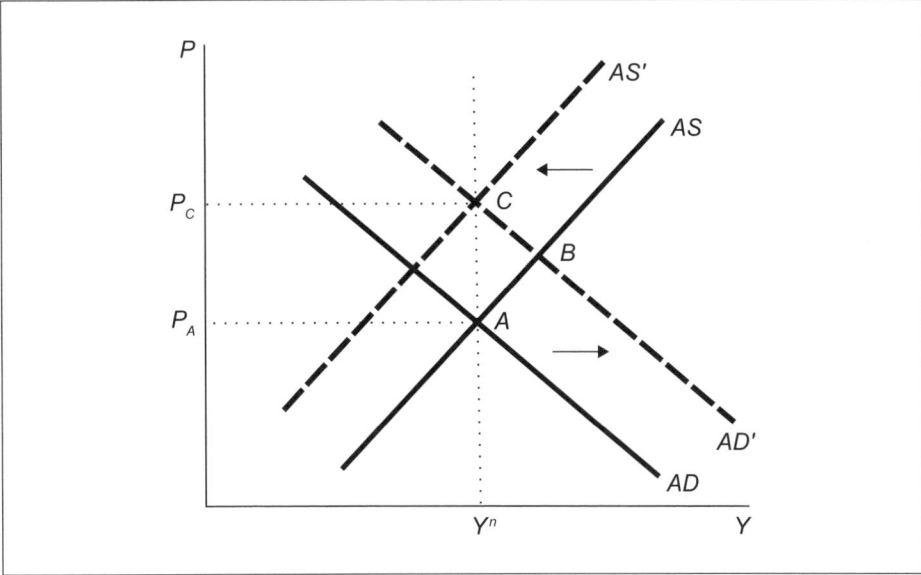

Abb. 13-5

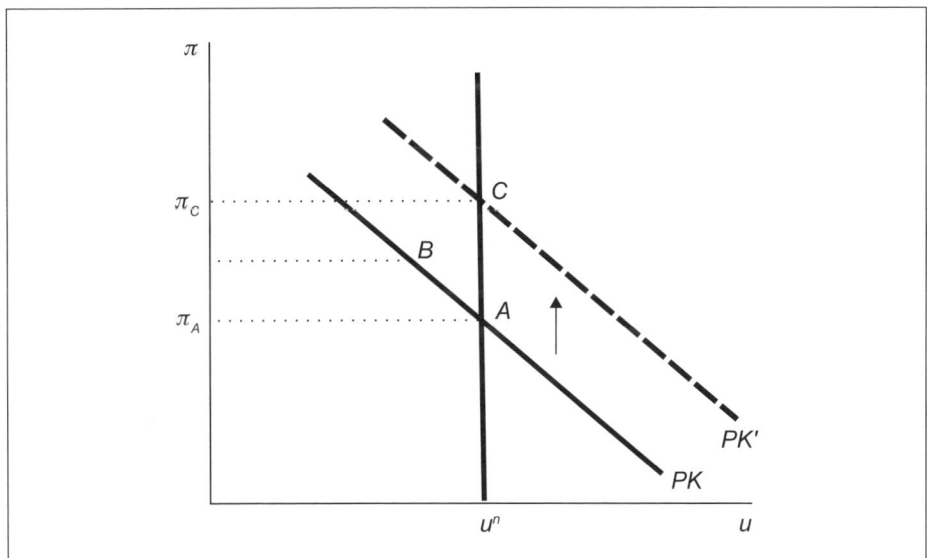

Abb. 13-6

b. Wenn die aus der expansiven Geldpolitik resultierenden Erhöhungen von Preisniveau bzw. Inflation sofort in vollem Umfang antizipiert werden, dann ergeben sich keine realen Wirkungen. Lediglich Preisniveau bzw. Inflation passen sich unmittelbar und vollständig an ihre neuen Gleichgewichtswerte an.

Im IS-LM-Diagramm würden Rechtsverschiebung der LM-Kurve (aufgrund des gestie-

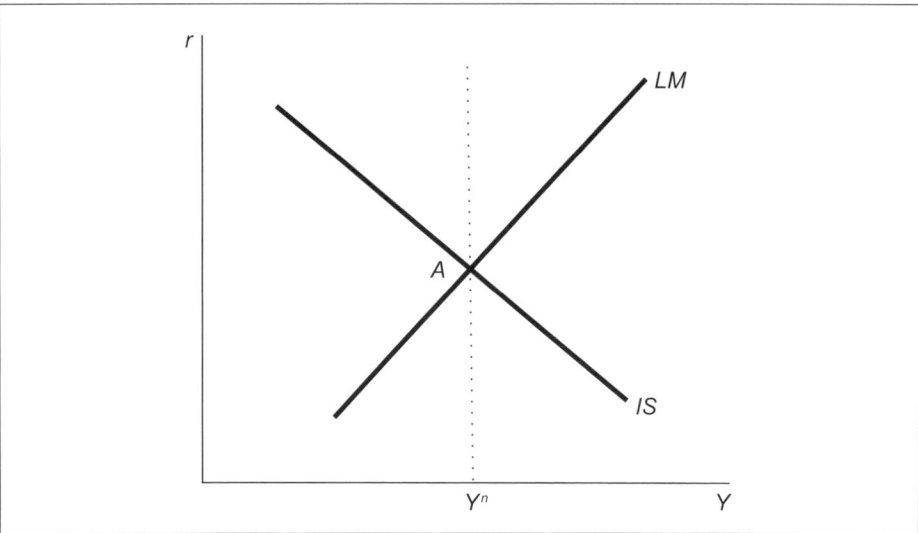

Abb. 13-7

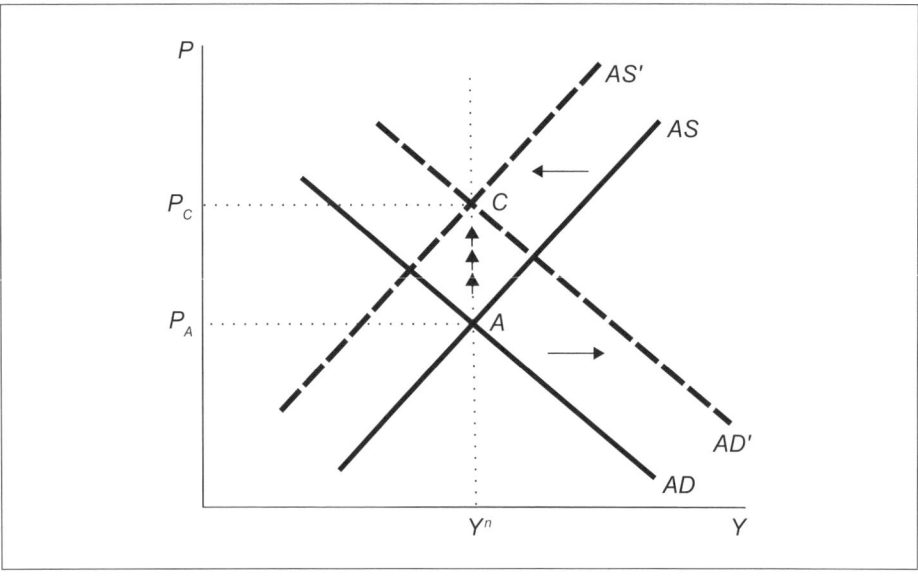

Abb. 13-8

genen realen Geldangebots) und Linksverschiebung (aufgrund des gestiegenen Preisniveaus) zum selben Zeitpunkt auftreten, sodass sich die Lage der LM-Kurve per Saldo nicht ändern würde.

Im AD-AS-Diagramm (Abbildung 13-8) führt das gestiegene nominale Geldangebot zu einer Verschiebung der AD-Kurve nach rechts, was mit einem Anstieg des Preisniveaus verbunden ist. Da sich aber die Preiserwartungen augenblicklich an das steigende Preisniveau anpassen, verschiebt sich zeitgleich die AS-Kurve nach links, sodass so-

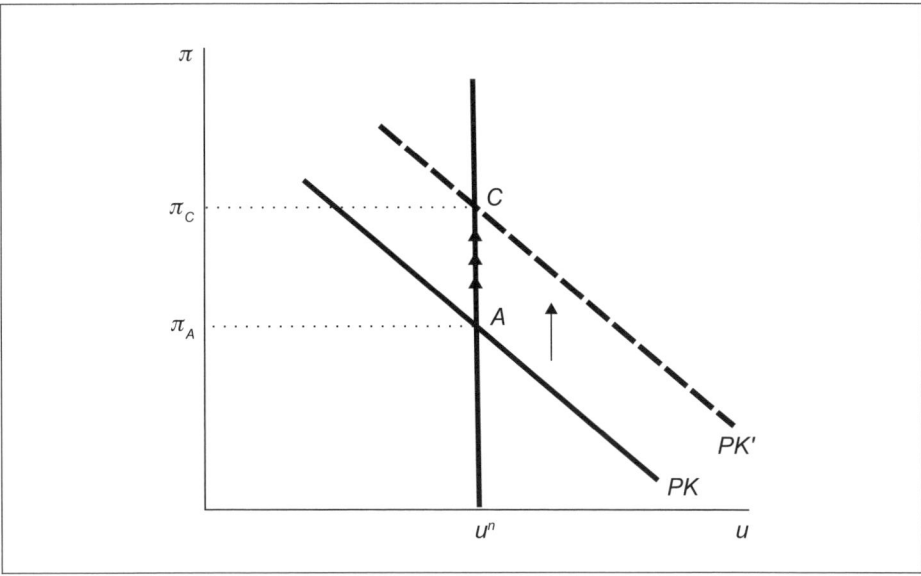

Abb. 13-9

fort das neue Gleichgewicht in Punkt C erreicht wird. Unter dem Strich bleiben Produktion und Beschäftigung unverändert, während das Preisniveau auf den neuen Gleichgewichtswert springt.

Im Phillips-Kurven-Diagramm (Abbildung 13-9) führt der Anstieg der Inflation (und eine Bewegung entlang der kurzfristigen Phillips-Kurve) zu einer unmittelbaren Anpassung der Inflationserwartung, was mit einer sofortigen Verschiebung der kurzfristigen Phillips-Kurve nach oben verbunden ist. Falls diese Anpassung augenblicklich und vollständig erfolgt, gibt es keine Änderung in Arbeitslosigkeit, Beschäftigung und Produktion. Die expansive Geldpolitik mündet ausschließlich in einen Anstieg der Inflationsrate.

Aufgabe 5

Nehmen Sie an, dass die Menschen rationale Erwartungen haben, und dass die Wirtschaft durch das Preisstarrheiten-Modell beschrieben werden kann. Erklären Sie, warum jede der folgenden Aussagen richtig ist.

a. Nur nichtantizipierte Änderungen des Geldangebots berühren das reale BIP. Änderungen des Geldangebots, die bei der Preissetzung antizipiert wurden, haben keine realen Effekte.

b. Wenn die Zentralbank das Geldangebot zur selben Zeit festlegt, zu der die Preise gesetzt werden, sodass alle über die gleichen Informationen hinsichtlich der wirtschaftlichen Situation verfügen, dann kann die Geldpolitik nicht systematisch zur Stabilisierung der Wirtschaft eingesetzt werden. Folglich hat eine Politik des konstanten Geldangebots die gleichen realen Effekte wie eine Politik, die das Geldangebot reaktiv an wirtschaftliche Änderungen anpasst. (Dies wird als Politikirrelevanzeigenschaft bezeichnet.)

c. Legt die Zentralbank das Geldangebot deutlich nach der Preissetzung fest, sodass die Zentralbank über mehr ökonomisch relevante Informationen verfügt, kann die Geldpolitik systematisch zur Stabilisierung des Outputs genutzt werden.

Lösung

Sowohl das Lohnstarrheiten- als auch das Preisstarrheiten-Modell wirken auf folgende Gesamtangebotskurve:

$$Y = \overline{Y} + \alpha \left(P - P^e \right).$$

Diese Beziehung besagt, dass die Produktion nur dann von ihrem natürlichen Niveau abweicht, wenn das tatsächliche Preisniveau von dem erwarteten Preisniveau abweicht. Rationale Erwartungen bedeuten, dass die Wirtschaftssubjekte alle ihnen zur Verfügung stehenden Informationen optimal nutzen, um ihre Einschätzung über die Zukunft zu bilden. Zu diesen Informationen gehören auch die verfügbaren Informationen über die gegenwärtige und künftige Wirtschaftspolitik.

a. Änderungen des Geldangebots, die von den Wirtschaftssubjekten antizipiert werden, führen dazu, dass sich die Lohn- und Preiserwartungen unmittelbar anpassen. So führt etwa eine Erhöhung des Geldangebots um 10 Prozent bei konstanter Umlaufgeschwindigkeit dazu, dass eine Erhöhung des Preisniveaus um ebenfalls 10 Prozent erwartet wird. Wenn sich die Geldmengenerhöhung dann auf das tatsächliche Preisniveau auswirkt, wurde diese Preisniveauerhöhung bereits antizipiert, sodass es zu keiner Abweichung zwischen erwartetem und tatsächlichem Preisniveau kommt. In diesem Fall hat die Erhöhung des Geldangebots, wie die Gesamtangebotsfunktion zeigt, keine realen Effekte. Nur dann, wenn die Erhöhung des Geldangebots nicht antizipiert werden konnte, weichen Preiserwartungen und tatsächliches Preisniveau voneinander ab, sodass es zu einer Abweichung der Produktion von ihrem natürlichen Niveau kommt.

b. Mit reaktiver Anpassung des Geldangebots ist z. B. die Reaktion der Zentralbank auf eine Rezession gemeint. Wenn die Zentralbank in Rezessionen das Geldangebot erhöht, um die Wirtschaft zu stimulieren, dann werden Wirtschaftssubjekte mit rationalen Erwartungen ein solches Verhalten der Zentralbank bei der Lohn- und Preisbildung antizipieren. Der durch die Erhöhung des Geldangebots ausgelöste Anstieg des Preisniveaus wird von den Wirtschaftssubjekten dann erwartet, sodass keine reale Wirkung auftritt. Würde die Zentralbank in Rezessionsphasen das Geldangebot konstant halten, so würde auch diese Politikvariante von Wirtschaftssubjekten mit rationalen Erwartungen antizipiert werden. Auch in diesem Fall würden erwartetes Preisniveau und tatsächliches Preisniveau übereinstimmen, sodass keine realen Wirkungen auftreten. Daher ist es im Ergebnis gleich, ob die Zentralbank das Geldangebot konstant hält oder versucht, auf Änderungen der wirtschaftlichen Lage zu reagieren.

c. Wenn die Zentralbank das Geldangebot erst festlegt, nachdem Löhne und Preise gesetzt worden sind, dann kann sie beispielsweise das Geldangebot stärker steigern als erwartet. Das bedeutet, dass das tatsächliche Preisniveau oberhalb des erwarteten liegt. Die Gesamtangebotskurve zeigt, dass dann reale Wirkungen auftreten können. Die Zentralbank könnte die Geldpolitik dann systematisch zur Stabilisierung des Outputs einsetzen.

Aufgabe 6

Nehmen Sie an, dass eine Wirtschaft folgende Phillips-Kurve aufweist

$$\pi = \pi_{-1} - 0{,}5(u - u_n).$$

und dass die natürliche Arbeitslosenquote sich aus dem Durchschnitt der Arbeitslosigkeit der beiden vergangenen Jahre ergibt:

$$u_n = 0{,}5(u_{-1} + u_{-2}).$$

a. Warum könnte die natürliche Arbeitslosenquote von der Höhe der Arbeitslosigkeit in der jüngeren Vergangenheit abhängen (wie es in der obigen Gleichung angenommen wurde)?

b. Nehmen Sie an, dass die Zentralbank einer Politik folgt, mit der die Inflationsrate dauerhaft um 1 Prozentpunkt gesenkt werden soll. Welche Wirkung hat diese Politik im Zeitverlauf auf die Höhe der Arbeitslosigkeit?

c. Wie sieht das Opferverhältnis in dieser Wirtschaft aus? Begründung?

d. Welche Implikationen ergeben sich aus den obigen Gleichungen für den kurz- und langfristigen Tradeoff zwischen Arbeitslosigkeit und Inflation?

Lösung

a. Im vorliegenden Fall ist die natürliche Arbeitslosenquote nicht konstant, sondern von den Arbeitslosenquoten in den vorhergehenden beiden Jahren abhängig. Eine Rezession führt unter diesen Bedingungen nicht nur temporär zu einer höheren Arbeitslosigkeit, sondern auch dauerhaft. Im Lehrbuch werden drei mögliche Argumente für dieses Hysteresis-Phänomen genannt (vgl. Mankiw, S. 506 f.):

1. Durch Arbeitslosigkeit entsteht Dequalifikation, d.h. berufsbezogene Fähigkeiten werden eingebüßt. Dies macht es schwieriger, einen neuen Arbeitsplatz zu finden.

2. Durch Arbeitslosigkeit kann es zu Einstellungs- und Verhaltensänderungen der Arbeitslosen kommen, die zu einer verringerten Anstrengung führen, einen neuen Arbeitsplatz zu finden.

3. Durch Arbeitslosigkeit nimmt der Anteil der Arbeitsplatzbesitzer (Insider) ab. Falls diese kleiner gewordene Gruppe stärker an hohen Reallöhnen und weniger an hoher Beschäftigung interessiert ist, kann auch dies zu einer Erhöhung der natürlichen Arbeitslosigkeit führen.

b. Wir gehen davon aus, dass in der Ausgangssituation ein Steady State vorliegt, d.h. $u = u^n = \bar{u}$. Im ersten Jahr senkt die Zentralbank die Inflation um 1 Prozentpunkt, d.h.

$$\pi_1 - \pi_0 = -1.$$

Die hierfür notwendige Erhöhung der Arbeitslosigkeit ergibt sich aus der Phillips-Kurve:

$$
\begin{aligned}
u_1 - \bar{u} &= -2(\pi_1 - \pi_0) \\
&= -2(-1) \\
&= 2.
\end{aligned}
$$

Im ersten Jahr muss die Arbeitslosenquote um 2 Prozentpunkte über das natürliche Niveau der Ausgangssituation steigen.

Im zweiten und den folgenden Jahren bleibt die Inflation auf dem Niveau π_1, d.h. es gilt jetzt:

$$\pi - \pi_{-1} = 0.$$

Aus der Phillips-Kurve folgt, dass jetzt gelten muss:

$$u = u^n.$$

Allerdings ist u nicht konstant.
Die zeitliche Entwicklung von u und u^n lässt sich folgendermaßen berechnen:

$$u_2 \quad = u_2^n = 0{,}5\left(u_1 + \bar{u}\right) = 0{,}5\left(2 + \bar{u} + \bar{u}\right) = \bar{u} + 1$$

$$u_3 \quad = u_3^n = 0{,}5\left(u_2 + u_1\right) = 0{,}5\left(\bar{u} + 1 + 2 + \bar{u}\right) = \bar{u} + 1{,}5$$

$$u_4 \quad = u_4^n = 0{,}5\left(u_3 + u_2\right) = 0{,}5\left(\bar{u} + 1{,}5 + \bar{u} + 1\right) = \bar{u} + 1{,}25$$

$$u_5 \quad = u_5^n = 0{,}5\left(u_4 + u_3\right) = 0{,}5\left(\bar{u} + 1{,}25 + \bar{u} + 1{,}5\right) = \bar{u} + 1{,}375$$

$$u_6 \quad = u_6^n = 0{,}5\left(u_5 + u_4\right) = 0{,}5\left(\bar{u} + 1{,}375 + \bar{u} + 1{,}25\right) = \bar{u} + 1{,}3125$$

etc.

Um die Inflationsrate dauerhaft um 1 Prozentpunkt zu senken, muss die Arbeitslosigkeit dauerhaft über dem Niveau im Ausgangsjahr bleiben.

c. Das Opferverhältnis ist die Anzahl der Prozentpunkte des realen BIP eines Jahres, die aufgegeben werden müssen, um die Inflation um 1 Prozentpunkt zu senken. Weil die Arbeitslosenquote dauerhaft über dem Ausgangsniveau liegt, muss das reale BIP dauerhaft unter dem Niveau liegen, das im Ausgangsjahr produziert wurde. Rein theoretisch müssen daher unendlich viele Prozentpunkte des realen BIP eines Jahres aufgegeben werden. Damit wäre das Opferverhältnis unendlich groß.

d. Mit der obigen Phillips-Kurve und der Annahme, dass sich die natürliche Arbeitslosenquote aus dem Durchschnitt der Arbeitslosigkeit der beiden vorangegangenen Jahre ergibt, folgt nicht nur ein kurzfristiger, sondern auch ein langfristiger Tradeoff zwischen Arbeitslosigkeit und Inflation. Wie in Teil b. gezeigt wurde, kann die Inflationsrate dauerhaft gesenkt werden, wenn man eine dauerhaft höhere Arbeitslosigkeit in Kauf nimmt.

Aufgabe 7

Einige Wirtschaftswissenschaftler gehen davon aus, dass Steuern eine signifikante Wirkung auf das Arbeitsangebot haben. Sie argumentieren, dass höhere Steuern dazu führen, dass die Menschen weniger arbeiten, und dass niedrigere Steuern dazu führen, dass sie mehr arbeiten möchten. Wir wollen überlegen, wie dieser Effekt die makroökonomische Analyse von Steueränderungen beeinflusst.

a. Welchen Einfluss hat die Steuersenkung auf die natürliche Höhe der Produktion, wenn diese Sicht richtig ist?

b. Welche Wirkung hat eine Steuersenkung auf die Gesamtnachfragekurve? Auf die lang-fristige Gesamtangebotskurve? Auf die kurzfristige Gesamtangebotskurve?

c. Welche kurzfristige Wirkung hat eine Steuersenkung auf Produktion und Preisniveau? Wie unterscheidet sich Ihre Antwort vom Fall ohne Arbeitsangebotseffekt?

d. Welche langfristige Wirkung hat eine Steuersenkung auf Produktion und Preisniveau? Wie unterscheidet sich Ihre Antwort vom Fall ohne Arbeitsangebotseffekt?

Lösung

a. Wenn niedrigere Steuern dazu führen, dass die Menschen mehr arbeiten möchten, dann wird das Arbeitsangebot zu jedem gegebenen Reallohnsatz zunehmen. Der Real-lohn sinkt und die eingesetzte Menge an Arbeit steigt. Bei unverändertem Kapitalein-satz und gegebener Technologie nimmt die Vollbeschäftigungsproduktion zu. Eine Steuersenkung erhöht also die natürliche Höhe der Produktion. Abbildung 13-10 ver-anschaulicht diese Zusammenhänge.

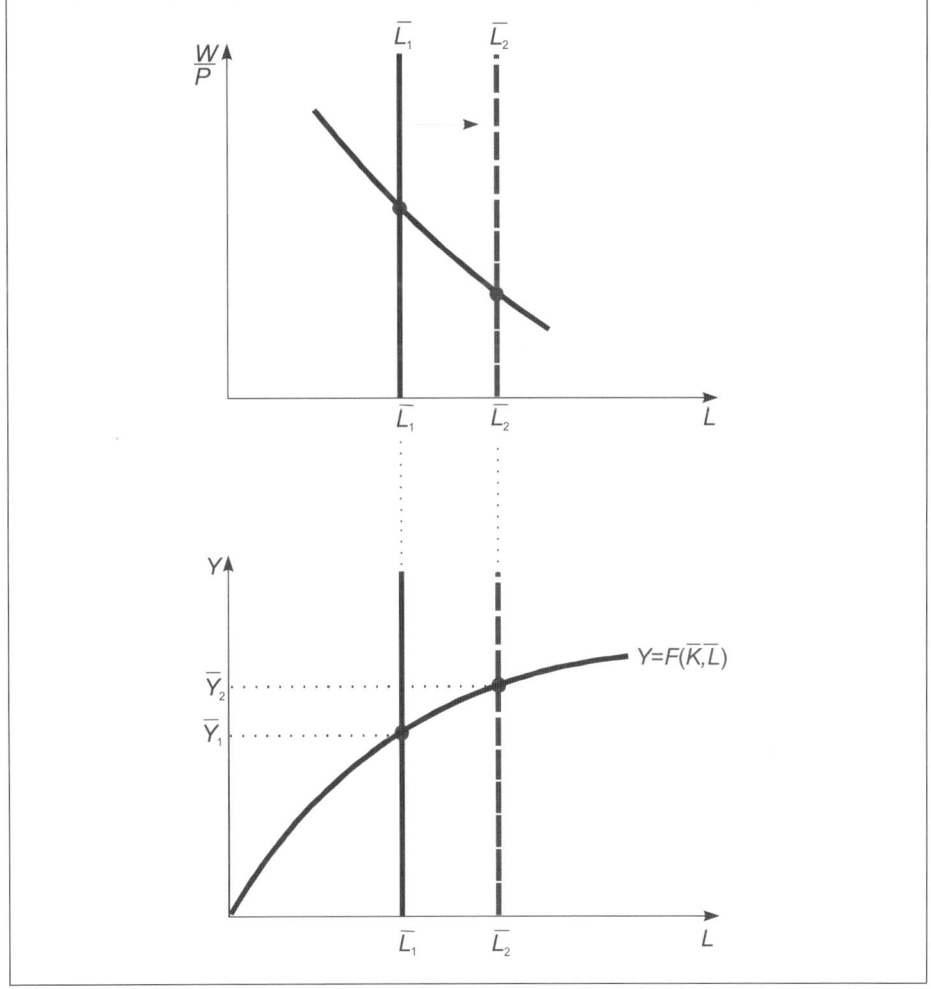

Abb. 13-10

b. Eine Steuersenkung verschiebt die IS-Kurve nach rechts. Damit verschiebt sich die Gesamtnachfragekurve ebenfalls nach rechts.

In Teil a. wurde bereits überlegt, dass die Steuersenkung zu einer Erhöhung des Arbeitsangebots und damit zu einer Zunahme der natürlichen Höhe der Produktion führt. Daher verschiebt sich die langfristige Gesamtangebotskurve ebenfalls nach rechts.

Die kurzfristige Gesamtangebotskurve lautet:

$$Y = \overline{Y} + \alpha \left(P - P^e \right).$$

Die natürliche Höhe der Produktion stellt im (Y, P)-Diagramm einen Lageparameter für die kurzfristige Gesamtangebotskurve dar. Wenn aufgrund der Steuersenkung die natürliche Höhe der Produktion steigt, verschiebt sich die kurzfristige Gesamtangebotskurve nach rechts, wie in Abbildung 13-11 gezeigt.

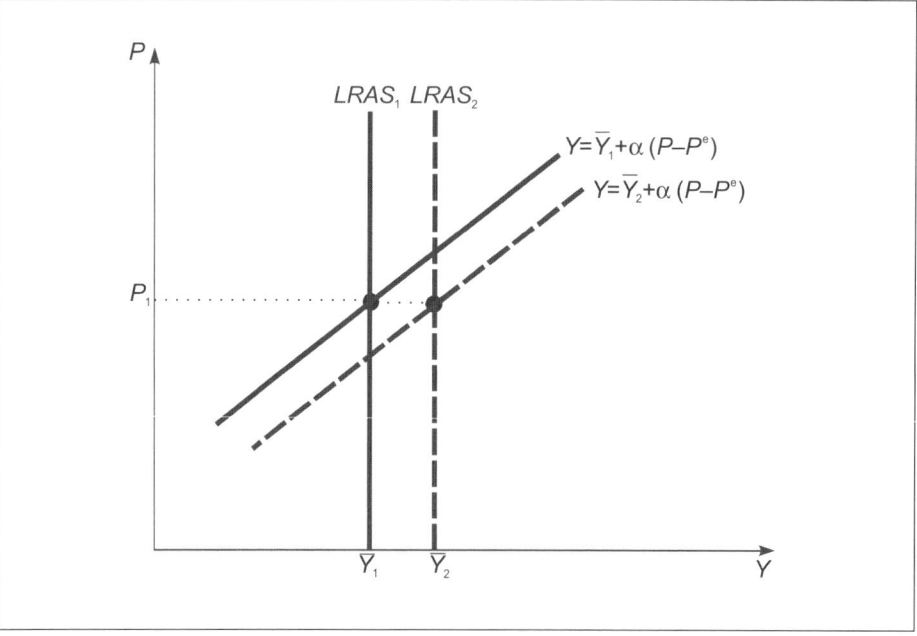

Abb. 13-11

c. Die Wirkungen der Steuersenkung sind in Abbildung 13-12 zusammengefasst. Langfristige Gesamtangebotskurve, kurzfristige Gesamtangebotskurve und Gesamtnachfragekurve verschieben sich nach rechts. Dies hat zur Folge, dass sich das kurzfristige Gleichgewicht von A nach B' verlagert. (Das langfristige Gleichgewicht liegt bei Punkt C'.) Falls das Arbeitsangebot nicht auf die Steuersenkung reagiert, behalten langfristige und kurzfristige Gesamtangebotskurve ihre Lage bei. Lediglich die Gesamtnachfragekurve verschiebt sich nach rechts. Daher verlagert sich in diesem Fall das kurzfristige Gleichgewicht von Punkt A nach Punkt B. (Langfristig liegt das Gleichgewicht bei Punkt C.)

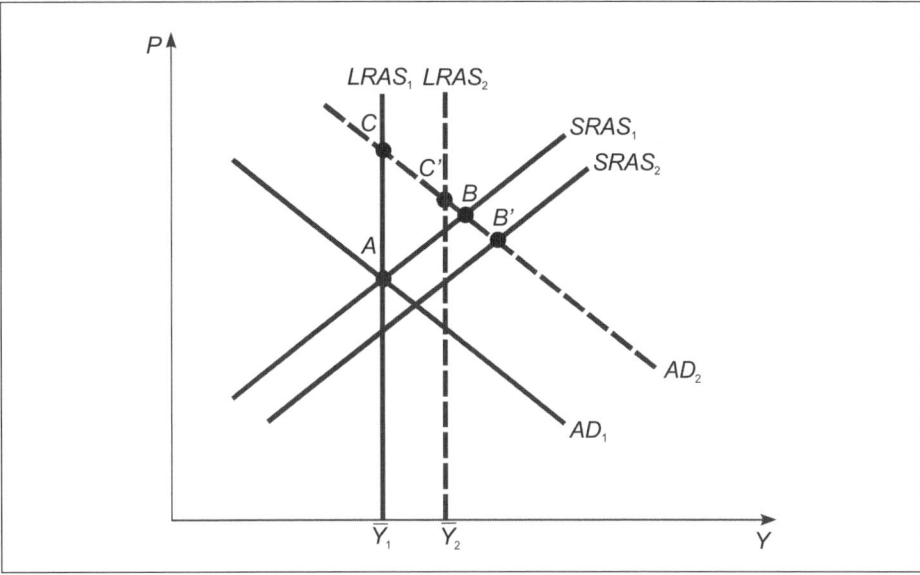

Abb. 13-12

Falls das Arbeitsangebot auf die Steuersenkung reagiert, ist kurzfristig die Einkommenswirkung stärker und der Preissteigerungseffekt geringer als im Fall ohne Arbeitsangebotseffekt.

d. Die langfristige Wirkung einer Steuersenkung auf Produktion und Preisniveau wird durch das Zusammenspiel von Gesamtnachfragekurve und langfristiger Gesamtangebotskurve bestimmt. Wir hatten bereits in den vorigen Teilen gesehen, dass sich

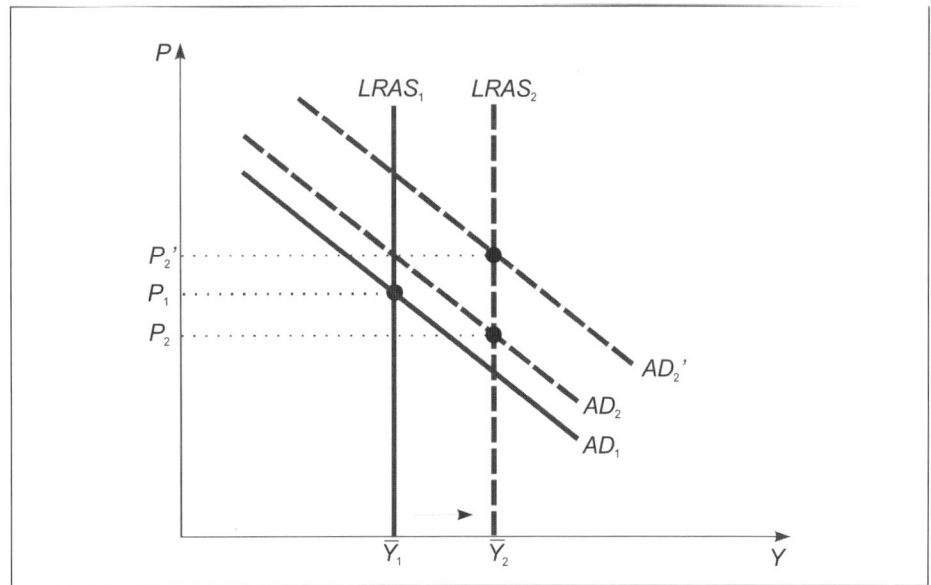

Abb. 13-13

Gesamtangebotskurve und Gesamtnachfragekurve nach rechts verschieben (vgl. Abbildung 13-13). Die Produktion wird sich auf alle Fälle langfristig auf das Niveau $\bar{Y}_2$ erhöhen, das durch die Lage der neuen langfristigen Gesamtangebotskurve bestimmt wird. Ob das Preisniveau langfristig sinkt oder steigt, lässt sich nicht ohne Weiteres sagen. Dies hängt davon ab, wie stark sich Gesamtnachfragekurve und Gesamtangebotskurve relativ zueinander verschieben.

Aufgabe 8

Der Wirtschaftswissenschaftler Alan Blinder, der von Bill Clinton zum Vizepräsidenten der amerikanischen Zentralbank ernannt wurde, schrieb einmal folgendes:

»Die Kosten der niedrigen und gemäßigten Inflationsraten, die in den Vereinigten Staaten oder in anderen Industrieländern zu beobachten sind, scheinen erträglich zu sein – eher wie eine starke Erkältung als ein Krebsgeschwür der Gesellschaft. Als rationale Individuen unterziehen wir uns wegen eines Schnupfens keiner Operation. Als Kollektiv, jedoch, verschreiben wir der Wirtschaft routinemäßig das ökonomische Äquivalent zu einer Operation (hohe Arbeitslosigkeit) als Therapie für die inflationäre Erkältung.« (Blinder 1987: 5, ins Deutsche übersetzt).

Was, glauben Sie, meinte Blinder damit? Welche politischen Implikationen ergeben sich aus dem Standpunkt, den Blinder vertritt? Stimmen Sie zu? Begründung?

Lösung

Blinder könnte das Bild einer kurzfristigen Phillips-Kurve im Hinterkopf haben. Wie im Lehrbuch in Abschnitt 4.6 diskutiert wurde, erscheinen die Kosten einer dauerhaften (und daher antizipierbaren) Inflation eher gering. Der Versuch, diese Inflationsrate weiter zu senken, ist aber mit Kosten in Form höherer Arbeitslosigkeit und verlorenen Inlandsprodukts verbunden. Aus dem von Blinder vertretenen Standpunkt folgt, dass die Gesellschaft diese Kosten nicht tragen sollte. Stattdessen sollten die niedrigen Kosten der Inflation toleriert werden. Er empfiehlt damit indirekt, dass auf eine Desinflationspolitik bei niedrigen Inflationsraten verzichtet werden sollte. Problematisch ist jedoch, ob der kurzfristige Phillips-Kurven-Zusammenhang stabil ist. Die meisten Ökonomen gehen davon aus, dass langfristig kein Tradeoff zwischen Arbeitslosigkeit und Inflation existiert. Unter Zugrundelegung rationaler Erwartungen könnten auch die Desinflationskosten viel geringer sein, als Blinder sich vermutlich vorstellt. Schließlich ist auch zu bedenken, ob die niedrigen Inflationsraten auf Dauer bestehen bleiben. Es könnte sein, dass sich die Inflationsraten im Laufe der Zeit erhöhen, wenn keine kontraktive Politik erfolgt.

Anhang zu 13
Die Mutter aller Modelle

Aufgabe 1
Wir wollen einige weitere Spezialfälle des großen Modells betrachten. Wenn man von dem großen Modell ausgeht, welche zusätzlichen Annahmen werden dann jeweils benötigt, um die folgenden Modelle zu erhalten?

a. Das Modell der klassischen großen offenen Volkswirtschaft aus dem Anhang von Kapitel 5.
b. Das keynesianische Kreuz in der ersten Hälfte von Kapitel 10.
c. Das IS/LM-Modell für die große offene Volkswirtschaft aus dem Anhang von Kapitel 12.

Lösung
Das große Modell besteht aus folgenden Gleichungen:

$$Y = C(Y - T) + I(r) + G + NX(\varepsilon) \qquad \text{IS: Gütermarktgleichgewicht}$$

$$M / P = L(i, Y) \qquad \text{LM: Geldmarktgleichgewicht}$$

$$NX(\varepsilon) = NKE(r - r^*) \qquad \text{Devisenmarktgleichgewicht}$$

$$i = r + \pi^e \qquad \text{Beziehung zwischen realem und nominalem Zinsatz}$$

$$\varepsilon = eP / P^* \qquad \text{Beziehung zwischen realem und nominalem Wechselkurs}$$

$$Y = \overline{Y} + \alpha(P - P^e) \qquad \text{Gesamtangebot}$$

$$\overline{Y} = F(\overline{K}, \overline{L}) \qquad \text{Natürliches Produktionsniveau.}$$

a. Das Modell der klassischen großen offenen Volkswirtschaft aus dem Anhang von Kapitel 5 weicht nur in einem zentralen Punkt vom Modell der klassischen kleinen offenen Volkswirtschaft ab: Es wird angenommen, dass die Nettokapitalexporte nicht völlig elastisch auf Zinssatzunterschiede reagieren. Im vorliegenden Spezialfall nehmen wir daher an, dass

$$P^e = P$$

$$L(i, Y) = \frac{1}{V} Y$$

$$NX(\varepsilon) = NKE(r - r^*).$$

Die Preiserwartungen passen sich so an, dass sie korrekt sind. Die Geldnachfrage ist proportional zum Einkommen. Der Nettoexport entspricht dem Nettokapitalexport, der mit endlicher Elastizität vom Zinssatzunterschied zwischen Inland und Ausland abhängt.

b. Das Modell des keynesianischen Kreuzes geht von einer geschlossenen Volkswirtschaft aus, d.h. die Nettoexporte sind gleich null. Ferner wird (wie auch im IS/LM-Modell) angenommen, dass die Unternehmen bei gegebenem Preisniveau genau so viel produzieren, wie nachgefragt wird. Die kurzfristige Gesamtangebotskurve verläuft also waagerecht. Schließlich wird angenommen, dass die Investitionen exogen gegeben sind. Im vorliegenden Spezialfall nehmen wir daher an, dass

$$NX(\varepsilon) = NKE(r - r^*) = 0$$

$$Y = \overline{Y} + \alpha\left(P - P^e\right); \quad \alpha = \infty$$

$$I = \overline{I}.$$

c. Wie im Teil b. wird angenommen, dass die Unternehmen zum gegebenen Preisniveau so viel produzieren, wie nachgefragt wird. Wie in Teil a. wird angenommen, dass die Nettokapitalexporte nicht völlig elastisch auf Zinssatzunterschiede zwischen Inland und Ausland reagieren. Zusammengefasst:

$$Y = \overline{Y} + \alpha\left(P - P^e\right); \quad \alpha = \infty$$

$$NX(\varepsilon) = NKE(r - r^*),$$

wobei $NKE(r - r^*)$ eine endliche Elastizität aufweist.

14 Ein dynamisches Modell der Gesamtnachfrage und des Gesamtangebots

Aufgabe 1

Leiten Sie das langfristige Gleichgewicht für das dynamische AD/AS-Modell ab. Gehen Sie davon aus, dass es weder Angebots- noch Nachfrageschocks gibt ($\varepsilon_t = \upsilon_t = 0$) und dass sich die Inflation stabilisiert hat ($\pi_t = \pi_{t-1}$). Verwenden Sie die fünf Gleichungen des Modells, um die Gleichgewichtswerte der Modellvariablen abzuleiten. Machen Sie jeden Schritt Ihrer Überlegungen deutlich.

Lösung

Zusammengefasst lässt sich das dynamische AD/AS-Modell durch folgende Gleichungen beschreiben:

$$Y_t = \overline{Y}_t - \alpha(r_t - \rho) + \varepsilon_t \tag{A1}$$

$$r_t = i_t - E_t \pi_{t+1} \tag{A2}$$

$$\pi_t = E_{t-1} \pi_t + \phi(Y_t - \overline{Y}_t) + \upsilon_t \tag{A3}$$

$$E_t \pi_{t+1} = \pi_t \tag{A4}$$

$$i_t = \pi_t + \rho + \theta_\pi (\pi_t - \pi_t^*) + \theta_Y (Y_t - \overline{Y}_t) \tag{A5}$$

Gleichung (A1) beschreibt die Güternachfrage, Gleichung (A2) ist die Fisher-Gleichung, Gleichung (A3) beschreibt die Angebotsseite (Phillips-Kurve), Gleichung (A4) gibt die angenommene Form der Erwartungsbildung wieder (adaptive Erwartungen), Gleichung (A5) schließlich gibt die geldpolitische Regel wieder (Taylor-Regel).

Gezeigt werden soll, dass im langfristigen Gleichgewicht gilt:

$$Y_t = \overline{Y}_t$$

$$r_t = \rho$$

$$\pi_t = \pi_t^*$$

$$E_t \pi_{t+1} = \pi_t^*$$

$$i_t = \rho + \pi_t^*$$

Das langfristige Gleichgewicht ist dadurch gekennzeichnet, dass weder Angebots- noch Nachfrageschocks auftreten ($\upsilon_t = \varepsilon_t = 0$) und dass sich die Inflation stabilisiert hat ($\pi_t = \pi_{t-1}$).

Der geforderte Nachweis lässt sich auf verschiedenen Wegen führen. Am einfachsten ist es, mit der Phillips-Kurve (A3) zu beginnen. Bei den folgenden Umformungen werden die Erwartungshypothese (A4) sowie die zusätzlich gegebenen Informationen $v_t = 0$ und $\pi_t = \pi_{t-1}$ verwendet.

$$\pi_t = E_{t-1}\pi_t + \phi\left(Y_t - \overline{Y}_t\right) + v_t$$

$$\pi_t = E_{t-1}\pi_t + \phi\left(Y_t - \overline{Y}_t\right) \qquad \text{weil } v_t = 0$$

$$\pi_t = \pi_t + \phi\left(Y_t - \overline{Y}_t\right) \qquad \text{weil } E_{t-1}\pi_t = \pi_{t-1} \text{ und } \pi_t = \pi_{t-1}$$

$$0 = \phi\left(Y_t - \overline{Y}_t\right)$$

$$Y_t = \overline{Y}_t$$

Im nächsten Schritt verwenden wir die Güternachfragegleichung (A1) sowie die zusätzliche Information $\varepsilon_t = 0$ und unser soeben erzieltes Ergebnis $Y_t = \overline{Y}_t$.

$$Y_t = \overline{Y}_t - \alpha\left(r_t - \rho\right) + \varepsilon_t$$

$$Y_t - \overline{Y}_t = -\alpha\left(r_t - \rho\right) \qquad \text{weil } \varepsilon_t = 0$$

$$0 = -\alpha\left(r_t - \rho\right) \qquad \text{weil } Y_t = \overline{Y}_t$$

$$r_t = \rho$$

Nun wenden wir uns der Fisher-Gleichung (A2) zu. Bei den Umformungen verwenden wir die Erwartungshypothese (A4) und das eben abgeleitete Ergebnis.

$$r_t = i_t - E_t\pi_{t+1}$$

$$i_t = r_t + \pi_t \qquad \text{wegen (A2)}$$

$$i_t = \rho + \pi_t$$

Schließlich nutzen wir die Geldpolitik-Regel, um zu zeigen, dass im langfristigen Gleichgewicht tatsächliche Inflationsrate und Zielinflationsrate der Zentralbank übereinstimmen. Bei den Umformungen greifen wir auf unsere Ergebnisse $Y_t = \overline{Y}_t$ und $i_t = \rho + \pi_t$ zurück.

$$i_t = \pi_t + \rho + \theta_\pi\left(\pi_t - \pi_t^*\right) + \theta_Y\left(Y_t - \overline{Y}_t\right)$$

$$\pi_t + \rho = \pi_t + \rho + \theta_\pi\left(\pi_t - \pi_t^*\right) \qquad \text{wegen } i_t = \pi_t + \rho \text{ und } Y_t = \overline{Y}_t$$

$$0 = \theta_\pi\left(\pi_t - \pi_t^*\right)$$

$$\pi_t = \pi_t^*$$

Verwenden wir dieses Ergebnis in unseren vorher abgeleiteten Ergebnissen, können wir zusammenfassend schreiben:

$$Y_t = \overline{Y}_t$$

$$r_t = \rho$$

$$\pi_t = \pi_t^*$$

$$E_t\,\pi_{t+1} = \pi_t^*$$

$$i_t = \rho + \pi_t^*$$

Das sind die langfristigen Gleichgewichtswerte der Modellvariablen.

Aufgabe 2

Nehmen Sie an, die Geldpolitik-Regel würde den falschen natürlichen Zinssatz verwenden. Die Zentralbank würde sich also an der folgenden Geldpolitik-Regel orientieren:

$$i_t = \pi_t + \rho' + \theta_\pi\,(\pi_t - \pi_t^*) + \theta_Y\,(Y_t - \overline{Y}_t).$$

Hierin ist ρ' ungleich ρ, dem natürlichen Zinssatz in der Gleichung für die Güternachfrage. Das übrige AD/AS-Modell bleibt unverändert. Ermitteln Sie das langfristige Gleichgewicht für diese Variante der Politikregel. Erläutern Sie verbal die hinter Ihrer Lösung stehende ökonomische Intuition.

Lösung

Da nach den langfristigen Gleichgewichtswerten gefragt ist, wird wie bei Aufgabe 1 angenommen, dass keine Schocks auftreten ($v_t = \varepsilon_t = 0$) und sich die Inflationsrate stabilisiert hat ($\pi_t = \pi_{t-1}$). Um die Ergebnisse dieser Aufgabe besser mit denen von Aufgabe 1 vergleichen zu können, schreiben wir den »falschen« natürlichen Zinssatz (der von der Zentralbank verwendet wird) als Summe aus dem »wahren« natürlichen Zinssatz (den die Zentralbank nicht kennt) und dem Fehler, den die Zentralbank bei ihrer Einschätzung macht:

$$\rho' = \rho + \delta$$

Wir beginnen wieder mit der Angebotsseite, die durch die Phillips-Kurve beschrieben wird. Die Ableitungen verlaufen analog zu unseren Überlegungen bei Aufgabe 1.

$$\pi_t = E_{t-1}\pi_t + \phi\left(Y_t - \overline{Y}_t\right) + v_t$$

$$\pi_t = E_{t-1}\pi_t + \phi\left(Y_t - \overline{Y}_t\right) \qquad\qquad \text{weil } v_t = 0$$

$$\pi_t = \pi_t + \phi\left(Y_t - \overline{Y}_t\right) \qquad\qquad \text{weil } E_{t-1}\pi_t = \pi_{t-1} \text{ und } \pi_t = \pi_{t-1}$$

$$0 = \phi\left(Y_t - \overline{Y}_t\right)$$

$$Y_t = \overline{Y}_t$$

Auch die Überlegungen zur Güternachfrage verlaufen analog wie bei Aufgabe 1.

$$Y_t = \overline{Y}_t - \alpha(r_t - \rho) + \varepsilon_t$$

$$Y_t - \overline{Y}_t = -\alpha(r_t - \rho) \qquad \text{weil } \varepsilon_t = 0$$

$$0 = -\alpha(r_t - \rho) \qquad \text{weil } Y_t = \overline{Y}_t$$

$$r_t = \rho$$

Auch an der Betrachtung der Fisher-Gleichung ändert sich nichts gegenüber Aufgabe 1.

$$r_t = i_t - E_t \pi_{t+1}$$

$$i_t = r_t + \pi_t$$

$$i_t = \rho + \pi_t$$

Änderungen ergeben sich bei der Geldpolitik-Regel, weil die Zentralbank vom falschen natürlichen Zins ausgeht.

$$i_t = \pi_t + \rho' + \theta_\pi\left(\pi_t - \pi_t^*\right) + \theta_Y\left(Y_t - \overline{Y}_t\right)$$

$$i_t = \pi_t + \rho + \delta + \theta_\pi\left(\pi_t - \pi_t^*\right) \qquad \text{wegen } \rho' = \rho + \delta \text{ und } Y_t = \overline{Y}_t$$

$$i_t = i_t + \delta + \theta_\pi\left(\pi_t - \pi_t^*\right) \qquad \text{wegen } i_t = \pi_t + \rho$$

$$\theta_\pi \pi_t = \theta_\pi \pi_t^* - \delta$$

$$\pi_t = \pi_t^* - \frac{\delta}{\theta_\pi}$$

Verwenden wir dieses Ergebnis in unseren vorher abgeleiteten Ergebnissen, können wir zusammenfassend schreiben:

$$Y_t = \overline{Y}_t$$

$$r_t = \rho$$

$$\pi_t = \pi_t^* - \frac{\delta}{\theta_\pi}$$

$$E_t \pi_{t+1} = \pi_t^* - \frac{\delta}{\theta_\pi}$$

$$i_t = \rho + \pi_t^* - \frac{\delta}{\theta_\pi}$$

Das sind die langfristigen Gleichgewichtswerte der Modellvariablen. Geht die Zentralbank von einem natürlichen Zinssatz aus, der über dem »wahren« natürlichen Zinssatz liegt, dann steuert sie mit ihrer Geldpolitik-Regel einen »zu hohen« Nominalzinssatz an. Dies hat keinen Einfluss auf die realen Größen, die sich im langfristigen Gleichgewicht einstellen. Die langfristigen Gleichgewichtswerte der nominalen Größen liegen jetzt aber unter den Werten, die sie sonst gehabt hätten. (Vgl. hierzu die Ergebnisse von Aufgabe 2.)

Aufgabe 3

»Wenn eine Zentralbank niedrigere Nominalzinssätze erreichen will, muss sie den Nominalzinssatz erhöhen.« Erläutern Sie, inwiefern diese Feststellung sinnvoll ist.

Lösung

Der Satz ist so zu verstehen, dass langfristig niedrigere Nominalzinssätze über einen kurzfristig restriktiveren Kurs der Zentralbank erreicht werden können. Dieser Kurs impliziert höhere kurzfristige Nominalzinssätze.

Der langfristige Nominalzinssatz ergibt sich nach der Fisher-Gleichung aus dem Realzinssatz und der erwarteten Inflationsrate. Will die Zentralbank die Inflationsrate (und damit auch die Inflationserwartungen) verringern, muss sie den kurzfristigen Nominalzinssatz erhöhen: Sie verursacht durch die kontraktive Geldpolitik vorübergehend eine Rezession, die entsprechend der Phillips-Kurve für einen Rückgang der tatsächlichen Inflation sorgt und wegen der Erwartungshypothese auch zu einem Rückgang der erwarteten Inflation führt. Langfristig finden die realen Größen wieder auf ihre natürlichen Niveaus zurück. Der langfristige nominale Zinssatz ist aufgrund der eingeschlagenen Politik und der deswegen gesunkenen Inflationserwartungen geringer als im alten Gleichgewicht.

Aufgabe 4

Das Opferverhältnis beschreibt den akkumulierten Produktionsrückgang, der sich ergibt, wenn die Zentralbank ihre Zielinflationsrate um einen Prozentpunkt senkt. Welches Opferverhältnis implizieren die für die Simulationen dieses Kapitels verwendeten Parameter? Erläutern Sie.

Lösung

Das Konzept des Opferverhältnisses wurde im Kapitel zum Gesamtangebot näher erläutert. Dort wurde auch darauf hingewiesen, dass das Opferverhältnis in der Praxis unabhängig von der verfolgten Inflationssenkungsstrategie ist, also unabhängig davon, ob die Zentralbank die Wirtschaft in eine kurze, scharfe Rezession treibt oder in eine mildere, länger anhaltende. Die Größe des Opferverhältnisses wird durch die Steigung der dynamischen Gesamtangebotskurve bestimmt. Die dynamische Gesamtangebotskurve wird durch folgende Gleichung beschrieben:

$$\pi_t = \pi_{t-1} + \phi\left(Y_t - \overline{Y}_t\right) + \nu_t$$

In Abwesenheit eines Angebotsschocks lässt sich diese Gleichung auch folgendermaßen darstellen:

$$\pi_t = \pi_{t-1} - \phi\overline{Y}_t + \phi Y_t$$

Die Steigung der dynamischen Gesamtangebotskurve wird also durch den Parameter ϕ bestimmt. Für die Simulationen des Lehrbuchs wurde der Wert $\phi = 0{,}25$ verwendet (vgl. S. 541 des Lehrbuchs). Senkt die Zentralbank ihre Zielinflationsrate um einen Prozentpunkt, dann muss sie einen Rückgang des Gesamteinkommens um vier Prozent hinnehmen. Das Opferverhältnis beträgt also 4. (Geht man von den für die Simulationsrechnungen angenommenen Werten aus, dann will die Zentralbank die Inflation von zwei Prozent auf ein Prozent pro Jahr senken. Dazu muss sie eine Politik einschlagen, die mit einem Rückgang der Produktion von 100 auf 96 verbunden ist.)

Alternativ zu dieser Rechnung könnte man bei der Simulationsrechnung einfach die Abweichung der Produktion vom natürlichen Niveau erfassen und diese Werte summieren. Dies setzt allerdings voraus, dass man das Simulationsmodell auch implementiert hat.

Aufgabe 5

Im Text dieses Kapitels wird der Fall eines temporären Schocks erläutert, der die Güternachfrage trifft. Nehmen Sie jetzt an, dass sich ε_t dauerhaft erhöht. Welche Folgen hätte dies für die Wirtschaft über den Zeitverlauf? Würde insbesondere die Inflationsrate langfristig auf ihren Zielwert zurückkehren? Warum oder warum nicht? (Hinweis: Es könnte Ihnen helfen, die langfristige Gleichgewichtslösung ohne die Annahme zu bestimmen, dass ε_t gleich null ist.) Wie könnte die Zentralbank ihre Geldpolitik-Regel ändern, um diesem Sachverhalt Rechnung zu tragen?

Lösung

Wir greifen bei der Lösung dieser Aufgabe den gegebenen Hinweis auf und folgen dem bei der Lösung von Aufgabe 1 eingeschlagenen Weg. Das langfristige Gleichgewicht ist dadurch charakterisiert, dass kein Angebotsschock auftritt ($v_t = 0$) und dass sich die Inflation stabilisiert hat ($\pi_t = \pi_{t-1}$). Im Unterschied zu Aufgabe 1 ist nun aber ein dauerhafter positiver Nachfrageschock zu berücksichtigen ($\varepsilon_t > 0$).

Zunächst betrachten wir die Phillips-Kurve. Bei den folgenden Umformungen werden die Erwartungshypothese sowie die zusätzlich gegebenen Informationen $v_t = 0$ und $\pi_t = \pi_{t-1}$ verwendet.

$$\pi_t = E_{t-1}\pi_t + \phi\left(Y_t - \overline{Y}_t\right) + v_t$$

$$\pi_t = E_{t-1}\pi_t + \phi\left(Y_t - \overline{Y}_t\right) \qquad \text{weil } v_t = 0$$

$$\pi_t = \pi_t + \phi\left(Y_t - \overline{Y}_t\right) \qquad \text{weil } E_{t-1}\pi_t = \pi_{t-1} \text{ und } \pi_t = \pi_{t-1}$$

$$0 = \phi\left(Y_t - \overline{Y}_t\right)$$

$$Y_t = \overline{Y}_t$$

Es hat sich also nichts gegenüber Aufgabe 1 geändert. Im nächsten Schritt verwenden wir die Güternachfragegleichung sowie die zusätzliche Information $\varepsilon_t > 0$ und unser soeben erzieltes Ergebnis $Y_t = \bar{Y}_t$.

$$Y_t = \bar{Y}_t - \alpha(r_t - \rho) + \varepsilon_t$$

$$Y_t - \bar{Y}_t = -\alpha(r_t - \rho) + \varepsilon_t \qquad \text{weil } \varepsilon_t > 0$$

$$0 = -\alpha(r_t - \rho) + \varepsilon_t \qquad \text{weil } Y_t = \bar{Y}_t$$

$$r_t = \rho + \frac{\varepsilon_t}{\alpha}$$

Nun wenden wir uns der Fisher-Gleichung zu. Bei den Umformungen verwenden wir die Erwartungshypothese und das eben abgeleitete Ergebnis.

$$r_t = i_t - E_t \pi_{t+1}$$

$$i_t = r_t + \pi_t$$

$$i_t = \rho + \pi_t + \frac{\varepsilon_t}{\alpha}$$

Schließlich nutzen wir die Geldpolitik-Regel, um zu prüfen, ob im langfristigen Gleichgewicht tatsächliche Inflationsrate und Zielinflationsrate der Zentralbank übereinstimmen. Bei den Umformungen greifen wir auf unsere Ergebnisse $Y_t = \bar{Y}_t$ und $i_t = \rho + \pi_t + \frac{\varepsilon_t}{\alpha}$ zurück.

$$i_t = \pi_t + \rho + \theta_\pi \left(\pi_t - \pi_t^* \right) + \theta_Y \left(Y_t - \bar{Y}_t \right)$$

$$\pi_t + \rho + \frac{\varepsilon_t}{\alpha} = \pi_t + \rho + \theta_\pi \left(\pi_t - \pi_t^* \right) \qquad \text{wegen } i_t = \rho + \pi_t + \frac{\varepsilon_t}{\alpha} \text{ und } Y_t = \bar{Y}_t$$

$$\frac{\varepsilon_t}{\alpha} = \theta_\pi \left(\pi_t - \pi_t^* \right)$$

$$\pi_t = \pi_t^* + \frac{\varepsilon_t}{\alpha \theta_\pi}$$

Verwenden wir dieses Ergebnis in unseren vorher abgeleiteten Ergebnissen, können wir zusammenfassend schreiben:

$$Y_t = \overline{Y}_t$$

$$r_t = \rho + \frac{\varepsilon_t}{\alpha}$$

$$\pi_t = \pi_t^* + \frac{\varepsilon_t}{\alpha\theta_\pi}$$

$$E_t\pi_{t+1} = \pi_t^* + \frac{\varepsilon_t}{\alpha\theta_\pi}$$

$$i_t = \underbrace{\rho + \frac{\varepsilon_t}{\alpha}}_{r_t} + \underbrace{\pi_t^* + \frac{\varepsilon_t}{\alpha\theta_\pi}}_{E_t\pi_{t+1}} = \rho + \pi_t^* + \frac{\varepsilon_t}{\alpha}\left(1 + \frac{1}{\theta_\pi}\right)$$

Das sind die langfristigen Gleichgewichtswerte der Modellvariablen. Wir sehen, dass ein permanenter positiver Nachfrageschock die gesamtwirtschaftliche Produktion langfristig nicht ändert. Der langfristige Realzins ist nun aber höher als zuvor. Auch die Inflationsrate liegt jetzt über dem Niveau des Vergleichsszenarios. Die Inflationserwartungen haben sich an dieses erhöhte Niveau angepasst. Der Nominalzinssatz liegt ebenfalls über dem Niveau des Vergleichsszenarios. Das ist auf zwei Ursachen zurückzuführen. Erstens hat sich der Realzins erhöht, und zweitens sind die Inflationserwartungen gestiegen. Ökonomisch lassen sich diese Änderungen folgendermaßen erklären: Durch den permanenten positiven Schock erhöht sich die Gesamtnachfrage, was kurzfristig zu einem Anstieg von Produktion und Inflation führt. Langfristig bewegt sich die Produktion wieder auf ihr natürliches Niveau zurück. Die permanent erhöhte Nachfrage bewirkt aber einen dauerhaft höheren Realzinssatz und führt zu einer Inflationsrate, die im neuen Gleichgewicht über der Zielinflationsrate der Zentralbank liegt. Verfolgt die Zentralbank die Absicht, die Inflationsrate über eine Änderung ihrer geldpolitischen Regel auf das alte Niveau zu drücken, gibt es prinzipiell zwei Möglichkeiten: Erstens könnte die Zentralbank sich ein entsprechend ehrgeizigeres Inflationsziel setzen. Das würde sie zwar nicht erreichen, aber sie könnte über die Verfolgung dieses Ziels die Inflationsrate auf das ursprüngliche Niveau drücken. Zweitens könnte die Zentralbank ihr geldpolitisches Verhalten so ändern, dass sie extrem aggressiv auf Abweichungen der Inflationsrate vom Zielniveau reagiert. (Dann wäre der geldpolitischen Parameter θ_π sehr groß. Man kann an der obigen Gleichung für die Inflation erkennen, dass der Term, der die Abweichung von der Zielinflationsrate beschreibt, sehr klein wird.) Faktisch würde die Zentralbank durch beide Politikvarianten dem positiven Nachfrageschock entgegenwirken und ihn im Idealfall vollständig kompensieren – die dynamische Gesamtnachfragekurve würde ihre Lage nicht ändern.

Aufgabe 6

Nehmen Sie an, wir hätten es mit einer Zentralbank zu tun, die nicht nach dem Taylor-Prinzip verfährt. (Der Parameter θ_π wäre also kleiner als null.) Analysieren Sie die Wirkungen eines Angebotsschocks graphisch. Widerspricht Ihre Analyse dem Taylor-Prinzip als Leitlinie für das Design der Geldpolitik oder bestärkt Ihre Analyse dieses Prinzip?

Lösung

Weil bei dieser Aufgabe nach einer graphischen Lösung gefragt ist, benötigen wir die Gleichungen für die dynamische Gesamtangebotskurve und die dynamische Gesamtnachfragekurve. (Für die Herleitung dieser Kurven vgl. Lehrbuch S. 531–533. Hinweis: In der Gleichung für die DAD-Kurve auf S. 533 müsste statt des Pluszeichens vor dem Nachfrageschock ein Multiplikationszeichen stehen.)

$$\pi_t = \pi_{t-1} + \phi\left(Y_t - \overline{Y}_t\right) + \nu_t \qquad \text{DAS-Kurve}$$

$$Y_t = \overline{Y}_t - \frac{\alpha\theta_\pi}{1 + \alpha\theta_Y}\left(\pi_t - \pi_t^*\right) + \frac{1}{1 + \alpha\theta_Y}\varepsilon_t \qquad \text{DAD-Kurve}$$

Üblicherweise wird die DAD-Kurve in einem Diagramm dargestellt, in dem die Produktion an der Abszisse und die Inflationsrate an der Ordinate abgetragen sind. Um den Verlauf der Kurve in einer derartigen Darstellung besser erkennen zu können, lösen wir die Gleichung der DAD-Kurve nach π_t auf:

$$\pi_t = \pi_t^* - \frac{1 + \alpha\theta_Y}{\alpha\theta_\pi}\left(Y_t - \overline{Y}_t\right) + \frac{1}{\alpha\theta_\pi}\varepsilon_t \qquad \text{DAD-Kurve}$$

Man kann jetzt unmittelbar sehen, dass die DAD-Kurve unter den üblichen Annahmen eine negative Steigung aufweist. In der Aufgabenstellung wird nun aber angenommen, dass der Parameter θ_π kleiner ist als null, was bedeutet, dass die Zentralbank auf einen Anstieg der Inflationsrate mit einer Erhöhung des Zinssatzes reagiert, die geringer ist als die Inflationserhöhung. In diesem Fall ist der Steigungskoeffizient negativ. Die DAD-Kurve verläuft dann aufwärts.

Wenn wir von einem Gleichgewicht ausgehen und annehmen, dass ein positiver Angebotsschock auftritt, dann verschiebt sich die DAS-Kurve wie in der unten stehenden Abbildung gezeigt aufwärts. Die Inflationsrate nimmt zu, aber die Zentralbank erhöht den kurzfristigen Nominalzins nicht ausreichend. Der Realzinssatz sinkt daher, was die Produktion stimuliert. Weil die Produktion nun über dem natürlichen Niveau ist, erhöht sich die Inflationsrate weiter. Aufgrund der adaptiven Erwartungsbildung passen sich die Inflationserwartungen an die steigende Inflationsrate an. Damit verschiebt sich die DAS-Kurve aber noch weiter nach oben. Die Politik der Zentralbank wirkt destabilisierend. Unsere Analyse weist darauf hin, dass die Zentralbank auf eine positive Abweichung der Inflation von der Zielinflationsrate mit einer ausreichend starken Nominalzinserhöhung reagieren sollte. Insofern bestärkt unsere Analyse das Taylor-Prinzip als Leitlinie für das Design der Geldpolitik.

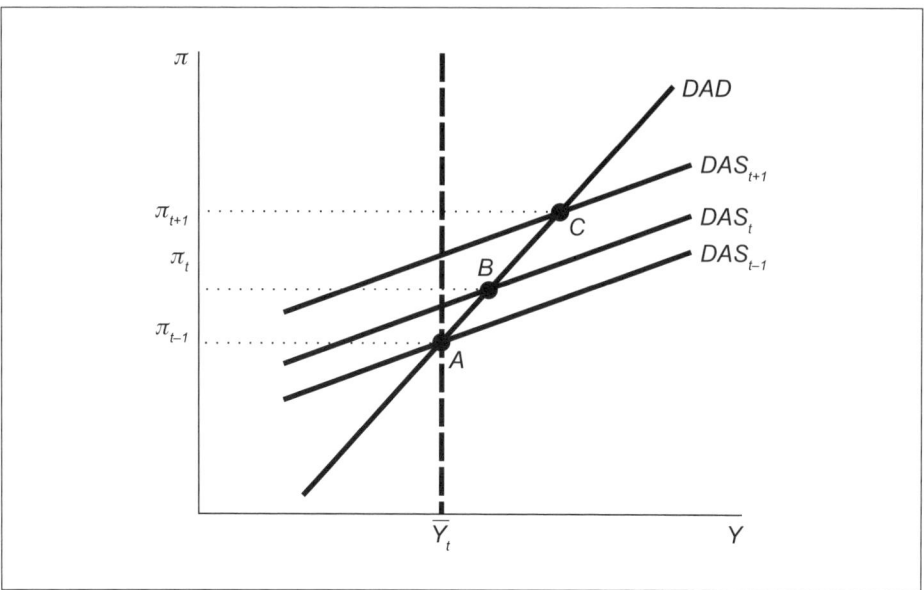

Abb. 14-1

Aufgabe 7

Im Text wird davon ausgegangen, dass es sich bei dem natürlichen Zinssatz ρ um einen konstanten Parameter handelt. Nehmen Sie nun an, dass sich dieser Parameter im Zeitverlauf ändert, nun also geschrieben werden müsste als ρ_t.

a. Wie würde sich diese Änderung auf die Gleichungen der dynamischen Gesamtnachfrage und des dynamischen Gesamtangebots auswirken?

b. Wie würde sich eine exogene Änderung von ρ_t auf Output, Inflation, Nominalzinssatz und Realzinssatz auswirken?

c. Erkennen Sie irgendwelche praktischen Schwierigkeiten, denen sich eine Zentralbank gegenübersehen könnte, falls sich ρ_t im Zeitverlauf ändert?

Lösung

Zur Lösung dieser Aufgabe schauen wir uns noch mal die Gleichungen der DAS-Kurve und der DAD-Kurve an.

$$\pi_t = \pi_{t-1} + \phi\left(Y_t - \overline{Y}_t\right) + v_t \qquad \text{DAS-Kurve}$$

$$Y_t = \overline{Y}_t - \frac{\alpha\theta_\pi}{1 + \alpha\theta_Y}\left(\pi_t - \pi_t^*\right) + \frac{1}{1 + \alpha\theta_Y}\varepsilon_t \qquad \text{DAD-Kurve}$$

a. Wir können erkennen, dass der natürliche Zinssatz in keiner der beiden Gleichungen auftritt. Daher wirkt sich ein zeitvariabler natürlicher Zinssatz weder auf die DAS-Kurve noch auf die DAD-Kurve aus.

b. Auf Output und Inflation würde sich eine derartige Änderung nicht auswirken, weil der natürliche Zinssatz, wie bei der Lösung von Teilaufgabe a. überlegt, weder in der

DAS-Kurve noch in der DAD-Kurve auftritt, sodass sich keine der beiden Kurven aufgrund einer exogenen Änderung des natürlichen Zinssatzes verschieben würde. Realzins und Nominalzins werden jedoch durch den natürlichen Zins beeinflusst, wie man an den Gleichgewichtsrelationen erkennen kann

$$r_t = \rho_t$$

$$i_t = \rho_t + \pi_t^*$$

Eine exogene Erhöhung des natürlichen Zinssatzes würde im gleichen Ausmaß zu einer Erhöhung von Realzins und Nominalzins führen.

c. Zur Beantwortung dieser Teilaufgabe werfen wir zunächst einen Blick auf die Geldpolitik-Regel der Zentralbank:

$$i_t = \pi_t + \rho + \theta_\pi \left(\pi_t - \pi_t^* \right) + \theta_Y \left(Y_t - \overline{Y}_t \right)$$

Man erkennt, dass die Kenntnis des natürlichen Zinssatzes Voraussetzung für eine erfolgreiche geldpolitische Steuerung ist. Wir wollen gedanklich von einem langfristigen Gleichgewicht ausgehen. Wenn es jetzt zu einer Änderung des natürlichen Zinssatzes kommt, dann müsste die Zentralbank den kurzfristigen Nominalzinssatz entsprechend anpassen. Tut sie das nicht, wird das angestrebte Inflationsziel verfehlt. Man kann sich daher leicht vorstellen, dass ein zeitvariabler natürlicher Zinssatz der Zentralbank die geldpolitische Steuerung enorm erschwert.

Aufgabe 8

Nehmen Sie an, die Inflationserwartungen der Menschen würden durch zufällige Schocks beeinflusst. Anstatt rein adaptiver Natur zu sein, würde sich die in Periode t – 1 für Periode t erwartete Inflationsrate darstellen als: $E_{t-1}\pi_t = \pi_{t-1} + \eta_{t-1}$ wobei η_{t-1} einen zufälligen Schock bezeichnet. Dieser Schock ist normalerweise null, weicht aber von null ab, falls irgendein Ereignis (außer der vergangenen Inflation) zu einer Änderung der erwarteten Inflation führt. In ähnlicher Weise soll gelten $E_t\pi_{t+1} = \pi_t + \eta_t$.

a. Leiten Sie die beiden Gleichungen für die dynamische Gesamtnachfrage und das dynamische Gesamtangebot in diesem etwas allgemeineren Modell ab.

b. Nehmen Sie an, es käme in der betrachteten Wirtschaft zu vorübergehenden Inflationsängsten. Präziser: In Periode t glauben einige Menschen aus irgendwelchen Gründen, die Inflationsrate in Periode t + 1 würde höher ausfallen, sodass η_t größer als null ist (nur für diese eine Periode). Welche Folgen ergeben sich für die DAD- und die DAS-Kurven in Periode t? Welche Folgen ergeben sich für Output, Inflation, Nominalzinssatz und Realzinssatz in dieser Periode? Erläutern Sie.

c. Welche Folgen ergeben sich für die DAD- und DAS-Kurven in Periode t + 1? Welche Folgen ergeben sich für Output, Inflation, Nominalzinssatz und Realzinssatz in dieser Periode? Erläutern Sie.

d. Welche Folgen ergeben sich für die Wirtschaft in den weiteren Perioden?

e. In welcher Hinsicht kann man davon sprechen, dass Inflationsängste selbsterfüllend sind?

Lösung

An die Stelle der Erwartungshypothese (A4) tritt nun die Hypothese:

$$E_t \pi_{t+1} = \pi_t + \eta_t$$

Bei der Lösung gehen wir genauso vor wie bei Aufgabe 1. Daher werden die einzelnen Schritte im Folgenden nur knapp dargestellt.

a. Für die Ableitung der DAS-Kurve setzen wir die modifizierte Erwartungshypothese in die Phillips-Kurve ein:

$$\pi_t = E_{t-1}\pi_t + \phi\left(Y_t - \overline{Y}_t\right) + \nu_t$$

$$\pi_t = \pi_{t-1} + \eta_{t-1} + \phi\left(Y_t - \overline{Y}_t\right) + \nu_t$$

Ausgangspunkt für die Ableitung der DAD-Kurve ist wieder die Güternachfragegleichung. Wir verwenden darüber hinaus die Geldpolitik-Regel und die Fisher-Gleichung. In letzterer berücksichtigen wir die modifizierte Erwartungshypothese:

$$Y_t = \overline{Y}_t - \alpha\left(r_t - \rho\right) + \varepsilon_t$$

$$= \overline{Y}_t - \alpha\left(i_t - E_t\pi_{t+1} - \rho\right) + \varepsilon_t$$

$$= \overline{Y}_t - \alpha\left(i_t - \left(\pi_t + \eta_t\right) - \rho\right) + \varepsilon_t$$

$$= \overline{Y}_t - \alpha\left\{\left[\pi_t + \rho + \theta_\pi\left(\pi_t - \pi_t^*\right) + \theta_Y\left(Y_t - \overline{Y}_t\right)\right] - \left(\pi_t + \eta_t\right) - \rho\right\} + \varepsilon_t$$

$$= \overline{Y}_t - \alpha\left\{\left[\theta_\pi\left(\pi_t - \pi_t^*\right) + \theta_Y\left(Y_t - \overline{Y}_t\right)\right] - \eta_t\right\} + \varepsilon_t$$

$$Y_t + \alpha\theta_Y Y_t = \overline{Y}_t + \alpha\theta_Y\overline{Y}_t - \alpha\theta_\pi\left(\pi_t - \pi_t^*\right) + \alpha\eta_t + \varepsilon_t$$

$$\left(1 + \alpha\theta_Y\right)Y_t = \left(1 + \alpha\theta_Y\right)\overline{Y}_t - \alpha\theta_\pi\left(\pi_t - \pi_t^*\right) + \alpha\eta_t + \varepsilon_t$$

$$Y_t = \overline{Y}_t - \frac{\alpha\theta_\pi}{1 + \alpha\theta_Y}\left(\pi_t - \pi_t^*\right) + \frac{\alpha\eta_t + \varepsilon_t}{1 + \alpha\theta_Y}$$

b. Wenn für eine Periode $\eta_t > 0$ gilt, dann verschiebt sich die DAD-Kurve nach rechts. Die DAS-Kurve bleibt zunächst in ihrer ursprünglichen Position, weil sich dieser Erwartungsschock erst in der nächsten Periode in ihr niederschlägt. Aufgrund der Rechtsverschiebung der DAD-Kurve kommt es zu einem Anstieg von Produktion und Inflation. Entsprechend der Geldpolitik-Regel der Zentralbank hat dies eine Erhöhung des Nominalzinssatzes und des Realzinssatzes zur Folge.

c. In Periode $t + 1$ verschiebt sich die DAS-Kurve aufgrund der Auswirkungen von Inflation und Erwartungsschock der Vorperiode nach links. Die DAD-Kurve verlagert sich in ihre ursprüngliche Position zurück, da der Erwartungsschock in Periode $t + 1$ nicht mehr wirkt. Beides zusammen hat zur Folge, dass die Produktion unter den Wert des langfristigen Gleichgewichts sinkt und die Inflation höher ist.

d. In den folgenden Perioden verlagert sich die DAS-Kurve schrittweise wieder in die Ausgangsposition zurück. Ökonomisch ist das darauf zurückzuführen, dass die Wirt-

schaft in der Rezession ist und sich daher sowohl die Inflation als auch die Inflationserwartungen graduell verringern.

e. Ausgangspunkt der in den vorigen Teilaufgaben diskutierten Effekte war ja ein Erwartungsschock. Die Akteure haben eine höhere Inflation erwartet, obwohl es bis zu
diesem Zeitpunkt keine höhere Inflation gab. Die durch diesen Erwartungsschock ausgelösten Verhaltensänderungen haben dann aber tatsächlich zu Inflation (sowie zu
Aufschwung und anschließender Rezession) geführt. In unserem Modell sind Inflationsängste also tatsächlich selbsterfüllend.

Aufgabe 9

Verwenden Sie das dynamische AD/AS-Modell, um die Inflation als Funktion ausschließlich von vergangenen Inflationsraten sowie Angebots- und Nachfrageschocks darzustellen. (Gehen Sie davon aus, dass die Zielinflationsrate konstant ist.)

a. Wenn Sie die von Ihnen abgeleitete Gleichung zugrunde legen, kehrt dann die Inflationsrate nach einem Schock zu ihrem Zielwert zurück? Erläutern Sie. (Hinweis:
Beachten Sie den Koeffizienten der zeitverzögerten Inflationsrate.)

b. Nehmen Sie an, dass die Zentralbank lediglich auf Änderungen der Inflationsrate,
nicht aber auf Änderungen der Produktion reagieren würde, sodass $\theta_Y = 0$ gilt. Wie
würde dies, wenn überhaupt, Ihre Antwort zu Teilaufgabe a. ändern?

c. Nehmen Sie an, dass die Zentralbank lediglich auf Outputänderungen, nicht aber auf
Änderungen der Inflationsrate reagieren würde, sodass $\theta_\pi = 0$ gilt. Wie würde dies,
wenn überhaupt, Ihre Antwort zu Teilaufgabe a. ändern?

d. Nehmen Sie an, die Zentralbank würde nicht dem Taylor-Prinzip folgen, sondern stattdessen den Nominalzinssatz für jeden Anstieg der Inflationsrate um einen Prozentpunkt lediglich um 0,8 Prozentpunkte erhöhen. Welchen Wert hat in diesem Fall θ_π?
Wie beeinflusst ein Nachfrage- oder Angebotsschock nun den Zeitpfad der Inflationsrate?

Lösung

DAS-Kurve und DAD-Kurve bilden ein System von zwei Gleichungen in den beiden Variablen Y_t und π_t. Um die Inflation als Funktion allein von vorbestimmten Variablen und
Parametern darzustellen, müssen wir das Gesamteinkommen Y_t eliminieren. Am einfachsten ist es, die DAD-Gleichung entsprechend in die DAS-Gleichung einzusetzen. Anschließend muss der so gewonnene Ausdruck nach π_t aufgelöst werden.

$$\pi_t = \pi_{t-1} + \phi\left(Y_t - \overline{Y}_t\right) + \nu_t$$

$$= \pi_{t-1} + \phi\left(\overline{Y}_t - \frac{\alpha\theta_\pi}{1+\alpha\theta_Y}\left(\pi_t - \pi_t^*\right) + \frac{\varepsilon_t}{1+\alpha\theta_Y} - \overline{Y}_t\right) + \nu_t$$

$$= \pi_{t-1} - \frac{\phi\alpha\theta_\pi}{1+\alpha\theta_Y}\pi_t + \frac{\phi\alpha\theta_\pi}{1+\alpha\theta_Y}\pi_t^* + \frac{\phi\varepsilon_t}{1+\alpha\theta_Y} + \nu_t$$

$$\pi_t\left(1 + \frac{\phi\alpha\theta_\pi}{1+\alpha\theta_Y}\right) = \pi_{t-1} + \frac{\phi\alpha\theta_\pi}{1+\alpha\theta_Y}\pi_t^* + \frac{\phi\varepsilon_t}{1+\alpha\theta_Y} + \nu_t$$

$$\pi_t\frac{1+\alpha\theta_Y+\phi\alpha\theta_\pi}{1+\alpha\theta_Y} = \pi_{t-1} + \frac{\phi\alpha\theta_\pi}{1+\alpha\theta_Y}\pi_t^* + \frac{\phi\varepsilon_t}{1+\alpha\theta_Y} + \nu_t$$

$$\pi_t = \frac{1+\alpha\theta_Y}{1+\alpha\theta_Y+\phi\alpha\theta_\pi}\pi_{t-1} + \frac{\phi\alpha\theta_\pi}{1+\alpha\theta_Y+\phi\alpha\theta_\pi}\pi_t^* + \frac{\phi}{1+\alpha\theta_Y+\phi\alpha\theta_\pi}\varepsilon_t + \frac{1}{1+\alpha\theta_Y+\phi\alpha\theta_\pi}\nu_t$$

a. Für die Entwicklung der Inflation im Zeitverlauf ist nur der erste Term der rechten Seite relevant. Der Koeffizient der zeitverzögerten Inflationsrate ist kleiner als eins, weil der Nenner größer sein muss als der Zähler ($\phi\alpha\theta_\pi > 0$). Die Inflation einer Periode ist dann immer kleiner als die Inflation der Vorperiode, sodass nach einer Störung die Inflationsrate im Zeitverlauf wieder zum Zielwert zurückkehrt.

b. Reagiert die Zentralbank nicht auf Änderungen der Produktion und gilt daher $\theta_Y = 0$, dann verringern sich beim Koeffizienten der zeitverzögerten Inflationsrate sowohl der Zähler als auch der Nenner um den gleichen Betrag. Weil der Zähler vorher schon kleiner war als der Nenner, sinkt der Zähler relativ stärker als der Nenner. Folglich wird der Bruch kleiner. Zusammengefasst: Der Koeffizient ist immer noch kleiner als eins – also sinkt die Inflation weiterhin, falls ein Schock sie über das Zielniveau getrieben hatte. Weil der Koeffizient kleiner geworden ist, verläuft der Rückgang jetzt sogar schneller. Ökonomisch ist das darauf zurückzuführen, dass die Zentralbank bei ihrer Geldpolitik die Beschäftigungssituation nicht berücksichtigt.

c. Reagiert die Zentralbank nur auf Änderungen der Produktion, nicht aber auf Änderungen der Inflation und gilt daher $\theta_\pi = 0$, dann hat der Koeffizient der zeitverzögerten Inflationsrate einen Wert von eins. Wird die Wirtschaft von einem Schock getroffen, der die Inflation in die Höhe treibt, dann bleibt die gestiegene Inflationsrate bestehen.

d. In der Taylor-Regel wird die Inflation mit dem Gewicht $1 + \theta_\pi$ berücksichtigt (vgl. die Gleichung der Geldpolitik-Regel). Reagiert die Zentralbank auf eine Erhöhung der Inflationsrate um einen Prozentpunkt lediglich mit einer Erhöhung des Nominalzinssatzes um 0,8 Prozentpunkte, dann muss gelten $\theta_\pi = -0,2$. Der Reaktionsparameter wäre also negativ. Was das bedeutet, wurde bereits in der Lösung zu Aufgabe 6 diskutiert: Die DAD-Kurve würde nicht mit negativer, sondern mit positiver Steigung verlaufen. Ein die Inflation erhöhender Schock würde dann einen Prozess anstoßen, der mit einer immer weiter steigenden Inflation verbunden ist. Man kann diesen Effekt auch aus der obigen Gleichung ersehen: Ein negatives θ_π impliziert einen Koeffizienten der zeitverzögerten Inflationsrate größer als eins. Die Inflationsrate einer Periode ist folglich jeweils größer als die Inflationsrate der Vorperiode. Wird der Inflationsprozess durch einen Schock einmal angestoßen, setzt er sich immer weiter fort.

15 Stabilisierungspolitik

Aufgabe 1

Nehmen Sie an, dass der Tradeoff zwischen Arbeitslosigkeit und Inflation durch folgende Phillips-Kurve bestimmt wird:

$$u = u^n - \alpha(\pi - E\pi).$$

Hierin bezeichnet u die Arbeitslosenquote, u^n die natürliche Arbeitslosenquote, π die Inflationsrate und $E\pi$ die erwartete Inflationsrate. Nehmen Sie weiter an, dass die »Linkspartei« immer einer Politik hohen, die »Rechtspartei« hingegen einer Politik niedrigen Geldmengenwachstums folgt. Welches Muster des »Politischen Konjunkturzyklus« würden Sie für Arbeitslosigkeit und Inflation erwarten, falls

a. alle vier Jahre eine der beiden Parteien aufgrund eines (zufälligen) Münzwurfs an die Macht kommt (Hinweis: Welche Höhe hat die erwartete Inflation vor der Wahl?);

b. die Parteien sich abwechseln?

Lösung

Wenn die Linkspartei an die Macht kommt, führt die Politik hohen Geldmengenwachstums zu hoher Inflation (π^h). Wenn die Rechtspartei an der Macht ist, ist die Inflationsrate niedrig (π^n). Wie sich dies auf die Wirtschaft auswirkt, hängt entscheidend davon ab, wie sich die Inflationserwartungen bilden. Im folgenden sei davon ausgegangen, dass rationale Erwartungen vorliegen.

a. Wenn rationale Erwartungen vorliegen, hängen die Folgen des Münzwurfs davon ab, ob die Wirtschaftssubjekte mit ihren Handlungen hierauf reagieren können oder nicht. Wir nehmen zunächst an, dass die Wirtschaftssubjekte auf das Wahlergebnis reagieren können. Bringt der Münzwurf die Linkspartei an die Macht, werden sich sofort hohe Inflationserwartungen einstellen. Kommen hingegen die Rechtspartei an die Macht, werden sich sofort niedrige Inflationserwartungen bilden. In jedem Fall gilt aber:

$$\pi^e = \pi.$$

Daher gilt für die Arbeitslosigkeit:

$$u = u^n - \alpha\left(\pi - \pi^e\right)$$
$$= u^n - \alpha \cdot 0$$
$$= u^n.$$

Falls die Linkspartei an die Macht kommt, ist also

$$\pi = \pi^h$$

$$u = u^n$$

und falls die Rechtspartei an die Macht kommt:

$$\pi = \pi^n$$

$$u = u^n.$$

Die Höhe der Arbeitslosigkeit ist also konstant, während die Höhe der Inflationsrate zufällig schwankt.

Können die Wirtschaftssubjekte auf das Wahlergebnis nicht reagieren, weil sie durch langfristige Kontrakte gebunden sind, die vor der Wahl fixiert worden sind, ändert sich dieses Ergebnis. Die Inflationserwartung, die den Kontrakten zugrunde gelegt wird, ergibt sich aus:

$$\pi^e = 0{,}5\pi^h + 0{,}5\pi^n.$$

Hierbei wurde angenommen, dass es sich um eine »faire« Münze handelt, sodass die Wahrscheinlichkeit, dass die Links- bzw. Rechtspartei an die Macht kommt, jeweils 0,5 beträgt. Die erwartete Inflationsrate entspricht also gerade dem arithmetischen Mittel der hohen und der niedrigen Inflationsrate. Wenn die Linkspartei den Münzwurf gewinnt, liegt die tatsächliche Inflation über der erwarteten. Wenn die Rechtspartei gewinnt, ist es gerade umgekehrt.

Aus der Phillips-Kurve folgt:

Linkspartei an der Macht:

$$u = u^n - \alpha\left(\pi - \pi^e\right)$$

$$\pi - \pi^e > 0$$

$$u < u^n.$$

Rechtspartei an der Macht:

$$u = u^n - \alpha\left(\pi - \pi^e\right)$$

$$\pi - \pi^e < 0$$

$$u > u^n.$$

b. Wenn die Parteien sich abwechseln, können die (sicheren) Erwartungen auch in langfristigen Kontrakten berücksichtigt werden. Es gilt dann stets

$$\pi^e = \pi$$

$$u = u^n.$$

Die Inflation ist dann abwechselnd hoch und niedrig. Die Arbeitslosigkeit bleibt aber stets auf dem natürlichen Niveau.

Aufgabe 2

In den Vereinigten Staaten können die Kommunen die Miete begrenzen, die die Wohnungsvermieter verlangen dürfen. Üblicherweise beziehen sich diese Vorschriften auf bestehende Gebäude und nicht auf Neubauten. Befürworter einer Mietkontrolle behaupten, dass diese Ausnahmeregelung dafür sorgt, dass die Mietpreisbindung sich nicht negativ auf das Neubauvolumen auswirkt. Diskutieren Sie dieses Argument vor dem Hintergrund des Problems der Zeitinkonsistenz.

Lösung

Mit dieser Regelung soll wohl der Neubau von Wohnungen gefördert werden. Es könnte ein Anreiz bestehen, neue Wohnungen zu bauen, weil diese von den Mietpreisregelungen ausgenommen sind. Unter günstigen Bedingungen kann ein Vermieter daher für neu gebaute Wohnungen sehr hohe Mieten verlangen und entsprechend hohe Gewinne erzielen. Es liegt aber in der Tat ein Zeitinkonsistenzproblem vor. Die Kommunen haben ihrerseits einen Anreiz, zunächst der Befreiung der neu gebauten Wohnungen von der Mietpreiskontrolle zuzusagen, um auf diese Weise den Neubau von Wohnungen zu stimulieren. Sind die Wohnungen aber erst einmal gebaut, besteht ein Anreiz für die Kommunen, auf die nunmehr gebauten Wohnungen ebenfalls die Preiskontrolle anzuwenden. Weil die Wohnungsbauinvestoren diese Anreize der Kommunen kennen, könnte dies von vornherein den Neubau von Wohnungen beschränken.

Anhang zu 15
Zeitinkonsistenz und Tradeoff zwischen Inflation und Arbeitslosigkeit

Aufgabe 1

In den 1970er-Jahren erhöhte sich in den Vereinigten Staaten sowohl die Inflationsrate als auch die natürliche Arbeitslosenquote. Wir wollen das Modell der Zeitinkonsistenz verwenden, um dieses Phänomen zu analysieren. Wir gehen davon aus, dass die Wirtschaftspolitik nicht regelgebunden, sondern diskretionär ist.

a. Welche Folgen hat in dem bislang entwickelten Modell eine Erhöhung der natürlichen Arbeitslosenquote für die Inflationsrate?

b. Wir wollen das Modell nun etwas durch die Annahme modifizieren, dass die Verlustfunktion der Zentralbank nicht nur in der Inflationsrate, sondern auch in der Arbeitslosenquote quadratisch ist. Es soll also gelten:
$L(u, \pi) = u^2 + \gamma\pi^2$.
Lösen Sie das Modell in Analogie zum Vorgehen im Text für die Inflationsrate bei diskretionärer Politik.

c. Welche Folgen hat nun eine Erhöhung der Arbeitslosenquote für die Inflationsrate?

d. Im Jahr 1979 ernannte der amerikanische Präsident Jimmy Carter das konservative Zentralbankmitglied Paul Volcker zum Chef der Zentralbank. Welche Folgen ergeben sich nach unserem Modell für Inflation und Arbeitslosigkeit?

Lösung

a. Für die aus Sicht der Zentralbank optimale Inflationsrate gilt:

$$\pi = \frac{\alpha}{2\gamma}.$$

Die Höhe der optimalen Inflationsrate wird also durch die Erhöhung der natürlichen Arbeitslosenquote nicht beeinflusst.

b. Die neue Verlustfunktion lautet:

$$L(u,\pi) = u^2 + \gamma\pi^2.$$

Wir setzen die Phillips-Kurve ein und erhalten:

$$L(u,\pi) = \left[u^n - \alpha\left(\pi - \pi^e\right)\right]^2 + \gamma\pi^2.$$

Um die Inflationsrate zu finden, die den Verlust minimiert, leiten wir nach π ab:

$$\frac{dL}{d\pi} = 2\left[u^n - \alpha\left(\pi - \pi^e\right)\right] \cdot \left(-\alpha\right) + 2\gamma\pi$$

$$= 2\alpha^2\left(\pi - \pi^e\right) + 2\gamma\pi - 2\alpha u^n.$$

Notwendige Bedingung für die Minimierung ist, dass diese Ableitung null ist:

$$0 = \alpha^2 \pi - \alpha^2 \pi^e + \gamma\pi - \alpha u^n$$

$$\left(\alpha^2 + \gamma\right)\pi = \alpha^2 \pi^e + \alpha u^n$$

$$\pi = \frac{\alpha^2 \pi^e + \alpha u^n}{\alpha^2 + \gamma}.$$

Rationale Wirtschaftssubjekte erwarten, dass die Zentralbank diese Inflationsrate wählt. Daher gilt:

$$\pi = \pi^e.$$

Es folgt:

$$\pi = \frac{\alpha^2 \pi + \alpha u^n}{\alpha^2 + \gamma}$$

$$\pi - \frac{\alpha^2 \pi}{\alpha^2 + \gamma} = \frac{\alpha u^n}{\alpha^2 + \gamma}$$

$$\pi\left(\frac{\alpha^2 + \gamma - \alpha^2}{\alpha^2 + \gamma}\right) = \frac{\alpha u^n}{\alpha^2 + \gamma}$$

$$\pi = \frac{\alpha^2 + \gamma}{\gamma}\frac{\alpha u^n}{\alpha^2 + \gamma}$$

$$= \frac{\alpha u^n}{\gamma}.$$

c. Man sieht aus der Beantwortung von Teilaufgabe b., dass eine Zunahme der natürlichen Arbeitslosenquote auch mit einer Erhöhung der Inflationsrate verbunden ist. Dies liegt an der veränderten Struktur der neuen Verlustfunktion, in der die Arbeitslosenquote quadratisch eingeht.

d. Wie schon im Lehrbuch (Mankiw, S. 587) diskutiert, führt die Besetzung des Zentralbankrats mit konservativen Politikern, die sich durch eine große Abneigung gegenüber der Inflation auszeichnen, dazu, dass in unserem Modell der Parameter γ größer wird. Ein größeres γ bedeutet, dass der »Verlust«, der durch Inflation ausgelöst wird, relativ hoch ist. Wie unser Ergebnis aus Teilaufgabe b. zeigt, führt ein hohes γ zu einer niedrigen Inflationsrate. Welche Auswirkung die Einsetzung eines konservativen Zentralbankchefs für die Arbeitslosigkeit hat, hängt davon ab, wie schnell sich die Erwartungen anpassen. Bei unmittelbarer Anpassung der Erwartungen gilt stets

$$\pi^e = \pi$$

und die Arbeitslosigkeit bleibt auf ihrem natürlichen Niveau. Bei gradueller Anpassung der Erwartungen führt die niedrigere Inflationsrate vorübergehend zu einem Anstieg der Arbeitslosigkeit.

16 Staatsverschuldung und Haushaltsdefizit

Aufgabe 1

Am 1. April 1996 platzierte die amerikanische Fast-Food-Kette »Taco Bell« eine ganzseitige Anzeige in der »New York Times«. Darin stand: »Wir freuen uns, Ihnen mitteilen zu können, dass wir uns hiermit bereit erklären, die Freiheitsglocke (Liberty Bell), einer der größten historischen Schätze unseres Landes, zu kaufen, um auf diese Weise einen Beitrag zur Senkung der Staatsverschuldung zu leisten. Sie wird in Taco Liberty Bell umbenannt und kann weiterhin von der amerikanischen Öffentlichkeit besichtigt werden. Wir hoffen, dass unsere Entscheidung andere Unternehmen dazu anregt, ähnliche Aktionen durchzuführen, um auf diese Weise auch bei der Senkung der Staatsverschuldung zu helfen.« Würden solche Aktionen tatsächlich die Staatsverschuldung, so wie sie derzeit gemessen wird, verringern? Wie würde Ihre Antwort aussehen, wenn die Vereinigten Staaten zur Kapitalbudgetierung übergingen? Glauben Sie, dass solche Aktionen eine wirkliche Verringerung der Staatsverschuldung bewirken? Glauben Sie, dass Taco Bell es mit diesem Plan ernst gemeint hat? (Hinweis: Beachten Sie das Datum.)

Lösung

Nach der traditionellen Messung ergibt sich die Neuverschuldung des Staates als Differenz von Ausgaben und Einnahmen. Durch einen Verkauf der Freiheitsglocke würden sich die Einnahmen des Staates bei gegebenen Ausgaben erhöhen. Damit würde die Neuverschuldung tatsächlich zurückgehen.

Bei Kapitalbudgetierung werden neben den staatlichen Schulden auch die Vermögenswerte des Staates berücksichtigt. Unter der Annahme, dass Taco Bell für die Freiheitsglocke einen Preis bezahlt, der ihrem Marktwert entspricht, würden die Verpflichtungen um diesen Betrag abnehmen, gleichzeitig würde aber auch das Vermögen des Staates um diesen Betrag sinken, sodass die Nettoverpflichtungen unverändert blieben.

Aktionen dieser Art würden in der Realität keine dauerhafte Verringerung der Staatsverschuldung bewirken. Es handelt sich um einmalige Maßnahmen (»Verkauf von Tafelsilber«), die langfristig keine Wirkung entfalten, weil davon nur das Schuldenniveau und nicht die Schuldendynamik berührt wird. Für eine langfristige Senkung der Staatsverschuldung ist eine Politik des Budgetausgleichs bzw. des Budgetüberschusses erforderlich.

Taco Bell hat es wohl kaum ernst gemeint. Der Brief wurde am 1. April geschrieben. Dieses Datum hat in den Vereinigten Staaten die gleiche Bedeutung wie bei uns (»Fools Day«).

Aufgabe 2

Entwerfen Sie einen Brief an den Bundestagsabgeordneten aus Abschnitt 16.3, in dem Sie die ricardianische Sicht der Staatsverschuldung erklären und bewerten.

Lösung

Sehr geehrter Herr Vorsitzender,

neben der von mir in meinem letzten Schreiben vorgestellten Analyse der Wirkung einer Steuersenkung und der damit verbundenen Erhöhung des Defizits gibt es in der Tat die Position der sogenannten Ricardianischen Äquivalenz, die zu völlig anderen Ergebnissen kommt. Ich will Ihnen diese Position im nachfolgenden kurz erläutern. Gleichzeitig muss ich aber auch darauf hinweisen, dass diese Lehrmeinung umstritten ist und sich erhebliche Einwände gegen sie vorbringen lassen. Auch hierauf werde ich weiter unten eingehen. Zunächst jedoch zur »Ricardianischen Äquivalenz« selbst, die folgendermaßen argumentiert:

Wenn der Staat heute die Steuern senkt und stattdessen die Kreditaufnahme erhöht, dann wird er irgendwann in der Zukunft diesen Kredit zurückzahlen müssen. Außerdem muss er die Zinsen für den Kredit finanzieren. Beides impliziert, dass in der Zukunft die Steuern erhöht werden müssen, um diesen Verpflichtungen nachkommen zu können. Einem rationalen Konsumenten sollte dieser Zusammenhang klar sein. Er wird realisieren, dass der Gegenwartswert der Steuererhöhungen für Zinszahlungen und Kredittilgung genau der heutigen Steuersenkung entspricht. (Technisch formuliert: Seine intertemporale Budgetrestriktion hat sich durch die Steuersenkung nicht geändert.) Daher hat sich sein Einkommen nur transitorisch, nicht aber permanent geändert. Daher wird er auch seine Konsumausgaben nicht erhöhen. Vielmehr wird er das erhöhte verfügbare Einkommen der Gegenwart sparen, um die in der Zukunft auf ihn zukommenden Steuererhöhungen finanzieren zu können.

Weil das Sparen des Konsumenten genau in dem Ausmaß zunimmt, in dem das staatliche Sparen sinkt, bleibt aber das gesamtwirtschaftliche Sparen konstant. Folglich käme es weder kurz- noch langfristig zu den Effekten, die ich in meinem letzten Brief beschrieben habe.

Wie oben erwähnt, lassen sich gegen diese ricardianische Sicht eine Reihe von Einwänden vorbringen. Zunächst lässt sich bezweifeln, dass Konsumenten sich wirklich so vorausschauend verhalten, wie es die Ricardianische Äquivalenz unterstellt. Die Welt ist durch Unsicherheiten und Komplexität charakterisiert, sodass es plausibel ist, anzunehmen, dass Menschen oft einfachen Faustregeln folgen. Weiter gilt die Ricardianische Äquivalenz dann nicht, wenn sich Konsumenten in der Gegenwart bindenden Budgetbeschränkungen gegenübersehen. In diesem Fall möchten die Akteure in der Gegenwart mehr konsumieren, können es aber nicht, weil sie keinen Kredit erhalten. Eine Steuersenkung bedeutet jetzt eine Lockerung dieser Beschränkung, sodass der Gegenwartskonsum steigt. Schließlich könnten die Konsumenten auch davon ausgehen, dass sie von der künftigen Steuererhöhung nicht oder nicht in vollem Umfang betroffen werden. Auch in diesem Fall würde der gegenwärtige Konsum zunehmen, anders als die Position der Ricardianischen Äquivalenz dies behauptet.

In der Hoffnung, Ihnen mit diesen Erläuterungen gedient zu haben, sende ich Ihnen beste Grüße

Max Mitarbeiter

Aufgabe 3

Das Sozialversicherungssystem belastet die Arbeitnehmer mit Abgaben, aus denen Leistungen an die Rentner finanziert werden. Nehmen Sie an, dass das Parlament die Sozialversicherungsabgaben und die Renten erhöht. Nehmen Sie aus Vereinfachungsgründen weiter an, dass das Parlament ankündigt, die Erhöhung werde nur für ein Jahr gelten.

a. Wie wird sich diese Änderung auf die Wirtschaft auswirken? (Hinweis: Denken Sie über die marginale Konsumneigung von Jung und Alt nach.)

b. Hängt Ihre Antwort davon ab, ob die Generationen altruistisch miteinander verbunden sind?

Lösung

Eine vorübergehende Erhöhung der Sozialversicherungsabgaben zur Finanzierung einer Rentenerhöhung verringert für das betrachtete Jahr das verfügbare Einkommen der Arbeitnehmer und vergrößert das verfügbare Einkommen der Rentner.

a. Wir wollen davon ausgehen, dass die Konsumneigung der Rentner größer ist als die der Arbeitnehmer. Diese Vermutung lässt sich mit der in Kapitel 17 des Lehrbuchs vorgestellten Lebenszyklus-Hypothese begründen. Nach dieser Hypothese versuchen die Konsumenten, ihren Konsum intertemporal zu glätten, indem sie ihr Lebenseinkommen gleichmäßig für Konsumausgaben verwenden. Da die restliche Lebenserwartung der Rentner geringer ist als die der Arbeitnehmer, wird unmittelbar nach der Politikänderung der Konsum der Rentner stärker steigen als der Konsum der Arbeitnehmer sinken wird. Per saldo ergibt sich also kurzfristig eine Erhöhung des gesamtwirtschaftlichen Konsums und ein Rückgang des Sparens. Nach dem IS/LM-Modell wird ein Anstieg von Produktion und Einkommen resultieren.

b. Wenn die Generationen altruistisch miteinander verbunden sind, dann werden die Rentner berücksichtigen, dass ihr Einkommenszuwachs auf einem Einkommensrückgang ihrer Nachkommen basiert. Das Einkommen der »Dynastie« hat sich unter dem Strich nicht geändert. Im Extremfall wird sich der Konsum der beiden Gruppen daher nicht ändern. Das unter a. abgeleitete Ergebnis hängt so davon ab, ob Arbeitnehmer und Rentner altruistisch miteinander verbunden sind.

Aufgabe 4

Einige Ökonomen haben als Politikregel vorgeschlagen, die Regierung auf einen ständigen Ausgleich des konjunkturbereinigten Budgets zu verpflichten. (Die schweizerische und die deutsche »Schuldenbremse« weisen derartige Elemente auf.) Vergleichen Sie diesen Vorschlag mit der Verpflichtung auf den Ausgleich des unbereinigten Budgets. Welche Regel ist vorzuziehen? Welche Probleme sehen Sie bei einer Regel, die den Ausgleich des konjunkturbereinigten Budgets verlangt?

Lösung

Im Lehrbuch werden drei Gründe genannt, aus denen ein Budgetdefizit und ein Budgetüberschuss sinnvoll sein können: Stabilisierung, Steuerglättung und intergenerationelle Umverteilung (vgl. Mankiw, S. 612 f.). Eine Verpflichtung auf den Ausgleich des unbereinigten Budgets verhindert jede dieser potenziellen positiven Wirkungen eines Budgetdefizits oder Budgetüberschusses.

Eine Verpflichtung auf einen ständigen Ausgleich des konjunkturbereinigten Budgets trägt dazu bei, dass die Stabilisierungs- und Steuerglättungsfunktion wenigstens teilweise realisiert werden kann. Im Konjunkturabschwung gehen die Steuereinnahmen zurück und die Ausgaben, z. B. für die Arbeitslosenunterstützung, steigen. Diese automatischen Stabilisatoren rufen bei Betrachten des unbereinigten Budgets ein Defizit hervor. Konjunkturbereinigt bleibt das Defizit jedoch ausgeglichen. Das Wirken der automatischen Stabilisatoren kann so zur Glättung von Nachfrageschwankungen beitragen. Gleichzeitig werden auch die Verzerrungen, die vom Steuersystem ausgehen, durch die Orientierung am konjunkturbereinigten Budgetdefizit verringert. Würde man einer Politik des Ausgleichs des unbereinigten Budgets folgen, so müssten beispielsweise in einer tiefen Rezession die Steuersätze erhöht werden, während in der Hochkonjunktur die Steuersätze gesenkt werden müssten. Diese konjunkturbedingten Schwankungen der Steuersätze rufen eine zusätzliche Verzerrungswirkung hervor. Orientiert man sich hingegen am konjunkturbereinigten Budget, dann können diese konjunkturbedingten Steuersatzänderungen möglicherweise entbehrlich sein.

Man muss jedoch sehen, dass die Verpflichtung auf ein ausgeglichenes konjunkturbereinigtes Budget die Stabilisierungs- und Steuerglättungsfunktion nur unvollkommen realisiert. Möglicherweise wäre aus konjunkturpolitischen Gründen eine weitergehende Erhöhung der Staatsverschuldung erforderlich, die unter einer solchen Regel aber nicht möglich ist. Ähnlich gilt für die Steuerglättung, dass die Orientierung an einem Ausgleich des konjunkturbereinigten Budgets Steuersatzänderungen nicht völlig ausschließt.

Der Einsatz des Budgetdefizits zur Verlagerung der Steuerlast von der derzeit lebenden auf künftige Generationen ist bei einer Verpflichtung zum Ausgleich des konjunkturbereinigten Budgets ebensowenig möglich wie bei einer Verpflichtung zum Ausgleich des unbereinigten Budgets. Wenn aber eine Verpflichtung zum Budgetausgleich realisiert werden soll, dann erscheint es vernünftig, sich auf eine Regel zum Ausgleich des konjunkturbereinigten Budgetdefizits zu verständigen. Man muss allerdings hervorheben, dass das konjunkturbereinigte Budgetdefizit keine direkt beobachtbare Größe ist. Seine Berechnung setzt voraus, dass man das natürliche Aktivitätsniveau der Wirtschaft schätzen kann. Hierfür gibt es zwar eine Reihe verschiedener Schätzverfahren, die aber alle mit Vor- und Nachteilen verbunden sind. Auch besteht keine Einigkeit darüber, welches Schätzverfahren vorzuziehen ist. Mindestens genauso problematisch ist die Schätzung der Staatsausgaben und der Steuereinnahmen, die zu diesem geschätzten natürlichen Aktivitätsniveau gehören.

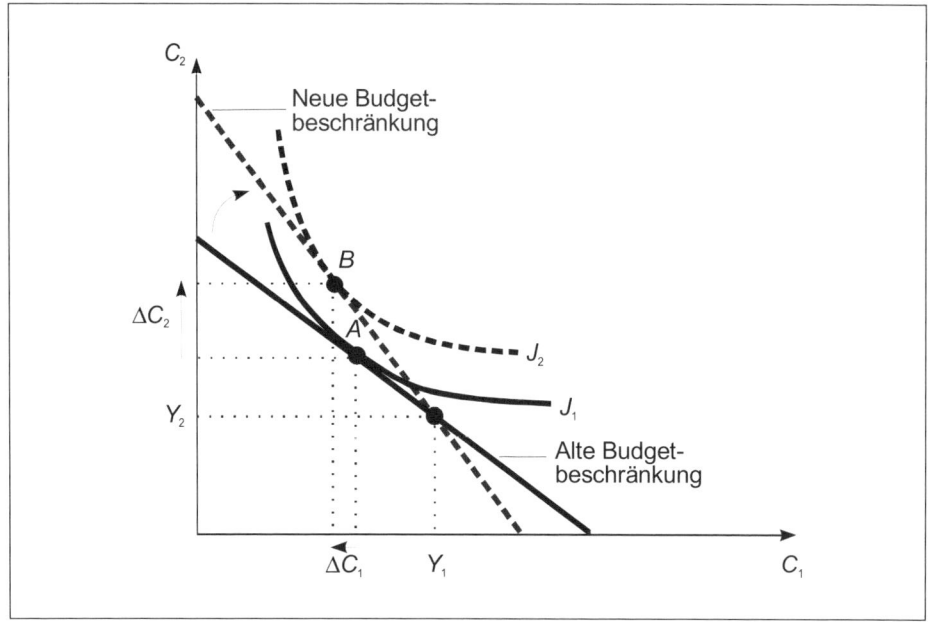

17 Konsum

Aufgabe 1

Im Text wird das Fisher-Modell verwendet, um die Wirkungen einer Zinssatzänderung für einen Konsumenten zu diskutieren, der einen Teil seines Einkommens der ersten Periode spart. Nehmen Sie stattdessen an, dass der Konsument ein Kreditnehmer ist. Wie ändert sich dadurch die Analyse? Diskutieren Sie die Einkommens- und Substitutionseffekte bezüglich des Konsums in beiden Perioden.

Lösung

In den Abbildungen 17-1(a) und 17-1(b) sind der im Lehrbuch diskutierte Fall eines Konsumenten, der in der ersten Periode einen Teil seines Einkommens spart, und der Fall eines Konsumenten, der in der ersten Periode einen Kredit aufnimmt, vergleichend dargestellt.

Eine Zinserhöhung dreht die Budgetgerade im Uhrzeigersinn um den Punkt (Y_1, Y_2). Dies kann man sich folgendermaßen klarmachen: Alle Haushalte, die in der ersten Periode sparen, deren Konsum C_1 kleiner ist als das Einkommen Y_1, können bei gegebenem

Abb. 17-1(a)

Konsum der ersten Periode aufgrund der höheren Verzinsung ihrer Ersparnisse in der zweiten Periode mehr konsumieren. Daher liegt die neue Budgetgerade für alle $C_1 < Y_1$ vollständig oberhalb der alten. Umgekehrt gilt, dass alle Haushalte, die in der ersten Periode Kredite aufnehmen, für die also gilt $C_1 > Y_1$, wegen des gestiegenen Zinses in der zweiten Periode für jedes gegebene C_1 weniger konsumieren können als zuvor. Für die Haushalte, die jeweils gerade ihr Periodeneinkommen konsumieren, hat die Zinserhöhung keine Auswirkungen. Formal lässt sich dies sehr einfach erkennen, wenn man sich die nach C_2 aufgelöste Budgetbeschränkung anschaut:

$$C_2 = (1 + r)Y_1 + Y_2 - (1 + r)C_1.$$

Die Steigung der Budgetgeraden ist $-(1 + r)$. Nimmt r zu, wird die Steigung kleiner, d.h. die Budgetgerade verläuft steiler. Falls gilt $C_1 = Y_1$, dann gilt unabhängig vom Zinssatz immer $C_2 = Y_2$.

In Abbildung 17-1(b) verlagert sich die optimale Konsumposition von A nach B. Diese Wirkung der Zinserhöhung lässt sich in zwei Teileffekte zerlegen, in einen Einkommenseffekt und einen Substitutionseffekt. Der Einkommenseffekt beschreibt die Veränderung des Konsums aufgrund der Bewegung hin zu einer niedrigeren Indifferenzkurve. Weil der Haushalt im vorliegenden Fall Darlehensnehmer ist, stellt er sich durch die Erhöhung des Zinssatzes schlechter. Gehen wir davon aus, dass der Konsum in beiden Perioden jeweils als normales Gut aufgefasst werden kann, dann wird der Haushalt diese Verschlechterung seiner Wohlfahrtssituation über beide Perioden verteilen. Der Einkommenseffekt führt daher tendenziell dazu, dass sich der Haushalt für eine Konsumverringerung in beiden Perioden entscheidet.

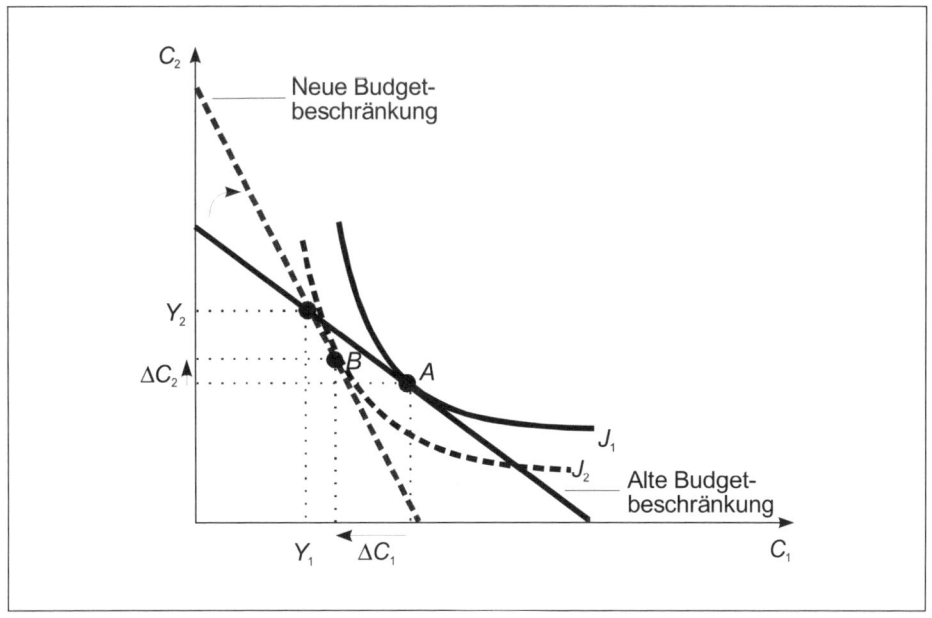

Abb. 17-1(b)

Der Substitutionseffekt beschreibt die Reaktion, die sich aus der Änderung des relativen Preises des Konsums in den beiden Perioden ergibt. Wie wir gesehen haben, wird der Konsum in Periode 2 gegenüber dem Konsum in Periode 1 relativ billiger, wenn der Zinssatz steigt. Um eine zusätzliche Einheit Konsum in der zweiten Periode erreichen zu können, muss der Haushalt nach der Zinserhöhung weniger Konsum der ersten Periode aufgeben. Der Substitutionseffekt führt daher für sich betrachtet dazu, dass der Haushalt in der ersten Periode weniger und in der zweiten Periode mehr konsumiert.

Weil sowohl der Einkommenseffekt als auch der Substitutionseffekt dazu führen, dass in Periode 1 weniger konsumiert wird, können wir mit Bestimmtheit sagen, dass der Gesamteffekt der Zinserhöhung eine Verminderung des Konsums der ersten Periode ist. In Bezug auf den Konsum der zweiten Periode lässt sich dies jedoch nicht eindeutig sagen, weil Einkommens- und Substitutionseffekt in verschiedene Richtungen wirken. Der Einkommenseffekt bewirkt tendenziell eine Verringerung des Konsums in der zweiten Periode, wohingegen der Substitutionseffekt für sich betrachtet eine Zunahme des Konsums der zweiten Periode bewirkt. Wie die Gesamtwirkung der Zinserhöhung aussieht, hängt davon ab, ob der Substitutions- oder der Einkommenseffekt überwiegt. In Abbildung 17-1(b) wurde angenommen, dass der Konsum in der zweiten Periode steigt, dass also der Substitutionseffekt stärker ist als der Einkommenseffekt.

Aufgabe 2

Hinz und Kunz folgen beide dem zweiperiodigen Fisher-Modell des Konsums. Hinz verdient sowohl in der ersten als auch in der zweiten Periode jeweils 100 Euro. Kunz verdient in der ersten Periode gar nichts und in der zweiten Periode 210 Euro. Beide können zum Zinssatz r Sparen und Kredite aufnehmen.

a. Sie beobachten, dass sowohl bei Hinz als auch bei Kunz in der ersten Periode der Konsum eine Höhe von 100 Euro aufweist. In der zweiten Periode konsumieren beide ebenfalls jeweils Güter im Wert von 100 Euro. Wie hoch ist der Zinssatz r?

b. Nehmen Sie an, dass der Zinssatz steigt. Wie wirkt sich das auf den Konsum von Hinz in der ersten Periode aus? Ist Hinz jetzt besser oder schlechter dran, verglichen mit der Situation vor der Zinserhöhung?

c. Welche Wirkung hat die Zinssatzerhöhung auf den Konsum von Kunz in der ersten Periode? Ist Kunz jetzt besser oder schlechter dran, verglichen mit der Situation vor der Zinserhöhung?

Lösung

a. Die intertemporale Budgetgerade ist gegeben durch

$$C_1 + \frac{C_2}{1 + r} = Y_1 + \frac{Y_2}{1 + r}.$$

Wir können prinzipiell die Daten von Hinz oder Kunz in die Budgetbeschränkung einsetzen, um den Zinssatz zu bestimmen. Der Wert »prinzipiell« ist hier zu betonen, denn wenn man die Daten von Hinz verwendet, erhält man

$$100 + \frac{100}{1 + r} = 100 + \frac{100}{1 + r}.$$

Diese Aussage ist offenbar für jedes $r \neq -1$ wahr. Wir haben nicht genügend Informationen, um r zu bestimmen. Betrachtet man Abbildung 17-2, ist sofort klar, woran das liegt.

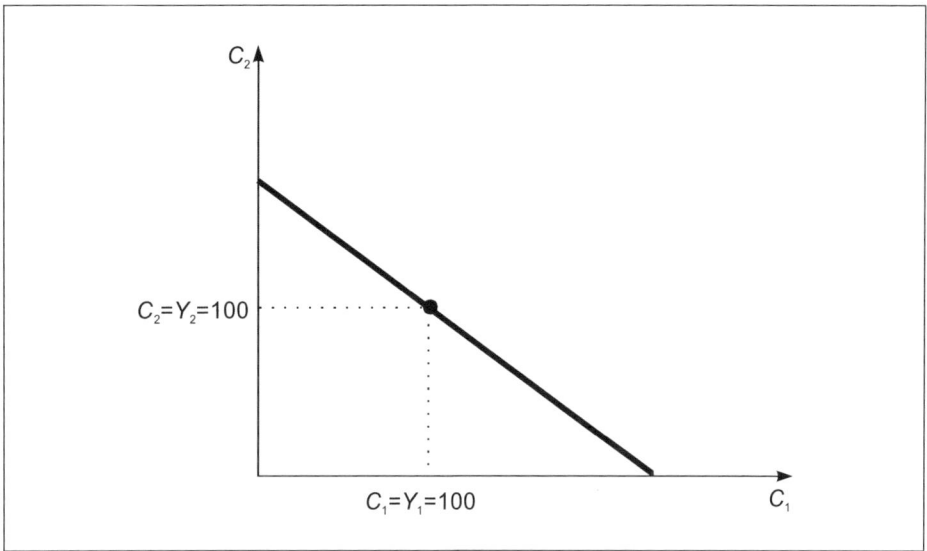

Abb. 17-2

Die Angaben zu Hinz liefern uns nur einen Punkt. Damit ist die Budgetgerade noch nicht bestimmbar.

Wenn wir die Angaben für Kunz verwenden, sieht die Sache besser aus:

$$100 + \frac{100}{1 + r} = 0 + \frac{210}{1 + r}$$

$$\frac{110}{1 + r} = 100$$

$$1 + r = 1{,}1$$

$$r = 0{,}1.$$

Der Zinssatz beträgt 10 Prozent.

b. Die Konsequenzen einer Zinserhöhung sind in Abbildung 17-3 zu erkennen.

Die Zinserhöhung dreht die Budgetrestriktion im Punkt A im Uhrzeigersinn. Weil der Tangentialpunkt zwischen alter Indifferenzkurve und alter Budgetrestriktion im Punkt A lag, muss es einen neuen Tangentialpunkt zwischen der neuen Budgetrestriktion und einer höher liegenden Indifferenzkurve geben, der links oberhalb von A liegt. Dies bedeutet, dass Hinz seinen Gegenwartskonsum zugunsten des Konsums in Periode 2 einschränkt. Ursache hierfür ist die Tatsache, dass durch die Zinserhöhung der Konsum in Periode 2 relativ günstiger geworden ist: Eine Konsumeinheit, auf die in Periode 1 verzichtet wird, erlaubt es, den Konsum in Periode 2 stärker auszudehnen als vor der Zinserhöhung. Die neue optimale Position für Hinz (Punkt B) ist mit einer

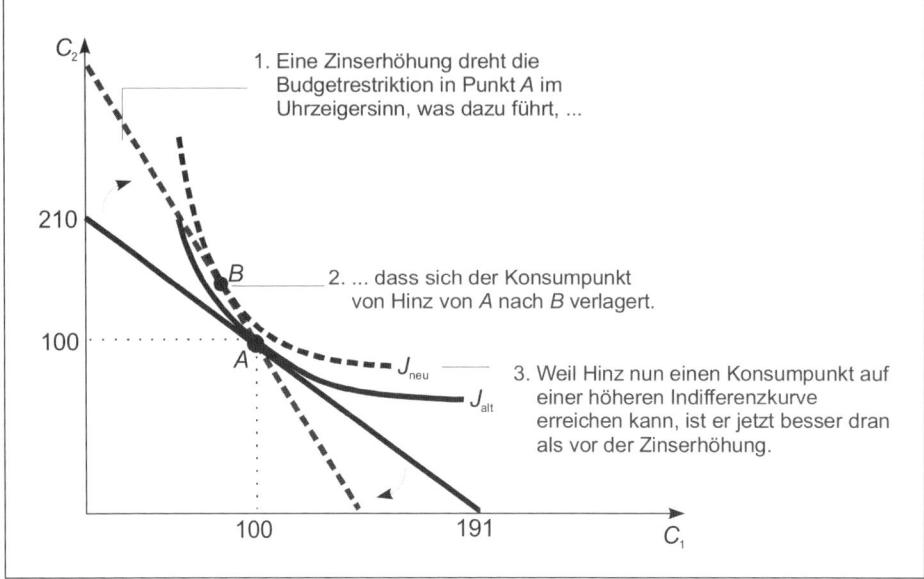

Abb. 17-3

Indifferenzkurve verbunden, die ursprungsferner liegt als die alte. Dies spiegelt ein höheres Nutzenniveau wider. Dass Hinz sich verbessert hat, kann man auch daran erkennen, dass die neue Budgetrestriktion den alten Konsumpunkt A immer noch ermöglicht. Hinz entscheidet sich für den neuen Konsumpunkt B, weil dieser mit einer Verbesserung seiner Position verbunden ist.

c. Die Konsequenzen, die sich für Kunz aus einer Zinserhöhung ergeben, sind in Abbildung 17-4 zu erkennen.
Die Zinserhöhung dreht die Budgetrestriktion von Kunz im Punkt C im Uhrzeigersinn. (Der Drehpunkt der Budgetrestriktion wird durch den Punkt gegeben, bei dem Konsum und Einkommen der jeweiligen Periode gerade übereinstimmen.) Die neue Budgetgerade liegt, bis auf Punkt C, vollständig unterhalb der alten. Dies zeigt, dass sich die Konsummöglichkeiten für Kunz durch die Zinserhöhung insgesamt verschlechtert haben. Dies ist darauf zurückzuführen, dass das gesamte Lebenszeiteinkommen von Kunz erst in der zweiten Periode anfällt. D.h., um auch in der ersten Periode konsumieren zu können, muss er ein Darlehen aufnehmen. Der höhere Zinssatz erhöht die Darlehenskosten und schränkt die Konsummöglichkeiten von Kunz ein. Falls der Konsum in Periode 1 ein normales Gut darstellt, bewirkt der Einkommenseffekt eine Verringerung des Gegenwartskonsums. Da die Zinserhöhung den Gegenwartskonsum gleichzeitig verteuert hat, wirkt auch der Substitutionseffekt in Richtung auf eine Einschränkung des Konsums in Periode 1. Daher wird der Gegenwartskonsum in jedem Fall sinken. Ob der Konsum in Periode 2 steigt, sinkt oder gleich bleibt, hängt davon ab, ob der Substitutionseffekt, der für sich gesehen zu einer Zunahme des Konsums in Periode 2 führt, stärker ist als der Einkommenseffekt oder nicht. In Abbildung 17-4 wurde angenommen, dass der Substitutionseffekt den Einkommenseffekt nicht dominiert. Unabhängig von der relativen Stärke von Substitutions- und Einkommens-

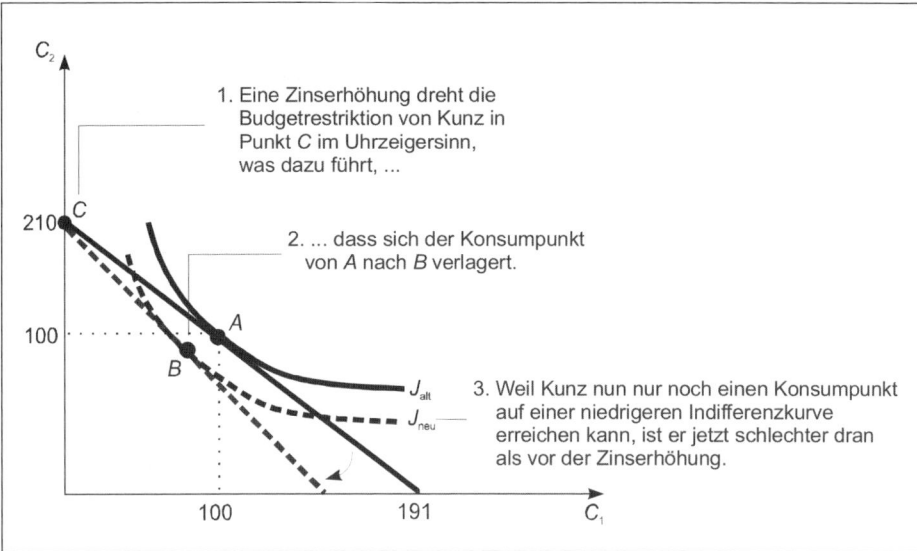

Abb. 17-4

effekt ist jedoch auf jeden Fall festzuhalten, dass sich die Konsumsituation für Kunz verschlechtert. Weil die neue Budgetgerade (bis auf Punkt C) vollständig unterhalb der alten verläuft, muss der neue Konsumpunkt auf einer Indifferenzkurve liegen, die ursprungsnäher liegt als die alte und daher ein niedrigeres Nutzenniveau repräsentiert. Dass Kunz in Punkt B tatsächlich schlechter dran ist als in Punkt A, lässt sich auch daran erkennen, dass Punkt B von Kunz auch vor der Zinserhöhung hätte realisiert werden können. Daraus, dass Kunz den Punkt A bevorzugt hat, lässt sich ableiten, dass A mit einem höheren Nutzenniveau verbunden ist als B.

Aufgabe 3

Im Text wird das Fisher-Modell für den Fall betrachtet, dass der Konsument zum Zinssatz r sparen und Kredite aufnehmen kann. Weiter wird der Fall betrachtet, dass der Konsument zu diesem Zinssatz zwar sparen kann, aber überhaupt keine Kredite erhält. Betrachten Sie nun den dazwischen liegenden Fall, in dem der Konsument zu einem Zinssatz r_s sparen und zu einem Zinssatz r_b Kredite aufnehmen kann, wobei $r_s < r_b$.

a. Wie sieht die Budgetbeschränkung des Konsumenten für den Fall aus, dass er in Periode 1 weniger als sein Einkommen konsumiert?

b. Wie sieht die Budgetbeschränkung des Konsumenten für den Fall aus, dass er in Periode 1 mehr als sein Einkommen konsumiert?

c. Stellen Sie die beiden Budgetbeschränkungen graphisch dar und schraffieren Sie die Fläche, die die Kombinationen aus Konsum der ersten Periode und Konsum der zweiten Periode repräsentiert, die für den Konsumenten wählbar sind.

d. Fügen Sie zu Ihrer Darstellung nun die Indifferenzkurven des Konsumenten hinzu. Zeigen Sie die drei möglichen Gleichgewichtsvarianten, in denen der Konsument spart, sich verschuldet bzw. weder das eine noch das andere tut.

e. Wodurch wird der Konsum der ersten Periode in jedem dieser drei Fälle bestimmt?

Lösung

a. Ein Konsument, der in der ersten Periode weniger als sein Einkommen konsumiert, ist ein Sparer. Seine Ersparnisse der ersten Periode werden zum Zinssatz r_s verzinst. Dies ist der für ihn relevante Zinssatz. Daher lautet seine Budgetrestriktion:

$$C_1 + \frac{C_2}{1 + r_s} = Y_1 + \frac{Y_2}{1 + r_s}.$$

b. Ein Konsument, der in der ersten Periode mehr als sein Einkommen konsumiert, muss für den Mehrkonsum einen Kredit zum Zinssatz r_b aufnehmen. Dies ist der für ihn relevante Zins. Daher lautet seine Budgetrestriktion:

$$C_1 + \frac{C_2}{1 + r_b} = Y_1 + \frac{Y_2}{1 + r_b}.$$

c. Die Steigung der Budgetrestriktion ist $-(1 + r_s)$ bzw. $-(1 + r_b)$. Da annahmegemäß $r_b > r_s$, gilt:

$$-(1 + r_s) > -(1 + r_b).$$

Die Budgetrestriktion eines Kreditnehmers verläuft daher in einem (C_1, C_2)-Diagramm steiler. Beide Budgetrestriktionen sind in Abbildung 17-5 dargestellt.

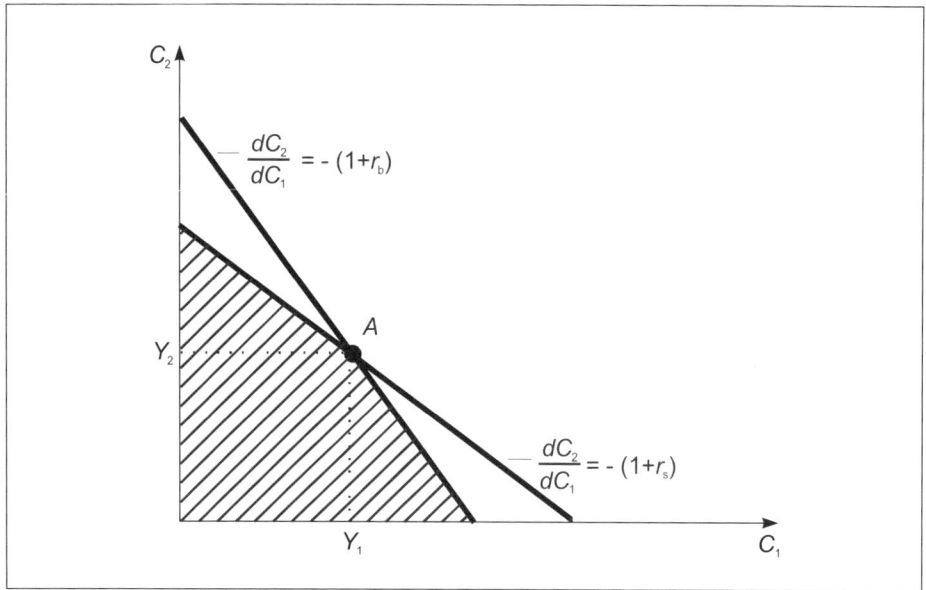

Abb. 17-5

Beide Budgetrestriktionen schneiden sich in Punkt A, wo jeweils gerade das Periodeneinkommen konsumiert wird. Falls der Konsument spart, dann ist $C_1 < Y_1$, und es gilt die flachere Budgetrestriktion. Falls der Konsument einen Kredit aufnimmt, dann ist

$C_1 > Y_1$, und es gilt die steilere Budgetrestriktion. Die schraffierte Fläche in Abbildung 17-5 zeigt, welche Kombinationen von C_1 und C_2 für den Konsumenten überhaupt realisierbar sind. Er wird jedoch Punkte auf den Begrenzungen dieser Fläche (also auf den jeweils relevanten Abschnitten der Budgetrestriktionen) wählen, weil er anderenfalls nicht sein gesamtes Einkommen konsumieren würde.

d. Die drei möglichen Gleichgewichtsvarianten werden in Abbildung 17-6 gezeigt.

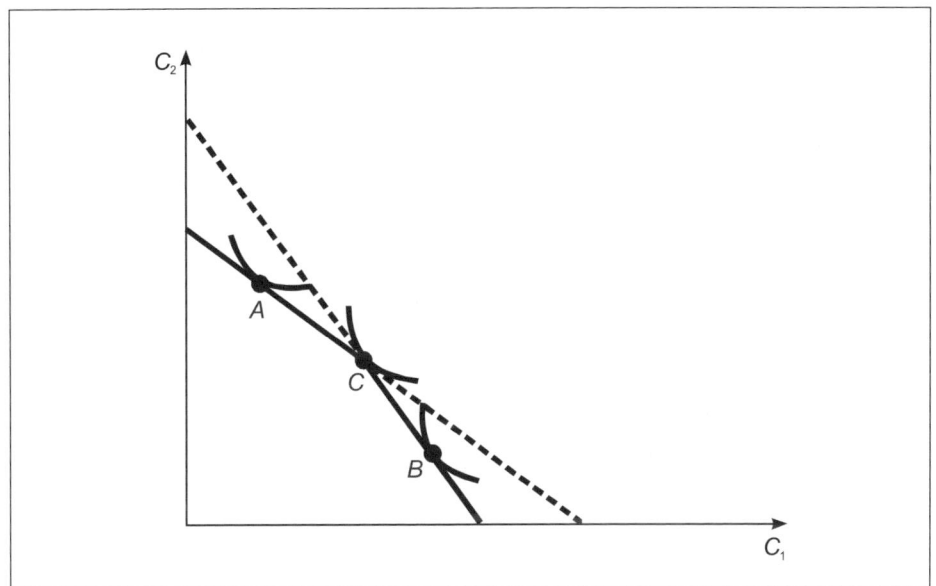

Abb. 17-6

Punkt A repräsentiert das Gleichgewicht eines Sparers. Für seinen Konsum in der ersten Periode gilt $C_1 < Y_1$. Der für ihn relevante Zinssatz ist r_s.

Punkt B repräsentiert das Gleichgewicht eines Kreditnehmers. Für seinen Konsum in der ersten Periode gilt $C_1 > Y_1$. Der für ihn relevante Zinssatz ist r_b.

Punkt C repräsentiert das Gleichgewicht eines Konsumenten, der weder spart noch sich verschuldet. Für seinen Konsum in der ersten Periode gilt $C_1 = Y_1$. Für ihn ist der Zinssatz irrelevant.

e. Der Konsum der ersten Periode hängt allgemein von der Lage der Indifferenzkurven und von der Lage der Budgetrestriktion ab. Das Aussehen des Indifferenzkurvensystems wird durch die Präferenzen bestimmt. Die Lage der Indifferenzkurven wird durch die Periodeneinkommen Y_1 und Y_2 sowie durch den Zinssatz bestimmt.

Falls der Konsument ein Sparer ist, dann ist für ihn der Zins r_s relevant. Falls er ein Kreditnehmer ist, ist für ihn der Zins r_b relevant. Falls er weder Sparer noch Kreditnehmer ist, ist für ihn der Zins irrelevant. Sein Konsum C_1 wird dann allein durch Y_1 bestimmt.

Aufgabe 4

Klären Sie für die beiden folgenden Fälle, ob Kreditbeschränkungen die Wirksamkeit der Fiskalpolitik auf die gesamtwirtschaftliche Nachfrage vergrößern oder vermindern:

a. eine temporäre Steuersenkung,
b. eine angekündigte zukünftige Steuersenkung.

Lösung

Bei der Beantwortung dieser Frage müssen wir erst einige Vorüberlegungen anstellen. Zunächst machen wir uns klar, wie sich eine Steuersenkung auswirkt. Die in Teilaufgabe a. angesprochene temporäre Steuersenkung soll in unserem Zwei-Perioden-Modell so interpretiert werden, dass das Einkommen der ersten Periode steigt, das der zweiten Periode aber unverändert bleibt. Die in Teilaufgabe b. angesprochene zukünftige Steuersenkung wird so interpretiert, dass der Konsument von einer Erhöhung des Einkommens der zweiten Periode ausgeht, während das Einkommen der ersten Periode unverändert bleibt. Wie sich diese Steueränderungen auswirken, zeigt ein Blick auf die Gleichung der Budgetrestriktion:

$$C_1 + \frac{C_2}{1+r} = Y_1 + \frac{Y_2}{1+r}$$

bzw.

$$C_2 = \underbrace{(1+r)Y_1 + Y_2}_{\text{Achsenabschnitt}} \underbrace{-(1+r)}_{\text{Steigung}} C_1$$

Egal, ob die Steuersenkung in der ersten oder der zweiten Periode erfolgt, in beiden Fällen verschiebt sich die Budgetrestriktion aufgrund der Erhöhung des verfügbaren Einkommens parallel nach oben, wie in Abbildung 17-7 gezeigt.

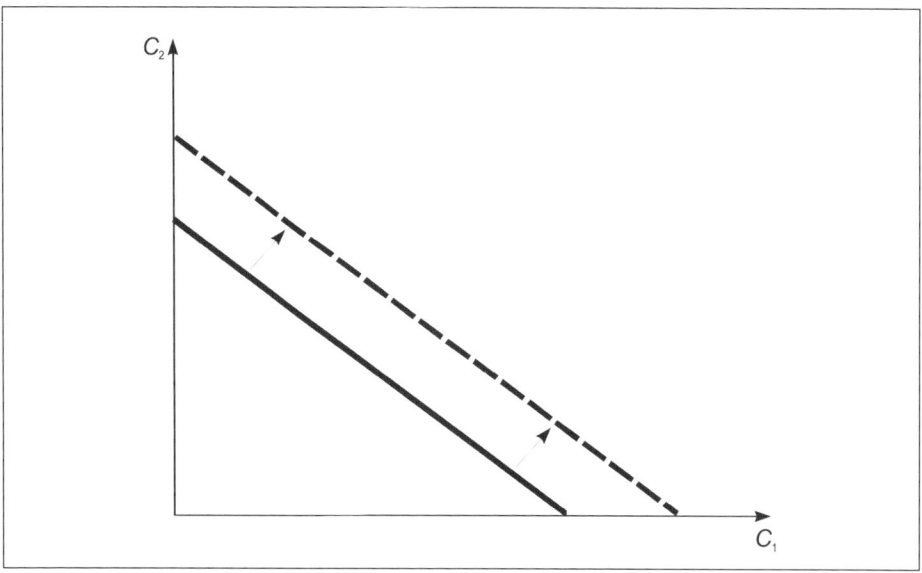

Abb. 17-7

Weiter soll davon ausgegangen werden, dass es sich bei C_1 und C_2 um normale Güter handelt. Eine Aufwärtsverschiebung der Budgetrestriktion führt dann bei dem Konsumenten zum Wunsch, den Konsum in beiden Perioden zu erhöhen.

Schließlich müssen wir beachten, auf welche Weise eine Steuersenkung wirkt: Die Erhöhung des verfügbaren Einkommens führt zu einer Zunahme der geplanten Konsumausgaben und damit zu einer Zunahme der Nachfrage, des Einkommens etc. Die Stärke des Effekts wird also durch die Wirkung der Einkommenserhöhung auf den Konsum bestimmt.

Um die Auswirkungen der Kreditbeschränkung beurteilen zu können, betrachten wir einmal die Situation ohne Kreditbeschränkung und einmal mit Kreditbeschränkung. Dabei wollen wir annehmen, dass ein Haushalt, der sich keiner Kreditbeschränkung gegenübersah, auch nach der Steueränderung nicht kreditbeschränkt ist. Ein Konsument, der vor der Steueränderung kreditbeschränkt war, soll es auch danach sein.

a. Abbildung 17-8 zeigt die Wirkung einer Steuersenkung in der ersten Periode für einen nicht kreditbeschränkten Konsumenten.

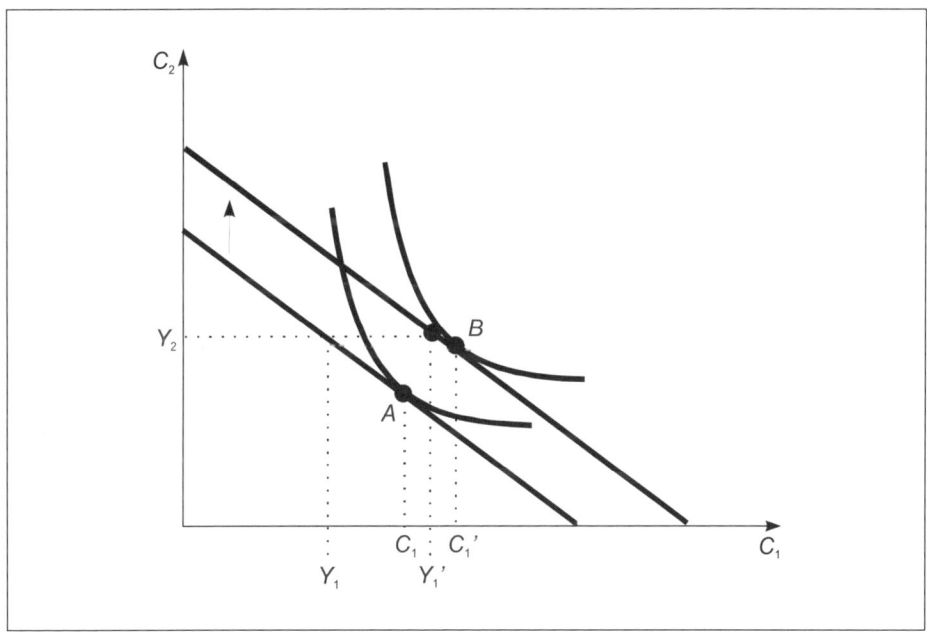

Abb. 17-8

Der Konsum in Periode 1 steigt weniger als das Einkommen:

$$C_1' - C_1 < Y_1' - Y_1.$$

Die Wirkung einer Steuersenkung in der ersten Periode auf einen kreditbeschränkten Konsumenten wird in Abbildung 17-9 gezeigt.

Der kreditbeschränkte Konsument würde in Periode 1 gern mehr als Y_1 konsumieren. Er kann es aber nicht. Seine beste Wahl ist daher $C_1 = Y_1$. Die Steuersenkung bedeutet eine Lockerung seiner Restriktion. Wenn er, wie angenommen, auch nach der Steu-

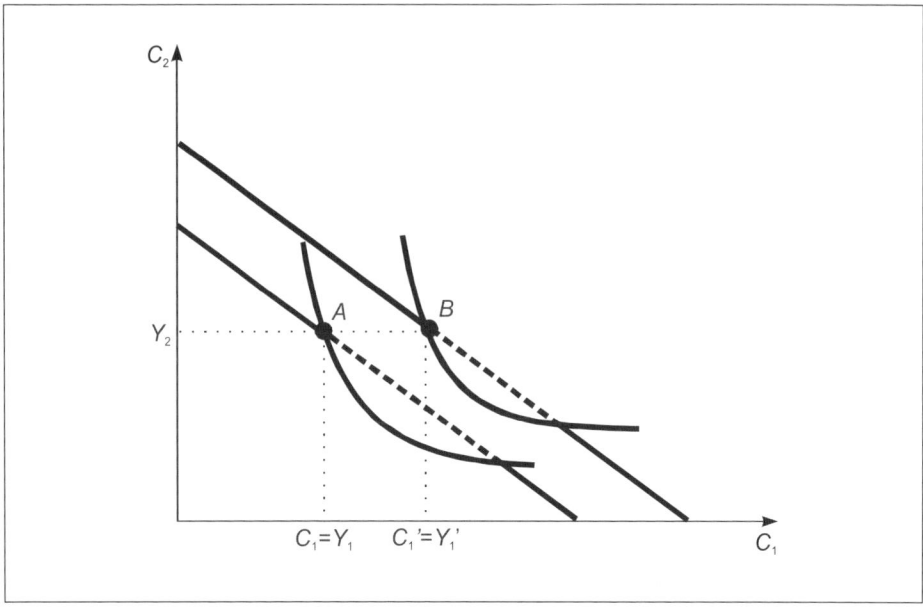

Abb. 17-9

ersenkung noch kreditbeschränkt ist, dann gilt $C_1' = Y_1'$. Folglich steigt der Konsum in gleicher Höhe wie das Einkommen:

$$C_1' - C_1 = Y_1' - Y_1.$$

Eine gegebene Steuersenkung in Periode 1 und die damit verbundene Einkommenserhöhung wirken bei einem kreditbeschränkten Konsumenten stärker auf den Konsum als bei einem nicht kreditbeschränkten Konsumenten. Da die Auswirkung der Einkommensänderung auf den Konsum die Höhe des Multiplikators bestimmt, ist die Wirksamkeit der Fiskalpolitik in diesem Fall größer, wenn eine Kreditbeschränkung vorliegt.

b. Abbildung 17-10 zeigt die Wirkung einer angekündigten Steuersenkung in der zweiten Periode für einen nicht kreditbeschränkten Konsumenten.
Die angekündigte Steuersenkung führt zu einem Anstieg des Konsums in Periode 1 um

$$C_1' - C_1 > 0.$$

Die Wirkung für einen kreditbeschränkten Konsumenten ist in Abbildung 17-11 dargestellt.
Der kreditbeschränkte Konsument würde gerne vor und nach der für die zweite Periode angekündigten Steuersenkung mehr konsumieren als Y_1. Er kann es aber nicht. Auch nach der Ankündigung der Steuersenkung kann er in der ersten Periode nur das Einkommen Y_1 konsumieren, d.h.

$$C_1' - C_1 = 0.$$

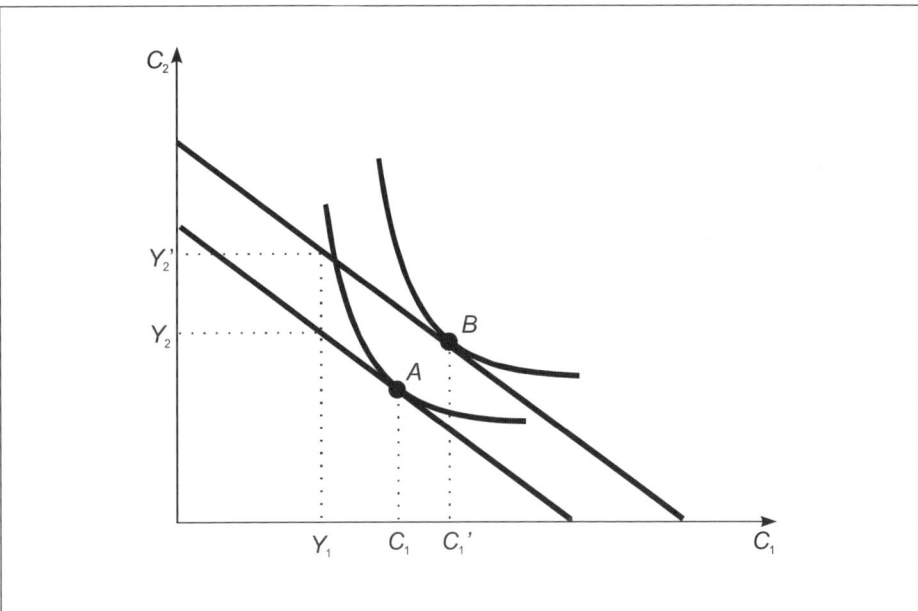

Abb. 17-10

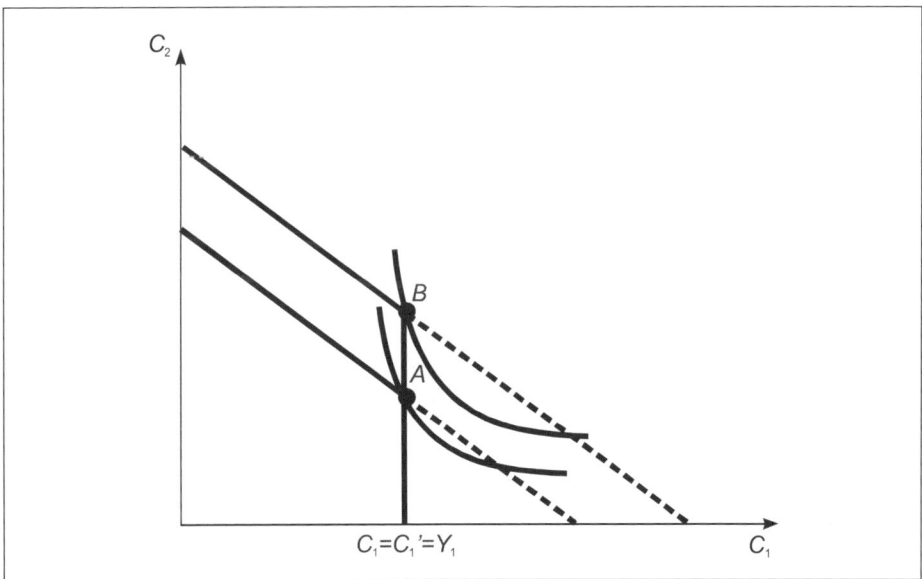

Abb. 17-11

In diesem Fall ist die Wirksamkeit der Fiskalpolitik auf die gesamtwirtschaftliche Nachfrage größer, wenn keine Kreditbeschränkung vorliegt.

Einschränkend muss darauf hingewiesen werden, dass wir die Wirksamkeit der Fiskalpolitik nur anhand der Konsumwirkung der ersten Periode beurteilt haben. Insgesamt nimmt in unserem Zwei-Perioden-Modell der Lebenszeitkonsum notwendigerweise genauso zu wie das Lebenszeiteinkommen – egal ob Kreditbeschränkungen vorliegen oder nicht.

Aufgabe 5

Bei der Diskussion der Lebenszyklus-Hypothese wurde im Text angenommen, dass das Einkommen im Zeitabschnitt vor dem Ruhestand konstant ist. Bei den meisten Menschen wächst das Einkommen jedoch während ihres Lebens. Wie beeinflusst dieses Einkommenswachstum das in Abbildung 17–12 gezeigte Muster von Konsum und Vermögensbildung über die Lebensspanne unter den folgenden Bedingungen?

a. Die Haushalte können Kredite aufnehmen, sodass ihr Vermögen negativ sein kann.

b. Die Haushalte sehen sich Kreditbeschränkungen gegenüber, die verhindern, dass ihr Vermögen kleiner wird als null.

Ist Fall a. oder Fall b. realistischer? Warum?

Lösung

Wir übernehmen die in Abbildung 17-12 des Lehrbuchs (Mankiw, S. 645) implizit enthaltenen Annahmen und gehen weiter davon aus, dass das Einkommen bis zum Zeitpunkt des Ausscheidens aus dem Erwerbsleben linear wächst.

a. Abbildung 17-12 zeigt die Entwicklung von Einkommen, Konsum, Sparen und Vermögen für den Fall, dass Haushalte Kredite aufnehmen können. Man beachte, dass die Funktionswerte Einkommen, Konsum und Sparen untereinander unmittelbar ver-

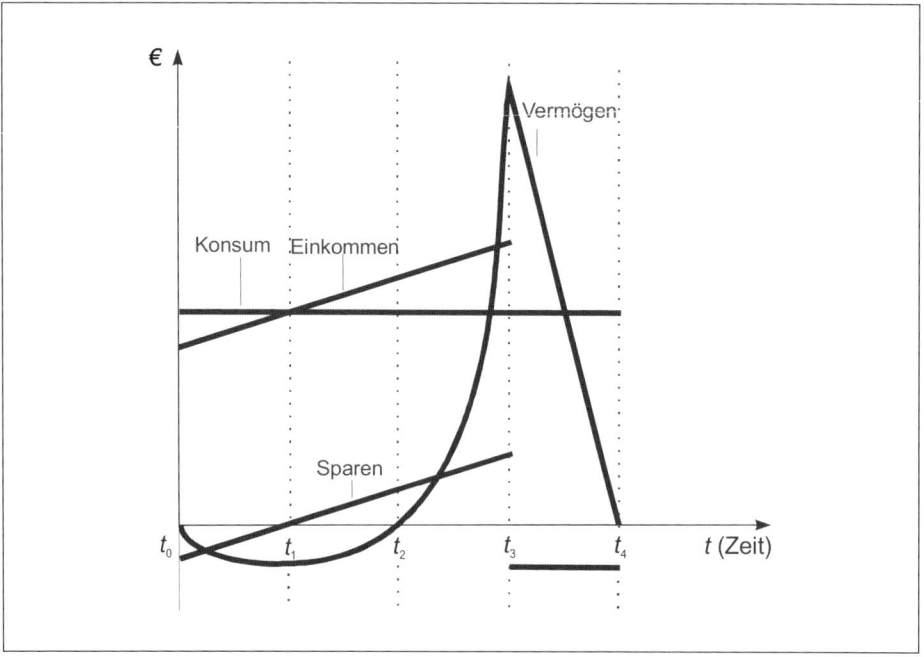

Abb. 17-12

gleichbar sind. Die Funktionswerte des Vermögens können dagegen nur qualitativ interpretiert werden.

Unter der Annahme eines während der Erwerbstätigkeit steigenden Einkommens kann es für den Konsumenten optimal sein, zu Beginn des Berufslebens mehr als das laufende Einkommen zu konsumieren. In diesem Fall ist das Sparen zunächst negativ. Dies bedeutet, dass der Konsument sich verschuldet, wobei die Kreditaufnahme zum Zeitpunkt t_0 am höchsten ist und dann aufgrund des steigenden Einkommens immer kleiner wird. Zum Zeitpunkt t_1 sind Konsum und Einkommen gleich groß, sodass das Sparen gleich null ist. Die Verschuldung hat hier ihr Maximum erreicht. Ab t_1 ist das Einkommen größer als der Konsum, der Haushalt spart und baut seine Verschuldung ab. Zum Zeitpunkt t_2 ist der Schuldenstand auf null gesunken. Danach bildet der Konsument Vermögen. Das Vermögen erreicht sein Maximum im Zeitpunkt t_3, der Zeitpunkt, zu dem der Konsument aus dem Erwerbsleben ausscheidet. Danach sinkt das Einkommen auf null, und der Haushalt entspart in Höhe seines Konsums. Am Lebensende (Zeitpunkt t_4) ist das Vermögen aufgebraucht.

b. Abbildung 17-13 zeigt den Fall, in dem sich die Haushalte Kreditbeschränkungen gegenübersehen.

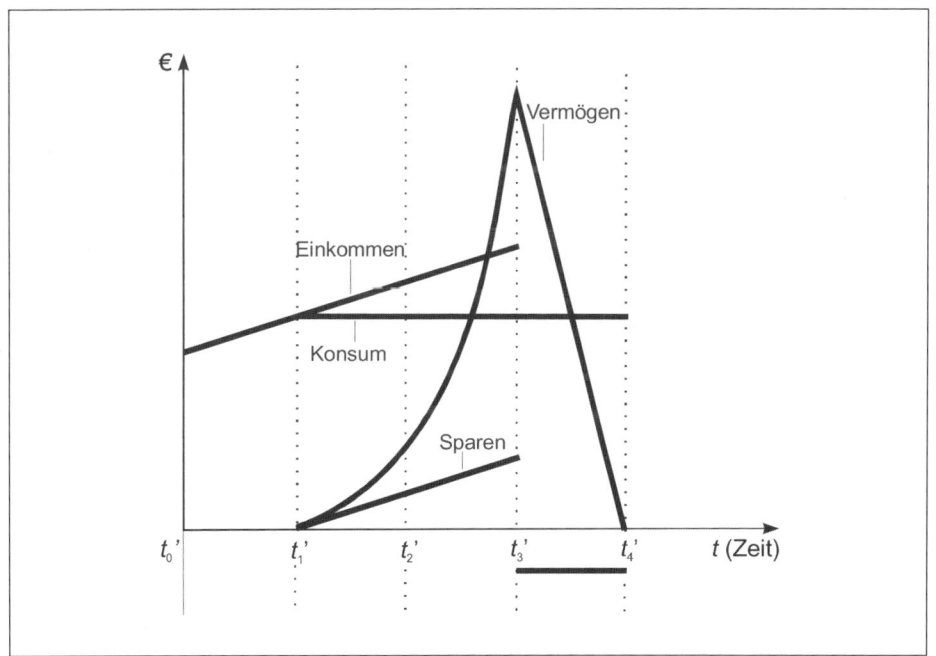

Abb. 17-13

Haushalte, die sich einer Kreditbeschränkung gegenübersehen, können in den ersten Jahren des Erwerbslebens nicht so viel konsumieren, wie sie es eigentlich wünschen. Daher wird von t_0' bis t_1' das gesamte Einkommen konsumiert. In diesem Zeitraum ist das Sparen gleich null. Ab t_1' ist der Konsum kleiner als das Einkommen und die Haushalte sparen. Durch das Sparen bauen sie ab t_1' einen Vermögensbestand auf

Der Vermögensbestand erreicht sein Maximum zum Zeitpunkt, an dem die Haushalte aus dem Erwerbsleben ausscheiden. Ab diesem Zeitpunkt wird der Konsum vollständig über Entsparen bestritten. Am Lebensende (Zeitpunkt t_4') ist das Vermögen auf null gesunken.

Fall (B) ist realistischer als Fall (A). Um Kredite aufnehmen zu können, müssen die Kreditnehmer im allgemeinen dem Kreditgeber Sicherheiten stellen können. Da Haushalte, die am Beginn ihres Erwerbslebens stehen, in der Regel über kein oder nur geringes Vermögen verfügen, können sie keine Sicherheiten stellen und unterliegen deswegen Kreditbeschränkungen. Bei etlichen Haushalten mag auch die Unsicherheit über das Lebenszeiteinkommen, verbunden mit einer risikoaversen Einstellung, dazu führen, dass zu Beginn des Erwerbslebens weniger Kredite aufgenommen werden als es das Lebenszyklus-Modell prognostiziert.

Aufgabe 6

Demographen prognostizieren, dass im Laufe der nächsten 20 Jahre der Anteil von älteren Personen an der Bevölkerung zunehmen wird. Welche Voraussagen macht das Lebenszyklus-Modell bezüglich des Einflusses dieser demographischen Veränderung auf die gesamtwirtschaftliche Sparquote?

Lösung

Das Lebenszyklus-Modell basiert darauf, dass Haushalte in der Zeit, in der sie erwerbstätig sind, einen Teil ihres Einkommens sparen, um auf diese Weise ein Vermögen aufzubauen, von dem sie während der Ruhestandsphase zehren können. Erhöht sich der Anteil von älteren Personen an der Bevölkerung, dann nimmt der Anteil derjenigen ab, die sparen. Nach der Lebenszyklus-Hypothese sollte die beschriebene demographische Veränderung daher zu einem Rückgang der gesamtwirtschaftlichen Sparquote führen.

Aufgabe 7

Eine Untersuchung stellte fest, dass ältere Menschen ohne Kinder ungefähr im gleichen Maße entsparen wie ältere Menschen mit Kindern. Welchen Beitrag könnte dieses Ergebnis für die Erklärung der Beobachtung leisten, dass ältere Menschen nicht so viel entsparen, wie es das Lebenszyklus-Modell vermuten lässt?

Lösung

In der Fallstudie »Konsum und Sparen älterer Menschen« (Mankiw, S. 645) wurden zwei Haupterklärungen dafür geliefert, dass ältere Menschen nicht so viel entsparen, wie es das Lebenszyklus-Modell vermuten lässt. Die erste Erklärung bezieht sich darauf, dass ältere Personen die Möglichkeit von unvorhersehbaren Ausgaben in ihre Überlegungen einbeziehen. Sie könnten versuchen, sich durch das sogenannte Vorsichtssparen gegen unerwartet höhere Ausgaben zu schützen. Eine zweite Erklärung besteht darin, dass ältere Menschen sparen, um ihren Kindern Erbschaften hinterlassen zu können.

Wenn ältere Menschen ohne Kinder im gleichen Maße entsparen wie ältere Menschen mit Kindern, könnte dies darauf hinweisen, dass das Vorsichtsmotiv dominiert und das Vererbungsmotiv nur eine sehr untergeordnete Rolle spielt. Es könnte aber auch so sein, dass beide Motive eine Rolle spielen, sich aber gerade kompensieren. Ältere Menschen ohne Kinder würden demnach Ersparnisse bilden, um sich gegen unerwartet auftretende zusätzliche finanzielle Forderungen zu versichern. Ältere Menschen mit Kindern würden Ersparnisse bilden, um sie ihren Kindern zu hinterlassen, und würden kein besonderes Vorsichtssparen betreiben, weil sie darauf vertrauen, im Notfall Unterstützung von ihren Kindern zu erhalten. Man beachte aber, dass auch bei dieser zweiten Erklärung letztlich das Motiv im Vordergrund steht, sich gegen unerwartete finanzielle Mehrbelastungen abzusichern.

Aufgabe 8

Betrachten Sie zwei Sparkonten, die dieselbe Verzinsung erbringen. Bei dem einen Konto können Sie nach Bedarf Geld abheben. Bei dem anderen Konto müssen Sie die Abhebung 30 Tage vorher ankündigen. Welches Konto würden Sie vorziehen? Warum? Können Sie sich eine Person vorstellen, die sich genau umgekehrt entscheidet? Was sagen diese Entscheidungen über die Theorie der Konsumfunktion?

Lösung

Ein rationaler Konsument sollte das Sparkonto vorziehen, bei dem nach Bedarf Geld abgehoben werden kann. Beide Konten bringen dieselben Erträge. Das Konto, bei dem man nach Bedarf abheben kann, weist zusätzlich eine höhere Liquidität auf. Unter sonst gleichen Umständen sollte das Konto mit der höheren Liquidität bevorzugt werden.

Verhalten sich Menschen jedoch zeitinkonsistent, könnten einige Haushalte das Sparkonto mit der 30-tägigen Kündigungsfrist bevorzugen. Im Lehrbuch wird die Bedeutung unmittelbarer Belohnung erläutert (vgl. Mankiw, S. 652 f.). Dabei steht im Vordergrund, dass Menschen spontan Dinge tun, die ihren langfristigen Plänen zuwider laufen. Ein Sparkonto, auf das jederzeit zugegriffen werden kann, erleichtert dieses zeitinkonsistente Verhalten. So können z.B. Spontankäufe finanziert und deswegen durchgeführt werden, die eigentlich nicht in die langfristige Planung des Haushalts passen. Ein Konto mit Kündigungsfrist stellt ein Hindernis für diese Spontankäufe dar. Möglicherweise wird ein Haushalt sich für das Konto mit Kündigungsfrist entscheiden, um sich gewissermaßen vor sich selbst zu schützen. Kann man solche Entscheidungen für ein Sparkonto mit Kündigungsfrist in der Realität beobachten, so könnte dies ein Indiz für die Gültigkeit der Überlegungen von David Laibson sein.

18 Investitionen

Aufgabe 1

Verwenden Sie das neoklassische Investitionsmodell, um die Auswirkungen jedes der folgenden Ereignisse auf den Mietpreis des Kapitals, die Kapitalkosten und die Investitionen zu erklären:

a. Eine auf Inflationsbekämpfung gerichtete Geldpolitik erhöht den Realzinssatz.

b. Ein Erdbeben zerstört einen Teil des Kapitalbestandes.

c. Die Zuwanderung von ausländischen Arbeitnehmern erhöht die Zahl der Erwerbspersonen.

Lösung

Das neoklassische Investitionsmodell führt auf folgende Investitionsfunktion (vgl. Mankiw, S. 669):

$$I = I_n \left[MPK - (P_K/P)(r + \delta) \right] + \delta K.$$

Die Ausrüstungsinvestitionen des Unternehmenssektors hängen vom Grenzprodukt des Kapitals, dem realen Kapitalkostensatz und dem Abschreibungsvolumen ab.

a. Eine Zunahme des realen Zinssatzes erhöht die Kapitalkosten. Sie vermindert damit den Gewinn, der sich mit dem Besitz von Kapital erzielen lässt, und verringert somit den Anreiz, zusätzliches Kapital zu bilden. Daher gehen die Investitionen zurück. Der Mietpreis des Kapitals entspricht dem Gleichgewicht des Grenzprodukts des Kapitals. Da sich das Grenzprodukt des Kapitals durch die Geldpolitik nicht ändert, bleibt auch der Mietpreis des Kapitals zunächst gleich.

b. Wenn wir von der Annahme ausgehen, dass abnehmende Grenzprodukte vorliegen, dann führt die Zerstörung eines Teils des Kapitalbestandes zu einem Anstieg des Grenzprodukts des Kapitals. Damit steigt auch der reale Mietpreis des Kapitals. Der reale Kapitalkostensatz wird vom Erdbeben nicht unmittelbar betroffen. Er ändert sich daher nicht. Ein konstanter Kapitalkostensatz, verbunden mit einem Anstieg des Grenzprodukts des Kapitals, erhöht die Profitabilität der Investitionen und führt damit zu einem Anstieg der Investitionsnachfrage.

c. Eine Erhöhung der Zahl der Erwerbspersonen führt zu einer Zunahme des Grenzprodukts des Kapitals. Damit steigt auch der reale Mietpreis des Kapitals. Der reale Kapitalkostensatz wird von der Erhöhung der Zahl der Erwerbspersonen nicht unmittelbar berührt. Er bleibt daher konstant. Ein konstanter realer Kapitalkostensatz, verbunden mit einer Erhöhung des Grenzprodukts des Kapitals, führt zu einer erhöhten Profitabilität der Investitionen. Die Investitionsnachfrage nimmt daher zu.

Aufgabe 2

Nehmen Sie an, dass der Staat Ölgesellschaften mit einer Steuer belastet, die proportional zum Wert der Ölreserven des jeweiligen Unternehmens sind. (Der Staat überzeugt die Unternehmen, dass es sich um eine einmalige Steuer handelt.) Welche Auswirkungen wird diese Steuer nach dem neoklassischen Modell auf die Ausrüstungsinvestitionen dieser Unternehmen haben? Was passiert, wenn sich diese Unternehmen Finanzierungsbeschränkungen gegenübersehen?

Lösung

Die Steuer auf die Ölreserven hat weder unmittelbaren Einfluss auf das Grenzprodukt des Kapitals noch auf den realen Kapitalkostensatz. Daher sollte diese Steuer im neoklassischen Investitionsmodell keine Auswirkungen auf die Ausrüstungsinvestitionen der Ölgesellschaften haben. Wenn sich diese Unternehmen jedoch Finanzierungsbeschränkungen gegenübersehen, dann wird ihre Investitionsnachfrage durch den laufenden Gewinn beschränkt. Die Steuer auf die Ölreserven verringert den Gewinn der Ölgesellschaften und verengt damit die Finanzierungsbeschränkung. In diesem Fall führt die Steuer zu einem Rückgang der Investitionsnachfrage.

Aufgabe 3

Das in den Kapiteln 10 und 11 entwickelte IS/LM-Modell geht davon aus, dass Investitionen nur vom Zinssatz abhängen. Unsere Investitionstheorien lassen jedoch vermuten, dass Investitionen auch vom Inlandsprodukt abhängen können: Ein höheres Inlandsprodukt könnte die Unternehmen dazu veranlassen, mehr zu investieren.

a. Erklären Sie, warum Investitionen vom Inlandsprodukt abhängen können.

b. Nehmen Sie an, dass die Investitionen durch die Beziehung $I = \bar{I} + aY$ bestimmt werden, wobei a eine Konstante zwischen null und eins ist. Wie lauten unter Zugrundelegung dieser Investitionshypothese die fiskalpolitischen Multiplikatoren im einfachen keynesianischen Gütermarktmodell (keynesianisches Kreuz)? Begründung?

c. Nehmen Sie an, dass die Investitionen sowohl vom Einkommen als auch vom Zinssatz abhängen. Für die Investitionsfunktion lässt sich dann schreiben:

$$I = \bar{I} + aY - br.$$

Hierin ist a eine Konstante, die zwischen null und eins liegt, und b ist eine Konstante, die größer ist als null. Verwenden Sie das IS/LM-Modell, um die kurzfristigen Auswirkungen einer Erhöhung der staatlichen Güterkäufe auf Bruttoinlandsprodukt Y, Zinssatz r, Konsum C und Investitionen I zu überprüfen. Wie könnten sich aufgrund dieser Investitionsfunktion die Folgerungen ändern, die sich aus dem IS/LM-Grundmodell ergeben?

Lösung

a. Alle drei angesprochenen Investitionsarten könnten positiv auf eine Erhöhung des Inlandsprodukts reagieren. Die Ausrüstungsinvestitionen könnten mit zunehmendem Inlandsprodukt steigen, weil die Erhöhung der Beschäftigung zur Folge hat, dass das Grenzprodukt des Kapitals steigt. Damit wird es für die Unternehmen lohnender zu investieren. Die Wohnungsbauinvestitionen könnten positiv auf eine Erhöhung des Inlandsprodukts reagieren, weil mit steigendem Einkommen die Nachfrage nach Wohnungen zunimmt. Bei zunächst gegebenem Angebot führt dies zu einem Anstieg des relativen Preises für Wohnungen. Damit erhöht sich auch der Anreiz zum Wohnungsbau. Die Wohnungsbauinvestitionen könnten daher zunehmen. Das Akzelerator-Modell der Lagerinvestitionen geht davon aus, dass die Lagerinvestitionen positiv von der Änderung des Inlandsprodukts abhängen. Nimmt das Inlandsprodukt zu, steigen auch die Lagerinvestitionen.

b. Die Gleichgewichtsbedingung im keynesianischen Kreuz lautet unter Beachtung der Einkommensabhängigkeit der Investitionen:

$$Y = C(Y - T) + \bar{I} + aY + G.$$

Für den Staatsausgabenmultiplikator gilt:

$$\frac{dY}{dG} = \frac{dC}{dY} \cdot \frac{dY}{dG} + a\frac{dY}{dG} + \frac{dG}{dG}$$

$$\frac{dY}{dG} - MPC\frac{dY}{dG} - a\frac{dY}{dG} = 1$$

$$\frac{dY}{dG}(1 - MPC - a) = 1$$

$$\frac{dY}{dG} = \frac{1}{1 - MPC - a}.$$

Für den Steuermultiplikator gilt:

$$\frac{dY}{dT} = \frac{dC}{dY}\left(\frac{dY}{dT} - \frac{dT}{dT}\right) + a\frac{dY}{dT}$$

$$\frac{dY}{dT} - MPC\frac{dY}{dT} - a\frac{dY}{dT} = -MPC$$

$$\frac{dY}{dT}(1 - MPC - a) = -MPC$$

$$\frac{dY}{dT} = \frac{-MPC}{1 - MPC - a}.$$

c. Der Staatsausgabenmultiplikator zeigt, wie weit sich die IS-Kurve aufgrund einer Erhöhung der Staatsausgaben um ΔG nach rechts verschiebt. Weil $a > 0$, gilt

$$\frac{1}{1 - MPC - a} > \frac{1}{1 - MPC}.$$

(Wir nehmen an, dass $1 - MPC - a > 0$.) Die Rechtsverschiebung der IS-Kurve muss daher bei einkommensabhängigen Investitionen größer sein (vgl. Abbildung 18-1). Falls die Investitionen sowohl vom Einkommen als auch vom Zinssatz abhängen, dann nehmen aufgrund einer gegebenen Erhöhung der Staatsausgaben das gleichgewichtige Bruttoinlandsprodukt und der gleichgewichtige Zinssatz zu. Wie Abbildung 18-1 zeigt, steigen sowohl das Einkommen als auch der Zinssatz stärker als im Fall nicht-einkommensabhängiger Investitionen. Weil der Konsum vom verfügbaren Einkommen abhängt, nimmt auch der Konsum zu. Weil die Einkommenserhöhung stärker ausfällt als im Modell mit nicht einkommensabhängiger Investitionsfunktion, nimmt im vor-

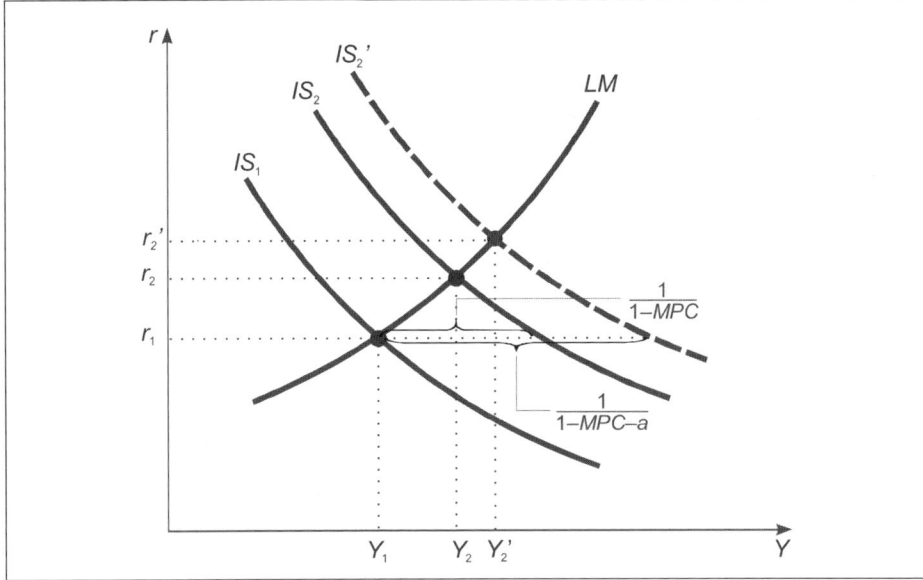

Abb. 18-1

liegenden Fall der Konsum ebenfalls stärker zu. Im Modell mit nicht einkommensabhängiger Investitionsfunktion gehen die Investitionen aufgrund des Zinsanstiegs auf
jeden Fall zurück. Im vorliegenden Fall lässt sich dies jedoch nicht eindeutig sagen,
weil zwar einerseits der Zinsanstieg auch hier dämpfend auf die Investitionen wirkt,
aber die Einkommenserhöhung die Investitionen für sich betrachtet stimuliert.

Aufgabe 4
Welche Folgen ergeben sich für Investitionen, Konsum und Gesamtnachfrage, wenn es zu
einem Börsenzusammenbruch wie im Oktober 1929 und im Oktober 1987 kommt? Warum?
Wie sollte die Zentralbank reagieren? Warum?

Lösung
Bei der Beantwortung dieser Frage greifen wir auf Tobins q zurück (vgl. Mankiw,
S. 673 f.). Ein Börsenzusammenbruch impliziert eine drastische Verminderung des
Marktwerts des Kapitalbestandes. Da die Wiederbeschaffungskosten des Kapitalbestandes
unverändert bleiben, kommt es zu einem starken Rückgang von Tobins q. Nach der
q-Investitionstheorie wird die Investitionsnachfrage daher ebenfalls stark zurückgehen.
Der Rückgang der Investitionsnachfrage impliziert eine kontraktive Verschiebung der
Gesamtnachfragekurve. Die Folge dieser kontraktiven Verschiebung ist ein Rückgang von
Produktion, Einkommen und Beschäftigung, was mit einer entsprechenden Verringerung
der (einkommensabhängigen) Konsumnachfrage verbunden ist. Diese kontraktive Verschiebung der Gesamtnachfragekurve lässt sich verhindern, wenn die Zentralbank eine
entsprechend expansive Geldpolitik betreibt.

Aufgabe 5

Es ist Wahljahr und die Wirtschaft befindet sich in einer Rezession. Das Wahlkampfprogramm des Oppositionskandidaten sieht eine steuerliche Vergünstigung für Investitionen vor, die im nächsten Jahr nach Amtsantritt in Kraft treten soll. Welche Auswirkungen hat dieses Wahlkampfversprechen auf die wirtschaftliche Lage des laufenden Jahres?

Lösung

Eine steuerliche Vergünstigung führt dazu, dass die effektiven Kosten für eine Kapitaleinheit sinken. Damit verringern sich die Kapitalkosten. Das bedeutet, dass die Kapitalkosten im nächsten Jahr geringer sein werden als in diesem Jahr, falls der Oppositionskandidat die Wahl gewinnt. In diesem Fall ist es für die Investoren vorteilhaft, zumindest einen Teil der Investitionsprojekte in das nächste Jahr zu verschieben. Dies gilt auch dann, wenn die Wahl des Oppositionskandidaten nur mit einer bestimmten Wahrscheinlichkeit zu erwarten ist. Im Endeffekt führt also die Ankündigung des Oppositionskandidaten dazu, dass die Investitionsnachfrage unmittelbar zurückgeht und damit die Rezession noch verschärft wird. Wenn die Rezession der Regierung angelastet wird, kann der Oppositionskandidat durch eine solche Ankündigung die Wahrscheinlichkeit positiv beeinflussen, dass er gewählt wird.

Aufgabe 6

In den Vereinigten Staaten kam es in den 1950er-Jahren zu einem steilen Anstieg der Geburtenzahl. Diese Babyboom-Generation wurde in den 1970er-Jahren volljährig und begann, eigene Haushalte zu gründen. Verwenden Sie das Modell der Wohnbauinvestitionen, um die Wirkungen dieses Ereignisses auf Wohnungsmarktpreise sowie die Wohnungsbauinvestitionen zu analysieren.

Lösung

Die Haushaltsgründungen durch die Babyboom-Generation führen zu einer Rechtsverschiebung der Nachfragekurve für Wohnungen (vgl. Abbildung 18-2). Daher kommt es zu einem Anstieg des Preises für Wohnungen. Infolge dieses Preisanstiegs erhöht sich auch das Volumen der Wohnungsbauinvestitionen.

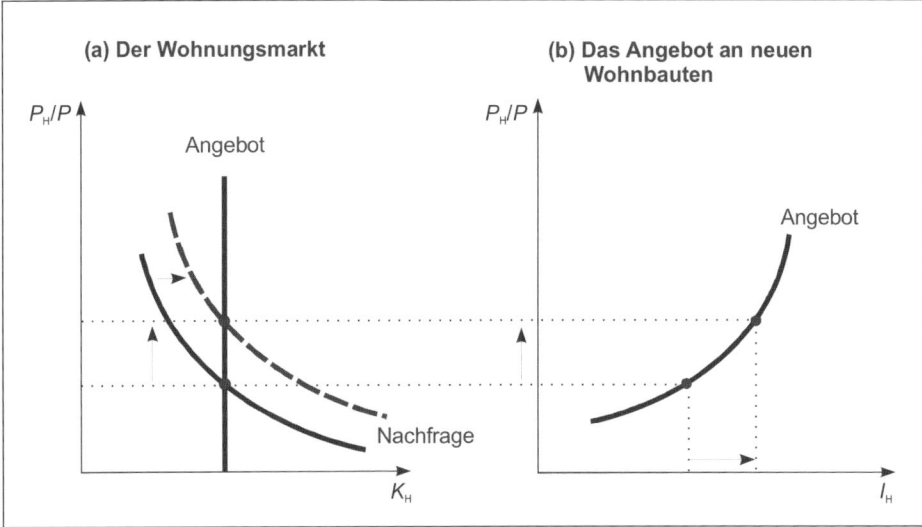

Abb. 18-2

Aufgabe 7

Die Steuergesetze der Vereinigten Staaten fördern Investitionen in Wohnungseigentum und behindern Investitionen in Ausrüstungen. Welche langfristigen Wirkungen hat diese Politik? (Hinweis: Denken Sie über den Arbeitsmarkt nach.)

Lösung

Steuergesetze, welche die Ausrüstungsinvestitionen behindern, führen dazu, dass der Kapitalstock kleiner ist als er ohne die verzerrende Wirkung der Steuergesetzgebung wäre. Wir wollen dem Hinweis in der Aufgabenstellung folgen und über den Arbeitsmarkt nachdenken. Die Steuergesetze sorgen dafür, dass Kapital relativ knapp und Arbeit relativ reichlich ist. Wenn Arbeit relativ reichlich ist, ist das Grenzprodukt der Arbeit niedrig. Bei Entlohnung nach dem Grenzprodukt ist auch der Reallohn niedrig. Insofern führt eine Steuergesetzgebung, die die Ausrüstungsinvestitionen behindert, langfristig zu einem niedrigeren Reallohn.

Geldangebot, Geldnachfrage und das Bankensystem

Aufgabe 1

Das Geldangebot fiel in den Vereinigten Staaten in den Jahren 1929 bis 1933, weil sowohl das Bargeld-Einlage-Verhältnis als auch das Reserve-Einlage-Verhältnis zunahmen. Verwenden Sie das Geldangebotsmodell und die Daten aus Tabelle 19-1, um die folgenden hypothetischen Fragen bezüglich dieses Zeitraums zu beantworten.

a. Wie hätte sich das Geldangebot verändert, wenn das Bargeld-Einlage-Verhältnis gestiegen, das Reserve-Einlage-Verhältnis jedoch unverändert geblieben wäre?

b. Wie hätte sich das Geldangebot verändert, wenn das Reserve-Einlage-Verhältnis gestiegen, das Bargeld-Einlage-Verhältnis jedoch gleich geblieben wäre?

c. Welche der beiden Änderungen war in stärkerem Maße für den Rückgang des Geldangebots verantwortlich?

Lösung

Das Modell des Geldangebots führt auf folgende Beziehung zwischen Geldangebot und monetärer Basis (vgl. Mankiw, S. 697):

$$M = mB$$

$$= \frac{cr + 1}{cr + rr} \cdot B.$$

Der Übersichtlichkeit halber werden in der folgenden Tabelle nochmals die für die Lösung der Aufgabe relevanten Daten aus Tabelle 19-1 (vgl. Mankiw, S. 699) zusammengefasst.

	August 1929	**März 1933**
Geldangebot M	26,5	19,0
Monetäre Basis B	7,1	8,4
Reserve-Einlage-Verhältnis rr	0,14	0,21
Bargeld-Einlage-Verhältnis cr	0,17	0,41

a. Wir berechnen das fiktive Geldangebot von 1933 (M^*) nach der obigen Formel. Dabei verwenden wir rr von 1929 und cr von 1933:

$$M^* = \frac{0,41 + 1}{0,41 + 0,14} \cdot 8,4$$

$$= 21,53.$$

Das Geldangebot wäre von 26,5 auf 21,5 gesunken.

b. Wir berechnen das fiktive Geldangebot von 1933 (M^{**}) nach der obigen Formel. Dabei verwenden wird rr von 1933 und cr von 1929:

$$M^{**} = \frac{0,17 + 1}{0,17 + 0,21} \cdot 8,4$$

$$= 25,86.$$

Das Geldangebot wäre von 26,5 auf 25,9 gesunken.

c. Die Antworten zu a. und b. zeigen, dass der tatsächlich zu beobachtende Rückgang des Geldangebots von 26,5 auf 19,0 stärker durch den Anstieg des Bargeld-Einlage-Verhältnisses beeinflusst wurde.

Aufgabe 2

Zur Erhöhung des Steueraufkommens erhob die Regierung der Vereinigten Staaten im Jahr 1932 eine Steuer in Höhe von 2 Cent für jeden ausgestellten Scheck. (Bei heutigem Geldwert würde diese Steuer ungefähr 25 Cent pro Scheck betragen.)

a. Wie wird nach ihrer Meinung das Bargeld-Einlage-Verhältnis durch diese Steuer berührt?

b. Verwenden Sie das Modell des Geldangebots bei anteiliger Reservehaltung, um die Auswirkungen dieser Steuer auf das Geldangebot zu diskutieren.

c. Verwenden Sie jetzt das IS/LM-Modell, um die Auswirkungen dieser Steuer auf die Wirtschaft zu diskutieren. War es eine vernünftige wirtschaftspolitische Maßnahme, mitten in der Weltwirtschaftskrise eine solche Steuer auf Schecks einzuführen?

Lösung

a. Eine solche Steuer verteuert die Verwendung von Schecks. Daher wird mehr Bargeld verwendet. Die Bargeldhaltung steigt und das Bargeld-Einlage-Verhältnis (cr) nimmt zu.

b. Um die Auswirkung dieser Steuer auf das Geldangebot abschätzen zu können, betrachten wir den Geldangebotsmultiplikator:

$$m = \frac{cr + 1}{cr + rr}.$$

Da cr sowohl im Zähler als auch im Nenner des Bruchs steht, ist nicht auf den ersten Blick klar, wie sich der Multiplikator ändert, wenn cr steigt. Wir betrachten daher die Ableitung dm/dcr:

$$\frac{dm}{dcr} = \frac{(cr + rr) - (cr + 1)}{(cr + rr)^2}$$

$$= \frac{rr - 1}{(cr + rr)^2}.$$

Weil $rr < 1$, gilt $rr - 1 < 0$. Daher ist die Ableitung negativ. Mit steigendem cr nimmt m also ab. Weil der Geldangebotsmultiplikator mit steigendem Bargeld-Einlage-Verhältnis sinkt, nimmt das Geldangebot bei Einführung der Schecksteuer ab.

c. Die Schecksteuer bewirkt eine kontraktive Verschiebung der LM-Kurve mit der Konsequenz, dass das Gleichgewichtseinkommen sinkt. In der Weltwirtschaftskrise, in der das Einkommen ohnehin schon sehr niedrig war, war eine zusätzlich kontraktiv wirkende Steuer einzuführen wirtschaftspolitisch unvernünftig.

Aufgabe 3

Entwickeln Sie eine Bankbilanz mit einem Leverage-Verhältnis von zehn. Welche Folgen für den Wert des Eigenkapitals dieser Bank hat eine Wertsteigerung der Aktiva um fünf Prozent? Wie groß müsste der Wertrückgang der Aktiva sein, damit sich der Wert des Eigenkapitals auf null reduziert?

Lösung

Das Leverage-Verhältnis beschreibt das Verhältnis der gesamten Aktiva zum Eigenkapital der Bank. In der nachfolgend dargestellten Bilanz stehen einem Eigenkapital von 200 Euro Aktiva in Höhe von 2.000 Euro gegenüber. Die Passiva (ohne das Eigenkapital) betragen 1.800 Euro.

Aktiva (€)		Passiva (€)	
Reserven	400	Einlagen	1.400
Kredite	1.000	Aufgenommene Kredite	400
Wertpapiere	600	Eigenkapital	200
Summe Aktiva	2.000	Summe Passiva	2.000

Steigt der Wert der Aktiva um fünf Prozent, dann beträgt die Summe der Aktiva nunmehr 2.100 Euro. Da beide Seiten der Bilanz gleich groß sein müssen, erhöht sich der Wert des Eigenkapitals unter der Annahme, dass die Werte der Einlagen und der aufgenommenen Kredite unverändert geblieben sind, von 200 Euro auf 300 Euro, also um 50 Prozent.

Von der ursprünglichen Konstellation ausgehend ist das Eigenkapital aufgezehrt, wenn – unter sonst gleichen Umständen – der Wert des Eigenkapitals um 200 Euro sinkt. Das ist der Fall, wenn der Wert der Aktiva um 10 Prozent sinkt.

Aufgabe 4

Nehmen Sie an, dass die Straßenkriminalität stark zunimmt. Das lässt die Wahrscheinlichkeit steigen, dass Ihre Brieftasche gestohlen wird. Verwenden Sie das Baumol-Tobin-Modell, um (verbal, nicht formal) zu erklären, wie die Zunahme der Kriminalität die optimale Häufigkeit von Wegen zur Bank und die Geldnachfrage verändert.

Lösung

Die optimale Häufigkeit von Wegen zur Bank und die Geldnachfrage werden im Baumol-Tobin-Modell über das Abwägen der Opportunitätskosten der Geldhaltung und der Kosten bestimmt, die mit dem Abheben von Bargeld verbunden sind. Die Möglichkeit, dass Bargeld gestohlen werden kann, führt eine zusätzliche Kostenkomponente ein, die neben den Opportunitätskosten aus entgangenen Zinsen die Kosten der Bargeldhaltung nach oben treibt. Von daher sollte man erwarten, dass die Menschen häufiger zur Bank gehen und kleinere Beträge in bar halten wollen. Die Geldnachfrage würde also abnehmen.

Aufgabe 5

In dieser Aufgabe sollen Sie überlegen, welche Empfehlung Sie aus dem Baumol-Tobin-Modell bezüglich der Häufigkeit ableiten können, mit der Sie Ihre Bank aufsuchen sollten, um Bargeld abzuheben.

a. Wie groß ist das Volumen Ihrer jährlichen Käufe, die Sie bar bezahlen (im Unterschied zur Zahlung mit Schecks oder Kreditkarten)? Dies ist der Wert Ihres Y.

b. Wie viel Zeit benötigen Sie für den Weg zur Bank? Wie hoch ist Ihr Stundenlohn? Benutzen Sie die beiden Zahlen, um Ihren Wert von F zu berechnen.

c. Welchen Zinssatz erzielen Sie, wenn Sie Ihr Geld auf dem Konto lassen? Dies ist Ihr Wert von i. (Achten Sie darauf, i in Dezimalform zu schreiben, das heißt sechs Prozent sollten als 0,06 geschrieben werden.)

d. Wie häufig sollten Sie unter Anwendung des Baumol-Tobin-Modells jährlich zur Bank gehen und welchen Betrag sollten Sie jedes Mal abheben?

e. Wie oft gehen Sie tatsächlich zu Ihrer Bank und wie viel heben Sie ab?

f. Vergleichen Sie die Modellergebnisse mit Ihrem tatsächlichen Verhalten. Beschreibt das Modell Ihr Verhalten gut? Wenn nein, warum nicht? Wie würden Sie das Modell ändern, damit es Ihr Verhalten genauer beschreibt?

Lösung

Sie sollten die Aufgabe tatsächlich anhand Ihrer individuellen Daten lösen. Für den Lösungsweg wollen wir folgenden Modellfall betrachten.

a. Das Volumen der jährlichen Käufe, die in bar bezahlt werden, sei 2.560 Euro (Y = 2.560).

b. Der Weg zur Bank könnte eine halbe Stunde beanspruchen. Weiter gehen wir von einem Stundenlohn in Höhe von 8 Euro aus. Die Kosten eines Weges zur Bank betragen dann 4 Euro (F = 4).

c. Wir nehmen an, dass der Zins bei 5 Prozent liegt (i = 0,05).

d. Die optimale Anzahl der Wege zur Bank ergibt sich als

$$N^* = \sqrt{\frac{iY}{L \cdot F}}$$

$$= \sqrt{\frac{0{,}05 \cdot 2.560}{2 \cdot 4}}$$

$$= 4.$$

Das Baumol-Tobin-Modell sagt, dass man unter den getroffenen Annahmen viermal pro Jahr zur Bank gehen und jeweils 640 Euro (= Y/N*) abheben sollte.

e. Die meisten Studenten gehen wohl häufiger zur Bank und heben geringere Beträge ab.

f. Da die meisten Studenten häufiger zur Bank gehen und geringere Beträge abheben, beschreibt das Baumol-Tobin-Modell das Verhalten der Menschen nur eingeschränkt. Mögliche Gründe hierfür und Ansätze für eine Modifikation des Modells könnten sein:

- Der Weg zur Bank wird häufig mit anderen Dingen verbunden, wie z.B. einem Einkaufsbummel, der Besuch eines Restaurants etc. In diesem Fall wären die Wegekosten viel geringer als angenommen. Damit nimmt die Häufigkeit der Abhebungen entsprechend zu und die durchschnittliche Kassenhaltung entsprechend ab.
- Wie in Kapitel 17 des Lehrbuchs besprochen (vgl. Mankiw, S. 653), könnte man sich vor eigenem zeitinkonsistenten Verhalten schützen wollen. Werden große Beträge in bar mitgeführt, werden diese möglicherweise auch schnell ausgegeben. Um sich selbst in Bezug auf das eigene Kaufverhalten zu disziplinieren, könnten die Menschen geringere Beträge abheben.
- Schließlich könnte auch das in Aufgabe 3 angesprochene Problem eine Rolle spielen. Die Furcht davor, dass die Brieftasche gestohlen wird, könnte dazu führen, weniger Bargeld mit sich zu führen. Auch aus diesem Grund könnte daher die Anzahl der Wege zur Bank größer und die durchschnittliche Bargeldhaltung kleiner sein, als die einfache Form des Baumol-Tobin-Modells erwarten lässt.

Aufgabe 6

In Kapitel 4 definierten wir die Umlaufgeschwindigkeit des Geldes als Verhältnis von nominalen Ausgaben zur Geldmenge. Wir wollen nun das Baumol-Tobin-Modell benutzen, um zu untersuchen, wodurch die Umlaufgeschwindigkeit bestimmt wird.

a. Schreiben Sie unter Verwendung der Formel für die durchschnittliche Kassenhaltung Y/(2N) die Umlaufgeschwindigkeit als Funktion der Anzahl der Wege zur Bank. Erläutern Sie Ihr Ergebnis!
b. Verwenden Sie die Formel für die optimale Anzahl von Wegen, um die Umlaufgeschwindigkeit als Funktion von Ausgaben Y, Zinssatz i und Wegekosten F auszudrükken.
c. Wie ändert sich die Umlaufgeschwindigkeit, wenn der Zinssatz steigt? Begründung?
d. Wie ändert sich die Umlaufgeschwindigkeit, wenn das Preisniveau steigt? Begründung?
e. Was wird mit der Umlaufgeschwindigkeit geschehen, wenn die Wirtschaft wächst? (Hinweis: Überlegen Sie, wie das wirtschaftliche Wachstum Y und F beeinflusst.)
f. Nehmen Sie nun an, dass die Anzahl der Wege zur Bank feststeht und keine Entscheidungsgröße darstellt. Welche Implikationen ergeben sich aus dieser Annahme für die Umlaufgeschwindigkeit?

Lösung

a. Aus der Quantitätsgleichung ergibt sich als Definition der Kreislaufgeschwindigkeit:

$$V = \frac{PY}{M}$$

$$= \frac{Y}{M/P}.$$

Im Lehrbuch wurde der Einfachheit halber von einem konstanten Preisniveau ausgegangen (vgl. Mankiw, S. 706). Allgemeiner formuliert setzt das Baumol-Tobin-Modell nominale Geldhaltung M und nominale Ausgaben PY in Beziehung. Aus

$$M = \frac{PY}{2N}$$

ergibt sich dann

$$\frac{M}{P} = \frac{Y}{2N}.$$

Einsetzen:

$$V = \frac{Y}{Y/(2N)}$$

$$= 2N.$$

Eine größere Zahl von Wegen zur Bank bedeutet bei gegebenem Ausgabenvolumen, dass die durchschnittlichen Kassenbestände geringer werden. Um das gegebene Ausgabenvolumen abwickeln zu können, muss das Geld schneller zirkulieren. Daher nimmt die Kreislaufgeschwindigkeit mit steigender Anzahl von Wegen zu.

b. Die Formel für die optimale Anzahl von Wegen ist (vgl. Mankiw, S. 708):

$$N^* = \sqrt{\frac{iY}{2F}}.$$

Einsetzen in die in Teil a. abgeleitete Beziehung liefert:

$$V = 2\sqrt{\frac{iY}{2F}}.$$

c. Aus der Formel in Teilaufgabe b. kann man erkennen, dass die Kreislaufgeschwindigkeit mit steigendem Zinssatz zunimmt. Dies ist darauf zurückzuführen, dass ein steigender Zins höhere Opportunitätskosten der Geldhaltung impliziert. Daher wird die durchschnittliche Geldhaltung sinken. Um ein gegebenes Ausgabenvolumen abwickeln zu können, muss das Geld folglich schneller zirkulieren: Die Kreislaufgeschwindigkeit steigt.

d. In der in Teil b. abgeleiteten Formel ist das Preisniveau nicht enthalten. Eine Änderung des Preisniveaus hat daher keinen Einfluss auf die Kreislaufgeschwindigkeit. Dies ist darauf zurückzuführen, dass eine Zunahme des Preisniveaus zu einem gleich großen Anstieg von nominalen Ausgaben und nominaler Kassenhaltung führt.

e. Wirtschaftliches Wachstum führt dazu, dass Y zunimmt. Allerdings nimmt bei wirtschaftlichem Wachstum auch der Reallohn zu. Weil in der in Teil b. abgeleiteten Formel Y im Zähler und F im Nenner stehen, ist der Gesamteffekt auf V nicht eindeutig bestimmbar. Falls Y und F mit der gleichen Rate wachsen, bleibt die Umlaufgeschwindigkeit konstant.

f. Steht die Anzahl der Wege zur Bank fest, dann zeigen unsere Überlegungen zu Teil a., dass die Umlaufgeschwindigkeit konstant ist.

Stichwortverzeichnis